forum ANGEWANDTE LINGUISTIK
BAND 46

Gesellschaft für Angewandte Linguistik e.V.

Gesellschaft für Angewandte Linguistik e.V.

**Der Vorstand der
Gesellschaft für Angewandte Linguistik**
Prof. Dr. Ulrich Ammon
Prof. Dr. Bernd Rüschoff
Prof. Dr. Michael Becker-Mrotzek
Prof. Dr. Stephan Habscheid
Prof. Dr. Reinhard Fiehler

**Der Wissenschaftliche Beirat der
Gesellschaft für Angewandte Linguistik**
Prof. Dr. Walter F. Sendlmeier (Vertreterin: Dr. Carmen Spiegel)
Prof. Dr. Stefan Schierholz (Vertreter: apl. Prof. Dr. Friedrich Lenz)
PD Dr. Stephan Habscheid (Vertreter: Prof. Dr. Jannis Androutsopoulos)
Dr. Arnulf Deppermann (Vertreter: Prof. Dr. Reinhard Fiehler)
Dr. Michael Klemm (Vertreterin: Prof. Dr. Eva-Maria Jakobs)
Prof. Dr. Susanne Göpferich (Vertreter: Dr. Jan Engberg)
HD Dr. Elisabeth Burr (Vertreterin: Dr. Bärbel Treichel)
Dr. Peter Rosenberg (Vertreter: Prof. Dr. Ludwig M. Eichinger)
Dr. Jan Derk ten Thije (Vertreterin: Prof. Dr. Eija Ventola)
Dr. Sabine Bastian (Vertreterin: Prof. Dr. phil. Sylvia Kalina)
Prof. Dr. Joachim Grabowski (Vertreterin: Dr. Claudia Villiger)
Dr. phil. Martina Hielscher-Fastabend (Vertreter: Dr. Berthold Simons)
Prof. Dr. Susanne Niemeier (Vertreter: Prof. Dr. Rüdiger Vogt)
Prof. Dr. Kurt Kohn (Vertreter: Josef Bornhorst)
Prof. Dr. Ulrich Schmitz (Vertreter: Dr. Hermann Cölfen)

forum ANGEWANDTE LINGUISTIK
BAND 46

Sprache(n) in der Wissensgesellschaft

Proceedings der 34. Jahrestagung
der Gesellschaft für Angewandte Linguistik

Herausgegeben von
Sabine Braun und Kurt Kohn

PETER LANG
Frankfurt am Main · Berlin · Bern · Bruxelles · New York · Oxford · Wien

Bibliografische Information Der Deutschen Bibliothek
Die Deutsche Bibliothek verzeichnet diese Publikation in der Deutschen
Nationalbibliografie; detaillierte bibliografische Daten sind im
Internet über <http://dnb.ddb.de> abrufbar.

Gedruckt auf alterungsbeständigem,
säurefreiem Papier.

ISSN 0937-406X
ISBN 3-631-54386-7
© Peter Lang GmbH
Europäischer Verlag der Wissenschaften
Frankfurt am Main 2005
Alle Rechte vorbehalten.

Das Werk einschließlich aller seiner Teile ist urheberrechtlich
geschützt. Jede Verwertung außerhalb der engen Grenzen des
Urheberrechtsgesetzes ist ohne Zustimmung des Verlages
unzulässig und strafbar. Das gilt insbesondere für
Vervielfältigungen, Übersetzungen, Mikroverfilmungen und die
Einspeicherung und Verarbeitung in elektronischen Systemen.

Printed in Germany 1 2 3 4 6 7
www.peterlang.de

Inhalt

Sabine Braun/Kurt Kohn
Einleitung _____ 9

Nigel Reeves
Measuring Language Performance in the Knowledge Economy: The
Challenge of Aligning UK and European Language Proficiency Scales ___ 13

Barbara Seidlhofer
Englisch als Lingua Franca und seine Rolle in der internationalen Wissensvermittlung. Ein Aufruf zur Selbstbehauptung _____ 27

Mehrsprachigkeit

Margarete Ott
Mehrsprachigkeit fordern und fördern _____ 49

Wilhelm Grießhaber
Sprache im zweitsprachlichen Mathematikunterricht. Verbale und nonverbale Verfahren bei der Vermittlung mathematischen Wissens _____ 65

Klaus Geyer
Betriebliche Sprachplanung im Kontext innerer und äußerer Mehrsprachigkeit – am Beispiel einer deutschen Großwerft _____ 79

Bernd Meyer
Zweisprachigkeit als kommunikative Ressource im Krankenhaus: Stand der Dinge und Entwicklungsmöglichkeiten _____ 89

Stephan Schlickau
Dimensionen interkultureller Kommunikation: Praxis – Analyse – Kompetenzförderung _____ 103

Michelle F. Ramos-Pellicia
¿De dóndi vieni? (e) raising in Lorain Puerto Rican Spanish: Maintenance or Convergence? _____ 115

Modellierung und Repräsentation von Wissen

Birte Lönneker
Weltwissen in Textannotationen mit Konzeptframes: Modell, Methode, Resultate 127

Klaus Schubert
Rekombinationstexte und Wissensatome 143

Young-Yin Kim
Kultursysteme als Wissenssysteme: Kulturelle Konstellationen in Texten und Translation 155

Heidrun Gerzymisch-Arbogast/Martin Will
Kulturtransfer oder ‚Voice-Over': Informationsstrukturen im gedolmetschten Diskurs 171

Paul Georg Meyer
Kommunikation von Erkenntnis in Wissenschaftstexten: die Rolle der morphosyntaktischen Oberfläche 195

Annely Rothkegel/Claudia Villinger
Modellierung von Risikowissen und multilinguale Textproduktion 205

Cornelia Feyrer
Qualitätsmanagement und Qualitätssicherung in der Translation – Anforderungen an die Translationsdidaktik 213

Sprache und neue Medien

Rita Kupetz/Thanh-Thu Phan Tan/Jill Schneller/Birgit Ziegenmeyer
Multiliteracies im Englischstudium 227

Oliver Traxel
Das MOO als Werkzeug synchroner Kollaboration: Fremdsprachenlernen in transatlantischen Online-Projekten 243

Karin Vogt
Act Global, Think Local? Auswirkungen von E-Mail-Projekten auf die Unterrichtskommunikation 253

Christoph Sauer
Wissensverhältnisse, Rhetorik und Multimodalität. Eine Miniatur zu Publikationen über den „Untergang" 263

Inhalt 7

Franc Wagner
Intermedialität im medialen Diskurs der Wissensgesellschaft   279

B. Odile Endres
Die andere Seite der Dinge. Alternative Diskurse in Warblogs   291

Ulla Kleinberger Günther
Textsortenwandel: E-Mails im innerbetrieblichen Kontext   303

Einleitung

Sabine Braun / Kurt Kohn, Tübingen

Der vorliegende Band vereint ausgewählte Beiträge der 34. Jahrestagung der GAL, die unter dem Rahmenthema „Sprache(n) in der Wissensgesellschaft" vom 25. bis 27. September 2003 an der Eberhard Karls Universität Tübingen stattfand. *Wissensgesellschaft* ist ein Begriff mit hoher Anregungs- und Orientierungskraft. Er bündelt grundsätzliche Fragen und Herausforderungen, die sich im Umfeld der menschlichen Informations- und Wissensverarbeitung für unsere heutige ‚postindustrielle' Zeit ergeben. Kennzeichnend ist, dass menschliches Wissen und menschliche Wissensverarbeitung einem rasanten Dynamisierungsprozess unterworfen sind. Dies kommt in verschiedenen miteinander zusammenhängenden Entwicklungstendenzen zum Ausdruck: einem exponentiellen Anwachsen global vernetzter Wissensressourcen, einer Öffnung und Flexibilisierung des bedarfsgerechten individuellen Wissenszugangs bei gleichzeitiger Überforderung individueller Kapazitäten, erhöhten Anforderungen an kooperative Formen der Wissensverarbeitung sowie immer kürzeren Verfallszeiten des gesellschaftlich und individuell jeweils relevanten, interessanten oder modischen Wissens.

Der Wunsch, der Anspruch und die Notwendigkeit, sich den tief greifenden Veränderungen zu stellen, die sich für die lebens- und berufsweltliche Praxis der Wissensverarbeitung ergeben, münden in ein neues Verständnis von Allgemeinbildung mit Herausforderungen für die schulische Bildung, die berufliche Ausbildung sowie die Fort- und Weiterbildung. Der Erwerb eines lebenslang gültigen Faktenwissen ist als Erfolgskonzept überholt und wird durch die Forderung nach lebenslangem Lernen abgelöst. Ausgehend von einem dynamisch erweiterbaren Grundlagenwissen sind kooperative Lern- und Kontextualisierungskompetenzen, soziale, interkulturelle und kommunikative Fähigkeiten, Fremdsprachenkenntnisse sowie Vertrautheit mit Informationstechnologien und Basisqualifikationen im Umgang mit computergestützten Medien gefragt. Sprache und Sprachen sind in einer dreifachen Beziehung zur Wissensverarbeitung zu sehen: als primärer *Gegenstand* der Wissensverarbeitung bei Erwerb und Nutzung muttersprachlicher und fremdsprachlicher Kompetenzen, als *Kompetenzvoraussetzung* der menschlichen Wissensverarbeitung in allen Wissensbereichen sowie als *Werkzeug* im Rahmen sprachtechnologischer Lösungen der Wissensverarbeitung.

Zwei in diesem Zusammenhang ganz aktuelle Fragestellungen wurden auf der Tübinger Tagung in den beiden Plenarvorträgen von Nigel Reeves und Barbara Seidlhofer aufgegriffen. Die daraus hervorgegangenen Beiträge eröffnen den vorliegenden Band: Nigel Reeves beschäftigt sich mit der Messbarkeit und Vergleichbarkeit fremdsprachlicher Kompetenz auf europäischer Ebene. Barbara Seidlhofer beleuchtet das Konzept ‚Englisch als *Lingua Franca*' und diskutiert Implikationen für die internationale Wissensvermittlung.

Ausgewählte Beiträge aus den Themenbereichen und Sektionen der Tagung sind in drei Schwerpunkten zusammengestellt. In Teil I wird das Thema *Mehrsprachigkeit* in verschiedenen Dimensionen ausgelotet. Die beiden ersten Beiträge beschäftigen sich mit Mehrsprachigkeit im Schulsystem. Margarete Ott weist auf das Potenzial von Mehrsprachigkeit für die Wissensgesellschaft mit ihrem hohen Bildungsanspruch hin und formuliert Lösungsvorschläge für die Förderung von Mehrsprachigkeit im Schulsystem. Ein konkretes Projekt hierzu wird anschließend von Wilhelm Grießhaber vorgestellt. Er zeigt, wie Schüler und Schülerinnen mit Migrationshintergrund im Rahmen eines zweisprachigen Mathematikunterrichts gezielt gefördert werden können. In den folgenden Beiträgen geht es um Mehrsprachigkeit in beruflichen und lebensweltlichen Kontexten. Klaus Geyer macht am Beispiel der betrieblichen Kommunikation in einer deutschen Großwerft deutlich, dass das gezielte Management vorhandener und zunehmender Mehrsprachigkeit in der betrieblichen Kommunikation ein ganz wesentlicher Aspekt der Sicherung, des Ausbaus und der Optimierung von betrieblichem Wissen ist. Bernd Meyer beleuchtet in seinem Beitrag mehrsprachige Kommunikationssituationen in deutschen Krankenhäusern und die Konsequenzen, die sich daraus für die Arzt-Patienten-Kommunikation ergeben. Stephan Schlickau geht der Frage nach, wie die im Zusammenhang mit Mehrsprachigkeit notwendige interkulturelle Kompetenz gefördert werden kann. Am Beispiel von Videokonferenzen zwischen Studierenden in Deutschland und den USA illustriert er die wichtige Rolle, die den neuen Medien in diesem Prozess zukommt. Schließlich gibt Michelle Ramos-Pellicia ein Beispiel für die Einflüsse sozialer Veränderungen auf die Mehrsprachigkeit der Puerto Ricanischen Migrantengemeinschaft in Ohio (USA).

Die Beiträge in Teil II befassen sich mit der *Modellierung und Repräsentation von Wissen*. Zwei Beiträge zielen zunächst auf die computergestützte Modellierung von Wissen ab. Birte Lönneker beschreibt eine korpusbasierte Methode zur Frame-Annotation als Grundlage für die Repräsentation von Weltwissen. Klaus Schubert befasst sich mit der Wissensrepräsentation in ‚Rekombinationstexten', in Texten also, die durch Wiederverwendung von Textteilen in anderen Zusammenhängen oder durch kooperative Textproduktion entstehen und in denen sich Kohärenzlinien verändern oder brechen können. Dem Beitrag liegt als

Einleitung

Forschungsziel die Entwicklung eines Kohärenzparsers für derartige Textdokumente zugrunde. Zwei weitere Beiträge widmen sich der Modellierung und Repräsentation von Kultur- und Wissenssystemen im Zusammenhang des Übersetzens und Dolmetschens. Young-Yin Kim untersucht kulturelle Konstellationen in einem deutschen Werbetext und dessen Übersetzung ins Koreanische und zeigt, wie sich die Kulturspezifik des Ausgangstextes systematisch darstellen und in einen Zieltext transferieren lässt. Heidi Gerzymisch-Arbogast und Martin Will gehen vor dem Hintergrund der besonderen Bedingungen des Simultandolmetschens der Frage nach, ob hier die Informationsstrukturen, die als kulturspezifisches Wissenssystem gelten können, invariant bleiben bzw. inwieweit sie variieren können. Ihre Analyse eines amerikanischen Redebeitrags und dessen deutscher Verdolmetschung legt den Schluss nahe, dass auch unter den Bedingungen des Simultandolmetschens kulturspezifische Gegebenheiten eine Rolle spielen und die Informationsstruktur in der Verdolmetschung beeinflussen. Um die kulturspezifische Darstellung von Wissen geht es auch in zwei weiteren Beiträgen. Paul Georg Meyer untersucht am Beispiel des nicht fachgebundenen Wortschatzes in englischen Wissenschaftstexten, wie Erkenntnis in diesen Texten kommuniziert wird. Annely Rothkegel und Claudia Villiger zeigen am Beispiel der Risikokommunikation, wie wichtig eine Zusammenführung von Sach- und Sprachwissen gerade in diesem zunehmend bedeutenden Kommunikationsbereich ist. Sie stellen das Autorensystem NORMA vor, das als (sprachorientierte) Ergänzung zu (sachorientierten) Risikomanagementsystemen zu verstehen ist. Cornelia Feyrer befasst sich mit dem Qualitätsmanagement beim Übersetzen. Sie beschreibt das Übersetzen als spezifische und komplexe Form des Informations- und Wissensmanagements, in der Qualitätsmanagement auf verschiedenen Ebenen notwendig ist, und leitet Anforderungen an die Translationsdidaktik ab.

In Teil III geht es um *Sprache und Neue Medien*. Hier stehen zwei Schwerpunkte im Vordergrund: das Lehren und Lernen mit neuen Medien sowie die Publikation und Distribution von Wissen durch neue Medien. In dem Beitrag von Rita Kupetz, Thanh-Thu Phan Tan, Jill Schneller und Birgit Ziegenmeyer geht es um den Erwerb von *Multiliteracies* durch den Einsatz neuer Medien im Englischunterricht. Am Beispiel mehrerer Studien wird verdeutlicht, wie neue Medien – hier die eLearning-Plattform CommSy – mit Studierenden des Englischen genutzt werden können, um traditionelle Lern- und Methodenziele im Englischunterricht zu erweitern und zu ergänzen. Oliver Traxel beschreibt Einsatzmöglichkeiten einer MOO-basierten Chatumgebung im Fremdsprachenunterricht. Karin Vogt berichtet vom Einsatz der E-Mail-Kommunikation im schulischen Englischunterricht. In allen drei Beiträgen werden Herausforderungen und Mehrwert des Lehrens und Lernens mit neuen Medien problembewusst und kritisch diskutiert. Neben den positiven Auswirkungen von eLearning-Ansätzen insbesondere auf den Erwerb kombinierter Medien-, Sprach- und Kommunikationskompetenzen oder auf die Förderung und Stärkung interkultureller Kompetenz werden auch die veränderten Anforderungen diskutiert, die der Einsatz neuer Medien an Lernende und Lehrende stellt. Ferner wird deutlich, dass es im Lehr-/Lernkontext in Zukunft verstärkt um ein Zusammenwirken ‚neuer' und ‚alter' Medien im Rahmen von ‚Blended Learning' gehen muss, um so die wachsende Palette relevanter Lernszenarien und Kommunikationskompetenzen didaktisch effizient zu unterstützen.

Auch im zweiten Schwerpunkt des Themas *Sprache und neue Medien* geht es um das Zusammenwirken verschiedener Kommunikationsmedien. Christoph Sauer geht vor dem Hintergrund der für die Wissensgesellschaft charakteristischen multimedialen Bedeutungserzeugung der Frage nach, wie Wissen entsteht und sich im (kollektiven) Gedächtnis einprägt und wie dabei verschiedene Medien (insbesondere Text und Bild) zusammenspielen. Franc Wagner untersucht die Rolle der Multimedialität von Internetdokumenten bei der Generierung, Publikation und Distribution von Informationen in der Wissensgesellschaft. Zwei weitere Beiträge beschäftigen sich schließlich mit neuen Kommunikationsformen im Internet. Odile Endres beleuchtet die unter dem Namen ‚Weblog' entstandenen ‚Webtagebücher' und zeigt, dass es sich hierbei um eine alternative Kommunikationsform handelt, die speziellen Kommunikationsbedürfnissen Rechnung trägt. Anhand von Weblogs zum Irakkrieg 2003 (‚Warblogs') untersucht sie, unter welchen Bedingungen diese auch im öffentlichen Diskurs der etablierten Massenmedien Beachtung finden. Ulla Kleinberger Günther widmet sich der Frage, inwieweit auch E-Mail-Texte eine neue Textsorte bzw. spezifische Kommunikationsform bilden. Hier zeigt sich eine interessante Parallele zum Lehren und Lernen mit neuen Medien: In beiden Fällen wird deutlich, dass die ‚neuen' Formen der Kommunikation die ‚alten' nicht abdrängen oder vollkommen ersetzen. Vielmehr handelt es sich um Erweiterungen, die den neuen, gestiegenen Kommunikations- und Informationsbedürfnissen in der Wissensgesellschaft in spezifischer Weise Rechnung tragen.

Angesichts der Vielfalt an Fragestellungen, die das Rahmenthema der Tagung aufgeworfen hat, kann die Auswahl der Beiträge im vorliegenden Band keinen Anspruch auf Repräsentativität erheben. Deutlichen werden aber Tendenzen, die die Auseinandersetzung der Angewandten Linguistik mit den Herausforderungen der Wissensgesellschaft dokumentieren.

März 2005   Die Herausgeber

Measuring Language Performance in the Knowledge Economy: The Challenge of Aligning UK and European Language Proficiency Scales

Nigel Reeves, Birmingham

1 Some Origins of Language Proficiency Scales

The traditional approach to the assessment of an individual's capability in a foreign language in Britain as, probably, in most countries has been based less on ‚capability' in the sense of what you could do with the language in real-life or quasi reality situations than on what you could demonstrate that you *knew* of the language – its syntax, morphology and its vocabulary in domains pertaining to literature rather than to history, politics or economics (though learning for a specific purpose such as for gaining access to foreign language science journals may have been the exception). Certainly, such grammatical knowledge was the stuff of language teaching and learning and of the examinations, which in Britain, at least if not everywhere else, determined the nature of the curriculum. Employers seeking recruits with a foreign language would typically look to their school or university examination record and not ask what the examination tested and what learning had been entailed.

The concept of language proficiency as what you can *do* in the foreign language in oral and written communicative situations and the desire to measure that proficiency in a standardised descriptive manner arose in part as a reaction to the inadequacies of the schools sector approach. This approach derived from 19th century pedagogy designed for the teaching and learning of the dead languages, Ancient Greek and Latin, which continued to be pre-eminent in prestige until the 1950s. True, there had long been other traditions for the learning of foreign languages for practical purposes: the children of the aristocracies of Europe and those of the wealthy bourgeoisie could afford to employ a French or German governess or an English ‚Miss' for their children, and more often than not even as a nanny during the children's tender years. Thus, the children learnt informally, anticipating Krashen's claims for ‚natural' language acquisition through immersion. And for privileged young adults there was the Grand Tour. Later, in the industrialised age, Berlitz pioneered his Direct Method for middle-class learners of more modest means, followed at a technological level by Linguaphone with its 12" 78 gramophone records. Those who benefited simply used whatever they had acquired. The idea of measuring any consequent proficiency was alien to such commercial provision.

It was not until the 1970s, astoundingly a century or more after the introduction of compulsory state schooling, that pressures for the establishment of standardised and transparent systems for the measurement of individuals' language proficiency were mounting. Unsurprisingly the drivers for change were external to the educational sector. One of the earliest was military in origin. The US National Defense Act was passed following the USSR's launch of the Sputnik. It was recognised in the US that there was a pressing need for foreign language expertise for intelligence gathering and for an effective command structure in multi-national forces such as NATO. The ability of individuals to speak foreign languages had, moreover, to be measured against agreed standards to ensure appropriate appointments and to serve as a yard stick for training.

The full alert was sounded in the 1979 Report of the President's Commission on Foreign Language and International Studies, *Strength Through Wisdom: A Critique of US Capability*. In 1985 the Interagency Language Round Table published ‚Language Skill Level Descriptions' for each of the four main skills, followed in 1986 by *The Proficiency Guidelines* of the American Council on the Teaching of Foreign Languages (cf Clifford / Fischer 1990).

In Europe the pressure came from a different quarter. With the continent still divided in the Cold War into the major confrontational military blocs and a further group of neutral countries, the Council of Europe was active in trying to promote bases for cooperation outside the directly political sphere, above all in the cultural area. Europe's diversity of languages was a challenge that needed to be tackled and the preamble to recommendation R(82)18 of the Council's Committee of Ministers recognised this diversity both as a valuable resource yet also as an obstacle to understanding and cooperation. Specifically it hindered the mobility of European citizens. There should be active exchange of knowledge and experience of language teaching and learning methodologies, the production of learning materials and – of key importance in our context – the development of methods for the evaluation of language learning. Furthermore, not only did the recommendation have in mind the comprehensive improvement of mutual understanding and of cultural and scientific exchange: learners' language competence should be related through appropriate teaching and learning to their ‚specific needs'.

Building on the previous development of the Threshold Level by Van Ek (1977) and then Trim et al (1984), followed by the projects sponsored by the Council between 1982 and 1987 (cf. Gerard/Trim 1988, van Ek/Trim 1991a, 1991b) and extensive work on descriptors and scales by North (1994), *The Common European Framework of Reference for Languages; Learning, Teach-*

ing, Assessment (CEF) appeared in its first edition in 1996. This comprehensive manual goes far beyond the publication of scales of general proficiency and of the four skills for specified functions and tasks and includes extensive commentary on the nature of language learning and on the applications of the scales and descriptors to teaching and learning, and particularly task-based learning, on the development of the curriculum, on testing, and on the standardised formulation of descriptors.

It was, however, preceded by an earlier milestone in the history of languages proficiency scales, the English-Speaking Union Framework of 1989 (cf West/Carroll 1989). The world-wide use of English was established before the Second World War, largely as a result of the use of English in the administrations of the colonies and dominions of the British Empire and the growing economic and political power of the United States.

The English-Speaking Union is a society devoted to the nurture of the English language in the many countries where English is an official language and also acts as a club for scholars world-wide. The need for a Framework of levels and of descriptors of what speakers could do at these levels was becoming imperative with the proliferation of English Language examinations and with the growth in trade, mobility and therefore employment possibilities. This Framework enabled the English language examinations to be matched against explicit descriptions of implied proficiency. The ESU Framework was elaborate, with nine levels from the most basic achievement to high professional level and in addition to the core general language proficiency scale it had twenty further scales in the four skills, Speaking, Listening, Writing and Reading subdivided into areas of application in social, business and academic/educational domains. Indeed it was arguably more comprehensive than the later Common European Framework as far as scales were concerned.

British Awarding Bodies for English as a Foreign Language whose qualifications were mapped to the ESU Framework formed the Association of British ESOL Examining Boards in 1989 but the Cambridge Syndicate withdrew in 1993, having set up in 1990 an association of national language testing bodies across Europe that offered the officially recognised qualifications in their national languages. It took the name Association of Language Testers in Europe (ALTE), aligned its qualifications with the Common European Framework and published its own outline Framework of descriptors for use by teachers and candidates of the Association's examinations.

I turn now to the more immediate developments in the UK which led to the work carried out between 2001 and 2003 by Richard West and myself with the support of Angela Simpson as consultant and Janet White, Principal English Language Officer in the Qualifications and Curriculum Authority, on behalf of that Authority (the Government body charged with the supervision of standards in examinations and teaching (of all subjects) in schools), and of the Ministry of Education, ‚The Department for Education and Skills'.

2 The Development of Government sponsored Language Proficiency Scales in the UK

When the Labour Government came to power in 1997 one of its major electoral slogans was ‚education, education, education'. There was an acute awareness that basic achievement in literacy and numeracy among school-leavers and adults was lower in Britain than in other advanced industrial countries, leading both to reduced competitiveness and to social problems. This culminated in 1999 in Sir Claus Moser's working group report, *A Fresh Start. Improving Literacy and Numeracy* (cf. DfEE 1999), which recommended a national strategy, targets for basic skills, national standards and a national system of qualifications. The newly established Qualifications and Curriculum Authority was to lead and oversee these reforms.

Britain had had an economy primarily based on service industries since the 1970s. The dominance of service industries contributed to the move into what is now called the Knowledge Economy. This is not to say that the Knowledge Economy does not embrace manufacturing but competition calls for an ever greater concentration on products and services that require leading-edge expertise, and that based on the latest research. The work opportunities for the poorly educated and the inarticulate are constantly declining. While overall figures for unemployment in Britain are only some 2.6% (September 2003), that conceals high unemployment in pockets of urban deprivation and segments of the population with low qualifications.

The challenge in Britain was not restricted to improving the communication and numeracy skills of the L1 population. Another driver was the pressing need to supply a framework for measuring and encouraging the performance in the English language of immigrants and refugees from the many trouble spots in the world. English language is required for almost any job in the UK unless the job is entirely within a non-English-speaking community. Moreover, unless immigrants can achieve basic levels of English language proficiency, the possibilities of social integration are also seriously restricted.

The expectation of basic competence in English in order to qualify for citizenship is a hot topic, fiercely debated in the 2002 Asylum Bill, but it now seems likely that a test in English language proficiency will be a required condition. The Department for Education and Skill's publication of 2000, *Breaking the Language Barriers* (cf DfES 2000) examined the needs of ESOL speakers (English for Speakers of Other Languages) and made recommendations designed to

… give access to relevant English language teaching that leads to nationally recognised qualifications.

All this activity came within the Government's vocational and professional education policy entitled ‚Skills for Life'. Proficiency scales were produced for adult literacy from a basic level in five ascending stages, applicable to both native speakers and to those learning English as a second language (*National Standards for Adult Literacy*, cf QCA 2000a). Another five-stage scale had already been created for Communication and for Numeracy by the QCA (1999, ²2000) called *Key Skills,* units of which are intended to be offered in schools and further education and for post-experience ‚lifelong' learning. Attention was also focussed on the language needs of very young children from non-mother tongue English backgrounds and a basic scale was set up for the early learning stages, published also by the QCA (*A Language in Common: assessing English as an additional language,* cf QCA 2000b).

Nor had measuring proficiency in speaking Modern Foreign Languages other than English been forgotten. The national organisation responsible for standards in vocational languages education, the Languages Lead Body, now the Languages National Training Organisation, had already published its own *National Language Standards* in 1993 as a core contribution to the National Vocational Qualifications scheme. This was up-dated in 2000.

3 The Alignment of the Official UK Language Proficiency Scales

With this flurry of activity and proliferation of language proficiency scales, each with its own purpose, target clientele, approach and even numbers of levels (ESU 9; CEF 6 with sub-levels, 11 in all; Adult Literacy, Key Skills Units, National Language Standards 5 each but not all covering the same range of achievement from top to bottom), there was a pressing need to map these scale levels on to the National Qualifications Framework, which had six levels. Richard West of Manchester University, and I, were asked by QCA to ascertain:

1 Whether it was possible to align these scales into a single coherent framework or ‚map', notwithstanding their varying provenance, target audience, approach and number of levels. And above all, and this was perhaps the most novel aspect of the venture, could the existing levels of proficiency be aligned for English for native speakers, English for Speakers of Other Languages and also for learners of Modern Foreign Languages?
2 Secondly, whether it was feasible to produce a set of composite maps of scales levels that could subsequently be used for the comparison and accreditation of Awarding Bodies' qualifications (ie in order formally to lay down what level of achievement within the National Qualifications Frame-

work a pass in a particular examination indicated). Such maps, if they reproduced the level descriptors from the various scales, could help teachers, students, examiners, and even the authors and setters of examinations, to pitch their teaching and tests at an appropriate level with specific learning outcomes and competences in mind.

Despite the differences in numbers of levels, range of proficiency covered, target users and the fullness or ‚thickness' of description we found elements in common that made the project feasible:

1 They were all written for the purpose of *planning language learning* at personal, institutional, national or international levels, though some have also been used for assessment.
2 They all take a purely *descriptive approach, focussed on actual performance* without regard to numbers of learning hours, consideration of any prior aptitude or ‚intelligence' test, or indeed consideration of the speakers' first language, whether it be English itself or a linguistically distant language such as Chinese.
3 All were therefore essentially ‚*Output Models*', describing in positive terms what the speaker could do, framed in so-called ‚can-do statements'.
4 All of them, even the briefest (or ‚thinnest', such as the Key Skills Communication Specifications), feature ‚layers' of descriptive detail, referring to three aspects or manifestations of language proficiency:
   a) Global or overall language proficiency. At this level descriptors take a more abstract form:

   ‚E2
   At this level, adults can:
   write to communicate information with some awareness of the intended audience'
   (National Standards for Adult Literacy, QCA 2000a)

   b) Proficiency in each of the four language skills, reading, writing, listening, speaking.
   c) Applications (or situational use) eg speaking at meetings, writing reports.

These three common features, despite differing emphases and degrees of specificity meant that the basic task *was* feasible.

Our work went through eight research stages:

i) Data gathering, assembling the scales in current use and their associated documentation

ii) Selection of scales (we decided we had to eliminate the ESU Framework and that of ALTE as they were proprietary, and not therefore in the public domain).
iii) Preliminary alignment through scrutiny and comparison of descriptors. It was at this early stage that we had distinguished the three ‚layers' of increasing descriptive specificity.
iv) Stage four required the checking and matching of descriptors down the layers. This helped us to amplify, verify (or falsify, to use Karl Popper's term) our preliminary alignment, and also to produce an overview map showing the alignment of levels from the five selected scales.
v) Drafting the composite skills maps, quoting directly, with page references, from the source scales.
vi) Triangulation through reference to a variety of external documents and reports that already laid claim to making comparisons between some of the scales.
vii) Drawing up a summary or overview map of the scales levels matched against the National Qualifications Framework (which includes reference to national school examinations) and also against the Common European Framework of Reference so that UK qualifications could be compared with European qualifications at accredited levels of the scale.
viii) Circulation and assessment of responses and final editing. Over one hundred copies of the draft report and the Maps were circulated to the Awarding Bodies and other interested bodies and experts, followed by discussion meetings. While there were comments on a number of aspects of the report, there were no suggestions that the alignment was incorrect or unacceptable.

The Report and the Maps were published in May 2003. They were issued by the Department for Education and Skills and the QCA under the title *Pathways to Proficiency. The Alignment of Language Proficiency Scales for assessing competence in English Language* (cf West / Reeves / Simpson 2003).

4 The Outcomes

Map 1 shows the overall alignment of the five scales under consideration (cf West / Reeves / Simpson 2003, 27). The Map immediately suggests the complexity of the situation with, to take one example, Level 1 of the National Standards for Adult Literacy and Key Skills corresponding to CEF B2 and Level 3 of the National Language Standards (NLS), while Level 1 of *A Language in Common* is at CEF A1 Breakthrough and Entry 1 NLS. Clearly this was a source of confusion to learners, employers and probably teachers, itself justifying the alignment.

QCA				Council of Europe Framework	National Language Standards
National Qualifications Framework	National Standards for Adult Literacy	Key Skills	National Curriculum		
Level 5		(Level 5)			
			↑ National Curriculum Levels 2-8 ↓		
Level 4		Level 4		(C2.2)	
Level 3		Level 3		C2 Mastery	Level 5
Level 2	Level 2	Level 2		C1 Operational Proficiency	Level 4
Level 1	Level 1	Level 1		B2 Vantage	Level 3
Entry level	Entry 3			B1 Threshold	Level 2
	Entry 2			A2 Waystage	Level 1
	Entry 1		Level 1 Secure/ Threshold	A1 Breakthrough	(Entry)
			EAL Step 2		
			EAL Step 1		
Notes & sources: 1	2 QCA, National Standards for adult literacy and numeracy, 2000	3 QCA, Key Skills Units, 2000	4 QCA, A Language in Common, 2000	5 Council of Europe, Common European Framework of Reference for Languages, CUP 2001	6 Languages National Training Organisation, The National Language Standards, 2000

MAP 1: General language proficiency scales

Measuring Language Performance in the Knowledge Economy

Our second map aligns the descriptors of general language proficiency from the four main scales under consideration, National Standards for Adult Literacy, incorporating the Key Skills Specifications, the Common European Framework and the National Language Standards (for Modern Foreign Languages) (cf West / Reeves / Simpson 2003, 29-33). I have chosen to show here the highest levels:

National standards for adult literacy	Common European Framework	National Language Standards
Key Skills Specification Level 4 At this level an adult can: • develop a strategy for using communication skills over an extended period of time. • take the lead role in a group discussion about a complex subject. • write extended documents about complex subjects. • evaluate your overall strategy and present the outcomes from your work. **Key Skills Specification Level 3** At this level an adult can: • contribute to a group discussion about a complex subject. • make a presentation about a complex subject • read and synthesise information from extended documents about a complex subject • write different types of documents about complex subjects.	**C 2 Mastery** The language user can: • understand with ease virtually everything heard or read. • summarise information from different spoken and written sources, reconstructing arguments and accounts in a coherent presentation. • express him/herself spontaneously, very fluently and precisely, differentiating finer shades of meaning even in more complex situations. • [Mastery is not intended to imply native or near-native competence].	**Level 5** The user at this level: • *is accepted socially as native or near native speaker.* • is competent in the full range of complex language tasks across a wide and often unpredictable variety of contexts. • has a command of idiom and grammatical structures which permits expression of the finest nuances. • applies a significant range of language strategies from an extensive repertoire, continuously updated to meet changing requirements. • has interactive skills which allow complete and harmonious control of any discussion and constant review of its content and direction.

MAP 2: General language proficiency

The common features give a closely related, arguably unified, ‚portrait' of the user's competences at this level. The subject matter and the accompanying language are complex. The user can summarise (synthesise) complex information. The sources are varied and unpredictable. The user has a range of language strategies at his/her disposal. The user can combine listening, reading, writing and speaking skills in preparing and presenting complex material and then in discussing it.

It is however interesting to note that while CEF C2 specifically lays no claim at this level to native or near-native competence, National Language Standards highlight the receivers' perception of the user's native or near-native competence.

The Third, Fourth, Fifth and Sixth Scales (Maps) are composite maps of Listening, Speaking, Reading and Writing Skills. Let me take a different level as the example, Listening Scales (Map 3) at National Standards for Adult Literacy Entry 3, CEF B1 Threshold and National Language Standards Level 2. Common to them all is the relative (though not, exclusive) familiarity of the source, understanding the detail needed for the purpose of listening and coverage of a range of contexts from the everyday to general technical and professionally relevant (cf West / Reeves / Simpson 2003, 33-34).

National standards for adult literacy	Common European Framework	National Language Standards
Entry 3 An adult can: • listen to and follow the gist of explanations, instructions and narratives in different contexts. • listen for detail in explanations, instructions and narratives in different contexts. • listen for and identify relevant information and new information from discussions, explanations and presentations. • listen to and respond appropriately to other points of view. in familiar formal exchanges connected with education, training, work and social roles.	**B1 Threshold** The listener can: • understand straightforward factual information about common everyday or job-related topics, identifying both general messages and specific details, provided speech is clearly articulated in a generally familiar accent.. • understand the main points of clear standard speech on familiar matters regularly encountered in work, school, leisure, etc. including short narratives. • follow a lecture or talk within his/her own field, provided the subject matter is familiar and the presentation straightforward and clearly structured. • understand simple technical information, such as operating instructions for everyday equipment. • follow detailed instructions.	**Level 2** The listener can effectively: • obtain information about routine and daily activities. • listen for specific details from familiar and directly accessible sources. • listen for general information from familiar and directly accessible sources. • understand simple everyday spoken language, including manipulated forms of set expressions with some less familiar elements. • obtain both specific details from, and the general meaning of, a range of conversations, announcements, messages, instructions and directions spoken at normal speed. • cope with common survival situations involving travel, accommodation and obtaining goods and services. • obtain common numerical, social facts and simple data from public announcements and broadcasts.

MAP 3: Listening scales

Please note that we were able to conflate Key Skills and National Standards for adult literacy, having established that the alignment confirmed that Key Skills 2 & 1 matched Adult Literacy 2 & 1, Adult Literacy continuing ‚down' to Entry 3, Entry 2 and Entry 1.

If I now ‚deconstruct' this level, I can show you the layers of specificity to which I referred earlier. The overall or general level (Layer 1) descriptor features in both the General Language Proficiency Scales and the Listening Skills Scales of CEF:

B1 Threshold
The language user can:

- Understand the main points of clear standard input on familiar matters regularly encountered in work, school, leisure ...
In der deutschen Fassung:
Kann die Hauptpunkte verstehen, wenn klare Standardsprache verwendet wird, und wenn es um vertraute Dinge aus Arbeit, Schule und Freizeit usw. geht.

This item re-appears at Layer 2 in the German version in the scale *Hörverstehen allgemein*:

- Kann die Hauptpunkte verstehen, wenn in deutlich artikulierter Standardsprache über vertraute Dinge gesprochen wird, denen man normalerweise bei der Arbeit, in der Ausbildung oder der Freizeit begegnet; kann auch kurze Erzählungen verstehen.

In our specific Listening Scale we reproduce this general descriptor but then conclude it with the more specific CEF reference, ‚including short narratives'. We add the further descriptor (at layer 2) from the B1 Listening Scale (*Hörverstehen allgemein*):

- Can understand straightforward factual information about common everyday or job-related topics, identifying both general messages and specific details provided speech is clearly articulated in a generally familiar accent.
In der deutschen Fassung:
Kann unkomplizierte Sachinformationen über gewöhnliche alltags- oder berufsbezogene Themen verstehen und dabei die Hauptaussagen und Einzelinformationen erkennen, sofern klar artikuliert und mit vertrautem Akzent gesprochen wird.

At Layer 3, specific applications, we include the descriptor from the scale for listening as member of an audience. This descriptor is found in the German edition in the scale *Als Zuschauer/Zuhörer im Publikum verstehen*:

- Can follow a lecture or talk within his/her own field, provided the subject matter is familiar and the presentation straightforward and clearly structured. Kann Vorträge oder Reden auf dem eigenen Fachgebiet verstehen, wenn die Thematik vertraut und die Darstellung unkompliziert und klar strukturiert ist.

The second and third items from Layer 3, applications, read in our composite map:

- understand simple technical information, such as speaking instructions for everyday equipment.
- follow detailed directions.

In the German edition these descriptors are found in the Scale *Ankündigungen, Durchsagen und Anweisungen verstehen*.

- Kann einfache technische Informationen verstehen, wie z.B. Bedienungsanleitungen für Geräte des täglichen Gebrauchs.
- Kann detaillierten Wegbeschreibungen folgen.

In our composite maps we can further compare this with National Standards for Adult Literacy, Entry 3, which includes for example:

An adult can:

- listen to and follow the gist of explanations, instructions and narratives in different contexts.
- listen for detail in explanations, instructions and narratives in different contexts.
- listen for and identify relevant information and new information from discussions, explanations and presentations.
- in familiar formal exchanges connected with education, training, work and social roles.

Further the National Language Standards Level 2, also quoted in the composite map, states as three items (chosen by us from seven in the original scale):

The listener can effectively:

- listen for specific details from familiar and directly accessible sources.

- obtain both specific details from, and the general meaning of, a range of conversations, announcements, messages, instructions and directions spoken at normal speed.
- obtain common numerical, social facts and simple data from public announcements and broadcasts ... (cf West / Reeves / Simpson 2003, 35).

Thus what I hope these brief examples demonstrate is not only that the alignment is valid (as was confirmed in the very extensive feedback process) but that:

The composite maps provide an easily accessible and user-friendly summary of the descriptors in the original scales, while, I must add – if not highlight – that the scales in the Common European Framework are not necessarily easy to use for rapid reference purposes because they are embedded in the explanatory text.

Through cross-reference between the scales the teacher, examiner, setter – and indeed learner – are provided with richer information than in the single original (certainly the case with regard to the UK scales, but rather less so with regard to the more detailed if rather diffusely presented European Framework scale.)

I should also add that each column of our scales supplies the page reference to the original.

We hope, therefore, to have brought some transparency to the understanding of the scales in use in the UK and Europe more widely, to have enabled comparison and amplification of detail at the aligned levels through the construction of the composite maps, notwithstanding the difference in number of those levels, in target users and even in languages in the scales under consideration.

Beyond this exercise the UK QCA is now situating Awarding Bodies' English language examinations on the scales by an objective scrutiny of the explicit or implicit can-do elements or competences with subsequent matching against the maps. This allows the many disparate English (and MFL examinations on the market) to be placed within the overall National Qualifications Framework. This will be of use to learner candidates to inform them of what the examinations offer them in terms of practical outcomes, to teachers when advising learners which examination to choose, and to employers who can check on what recruits with these qualifications can do (or should be able to do!).

Finally I should add that there is to be a further publication from the Department for Education and Skills and QCA which Richard West and I have also drafted which will exemplify the standards with authentic, but, naturally, anonymous examination scripts for *written* language at levels up to Threshold B1. The texts are marked up for the features that display the descriptors. This document is intended to assist teachers and examiners, above all, to understand through practical examples, what characteristics learners' work displays at a variety of pass levels, thus indicating also the range of competence that can be contained within a proficiency band. We hope that this publication also might be seen as a practical supplement or background document against which to view the Language Proficiency Scales that we scrutinised.

References

ALTE (2001): *The ALTE Framework.* The Association of Language Testers in Europe.
Carroll, B. / West, R. (1989): *The English Speaking Union Framework.* London: ESU:
CEF (1996, 1997, 2000): *The Common European Framework of Reference for Languages,* Council of Europe.
CEF (2001): *Gemeinsamer europäischer Referenzrahmen für Sprachen: lernen, lehren, beurteilen.* Revised German language edition. Berlin, Munich, Vienna, Zurich, New York: Langenscheidt.
Clifford, R. / Fischer, D. (1990): Foreign Language Needs in the US Government. In: *The Annals of the American Academy of Political and Social Science, special edition: Foreign Languages in the Workplace,* 511, September 1990, 109-121.
Council of Europe (1982): *Recommendations R(82) and R(98) 6 18 of Committee of Ministers to Member States concerning modern languages.* Strasbourg: Council of Europe.
DfEE (1999): *A Fresh Start, Improving Literacy and Numeracy.* Report of the working group chaired by Sir Claus Moser. London: DfEE.
DfES (2000): *Breaking the Language Barriers.* London: DfES.
Gerard, D / Trim, J. (eds) (1988): *Project no 12. Learning and teaching modern languages for communication. Final Report of the Project Group (activities 1982-87).* Strasbourg: Council of Europe.
Languages National Training Organisation (1993, ²2000): *The National Language Standards.* London.
North, B. (1994): *Perspectives on language proficiency and aspects of competence: a reference paper discussing issues in defining categories and levels.* Strasbourg: Council of Europe.
QCA (1999, ²2000): *Key Skills Specifications.* London: QCA.
QCA (2000a): *National Standards for Adult Literacy, Qualifications and Curriculum Authority.* London: QCA.
QCA (2000b): *A Language in Common: assessing English as an additional language.* London: QCA.
Strength through Wisdom: A Critique of US Capability. Government Printing Office, Washington DC, 1979.
Trim, J./ Holec, H. / Coste, D. / Porcher, L. (eds) (1984): *Towards a more comprehensive framework for the definition of language learning objectives. Vol I: Analytical summaries of the preliminary studies; Vol II Preliminary studies.* Strasbourg: Council of Europe.
van Ek, J. (1977): *The Threshold Level for modern language learning in schools.* London: Longman.
van Ek, J. / Trim, J. (1991a): *Threshold Level 1990.* Cambridge: CUP.
van Ek, J. / Trim, J. (1991b): *Waystage 1990.* Cambridge: CUP.
West, R. / Reeves, N. / Simpson, A (2003): *Pathways to Proficiency. The Alignment of Language Proficiency Scales for assessing competence in English language.* London: DfES/ QCA.

Englisch als Lingua Franca und seine Rolle in der internationalen Wissensvermittlung. Ein Aufruf zur Selbstbehauptung

Barbara Seidlhofer, Wien

1 Einleitung

Zu Beginn scheint es mir wichtig, einen genaueren Blick auf den Titel dieses Beitrags zu werfen. Ich nehme ihn sehr wörtlich, weil es mir signifikant erscheint, dass er genau so formuliert ist und nicht etwa: ‚Die Rolle von Englisch als Lingua Franca in der internationalen Wissensvermittlung'.

Letztere Formulierung wäre aufgrund ihrer strukturellen Mehrdeutigkeit – (A) ‚Die Rolle von [Englisch als Lingua Franca] ...' vs. (B) ‚[Die Rolle von Englisch] als Lingua Franca ...' – missverständlich und irreführend. Lesart A würde fälschlich den Eindruck erwecken, dass ‚Englisch als Lingua Franca' (ELF) bereits eine etablierte, beschriebene linguistische Einheit darstellt; und bis vor kurzem wäre überhaupt nur Lesart B möglich gewesen, weil ‚Englisch als Lingua Franca' als Konzept und als linguistische Realität kaum angedacht war.

Der gewählte Titel dagegen verweist mit seinen beiden koordinierten Nominalphrasen – ‚English als Lingua Franca' und ‚seine Rolle in der internationalen Wissensgesellschaft' – auf die zwei Untersuchungsfragen, um die es in meinem Beitrag geht: ‚Was ist Englisch als Lingua Franca? Und welche Rolle in der internationalen Wissensvermittlung spielt es oder kann/könnte es spielen?'

Die Beschäftigung mit der ersten Frage scheint mir wesentlich und grundlegend für die Beantwortung der zweiten zu sein; sie bildet daher den Fokus meines Beitrags.

In seinem Buch *English-Only Europe?* behandelt Robert Phillipson auch die übermächtige Stellung des Englischen im Wissenschaftsbetrieb und stellt bedauernd fest:

> the international scholarly community ... increasingly functions exclusively in English, uses approaches favoured in the Anglo-American world, and is serviced by ‚international' journals whose editors tend to be nationals of the USA and the UK. (Phillipson 2003, 80f)

Dass das Englische eine nie dagewesene globale Verbreitung und damit auch Macht erlangt hat, ist unbestritten. Was man aber bei dieser Beobachtung immer sofort hinzufügen muss, ist natürlich, dass die meisten Sprecher dieses Englisch sogenannte Non-Native Speakers sind, sei es in postkolonialen Gebieten, wo Englisch oft eine offizielle Rolle im öffentlichen Leben spielt, oder im Rest der Welt, wo Englisch normaler Weise eine Fremdsprache ist. Nach zwangsläufig groben Schätzungen ist heute nur einer unter vier Benützern des Englischen ein Native Speaker der Sprache (vgl. Crystal 2003, 69).

Beneke (1991, 54) schätzt, dass an etwa 80 Prozent der verbalen Interaktionen, in denen Englisch als Zweit- bzw. Fremdsprache verwendet wird, überhaupt keine Native Speakers teilnehmen (vgl. Gnutzmann 2000, 357). Dieser Umstand veranlasst Graddol (1997) zu der folgenden Prognose:

> Native speakers may feel the language ‚belongs' to them, but it will be those who speak English as a second or foreign language who will determine its world future. (Graddol 1997, 10)

Ich würde allerdings unterstellen, dass diese schlicht-einleuchtende Einsicht bei vielen Non-Native Speakers noch nicht Platz gegriffen hat. Aber es ist wahr, dass aus der numerischen Übermacht der Non-Native Speakers ganz allmählich eine Art Aufbruchstimmung entsteht, die noch in ihren Anfängen ist, deren Grundlagen ich aber hier näher beleuchten will.

Die Vormachtstellung des Englischen in so vielen Lebensbereichen stößt also zunehmend auch auf Widerstand, ja Ressentiments: Ammon (2001) bemerkt dazu:

> It seems to me that negative valuations of the present world language situation are often not frankly expressed in publications, in order to avoid conflicts or criticism of being resentful or simply for reasons of politeness. The absence of explicit value statements is therefore, in my opinion, a questionable indicator for real judgement. ... [W]e need more valid, and of course representative, resentment studies with respect to the present prevalence of English. (Ammon 2001, vi/vii)

Ammons Vorschlag zielt wohl darauf ab, durch die Artikulation der zweifellos gegen das Englische vorhandenen Ressentiments einen ersten Schritt in Richtung ‚Aufbegehren gegen die Native-Speaker-Herrschaft' in der internationalen Wissensvermittlung zu unternehmen.

Eine ganz klare Aufbruchstimmung herrschte auch beim letzten Forum der Welthandelsorganisation in Cancun im September 2003, von dem berichtet wurde, dass erstmals bei einem solchen Gipfel die weniger industrialisierten, weniger reichen Länder ihre eigene Stimme wirklich hörbar machten. So war etwa im Online-Guardian folgendes zu lesen:

Alliance of the poor unites against west

Developing countries refuse to accept modest offer from Americans and EU

A five-day poker game ended last night with developing countries calling the west's bluff and refusing to accept the modest concessions on offer from the EU and the United States.

If Brussels and Washington had been expecting the coalition of poor countries to fold in the last few crucial hours of talks, they could not have been more wrong.

The overwhelming message coming out of the World Trade Organisation talks in Mexico was that the developing world is united, organised and not to be messed with.

„It was a very good result for us," said Manuel Roxas, trade minister for the Philippines. „**The voice of the poor countries has been heard very loudly. They acted in the best interests of their economies and people.**"

Many of these countries were not ready to go so far, so fast. „The EU and the US wanted a one-size-fits-all agreement, which was impossible for many countries to agree to." (Guardian, online am 19.03.03)

Wir sehen hier also zur ersten Mal beim WTO-Gipfel ein konzertiertes Aufbegehren gegen ein von der EU und den USA diktiertes „one-size-fits-all"-Übereinkommen, und somit gegen die Annahme, dass die bestehende Weltordnung eine legitime ist, in der die ‚dritte Welt', obwohl numerisch in der Überzahl, nichts zu sagen hat. Dass dies jenen, die bisher den Ton angaben, nicht unbedingt willkommen ist, belegt folgende Pressemeldung über denselben Gipfel:

The United States blamed some countries, which it didn't name, that it said were more interested in flowery speeches than negotiations.

„Some countries will now need to decide whether they want to *make a point*, or whether they want to *make progress*," U.S. Trade Representative Robert Zoellick said. (China Daily Global Newspaper, online am 15.03.03, meine Hervorhebung)

In diesem Zitat fällt die Gegenüberstellung von „make a point" und „make progress" auf – diese werden vom amerikanischen Handelsbeauftragten als einander ausschließende Optionen dargestellt: In seiner Sichtweise müssen sich die angesprochenen Länder entscheiden, ob sie *entweder* „ein Argument anbringen" *oder* „Fortschritt(e) machen" wollen – wobei aber natürlich die Definition, worin der Fortschritt besteht, den Amerikanern vorbehalten ist. Aus der Perspektive der ‚Entwicklungsländer' hingegen kann Fortschritt nur dann erzielt werden, wenn ihre Argumente akzeptiert werden.

Die Frage der übermächtigen globalen Rolle der englischen Sprache ist zwar nicht so direkt eine Überlebensfrage wie die der Übermacht der Industrieländer im Welthandel. Dennoch besteht eine interessante Parallele darin, dass wie die Einwohner der ‚dritten Welt' auch die Non-Native Speakers des Englischen gegenüber den Native Speakers in der Überzahl sind, aber in Bezug auf die Sprache bisher ebenfalls nichts zu sagen hatten. Auch hier wurde bisher von den Native Speakers bestimmt, was „making progress" ist, Fortschritt etwa im Erlernen, in der Beherrschung der englischen Sprache. Aber auch hier ist die Zeit reif für „making a point": Das Argument – der springende Punkt – ist, dass die beispiellose Verbreitung des Englischen eine Rekonzeptualisierung der Sprache verlangt: neben Englisch als Sprache der Engländer, Amerikaner etc. entsteht Englisch als Lingua Franca, oder ELF.

2 The Importance of Being ELF

Die Annahme, dass ELF einfach (muttersprachliches) Englisch ist, das als Lingua Franca verwendet wird, ist weit verbreitet – man geht aus von der Existenz einer bekannten (Mutter)Sprache, Englisch, und fügt eine Verwendungscharakterisierung hinzu: „English as a global language", „English as an international language", „English as a lingua franca". Der international angesehene Linguist David Crystal drückt dies so aus:

> I believe in the fundamental value of a common language, as an amazing world resource which presents us with unprecedented possibilities for mutual understanding, and thus enables us to find fresh opportunities for international cooperation. In my ideal world, everyone would have fluent command of a single world language. I am already in the fortunate position of being a fluent user of *the language* which is most in contention for this role, and have cause to reflect every day on the benefits of having it at my disposal. (Crystal 2003, xiii, meine Hervorhebung)

Für Crystal ist also die „single world language", die in seiner Idealvorstellung alle Erdbewohner beherrschen würden, die „language which is most in contention for this role", also *die* Sprache, die für diese Rolle am ehesten in Frage kommt, gleichzusetzen mit der Sprache, die *er* spricht, mit *seinem* English; und er sagt, dass er sich täglich glücklich schätzt, diese Sprache schon zu seiner Verfügung zu haben.

Die Gleichung lautet also „Englisch als Muttersprache" = „Englisch als Lingua Franca". Wenn diese Gleichsetzung akzeptiert wird, dann haben die Native Speakers des Englischen tatsächlich einen beachtlichen ‚Heimvorteil' auf der ganzen Welt. Was bei Aufstellung dieser Gleichung aber übersehen wird, ist, dass das Englisch, mit dem Japaner und Deutsche, Finnen und Jordanier, Chinesen und Russen miteinander kommunizieren, oft, ja meist, sehr weit entfernt ist von den in diesen Kontexten gänzlich irrelevanten muttersprachlichen Normen der Engländer, Amerikaner, Australier und Iren. Beobachtungen zeigen sogar, dass die idiomatischen Eigenheiten des muttersprachlichen Englisch in diesen Situationen interkultureller Kommunikation sogar sehr hinderlich sein können. Darauf kommen wir später noch einmal zurück.

Aber warum ist es so schwierig, diese an sich offensichtliche Tatsache zu akzeptieren? Die globale wirtschaftliche und politische Vormachtstellung der Amerikaner, die sich natürlich auch auf dem kulturellen und wissenschaftlichen Sektor niederschlägt, ist ein Teil der Erklärung; die Wirtschaftsinteressen der englischsprachigen Länder tun das ihre. So können wir über Aussagen wie diese von (berühmt-berüchtigten) Politikern schmunzeln:

> Others may speak and read English – more or less – but it is our language not theirs. It was made in England by the English and it remains our distinctive property, however widely it is learnt or used. (Enoch Powell, zitiert in *The Independent* am 23.04.88)

Aber auch berüchtigte Politiker sprechen Dinge aus, von denen sie annehmen, dass sie bei der Wählerschaft gut ankommen. Und was mehr Anlass zur Sorge gibt ist, dass diese Meinung gleichzeitig auch von Institutionen vertreten wurde, die sich in ihrem Selbstverständnis eigentlich um das öffentliche Bildungswesen, besonders in ärmeren Ländern, kümmern sollten:

> Britain's real black gold is not North Sea oil but the English language. It has long been at the root of our culture and now is fast becoming the global language of business and information. The challenge facing us is to exploit it to the full. (*British Council Annual Report* 1987/88)

Aus (angewandt-)linguistischer Sicht ist aber das grundlegendere Problem, welches diese Argumentation überhaupt erst möglich macht, dass wir nur ein Konzept von einer legitimen Sprache haben: Die einzige Art von Sprache, die es wert ist, ernst genommen und beschrieben zu werden, ist die, die muttersprachlich gesprochen wird. Daran hat sich seit der Schilderung in Coulmas' ‚A Festschrift for Native Speaker' nichts geändert:

> It is interesting to note that the nativeness criterion is maintained across theoretical boundaries and contrasts ... Within the framework of field linguistics, the native speaker is a human being who is able to give information about his or her language. In theoretical linguistics, by contrast, he often figures as an abstract idealization. Yet, notwithstanding these fundamental differences, the speaker whom the linguist is concerned about is invariably claimed to be a *native* speaker. He is the one who can legitimately supply data, and his language is what grammatical analyses are meant to account for. Thus, nativeness is *the* only universally accepted criterion for authenticity. (Coulmas 1981, 5)

Die Tatsache, dass diese Aussage von Coulmas auch heute noch Gültigkeit hat, ist kein gutes Zeugnis für die Evolutionstüchtigkeit der Linguistik. Die nie dagewesene globale Verbreitung einer Sprache sollte mittlerweile auch eine nie dagewesene Konzeptualisierung von Sprache zulassen, nämlich die einer Lingua Franca, die nicht an muttersprachlichen Kriterien gemessen wird. Laut David Crystal trat die Weltsprachenrolle des Englischen erst in den 1990er Jahren in das öffentliche Bewusstsein:

> Only a relatively short time ago the prospect of English becoming a truly global language was uncertain. Indeed, it was only in the 1990s that the issue really came to the fo-

re, with surveys, books and conferences trying to explain how it is that a language can become truly global, what the consequences are when it happens, and why English has become the prime candidate. (Crystal 2004, 6)

Seit der Mitte der 1990-er sind aber nun schon fast 10 Jahre vergangen, und ein Umdenken in der Konzeptualisierung von Englisch als Lingua Franca beginnt sich erst langsam abzuzeichnen. Nach wie vor wird meist automatisch angenommen, dass ‚Englisch' die Sprache ist, die wir von *Sex and the City* und *Four Weddings and a Funeral* kennen, und dass dieses Englisch, als sozusagen vorgefertigte, bereits existierende Einheit, dasselbe ist, das in ‚Englisch als Lingua Franca' figuriert.

Wir sind also, trotz vieler Erkenntnisse der Soziolinguistik, die uns die Willkürlichkeit von Sprachgrenzen und die Unvermeidbarkeit von Sprachwandel vor Augen führen, noch immer sehr in einer Tradition von (nationalen) Einzelsprachen verhaftet. Damit verbunden ist eine Art vorauseilender Gehorsam gegenüber Native Speakers, besonders Native Speakers *der* Weltsprache schlechthin. Aus dieser Perspektive heißt ‚eine andere Sprache sprechen' immer ‚jemandes anderen Sprache sprechen', also eine Sprache, die anderen gehört. Und dann ist es auch nicht verwunderlich, wenn man oder frau bei der (oft zwangsläufigen) Verwendung der Sprache, die das Eigentum anderer ist, sprachliche Unterwürfigkeit, ja Minderwertigkeitskomplexe entwickelt und sich immer wieder bemüßigt fühlt, sich für sein „schlechtes Englisch" zu entschuldigen. Dieses Verhalten kann man bei allen Sprachen beobachten, ist aber in Bezug auf Englisch ob seiner globalen Rolle völlig absurd. Dies versichert uns auch ein (aufgeklärter) Engländer:

> How English develops in the world is no business whatever of native speakers in England, the United States, or anywhere else. They have no say in the matter, no right to intervene or pass judgement. They are irrelevant. The very fact that English is an international language means that no nation can have custody over it. To grant such custody over the language is necessarily to arrest its development and so undermine its international status. (Widdowson 2003, 43)

Wenn wir Widdowsons Logik folgen (und es ist nicht leicht, sich ihr zu entziehen), dann ergibt sich daraus zwingend eine Frage: Wenn es nicht die Engländer oder Amerikaner sind, die die Entwicklung der Sprache als globales Verständigungsmittel bestimmen, sondern alle Benützer dieser Lingua Franca, wie sieht diese Sprache dann aus, wie hört sie sich an, wo wird sie beschrieben? Vor ein paar Jahren lautete die Antwort auf diese Fragen noch z.B. so:

> Zu Beginn des neuen Millenniums ist es unbestritten, dass Englisch die wichtigste internationale Verkehrssprache ist.... Trotz der Bedeutung des Englischen als lingua franca gibt es bisher kaum Untersuchungen tatsächlich ablaufender Interaktionen. (Edmondson / House 2000, 64)

Seit dem Jahr 2000 hat sich auf dem Gebiet der Deskription von ELF allerdings einiges getan, und dies soll im folgenden Abschnitt kurz zusammengefasst werden.

3 Was ist ELF?

Die meisten Definitionen des Terminus ‚Lingua Franca' schließen Native Speakers aus. So zum Beispiel Samarin:

> any lingual medium of communication between people of different mother tongues, for whom it is a second language. (Samarin 1987, 371)

Das Kriterium, dass eine Lingua Franca keine Native Speakers hat, schlägt sich auch in den meisten Definitionen von ELF nieder:

> [ELF is] a ‚contact language' between persons who share neither a common native tongue nor a common (national) culture, and for whom English is the chosen *foreign* language of communication. (Firth 1996, 240)
> ELF interactions are defined as interactions between members of two or more different linguacultures in English, for none of whom English is the mother tongue. (House 1999, 74)

Diese Definition von ELF in seiner puren Erscheinungsform schließt aber natürlich nicht aus, dass auch Native Speakers an den unzähligen tagtäglichen Interaktionen teilnehmen, in denen Englisch als Lingua Franca dient.

Besonders relevant für die gegenwärtigen Betrachtungen ist, wie House ihre Ausführungen fortsetzt. Unmittelbar im Anschluss an obiges Zitat sagt sie:

> [ELF] interactions are extremely frequent now and will increase exponentially in the future. ... As, moreover, they often occur in ‚influential networks', i.e., global business, politics, science, technology and media discourse, [therefore] it seems vital to pay more attention to the nature of ELF interactions, and ask whether and how they are different from both interactions between native speakers, and interactions between native speakers and non-native speakers. An answer to this question would bring us closer to finding out **whether and in what ways ELF interactions are actually *sui generis*.** (House, ibid.)

Als Linguisten sollten wir erwarten, dass die Antwort auf die hier gestellte Frage bejahend ausfällt. Denn unter Linguisten ist allgemein bekannt, dass sich Sprachen in den Sprechergemeinschaften, die sie verwenden entsprechend jenen Anforderungen entwickeln, die an sie gestellt werden. Warum sollte das für ELF anders sein?

Wie Brutt-Griffler (2002) in ihrem Buch mit dem kühnen Titel ‚World English' überzeugend darlegt, ist Bi- bzw. Multilingualismus ein wichtiges Charakteristikum dieses World English, und somit auch der Einfluss der jeweiligen

Erstsprache der Sprecher. Im Gegensatz zur Kritik am ‚linguistischen Imperialismus' à la Phillipson (1992) argumentiert Brutt-Griffler für die Anerkennung der aktiven Rolle aller Sprecher des Englischen: Diese seien Akteure („agents") in der weltweiten Verbreitung und Weiterentwicklung des Englischen und somit nicht nur passive Rezipienten und Beobachter; ganz im Gegenteil, sie tragen erheblich bei zu jenen Formen, die die Sprache in Erfüllung ihrer globalen Rolle annimmt, und sie bemächtigen sich ihrer in einem Prozess, den Brutt-Griffler ‚macroacquisition' nennt und womit sie eine Art gesellschaftlichen, nicht nur individuellen Spracherwerb meint.

Diese Einschätzung liegt auch der allmählich in Schwung kommenden deskriptiven Arbeit an ELF zugrunde. Eine Anzahl einzelner, nur teilweise vernetzter Forschungsprojekte beschäftigen sich seit ein paar Jahren mit der Beschreibung der linguistischen Erscheinungsformen von ELF. In der Folge sollen diese kurz zusammengefasst werden; ein detaillierter Überblick findet sich in Seidlhofer (2004).

Die deskriptive ELF-Forschung beschäftigt sich vor allem mit mündlichen Interaktionen. Die Gründe hierfür sind, dass diese nicht dem stabilisierenden und standardisierenden Einfluss der Verschriftlichung unterliegen und so am ehesten aufzeigen, wie die Sprache im ‚Hier und Jetzt' der Interaktion spontan verwendet wird. Zudem kann in mündlichen Interaktionen in Echtzeit beobachtet werden, wie GesprächsteilnehmerInnen Bedeutungen aushandeln, wie sie sich produktiv und rezeptiv verhalten, und wie sie die Sprache quasi gemeinsam ‚ko-konstruieren'. Interaktive Sprechereignisse lassen zudem Schlüsse darüber zu, wo Kommunikationsprobleme auftreten und wie mit diesen umgegangen wird.

Der erste umfassende Versuch, den Gebrauch von ELF auf einer Sprachebene zu erfassen, ist das Buch *The Phonology of English as an International Language* (Jenkins 2000). Die Autorin legt darin auf der Grundlage von Analysen zahlreicher Dialoge und Gruppengespräche unter Nicht-Muttersprachlern des Englischen dar, welche phonologischen und phonetischen Merkmale des Englischen für internationale Verständlichkeit essentiell sind: Ihre Studie erlaubte es Jenkins, jene Aussprache‚fehler' zu identifizieren, die zu Verständigungsproblemen zwischen Sprechern verschiedener Erstsprachen führten und welche nicht. Aufbauend auf diese Erkenntnisse formulierte Jenkins ein sogenanntes ‚pedagogical Lingua-Franca Core': Jene Native-Speaker-Aussprachen, die sozusagen die (nicht erreichten) ‚Ziellaute' der ersten Kategorie darstellen, deren ‚falsche' Aussprache also Verständigungsprobleme nach sich zog, bezeichnet Jenkins als ‚Lingua Franca Core', als Kernlaute von ELF. Die ‚Ziellaute' der zweiten Kategorie, deren ‚falsche' Aussprache keine Verständigungsprobleme verursachte, nennt sie ‚Non-Core'. Für den Unterricht von Englisch für Lingua-Franca-Zwecke schließt Jenkins daraus, dass nur die Core-Laute erlernt werden müssen, um internationale Verständlichkeit zu gewährleisten, wodurch sich für die Lernenden eine Konzentration auf das Wesentliche und somit eine Verkleinerung der Lernanstrengung ergibt.

Was im gegenwärtigen Kontext aber besonders betont werden soll, ist folgendes: Die von ELF-Sprechern produzierten Laute, die nicht zum Lingua Franca Core gehören, können durchaus von der Aussprache von Native Speakers abweichen, etwa durch den Ersatz mit einem ähnlichen Laut aus der Erstsprache der Sprecher. Diese Laute sind deswegen aber nicht als ‚falsch' zu bezeichnen, wenn es um internationale Verständlichkeit geht. Damit demonstriert Jenkins einen radikalen Perspektivenwechsel von ‚sprachlichem Defizit' zu ‚sprachlichem Unterschied', im Zuge dessen dann Abweichungen von Native-Speaker-Aussprachen als gänzlich akzeptable und zu akzeptierende Erscheinungsformen soziolinguistischer Variation aufgefasst werden. Die Analysen von Jenkins belegen auch eindrucksvoll die wichtige, identitätsstiftende Rolle von L1-L2 Transfer-Phänomenen und die entscheidenden Beitrag sozio-psychologischer Vorgänge wie gegenseitiges Aufeinander-Eingehen und Anpassung (‚Accommodation' im Sinne von etwa Giles / Coupland 1991). Eine Zusammenfassung der Arbeit von Jenkins zur Phonologie von ELF ist in Jenkins (2002) nachzulesen.

Aufgrund der relativen Geschlossenheit des phonologischen Systems war es wohl für diesen Bereich eher machbar, zu verlässlichen Schlüssen zu gelangen als für andere Sprachebenen. Dies bedeutet allerdings nicht, dass auf anderen Ebenen weniger geforscht wird – das Gegenteil ist der Fall. Dies gilt vor allem für pragmatische Analysen von ELF. Als Pioniere auf diesem Gebiet sind vor allem Knapp (1987), Firth (1996), Meierkord (1996; s. auch 2000) und House (1999; 2002) zu nennen. Auch Dresemann (in Vorbereitung), Haegeman (2002), Kordon (2003), Lesznyák (2004), Mauranen (2003), Penz (2003), Pitzl (2004) and Pölzl (2004) analysieren ELF-Interaktionen mit TeilnehmerInnen einer Vielzahl verschiedener Muttersprachen. Natürlich unterscheiden sich die Befunde je nach den Fragen, die die ForscherInnen stellen, wie auch nach den Interaktionstypen (z.B. Tischgespräche, Gruppendiskussionen, simulierte Konferenzen und Geschäftstelefonate). Dennoch scheinen die Analysen gewisse Verallgemeinerungen zuzulassen: Echte Missverständnisse sind in ELF-Interaktionen relativ selten; wenn sie doch vorkommen, werden sie meist durch Themenwechsel, weniger oft durch offene Aushandlung (wie Nachfragen, Paraphrasieren, Wiederholen) aufgelöst. Interferenzerscheinungen, die auf Annahmen verschiedener interaktioneller Normen beruhen, sind rar, wohl weil die üblichen Normen von den SprecherInnen bewusst oder unbewusst vorläufig als ungültig ‚suspendiert' werden. Oft wird beobachtet, dass Interaktanten auf der Basis eines sogenannten ‚let-it-pass'-Prinzips (s. Firth 1996) handeln: Sie nehmen an, dass etwas, das unklar ist, entweder später geklärt wird oder sich als irrelevant erweist. Generell erscheint ELF-Pragmatik somit als nach Übereinstimmung strebend sowie kooperativ und gekennzeichnet von gegenseitiger Unterstützung. Eine etwas skeptischere Linie wird von House (1999; 2002) vertreten, die auf die Gefahr verweist, dass oberflächliche Harmonie tieferliegende Probleme übertünchen könnte – eine Frage, die den Bedarf an weiteren umfassenden, detaillierten Untersuchungen klar unterstreicht. Hier wird das Desiderat einer breiten empirischen Datenbasis sehr deutlich.

Eine weitere Sprachebene, die Lexikogrammatik von ELF, ist noch weitgehend unbeforscht. Dies mag insofern verwundern, als ja die Lexikogrammatik im Sprachbewusstsein von Individuen die wohl prominenteste Rolle spielt und zudem quantitativen Analysemethoden relativ gut zugänglich ist. Wiederum scheint der Grund hierfür in der Ermangelung einer umfassenden Datenbasis zu liegen. Es gibt zwar einige Untersuchungen im Rahmen von laufenden Promotionsprojekten (z.B. Dewey 2003, Dröschl et al (im Druck), Hollander 2002, Prodromou 2003, Mollin (in Vorbereitung), Breiteneder 2005), aber diese basieren jeweils auf relativ kleinen Datensätzen der individuellen ForscherInnen. Für verlässliche Aussagen besteht also auch hier der Bedarf an einem großen, systematisch erstellten Korpus nach dem Vorbild jener Korpora für das muttersprachliche Englisch (z.B. British National Corpus, Cobuild Bank of English, ICE-GB)[1], die äußerst detaillierte, beeindruckende Einblicke in den tatsächlichen Sprachgebrauch von Native Speakers möglich gemacht und damit die deskriptive Linguistik revolutioniert haben.

Ein Projekt an der Universität Wien hat es sich zur Aufgabe gemacht, eine breite Datenbasis für die Deskription von ELF herzustellen. Aufbauend auf eine Pilotphase, die durch Oxford University Press ermöglicht wurde, wird nun innerhalb eines durch den österreichischen Forschungsfonds (FWF) finanzierten, für die Geisteswissenschaften relativ großen Forschungsprojekts ein umfangreiches Korpus von gesprochenem ELF namens VOICE (Vienna-Oxford International Corpus of English)[2] erstellt. Dieses Korpus umfasst ELF-Interaktionen mit SprecherInnen einer Vielzahl verschiedener Erstprachen sowie in einer großen Bandbreite von Schauplätzen („settings') und Domänen/Tätigkeitsbereichen. Die erfassten Sprechereignisse sind improvisierte (im Sinne von spontan, nicht vorher verschriftlicht), direkte ‚face-to-face'-Gespräche und Telefonate unter SprecherInnen, für die (bis auf ganz wenige Ausnahmen) Englisch eine Fremdsprache und die für die jeweiligen Anforderungen gewählte Kommunikationssprache ist. Es handelt sich hier um Gespräche, die in professionellen, informellen oder bildungsorientierten Situationen geführt werden und eine Reihe verschiedener Funktionen/Kommunikationszwecke erfüllen, wie etwa den Austausch von Information oder die Pflege zwischenmenschlicher Beziehungen. Die SprecherInnen treten in verschiedenen Rollen und Beziehungen zueinander auf, wie z.B. ‚miteinander bekannt' / ‚einander unbekannt' oder in einem symmetrischen oder asymmetrischen Machtverhältnis zueinander stehend. Die Sprechereignisse um-

---

1 vgl. Aston / Burnard 1998 für das British National Corpus, Greenbaum 1996 für das International Corpus of English.
2 siehe www.univie.ac.at/Anglistik/voice

fassen private und öffentliche Dialoge, private und öffentliche Gruppendiskussionen und gesellige Unterhaltungen sowie einige Interviews.

Die Zielgröße dieses Korpus beträgt für die nächste (dreijährige) Phase etwa eine Million Wörter, also doppelt so viel wie die gesprochenen Teile der einzelnen Komponenten des International Corpus of English.[3] Die Gespräche werden transkribiert und nach einem eigens für diese Zwecke entwickelten System annotiert. Dies ist ein sehr mühevoller Prozess, da sich die Transkription nicht nach bekannten Sprachnormen richten kann, also nicht transkribieren darf, was im englischen Sprachgebrauch zu erwarten bzw. ‚normal' wäre, sondern was die SprecherInnen tatsächlich sagen – und das ist zudem manchmal auf Grund von ungewohnten Akzenten, Überlappungen, etc. nicht leicht zu verstehen. Es kann also durchaus vorkommen, dass es eine Stunde intensiver Arbeit erfordert, um eine Gesprächsminute zu transkribieren. Nach dem Vorbild von MICASE, des Michigan Corpus of Spoken Academic English[4], sollen die Transkriptionen und ausgewählte Sound Files der Scientific Community für Forschungszwecke über das Internet zugänglich gemacht werden.

Die Fragestellungen, die durch das Korpus bearbeitet werden können, sind im Prinzip dieselben wie für jedes andere Korpus. Kennedy (1998) fasst diese folgendermaßen zusammen:

> What are the linguistic units, patterns, systems or processes in the language, genre or text and how often, when, where, why and with whom are they used? (Kennedy 1998, 276)

Die Fragen, die an das VOICE-Korpus herangetragen werden können, wären also zum Beispiel:

- Welche grammatikalischen Konstruktionen und lexikalischen Möglichkeiten werden von ELF-Sprechern besonders bevorzugt; welche sind oft kommunikativ erfolgreich? Und welche werden eher vermieden?
- Gibt es Faktoren, die besonders zu einem reibungslosen Kommunikationsablauf beitragen?
- Welche Faktoren führen zu Verständnisproblemen, Missverständnissen oder sogar zum Zusammenbruch der Kommunikation?
- Besteht eine nachweisbare Korrelation zwischen dem Grad der Annäherung an muttersprachliche Normen des Englischen und Kommunikationserfolg?

---

3 Das International Corpus of English (ICE) umfasst 15 Varietäten des Englischen (wie z.B. britisches, amerikanisches, australisches, südafrikanisches, indisches, ... Englisch (siehe http://www.ucl.ac.uk/english-usage/ice/index.htm) nicht aber Englisch als Lingua Franca.
4 s. http://www.lsa.umich.edu/eli/micase/index.htm

- Gibt es phraseologische, lexikogrammatikalische oder phonologische Formen, die nach muttersprachlichen Normen inkorrekt sind, aber in den ELF-Interaktionen unproblematisch sind?
- Wenn ja, kann man Hypothesen aufstellen und testen, welche Vereinfachungen muttersprachlicher Formen systematische Merkmale dieser ELF-Interaktionen darstellen?

Die Bearbeitung dieser Fragestellungen sollte es möglich machen, so etwas wie einen ‚Index kommunikativer Redundanz' aufzustellen und der These nachzugehen, dass englische (mutter)sprachliche und soziokulturelle Normen in Bezug auf Korrektheit und Idiomatizität in ELF-Interaktionen zu einem gewissen Grad suspendiert sind, und dass es eher andere Faktoren wie z.b. subtile Aushandlungsprozesse sind, die zu erfolgreicher Kommunikation führen.

Um verlässliche Aussagen über diese Fragen machen zu können, muss zuerst die Erstellung eines umfangreicheren Korpus abgewartet werden. Es ist jedoch durchaus möglich, aufgrund der in der Pilotphase gesammelten Daten eindeutige Tendenzen festzustellen. Die deutlichsten unter diesen sind, dass ELF-Sprecher oft:

- das im Standard-Englischen erforderliche -s-Morphem der dritten Person Singular Präsens nicht verwenden, sondern dieselbe Form für alle Personen (*I like, she like*)
- die Relativpronomina *who* und *which* als auswechselbar behandeln, anstatt wie im Standard-Englischen *who* für Menschen und *which* für den Rest zu verwenden (wie in *things who* und *people which*)
- bestimmte und unbestimmte Artikel auslassen, wo sie im Standard-Englischen erforderlich sind, oder sie dort verwenden, wo sie im Standard-Englischen nicht vorkommen (z.B. *they have a respect for all, he is very good person*)
- Plural-Formen von Nomina bilden, die im Standard-Englischen keine haben (*informations, knowledges, advices*)
- das Demonstrativum *this* für Verweis auf Nomina nicht nur im Singular sondern auch im Plural verwenden (*this country, this countries*)
- sehr intensiven Gebrauch machen von semantisch sehr weiten, allgemeinen Verben, besonders *make*, aber auch *do, have, put, take* (*make sport, make a discussion, put attention*)
- sich auf eine invariable Form für Frageanhängsel beschränken (oft *isn't it*, aber auch z.B. *no?*) statt die im Standard-Englischen übliche Bandbreite (z.B. *shouldn't we, oughtn't they*) auszuschöpfen
- die sprachliche Redundanz (und somit Klarheit) erhöhen durch Hinzufügung von Präpositionen (*discuss about something, phone to somebody*) oder Nomina (*black colour* statt einfach *black*, *how long time* statt einfach *how long*)

All diese Merkmale scheinen die Kommunikation in den bisher aufgenommenen Interaktionen keineswegs zu beeinträchtigen. Es können aber auch Fälle beobachtet werden, in denen Verständigungsprobleme auf sprachliche ‚Defizite' zurückzuführen sein dürften. Dies passiert einerseits öfter, wenn SprecherInnen ein Vokabelproblem haben, aus dem sie sich (oder einander) nicht mit Paraphrasen heraushelfen können. Während dies ja kaum verwundern wird, gibt es aber auch interessante Fälle, in denen besonders idiomatischer Sprachgebrauch von einem Sprecher einen anderen Gesprächspartner einfach überfordert. Dies passiert meist, wenn SprecherInnen in der englischen Sprache besonders gewandt sind, aber nicht richtig abschätzen (können), wie viel sie ihrem Gegenüber ‚zumuten' können. Beispiele hierfür sind metaphorischer Sprachgebrauch, idiomatische Redewendungen und Sprichwörter wie zum Beispiel *the ball is in your court* (~ *jetzt ist es an Ihnen, zu handeln*) oder *this is the cherry on the cake* (~ *das macht die Sache vollkommen*). Umgekehrt kommt es auch vor, dass ELF-Sprecher versuchen, eine idiomatische Wendung zu gebrauchen, diese aber nicht ganz richtig hinbekommen, wie z.B. *he will bring the bacon home* statt *he will bring home the bacon* (~ *er wird es schaffen*); *line, hook and sinker* statt *hook, line and sinker* (~ *total*). Welchen Effekt diese Abwandlungen haben, hängt sehr von der Sprecherkonstellation ab (z.B. davon, ob das Gegenüber die intendierte Redewendung überhaupt kennt), aber es kommt auch hier öfters zu Anzeichen von Verständigungsproblemen (wie z.B. Aushandlungssequenzen). Manchmal kann solch eine unangebrachte Idiomatizität (oder versuchte Idiomatizität) ziemlich rücksichtslos wirken. Aus diesem Grund habe ich solche Fälle ‚unilaterale Idiomatizität' genannt. Was diese Beobachtungen jedenfalls anzeigen ist die Tatsache, dass quasi-muttersprachlicher (‚near-native', ‚native-like') Sprachgebrauch in ELF-Situationen durchaus kontraproduktiv sein kann.[5]

Die bisherigen Befunde eröffnen die Aussicht auf durchaus verlässliche und quantifizierbare Resultate auf der Basis eines großen Korpus. Was jedoch besonders wichtig erscheint, ist nicht so sehr das Aufzeigen und Abzählen bestimmter sprachlicher ‚Abweichungen' vom muttersprachlichen Englisch, sondern die all-

---

5 Mein eigenes Interesse gilt aus den dargelegten Gründen dem gesprochenen ELF. Damit möchte ich aber nicht sagen, dass nicht auch die Beschäftigung mit schriftlichem ELF von großer Bedeutung ist. Ganz allgemein kann man sagen, dass schriftliches ELF vor allem ESP (English for Specific Purposes, also Fachsprache) ist (s. Widdowson 1997). Hier verlässt man sich mehr auf etablierte Formen und Konventionen, wohl weil die Möglichkeit der direkten Aushandlung von Bedeutungen nicht gegeben ist. Aber auch hier wird die Legitimität dieser von Native Speakers vorgegebenen Normen zusehends hinterfragt: Wer sagt, dass Native-Speaker-Normen für *internationale* Verständlichkeit wirklich am Besten sind? Mehr und mehr Non-Native Speaker bedienen sich dieses Mediums, und allmählich wird sich wohl auch hier Sprachwandel im Sinne von Brutt-Grifflers *macroacquisition* einstellen. Um ein kleines Beispiel zu nennen: vor ein paar Jahren rümpften viele Native Speakers noch die Nase über das (vielleicht zuerst von deutschsprachigen ELF-Benützern eingeführte) Verb ‚to problematize'. Jetzt verwenden sie es zunehmend selber.

gemeineren Prozesse, die in diesem bisher beispiellosen Sprachgebrauch ablaufen, ganz unabhängig von Erstsprache und Niveau der jeweiligen Sprecher. Diese bauen natürlich auf den Einsichten in bis zu einem gewissen Grad vergleichbare Abläufe, wie sie z.B. in der historischen Sprachwissenschaft, der Sozio- und Variationslinguistik, Kontaktlinguistik, Spracherwerbsforschung, interkulturellen Pragmatik und Kommunikationswissenschaft seit langem intensiv beforscht werden. Aus dieser Perspektive ist das Studium von Englisch als Lingua Franca in seiner Essenz das Studium massiven und beschleunigten Sprachwandels.

4 Was könnte/sollte die Rolle von ELF in der internationalen Wissensvermittlung sein?

‚Ignoti nulla cupido' – laut Ovid kann man sich das Unbekannte nicht wünschen. Phillipson (2003, 171) berichtet, dass dieses Zitat von Zamenhof in Bezug auf Esperanto verwendet wurde. Ich denke, es trifft aber auch besonders auf ELF zu: Solange wir uns ELF nicht als eine eigenständige Ausformung vorstellen können, besteht kaum eine Alternative zur oft bedauerten und als bedrohlich empfundenen Hegemonie des Englischen. Sobald wir ein eigenes Konzept von ELF in unseren Köpfen zulassen, neben Englisch als Muttersprache, und eine Deskription dieses ELF erarbeitet haben, ist zu erwarten, dass dies positive Auswirkungen auf seinen Status und seine Akzeptanz haben wird: Wenn es Grammatiken und Wörterbücher gibt, die bestätigen, dass gewisse Konstruktionen und Lexeme in der internationalen ELF-Kommunikation auf bestimmte Weise verwendet werden, werden auch die Hemmungen fallen, von ihnen Gebrauch zu machen, nur weil sie nicht den (hier irrelevanten) Native-Speaker-Normen genügen. Hier gilt im Wesentlichen das, was Bamgbose aus der Perspektive der postkolonialen ‚Englishes' sagt:

> If an international standard does emerge, it will not be identical with any national variety, native or non-native, because all the varieties would, in varying degrees, have contributed to it. ... Crucial to the entrenchment of innovations and non-native norms is codification. Without it users will continue to be uncertain about what is and what is not correct and, by default, such doubts are bound to be resolved on the basis of existing codified norms, which are derived from an exonormative standard. Codification is therefore the main priority of the moment. (Bamgbose 1998, 12).

Ein Anfang in Richtung Kodifikation ist damit gemacht, dass mehr und mehr deskriptive Arbeit an ELF unternommen wird. Und in der 7. Auflage des *Oxford Advanced Learner's Dictionary*, welche dieses Jahr herauskommt, gibt es zum ersten Mal eine ganze Seite, die ‚English als Lingua Franca' gewidmet ist.[6]

---

6 „Oxford University Press is very interested in the implications for English Language Teaching of research into English as an international language and for this reason we have supported Professor Seidlhofer's initiative in building the VOICE corpus. When

Es bewegt sich also etwas in Sachen ‚Emanzipation von Non-Native Speakers'. Die normative Kraft des Faktischen wird das ihre tun, denn allein durch die zahlenmäßige Übermacht der ELF-SprecherInnen wird es allmählich auch zu einer Werte- bzw. Normenverschiebung kommen. Ein größeres Selbstbewusstsein, das aus numerischer Überzahl plus Kodifizierung von ELF resultiert, müsste mittelfristig unweigerlich zu einem ‚Machtausgleich' zwischen ELF Speakers und Native Speakers des Englischen führen. Dieser Prozess ist schon im Gange. Ein Beispiel, das die Komplexität dieser Vorgänge gut illustriert, ist folgendes: Die EU-Erweiterung hat drastische Veränderungen in den Übersetzungspraktiken in den EU-Institutionen mit sich gebracht: Da es nicht genug Übersetzer für ‚kleine Sprachen' gibt, geht man zunehmend ab vom Prinzip, dass jeweils nur in die Erstsprache übersetzt wird. Stattdessen bedient man sich sogenannter Relais-Sprachen (meist Englisch oder Französisch), über die man in die anderen Sprachen übersetzt – aber auch wieder zurück in die Relais-Sprache. Dies heißt, dass zum Beispiel finnische, litauische oder slowakische Übersetzerinnen ins Englische übersetzen. Melchers / Shaw (2003) kommentieren dies so:

> Three interesting and symptomatic points arise from these changes in interpreting practice. One is that since the pivot will often be English, the position of English will be strengthened – all information will have ‚passed through' the language. The second is that combining relay and biactive interpreting means that no native speakers of English will be involved: *an expansion of English appears to result in a reduction of the significance of native speakers.* Consequently, the third observation is that the English that occupies such an important position will be an ‚offshore' variety not controlled by native speakers. This combination of increased use with a decreased role for native speakers and a variety defined by non-natives is a common one in considering English in the expanding circle, as it was in the outer circle. (Melchers / Shaw 2003, 182, meine Hervorhebung)

Was hier geschildert wird, ist also, zum Unterschied von Knapps (2002) ‚fading-out of the non-native speaker' ein ‚fading-out of the native speaker'.

Ein weiteres Indiz für die Emanzipation von ELF-Sprechern ist, dass es in manchen internationalen Kontexten, in denen bisher Native Speakers einfach tonangebend waren, nun ‚in' ist, ein Non-Native Speaker zu sein: Angesichts der globalen Rolle von Englisch ist dies nun für die Glaubwürdigkeit in vielen Diskussionen und vielen Situationen einfach notwendig, besonders wenn es um Themen wie Sprachenpolitik oder Englischunterricht geht. Es beinhaltet mittlerweile Prestige, nicht Native Speaker zu sein und trotzdem mit angemessener Kompetenz auf Englisch funktionieren zu können.

---

sufficient corpus evidence is available to show that a particular usage is widely used and understood by competent non-native speakers from a variety of language backgrounds, we would wish to refer to this development in our major English Language Teaching dictionaries, such as the *Oxford Advanced Learner's Dictionary*." (Moira Runcie, Editorial Director, OUP ELT Dictionaries, personal communication, Oct 2002)

Was das Verlagswesen und Publikationspraktiken betrifft, würde ich der eingangs zitierten Aussage Phillipsons über die noch immer wachsende Vorherrschaft des Englischen insofern widersprechen, als Gegenbeispiele im Zunehmen begriffen sind. So gibt es jetzt immer mehr lokale Publikationen, in denen zunehmend Autoren oder Autorenteams verschiedener Erstsprachen auf Englisch schreiben. Und InJAL, das *International Journal of Applied Linguistics*, wird zwar in Oxford verlegt, die Herausgeber und somit Gestalter dieser Fachzeitschrift sind aber ein Norweger und eine Österreicherin, die sich bemühen, dem Wort ‚international' im Namen der Zeitschrift wirklich gerecht zu werden.[7]

5 Aufruf zur Selbstbehauptung

Es liegt mir fern, die Problematik der Hegemonie des Englischen in der internationalen Wissenschaftskommunikation zu verneinen oder zu verharmlosen. Vielmehr geht es mir darum, dem überholten ‚vorauseilenden Gehorsam' gegenüber unangebrachten muttersprachlichen Normen entgegenzuwirken, der die weite Verbreitung des Englischen und den Zwang, sich dieser Sprache für die internationale Kommunikation zu bedienen, noch immer begleitet. Wie House (2003) ausführt, ist die ELF-Sprechergemeinschaft nicht eine ‚speech community' im konventionellen Sinn, sondern eher eine ‚community of practice' im Sinne von Wenger (1998). Aus dieser Perspektive hat erfolgreiches Kommunizieren sehr wenig zu tun mit ‚perfekter Sprachbeherrschung'; vielmehr gilt es, allgemeinere, sprachübergreifende Fähigkeiten und Strategien zu entwickeln, zu verfeinern und wohl auch explizit zu unterrichten. Auf den Gebieten der Sprachbewusstheit/ Language Awareness (vgl. z.B. Hawkins 1991, [1984]), Kommunikationsstrategien (vgl. z.B. Kasper / Kellerman 1997), Accommodation Theory (vgl. z.B. Giles / Coupland 1991) oder der ganz essentiellen Monitoring- und Optimierungsstrategien, die Kommunikation auch/besonders unter „widrigen Umständen" (Braun 2004) ermöglichen (vgl. Braun / Kohn 2001, Kohn 1990), gibt es eine Fülle von bislang noch zu wenig genutzten Forschungsergebnissen und Erklärungsmodellen, die zu einem abgerundeteren und faireren Verständnis von internationaler und interkultureller Kommunikation (oder besser: Kommunikationsfähigkeit) mit ELF einen wesentlichen Beitrag leisten könnten. An der Tatsache, dass Englisch derzeit die vorherrschende Wissenschaftssprache ist, kann dadurch freilich nichts verändert werden. Aber wohl daran, wie wir damit umgehen, wie wir uns darin behaupten und wie wir uns dabei fühlen.

---

[7] siehe die InJAL-Webseite <http://www.blackwellpublishing.com/journal.asp?ref=0802-6106> und vor allem das neue ‚Editorial Statement' in Heft 14/2.

Literaturverzeichnis

Ammon, U. (Hrsg.) (2001): *The dominance of English as a language of science. Effects on other languages and language communities*. Berlin / New York: Mouton de Gruyter.
Aston, G. / Burnard, L. (1998): *The BNC handbook*. Edinburgh: Edinburgh University Press.
Bamgbose, A. (1998): Torn between the norms: innovations in world Englishes. *World Englishes*, 17, 1-14.
Beneke, J. (1991): Englisch als lingua franca oder als Medium interkultureller Kommunikation. In R. Grebing (Hrsg.): *Grenzenloses Sprachenlernen* (54-66):. Berlin: Cornelsen.
Braun, S. (2004): *Kommunikation unter widrigen Umständen? Fallstudien zu einsprachigen und gedolmetschten Videokonferenzen*. Tübingen: Narr.
Braun, S. / Kohn, K. (2001): Dolmetschen in der Videokonferenz. Kommunikative Kompetenz und Monitorstrategien. In Thome, G., Giehl, C., Gerzymisch-Arbogast, H. (Hrsg.): *Kultur und Übersetzung. Methodologische Probleme des Kulturtransfers*. Tübingen: Narr.
Breiteneder, A. (2005): *Exploiting redundancy in English as a European Lingua Franca: The case of the ‚the third person –s'*. Diplomarbeit, Universität Wien.
Brutt-Griffler, J. (2002): *World English. A study of its development*. Clevedon: Multilingual Matters.
China Daily Global Newspaper (2003): WTO trade talks collapse in Mexico. http://www.chinadaily.com.cn/en/doc/2003-09/15/content_264077.htm am 15.02.03
Coulmas, F. (Hrsg.):(1981): *A festschrift for native speaker*. The Hague: Mouton.
Crystal, D. (2003): *English as a global language*. 2· Auflage. Cambridge: Cambridge University Press.
Crystal, D. (2004): *The language revolution*. Cambridge: Polity Press.
Dewey, M. (2003): Codifying lingua franca English. Paper presented at the IATEFL Conference Brighton, April.
Dresemann, B. (in Vorbereitung):. *Merkmale englischer Lingua Franca-Kommunikation in professionellen Kontexten*. Dissertation, Universität Münster.
Dröschel, Y., Durham, M. / Rosenberger, L. (im Druck): Swiss English or simply non-native English? A discussion of two possible features. In D. J., Allerton / C. Tschichold / J. Wieser (Hrsg.): *Linguistics, language learning and language teaching. ICSELL 10*. Basel: Schwabe.
Edmondson, W. / House, J. (2000): *Einführung in die Sprachlehrforschung*. 2nd edn. Tübingen: Francke.
Firth, A. (1996): The discursive accomplishment of normality. On ‚lingua franca' English and conversation analysis. *Journal of Pragmatics*, 26, 237-259.
Giles, H. / Coupland, N. (1991): *Language: contexts and consequences*. Milton Keynes: Open University Press.
Gnutzmann, C. (2000): Lingua franca. In M. Byram (Hrsg.): *The Routledge encyclopedia of language teaching and learning*. London: Routledge, 356-359.
Graddol, D. (1997): *The future of English?* London: British Council.
Greenbaum, S. (Hrsg.): (1996): *Comparing English worldwide. The international corpus of English*. Oxford: Clarendon.
Guardian (2003): Alliance of the poor unites against west. http://www.guardian.co.uk/wto/article/0,2763,1042297,00.html am 15.09.03.

Haegeman, P. (2002): Foreigner talk in lingua franca business telephone calls. In K. Knapp / C. Meierkord (Hrsg.): L*ingua franca communication*. Frankfurt a.M.: Peter Lang, 135-162.
Hawkins, E. (1991, [1984]): *Awareness of language: An introduction*. Überarbeitete Auflage. Cambridge: Cambridge University Press.
Hollander, E. (2002): *Is ELF a Pidgin? A corpus-based study of the grammar of English as a lingua franca*. Diplomarbeit, Universität Wien.
House, J. (1999): Misunderstanding in intercultural communication: Interactions in English as a *lingua franca* and the myth of mutual intelligibility. In C. Gnutzmann, (Hrsg.): *Teaching and Learning English as a Global Language*. Tübingen: Stauffenburg, 73-89.
House, J. (2002): Pragmatic competence in lingua franca English. In K. Knapp / C. Meierkord, C. (Hrsg.): *Lingua franca communication*. Frankfurt a.M.: Peter Lang, 245-267.
House, J. (2003): English as a lingua franca: A threat to multilingualism? *Journal of Sociolinguistics*, 7/4, 556-578.
Jenkins, J. (2000): *The phonology of English as an international language. New models, new norms, new goals*. Oxford: Oxford University Press.
Jenkins, J. (2002): A sociolinguistically based, empirically researched pronunciation syllabus for English as an International Language. *Applied Linguistics*, 23, 83-103.
Kasper, G. / Kellerman, E. (Hrsg.) (1997): *Communication strategies: Psycholinguistic and sociolinguistic perspectives*. London: Longman.
Kennedy, G. (1998): *An Introduction to Corpus Linguistics*. London: Longman.
Knapp, K. (1987): English as an international *lingua franca* and the teaching of intercultural communication. In: Lörscher, W. and R. Schulze (Hrsg.): *Perspectives of Language in Performance. Tübinger Beiträge zur Linguistik* 317/2. Tübingen: Narr, 1022-1039.
Knapp, K. (2002): The fading out of the non-native speaker. Native speaker dominance in lingua-franca-situations. In K. Knapp / C. Meierkord, C. (Hrsg.):, *Lingua franca communication* (217-244):. Frankfurt a.M.: Peter Lang.
Kohn, K. (1990): *Dimensionen lernersprachlicher Performanz. Theoretische und empirische Untersuchungen zum Zweitsprachenerwerb*. Tübingen: Narr.
Kordon, K. (2003): *Phatic communion in English as a lingua franca*. Diplomarbeit, Universität Wien.
Lesznyák, A. (2004): *Communication in English as an International Lingua Franca. An Exploratory Case Study*. Norderstedt: Books on Demand.
Mauranen, A. (2003): Academic English as lingua franca – a corpus approach. *TESOL Quarterly*, 37, 513-527.
Meierkord, C. (1996): *Englisch als Medium der interkulturellen Kommunikation. Untersuchungen zum non-native-/non-native-speaker-Diskurs*. Frankfurt a.M.: Lang.
Meierkord,C. (2000): Interpreting successful lingua franca interaction. An analysis of non-native / non-native small talk conversations in English. Linguistik online 5. http://www.linguistik-online.de/1_00/MEIERKOR.HTM.
Melchers, G. / Shaw, P. (2003): *World Englishes*. London: Arnold.
Mollin, S. (in Vorbereitung): *Form and Function of an Emerging Non-Native Variety of English in Europe*. Dissertation, Universität Freiburg.
Penz, H. (2003): Successful intercultural communication. In B. Kettemann / G. Marko (Hrsg):, *Expanding circles, transcending disciplines, and multimodal texts*. Tübingen: Narr.
Pitzl, M-L. (2004): *„I know what you mean" – ‚miscommunication' in English as a Lingua Franca: the case of business meetings*. Diplomarbeit, Universität Wien.

Phillipson, R. (1992): *Linguistic imperialism.* Oxford: Oxford University Press.
Phillipson, R. (2003): *English-only Europe? Challenging language policy.* London: Routledge.
Pölzl, U. (2004): Signalling cultural identity: the use of L1/Ln in ELF, *VIEWS* (Vienna English Working Papers): 12/2, 3-23.
Prodromou, L. (2003): In search of the successful user of English. *Modern English Teacher,* 12, 5-14.
Samarin, W. (1987): Lingua franca. In U. Ammon, N. Dittmar / K. Mattheier (Hrsg.): *Sociolinguistics. An international handbook of the science of language and society.* Berlin / New York: de Gruyter, 371-4.
Seidlhofer, B. (2004): Research perspectives on teaching English as a lingua franca. *Annual Review of Applied Linguistics,* Vol 24, 209-239.
Wenger, E. (1998): *Communities of Practice.* Cambridge: Cambridge University Press.
Widdowson, H.G. (1997): EIL, ESL, EFL: global issues and local interests. *World Englishes,* 16, 135-146.
Widdowson, H.G. (2003): *Defining issues in English language teaching.* Oxford: Oxford University Press.

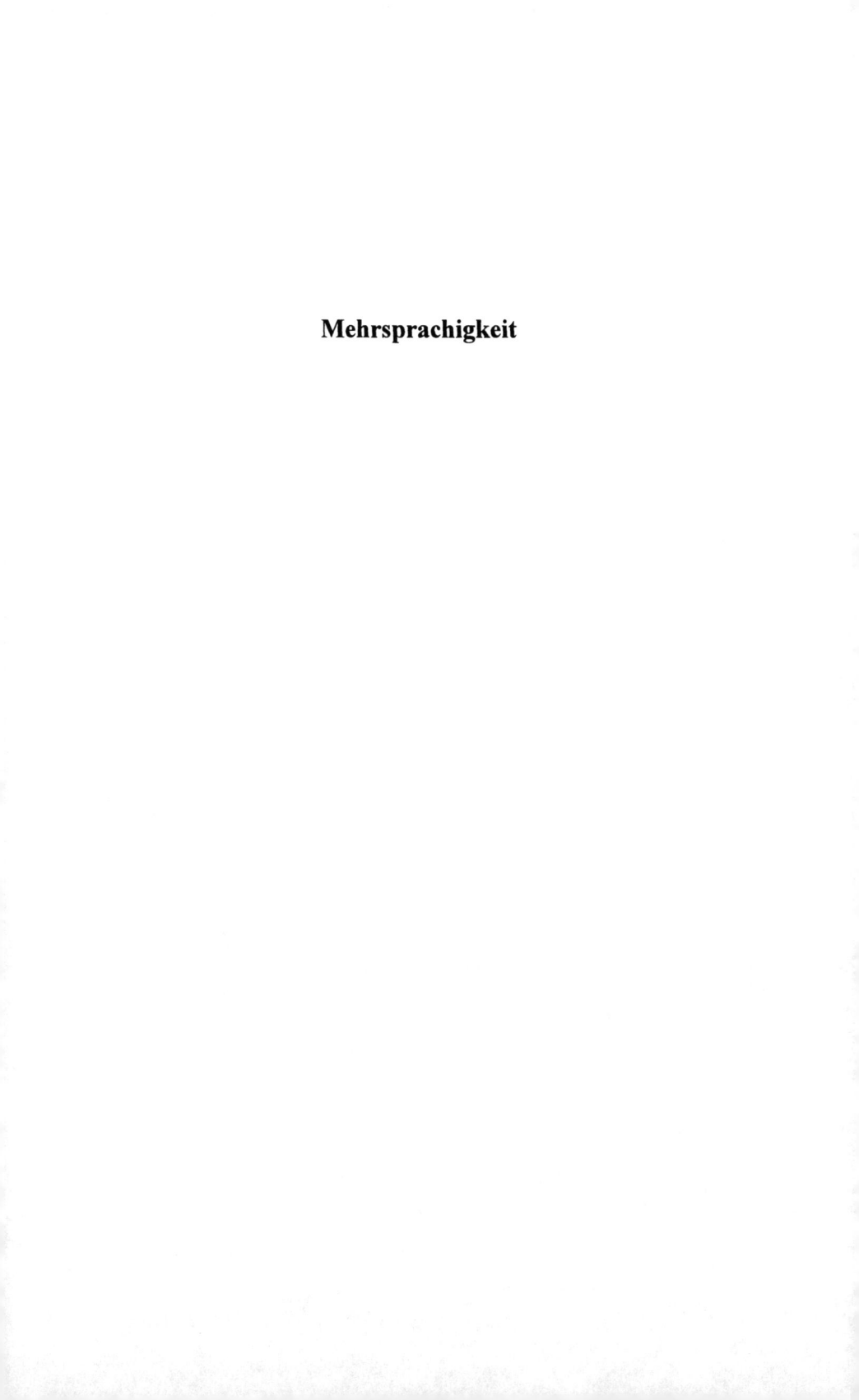

＃ Mehrsprachigkeit

Mehrsprachigkeit fordern und fördern

Margarete Ott, Osnabrück

1 Mehrsprachigkeit fordern

Im bildungspolitischen Diskurs nimmt Mehrsprachigkeit einen hohen Stellenwert ein. Ein hoher Bildungsanspruch gilt heute als unvereinbar mit Einsprachigkeit. Gleichzeitig gewinnt die Forderung nach einer mehrsprachigen Bildung im Zusammenhang mit der europäischen Vereinigung, Globalisierungstendenzen und demografischen Veränderungen im Kontext von Migration und Zuwanderung neues Gewicht und Profil. Einige wenige prominente Beispiele des öffentlichen Diskurses der letzten Jahre seien genannt:

1. Das europäische Jahr der Sprachen 2001 war Ausdruck und Kristallisationspunkt der Bestrebungen einer mehrsprachigen Bildung für alle Bürger. Leitmotiv war die Förderung sprachlicher Vielfalt und des Sprachenlernens.
2. Die auf der 12. internationalen Deutschlehrertagung (IDT 2001) in Luzern verabschiedete Resolution fordert Erhalt und Förderung von Mehrsprachigkeit durch Einbeziehung von Migrantensprachen in das Schulsprachenprogramm und durch frühes Fremdsprachenlernen – ausdrücklich nicht mit Englisch als erster Fremdsprache. Mehrsprachige Familien und Wohngebiete böten günstige Voraussetzungen für eine Kultur der Mehrsprachigkeit.
3. Mehrsprachige Bildung ist ein zentrales Element bildungspolitischer Forderungen. Das Bundesministerium für Bildung und Forschung (BMBF) formulierte ein Handlungskonzept zur Förderung des Sprachenlernens.[1] Die Vielfalt der Sprachen soll als kultureller Reichtum Europas anerkannt werden. Neben der Muttersprache werden Kenntnisse in zwei weiteren modernen Fremdsprachen als Mindestqualifikation für jeden zukünftigen Europabürger gefordert. „Vorrangiges Ziel gemeinsamer Anstrengungen [...] ist die Förderung der Mehrsprachigkeit. Für Deutschland als Land mit Grenzen zu neun anderen europäischen Staaten sollen die Sprache der Nachbarn Teil dieser Mehrsprachigkeit sein. Daneben soll die Förderung der Migrantensprachen sowie die Förderung weiterer Weltsprachen stehen" (BMBF 2003, These I).

---

[1] BMBF (2003): Sprachenlernen fördern: Zehn Thesen für ein Handlungskonzept.

4. In den KMK-Empfehlungen ‚Interkulturelle Bildung und Erziehung in der Schule' (KMK 1996/1998) wird lebensweltlich vorhandene Mehrsprachigkeit und Multikulturalität als mitbegründend für interkulturelle Erziehung betrachtet und als positiver Faktor zur Erreichung der damit verbundenen Ziele. Ziel sei auch, Mehrsprachigkeit zu erhalten bzw. zu schaffen. Der (nichtdeutsche) muttersprachliche Unterricht (MSU) solle mit dem Regelunterricht verzahnt und in die reguläre Schulzeit eingebunden werden.

Zusammenfassend lässt sich sagen, dass die Beherrschung mehrerer Sprachen nicht nur als ein Qualitätsfaktor, sondern auch als ein zunehmend notwendiges Element schulischer Bildung angesehen wird. Natürliche Mehrsprachigkeit bzw. ein individuelles Potenzial für eine andere Sprache als die der Majorität, wie sie Schülerinnen und Schüler aus Migrantenfamilien mitbringen, dürfte dann in Bezug auf den Schulerfolg nicht von Nachteil sondern eher von Vorteil sein. Zwei- und Mehrsprachigkeit auf hohem Niveau könnte für diese Klientel zu einem besonderen Qualitätsfaktor schulischer Bildung in einer Wissensgesellschaft werden.

2 Aspekte der Förderung von Mehrsprachigkeit

Politische Forderungen nach Mehrsprachigkeit müssen – wenn sie ernst gemeint sind – Vorstellungen entwickeln über die schulische Förderung des Lernens von Sprachen. Dabei stellt sich zunächst die Frage, was es heißt, eine Sprache zu lernen.

Darauf gibt es keine einfachen Antworten. Stellvertretend sei hier Albert Raasch (2001,4) zitiert: „Eine Sprache lernen heißt, sie aussprechen können, Wörter dieser Sprache kennen lernen und ‚richtig' schreiben können. Wörter zu Sätzen verbinden können, also Aussprache, Rechtschreibung, Wortschatz und Grammatik erwerben. Aber das ist wohl erst der Anfang eines umfassenden Verständnisses von Sprache. [...] man kann etwas Wesentliches und Interessantes lernen, wenn man sich mit einer anderen Sprache beschäftigt, weil man sich über die Sprache einer anderen Kultur nähert." Hier wird davon ausgegangen, dass die Herausbildung sprachlicher Kompetenzen sowohl ein graduelles Phänomen als auch ein komplexes und vielschichtiges ist, das kulturelles Lernen beinhaltet. Und es wird davon ausgegangen, dass eine kompetente Sprachbeherrschung schriftliche und schriftsprachliche Fähigkeiten mit umfasst. In unserer schriftkulturellen Gesellschaft schließt eine nur mündliche Sprachbeherrschung von vornherein aus von wesentlichen sprachlichen Teilbereichen und somit auch von kulturellen und gesellschaftlichen, so dass die Frage berechtigt ist, ob jemand mit ausschließlich mündlichen Sprachfähigkeiten als kompetenter Sprachteilnehmer gelten kann.

Mit Mehrsprachigkeit verbindet sich jedoch im Allgemeinen nicht eine quasi zwei- oder mehrfache muttersprachliche Kompetenz, sondern es werden funktionale Kompetenzen, die sich von der Basissprache graduell und dimensionell unterscheiden, in weiteren Sprachen erworben. Entscheidend ist aber eine Sprachkompetenz auf hohem Niveau in der Sprache (normalerweise die Sprache der Primärsozialisation), die als Instrument des Wissenserwerbs und als Vergleichsmaßstab beim Erwerb weiterer Sprachen dient.

Wenn in den oben angeführten Forderungen davon die Rede ist, dass weitere Sprachen neben der Muttersprache erlernt werden sollen, so impliziert dies, dass die Muttersprache die Rolle einer vorrangig und schulisch insbesondere im Bereich der Schriftsprachlichkeit geförderten Basissprache spielen sollte. Aus der Perspektive der Schüler mit nichtdeutscher Muttersprache bedeutete dies, dass auch ihre Familiensprache schulisch zu einem anspruchsvollen Niveau geführt würde und für das Erlernen weiterer Sprachen Ausgangs- und Anknüpfungspunkt sein müsste.

Schulische Förderung von Mehrsprachigkeit betrifft zum einen die Förderung individueller Mehrsprachigkeit und zum anderen die Förderung von bestimmten Sprachen, die zur individuellen Mehrsprachigkeit führen. Es geht also u. a. um die Frage, welche Sprachen in ein schulisches Mehrsprachigkeitskonzept einbezogen werden. Nach den o.g. sprachpolitischen Forderungen sollen Nachbarsprachen, Migrantensprachen und weitere Weltsprachen gefördert werden und insgesamt wird für eine Diversifizierung des Fremdsprachenangebots plädiert (BMBF 2003, These V).

Versteht man *Nachbar* in einem ursprünglichen Sinn, sind die hier lebenden Migranten viel eher Nachbarn als die Bürger in Anrainerstaaten. Und sind Länder wie Italien oder Portugal keine Nachbarländer, nur weil sie keine gemeinsame Grenzen zu Deutschland aufweisen und obwohl sie zur Europäischen Union gehören? Hohe Mobilität und moderne Kommunikationstechnologien schaffen Nachbarschaften und kommunikative Nähe auch für Sprachen in nicht geografisch angrenzenden Ländern. Migrantensprachen sind meist in doppelter Hinsicht qualifiziert: aufgrund entsprechender Bevölkerungsanteile in Deutschland und aufgrund von Austauschbeziehungen auf verschiedensten Ebenen.

Was eine Weltsprache ist, ist nicht klar definiert. Viele der in Deutschland gesprochenen Migrantensprachen, wie z. B. Russisch, Türkisch, Spanisch und Portugiesisch können sicher als Weltsprachen bezeichnet werden. Sie sind also als Nachbar- und Weltsprachen und meist sogar EU-Sprachen mehrfach dafür prädestiniert, in ein schulisches Mehrsprachigkeitskonzept aufgenommen zu werden.

Es stünde vollkommen im Einklang mit den Forderungen nach einer mehrsprachigen Bildung, Sprecher von Migrantensprachen schulisch zu kompetenten Sprachteilnehmern ihrer Muttersprache zu erziehen. Dies schlösse ein hohes schriftsprachliches Niveau mit ein und implizierte eine Ausbildung von Mehrsprachigkeit, denn selbstverständlich muss ja die Sprache der Majorität, also Deutsch, und auch die mittlerweile zu einer sprachlichen Grundbildung gehörende Fremdsprache Englisch erlernt werden.

3 Mehrsprachigkeitsförderung und Migrantensprachen

Das Potenzial vor Ort vorhandener Migrantensprachen wird jedoch nicht so erschlossen, wie sich aufgrund der Forderungen nach einer mehrsprachigen Bildung vermuten ließe. Dagegen verstärken sich die Tendenzen, nichtdeutschen Herkunfts- bzw. Familiensprachen schulisch wenig Aufmerksamkeit und Wertschätzung zu schenken. Ein Schriftspracherwerb in der Muttersprache ist für Kinder mit Migrationshintergrund keinesfalls eine selbstverständliche schulische Angelegenheit und Sprachkenntnisse auf hohem Niveau (und damit sämtliche weiteren intellektuellen Leistungspotenziale) von Seiteneinsteigern finden keinerlei Anerkennung, wenn sie nicht mit ebensolchen Deutschkenntnissen gepaart sind und wenn sie nicht in das begrenzte Fremdsprachenspektrum weiterführender Schulen passen.

3.1 Förderung von Migrantensprachen und Deutschförderung

Offizielle Mehrsprachigkeitskonzepte schließen die Deutschförderung mit ein: „Die Förderung der Mehrsprachigkeit schließt die Förderung der deutschen Sprache im In- und Ausland mit ein: Bund, Länder und freie Bildungsträger sollen sich gemeinsam der Förderung der deutschen Sprache widmen" (BMBF 2003, These I). Mittlerweile ist in Deutschland die Deutschförderung auf Kosten der Förderung von Migrantensprachen an die erste Stelle gerückt. Mehrsprachigkeit fördern wird für die potenziell mehrsprachigen Kinder aus Migrantenfamilien in erster Linie so interpretiert, dass nach einer intensiven Deutschförderung weitere Sprachen in einer festgelegten Sprachenfolge schulisch relevant werden. Sprachfähigkeiten von Schülern mit Migrationshintergrund werden von vornherein als defizitär eingestuft, die durch einseitige zweisprachliche Förderung in den Normbereich gebracht werden müssen. Die tatsächliche gesamtsprachliche Kompetenz bleibt ohne schulische Relevanz. Sprachenförderung bewegt sich somit wieder auf eine sprachkompensatorische Sonderpädagogik zu (vgl. dazu auch Gogolin et al. 2001).

Wenn eine Studentin in einer Klausuraufgabe (2003) zum Thema Deutsch als Zweitsprache schreibt „Ausländische Kinder werden durch ihre Familie, die die Herkunftssprache spricht, immer wieder durcheinander gebracht", so spiegelt sich darin die eingängige und wieder zunehmend in der Bildungspolitik vertretene Vorstellung, dass in Deutschland nichtdeutsche Herkunftssprachen am besten vergessen werden und vornehmlich die Familie dafür zu sorgen habe, dass die Kinder die Sprache der Majorität lernten, indem auch in der Familie in der Zweitsprache Deutsch kommuniziert wird.[2] Dieses Muster wird in den folgenden Beispielen deutlich:

In Nordrhein-Westfalen wurde 2002 ein Drittel der Stellen für den MSU gestrichen. Im Vorfeld wurde ausländischen Bewohnern, die nicht Deutsch lernten, mit finanziellen und aufenthaltsrechtlichen Druckmitteln gedroht. Da sich die Aufforderungen zum Deutschlernen auch an Migranten der zweiten und dritten Generation richten, offenbart sich darin gleichzeitig ein Eingeständnis des Versagens der Bildungsinstitutionen in Bezug auf das Erlernen der Zweitsprache Deutsch.

Offizielle Verlautbarungen aus Niedersachsen (Niedersächsische Staatskanzlei 2003) weisen in die gleiche Richtung: An der Bildungsmisere der Migrantenkinder seien in hohem Maße die Eltern beteiligt. Integration könne nur gelingen, wenn die Zuwanderer hierzu selbst den entscheidenden Beitrag leisteten und die deutsche Sprache erlernten.

In Hessen sind bereits 2000 massive Kürzungen vorgenommen worden. Migrantensprachen wurden aus dem Pflicht- in den Wahlbereich geschoben. Damit einher geht eine verminderte Wertschätzung der Migrantensprachen durch Schüler und Eltern.

Es werden also vorhandene (altersangemessene) Kompetenzen in einer migranten Muttersprache[3] in der Schule zugunsten einer sekundären Monolingualität in der Zweitsprache vernachlässigt. Eigentlich ist es unvorstellbar, dass in unserer schriftkulturellen Gesellschaft große Schülergruppen keine angemessene Unterstützung finden bei der schriftkulturellen Aneignung ihrer Muttersprache und dies, obwohl diese Sprachen in der Regel in den durch die Forderungen nach Mehrsprachigkeit entworfenen Rahmen passen.

An manchen weiterführenden Schulen können migrante Muttersprachen als Fremdsprache gewählt werden. Dies führt zu der paradoxen Situation, dass Schüler häufig nicht in der Lage sind, auf dem geforderten Niveau einzusteigen, wie Sunier (2002, 151) feststellt: „ [...] vor allem diejenigen, die ihre Schulzeit von Anfang an in Deutschland verbracht hatten, hatten enorme Schwierigkeiten, Erfolge in Türkisch zu erzielen, da sie die Sprache nie systematisch zu lesen und zu schreiben gelernt hatten. Auch war ihr Vokabular auf die alltägliche Verständigung begrenzt, so dass viele von ihnen an der Lektüre türkischer Literatur scheiterten und sehr schlechte Noten bekamen."

---

2   Die Ansprüche gegenüber den Eltern haben auch damit zu tun, dass in Deutschland viel stärker als in anderen EU-Ländern vom Elternhaus erwartet wird, durch schulergänzende Erziehungsleistungen zum Schulerfolg der Kinder beizutragen (vgl. dazu auch Mannitz 2002, 164 ff.)
3   Die reduzierten sprachlichen Interaktionsmöglichkeiten in einer anderssprachigen Umgebung führen natürlich zu teilweise eingeschränkten Sprachkenntnissen. Eine Frühförderung in der Erstsprache wäre notwendig.

Eine verstärkte Deutschförderung zu Lasten der muttersprachlichen Förderung widerspricht den offiziell propagierten Forderungen einer Förderung kultureller und sprachlicher Vielfalt. Begründet werden sie stets damit, dass dadurch bessere Deutschkenntnisse und damit ein höherer Bildungserfolg und eine bessere Integration erreicht werden sollen. Zweifellos besteht eine hohe Korrelation zwischen Kompetenzen in der Zweitsprache Deutsch und dem Schulerfolg, da diese die fast ausschließliche Unterrichtssprache ist. Richtig ist auch, dass eine gesellschaftliche Integration Deutschkenntnisse auf einem anspruchsvollen Niveau erfordert. Jedoch halten die Begründungen einer näheren Prüfung nicht stand.

Eine einseitige Deutschförderung ist erwiesenermaßen nicht der erfolgreichste Weg, die Zweitsprache zu erlernen. Die Spracherwerbsforschung hat aufgezeigt, dass das Erreichen einer hohen zweitsprachlichen Kompetenz durch eine hohe Kompetenz in der Muttersprache nicht behindert, sondern eher befördert wird.[4] Am Erfolg versprechendsten sind Programme, die ein systematisches Erlernen der Erst- und Zweitsprache ermöglichen. Darauf verweisen insbesondere Forschungsergebnisse aus dem skandinavischen und nordamerikanischen Raum (zs.fass. Fthenakis et al. 1985, Kap. 2), dies beweisen aber auch die wenigen Untersuchungen, die sich dieser Problematik in Bezug auf die Zweitsprache Deutsch widmen (z. B. Stölting 1980, Baur/Meder 1992, Sari 1995, Daller 1999). So stellt z. B. Sari fest (1995, 205), „dass die Probanden mit guten muttersprachlichen Kenntnissen die Zweitsprache besser erwerben/beherrschen."[5] Dies bestätigt sich auch in der alltäglichen Erfahrung: Migranten, die Deutsch auf einem hohen (nahezu muttersprachlichen) Niveau beherrschen, beherrschen ihre Muttersprache in der Regel ebenfalls auf einem hohen Niveau und selbstverständlich auch schriftsprachlich.

Ein hohes Sprachniveau, das entscheidend für den Bildungserfolg ist, kann sich nur entwickeln auf der Basis häufiger und asymmetrischer sprachlicher Interaktionen, in die von Anfang an und in zunehmend höherem Maße schriftsprachliche Texte eingebunden sind. Es ist absurd anzunehmen, dieses Niveau könne eher durch auf Deutsch radebrechende Eltern erreicht werden als durch reiche sprachliche Erfahrungen in der Familiensprache. Gerade der Vergleich mit einer altersgemäß voll entwickelten Erstsprache kann Kindern deutlich machen, welche sprachlichen Handlungsmöglichkeiten auch in der Zweitsprache stecken.

---

4 Vgl. zusammenfassend dazu z. B. Skutnabb-Kangas 1984 u. 1992, Reich 2000, Dirim et al. 2001.

5 In die gleiche Richtung verweist eine österreichische Studie (Gröpel/Urbanek 1999): „Schülerinnen und Schüler, die keinen muttersprachlichen Unterricht besucht haben, schneiden im Unterrichtsfach Deutsch, aber auch in Mathematik bei der Leistungsbeurteilung relativ schlecht ab und haben tendenziell bescheidene Berufsziele" (Ebd., 267).

Konversationale alltagssprachliche Fähigkeiten, die auch in der Zweitsprache z. B. in peer groups relativ rasch erworben werden können, sind im schulischen Kontext keine ausreichende Basis. Notwendig sind hier in erster Linie kognitiv anspruchsvolle, situationsentbundene rezeptive und produktive schriftsprachliche Kompetenzen.[6] Die Schule spielt zwar bei der Entwicklung letzterer eine entscheidende Rolle, aber gleichzeitig setzt sie bei Schuleintritt bereits fundierte Kenntnisse in diesem Bereich voraus. In submersiven Unterrichtssituationen, wo Schüler mit keinen oder vergleichsweise wenig entwickelten zweitsprachlichen Kenntnissen gemeinsam mit Monolingualen unterrichtet werden, und wo nicht angeknüpft wird an die besser ausgebildete Minderheitensprache, kann die Zweitsprache die Funktion einer Unterrichtssprache (in individuell unterschiedlichem Maße) nur eingeschränkt übernehmen. Noch gravierender als die verpasste Chance einer natürlich basierten Zwei- und Mehrsprachigkeit ist die Reduktion der intellektuellen und schulischen Leistungsfähigkeit auf die Verstehens- und Ausdrucksmöglichkeiten einer kaum oder doch nicht – im Vergleich mit einer auch schulisch geförderten Muttersprache – in einer altersangemessenen Breite und Tiefe beherrschten Zweitsprache. Läuft nahezu der gesamte schulische Wissenserwerb über diesen ‚schmalen Kanal' können die individuellen Leistungspotenziale in nahezu allen Fächern nicht annähernd ausgeschöpft und nicht angemessen weiterentwickelt werden, mit der absehbaren Folge einer wenig optimalen kognitiven Entwicklung und eines nur geringen Schulerfolgs.[7]

Es ist nur natürlich, dass Eltern – im Glauben, eine einseitige Deutschförderung sei der beste Weg zu schulischem Erfolg – häufig keinen besonderen Wert auf eine schulische Ausbildung ihrer Herkunftssprache legen. Studien aus dem skandinavischen Raum belegen jedoch, dass Eltern mehr Unterricht in der migranten Erstsprache einem Mehr an zweitsprachlicher Förderung vorziehen, wenn die Wahlmöglichkeit gegeben ist (vgl. dazu Skutnabb-Kangas 2000, 269 ff.).

Bei Migranten der zweiten oder dritten Generation wird die Herkunftssprache zwar meist als Familiensprache beibehalten, aber diese ist häufig nur noch oberflächlich intakt und kann nicht mehr ‚die ganze Welt erklären' (vgl. das obige Zitat von Sunier). Versäumt es die Schule, die Migrantensprache zu einem anspruchsvollen Niveau unter Einbeziehung der Schriftkultur zu führen, können die zukünftigen Elterngenerationen nicht in erforderlichem Maße zur Entwicklung sprachlicher Kompetenzen ihrer Kinder beitragen. Der Verlust erstsprachlicher Kompetenz ist somit auch ein Verlust zweitsprachlicher und verringert die Chancen auf schulischen und beruflichen Erfolg für zukünftige Generationen. Schon allein aus diesem Grund müsste der schulischen Förderung von Migrantensprachen mehr Beachtung geschenkt werden. Die Erwartung, dass Familien in

---

6 Cummins (1984) spricht von context embedded und context reduced language proficiency.
7 Einseitige Deutschförderung und Negierung der Minderheitensprachen ist volkswirtschaftlich gesehen ineffektiv und teuer (vgl. dazu Skutnabb-Kangas 2000, 262).

der zweiten oder dritten Generation sich gänzlich auf die Zweitsprache Deutsch umstellten, ist unrealistisch und nicht im Sinne einer Mehrsprachigkeitspolitik. Durch die vermehrten grenzüberschreitenden Austauschmöglichkeiten und -notwendigkeiten kann und muss ja die Herkunftssprache gerade heute weiterhin eine wichtige Rolle spielen.

Die Wohnbevölkerung in Deutschland mit potenziell anderer Familiensprache besteht zum einen aus der ausländischen Wohnbevölkerung, zum anderen aus Aussiedlerfamilien.[8] Im Jahr 2002 waren in Deutschland ca. 7,3 Millionen Ausländer, ansässig, davon knapp 2 Mill. (27,4 %.) türkische Staatsangehörige, aus EU-Staaten kamen weitere 25,4 Prozent. Der Anteil ausländischer Schüler betrug im Jahr 2002 ca. zehn Prozent, dazu kommen Schüler aus Aussiedlerfamilien (als Deutsche in der Statistik meist nicht besonders ausgewiesen) in etwa derselben Größenordnung. Die Zuwanderung durch Aussiedler beläuft sich bis heute auf etwa 4 Millionen. Allein zwischen 1993 und 2002 wanderten 1,5 Millionen zu, davon über 90 Prozent aus der ehemaligen Sowjetunion. Während bei den frühen Zuwanderungen häufig noch die Elterngeneration Deutsch sprach, ist es heute – wenn überhaupt – meist nur noch die Großelterngeneration. Die derzeitig hier eingeschulten Kinder und Jugendlichen sprechen nicht Deutsch als Muttersprache, sondern die ihres Herkunftslandes, also in erster Linie Russisch und sie müssen Deutsch genauso als Zweitsprache lernen wie Kinder aus ausländischen Familien. Die größte nichtdeutsche Sprachgruppe an den Schulen – mit zunehmender Tendenz – sind also mittlerweile nicht mehr türkischsprachige, sondern russischsprachige Schüler, was allerdings in Publikationen und in Statistiken viel weniger häufig und deutlich hervorgehoben wird, da es sich ja ‚eigentlich' um Deutsche handelt.[9]

Die Unterstützung deutscher Sprache und Kultur geschieht von Deutschland aus insbesondere in Mittel- und Osteuropa meist deutlich mit dem Bestreben, das Deutsche als Minderheitensprache und -kultur zu erhalten (vgl. z. B. Seveker 2004). Teil dieser Sprachen- und Kulturpolitik ist die politische Konstruktion von so genannten Aussiedlern. Die Praxis, ein Deutschtum, das auf einer Auswanderung vor hundert oder mehr Jahren beruht, als wichtigstes Kriterium für die Aufnahme als Bürger der Bundesrepublik Deutschland zu sehen, honoriert genau das, was den hier lebenden Immigranten zum Vorwurf gemacht wird, nämlich das Festhalten an der Herkunftssprache und -kultur. Natürlich erfolgte innerhalb eines so langen Zeitraums eine Anpassung an die gesellschaftlichen Gegebenheiten bzw. die Entwicklung einer eigenständigen Kultur. Bei der heutigen Schülergeneration spielt das Deutschsein so gut wie keine Rolle (vgl. Sander 1996) und viele Kinder und Jugendliche müssen gegen ihren Willen mit ausreisen. Der Staatsangehörigkeitsanspruch kann nur noch auf die ‚deutsche Ab-

---

8 Quelle für die folgenden Zahlenangaben: Statistisches Bundesamt Wiesbaden, 2004.
9 Durch eigene Erfahrungen und Erfahrungen von LehrerInnen an Ausbildungsschulen wird dies bestätigt. Aussiedler verstärkt bestimmten Wohngebieten zuzuweisen, stellt manche Schulen vor kaum lösbare Probleme.

stammung' zurückgeführt werden, was ein sehr bedenkliches Verfahren darstellt, zumal diese ‚Deutschstämmigen' wieder ihrer ‚eigentlichen' Sprache und Kultur zugeführt werden sollen.[10]

M. E. handelt es sich um eine heute (nach dem Wegfall des ‚Eisernen Vorhangs') durch nichts mehr zu begründende und verantwortungslose Politik, die auf falschen Voraussetzungen fußt und nicht mehr zu erfüllende Ansprüche hervorruft. Verantwortungslos ist die Aussiedlerpolitik auch gegenüber den Herkunftsländern, wo überlebensnotwendige Humanressourcen abgesaugt wurden und vielfach jahrhundertealte Traditionen und Kulturen zerstört werden.[11]

Wenn von den seit vierzig oder weniger Jahren hier lebenden Migranten erwartet wird, sich möglichst rasch die deutsche Sprache und Kultur anzueignen und die Herkunftssprache und -kultur am besten ganz zu vergessen, während man das Deutsche im Ausland als besonders erhaltenswert betrachtet und entsprechend unterstützt, so entbehrt dies nicht einer rassistischen Komponente. Eine logische Konsequenz dieses Denkens ist, dass ‚Nichtdeutsche' und ‚Nichtdeutsches' in Deutschland nicht diese Förderung verdienen.

Eine einseitige Deutschförderung ist sprachenpolitisch äußerst fragwürdig und widerspricht sowohl wissenschaftlichen Erkenntnissen des Spracherwerbs als auch den bildungspolitischen Forderungen nach Mehrsprachigkeit. Eine weitgehende Negierung der Minderheitensprachen übersieht vollkommen die tatsächlichen Gegebenheiten und die Erfordernisse für einen erfolgreichen und modernen demokratischen Staat, in dem eine vor Ort vorhandene sprachliche und kulturelle Vielfalt auch im Bildungssystem repräsentiert und systematisch weiter entwickelt werden muss. Bildungspotenziale werden so nicht ausgeschöpft und Integration (die auf gegenseitiger Anerkennung beruht) kann nicht gelingen. Verstärkt werden die negativen Effekte durch die besondere Struktur des deutschen Bildungssystems.

3.2 Förderung von Mehrsprachigen und Schulsystem

Das differenzierte System schafft Gelegenheiten und Notwendigkeiten, Schüler, die der institutionalisierten Normalitätserwartung nicht entsprechen, besonders zu behandeln. Notwendigkeiten entstehen schon deshalb, weil jedes Element auf Bestandserhaltung programmiert ist (auch Sitzenbleiben ist weniger ein pädago-

---

10 Eine Variante dieser Rückführung zum Deutschen sind Deutschförderkurse in Aussiedelländern (vgl. dazu z. B. Seveker 2004).
11 Exemplarisch hierfür sind z. B. die v. a. während der Wendejahre verlassenen Dörfer und Kleinstädte in ehemals deutschen Siedelgebieten Rumäniens und die nur noch mühsam zu erhaltenden (Wehr-)Kirchen mit ihren wenigen verbliebenen Gemeindemitgliedern. Zahlreich sind auch die Menschen, die aussiedeln mussten, obwohl sie bleiben wollten, da soziale, kulturelle und wirtschaftliche Strukturen durch den Aussiedelsog zerstört wurden.

gisches Mittel der Lernförderung als eines der Bestandserhaltung). „Zur Normalitätserwartung an die Schüler gehört allem voran die Beherrschung der Unterrichtssprache Deutsch ebenso wie eine vorangegangene Bildungskarriere, an die der aktuell zu erteilende Unterricht inhaltlich und formal anknüpfen kann" (Radtke 2004, 157). Vorrangiges Kriterium für Schulzuweisungen sind für Schüler mit Migrationshintergrund die natürlicherweise meist weniger guten Deutschkenntnisse. ‚Im Interesse ihrer Förderung' (Radtke 2004, 158) werden sie so bevorzugt von höheren Schulen ausgeschlossen. Es wird nicht nach der potenziellen schulischen Leistungsfähigkeit in den Einzelfächern (wie z. B. Mathematik, Naturwissenschaften, Sport oder Musik) gefragt und die Kenntnis nicht schulisch relevanter Sprachen (wie Russisch, Arabisch, Türkisch, Französisch) auf hohem Niveau spielt keine Rolle (vgl. dazu auch Ott 2001).

Die Chance einer bilingualen und bikulturellen Erziehung bekommen nur wenige. Vielmehr sorgt das ausdifferenzierte und frühselektive deutsche Schulsystem für institutionalisierte massive Behinderung von Lernchancen und unterstützt sowohl Lehrer als auch die öffentliche Meinung in der längst überholten Vorstellung von durch Selektionsmechanismen herstellbaren homogenen Leistungsgruppen und deren optimalen Fördermöglichkeiten. Die Schul- und Unterrichtsqualität hängt jedoch v. a. davon ab, inwiefern es gelingt, Schüler in ihrer Unterschiedlichkeit zu akzeptieren und zu eigenaktiven und individuell unterschiedlichen, aber angemessenen und möglichst optimalen Leistungen herauszufordern. Nicht ohne Grund schneiden sozialintegrative Systeme, die Heterogenität als den Normalfall betrachten, bei Schulleistungsvergleichen besser ab als solche, die auf vermeintlich homogene Gruppen setzen.[12] In den erfolgreicheren Ländern lernen die Schüler längere Zeit gemeinsam und eine äußere Leistungsdifferenzierung erfolgt spät und behutsam (Döbert 2003, 27; DIPF 2003).

Medium der Segregationsmechanismen ist der Wille der Eltern, die natürlich ihren Kindern eine optimale Ausbildung zuteil werden lassen wollen. ‚Problemschulen', wozu insbesondere solche mit einem hohen Anteil an Nichtmuttersprachlern zählen, werden tunlichst gemieden und nur von jenen besucht, die wenig soziales Kapital aufzuweisen haben. Selektionsmechanismen werden im Sekundarbereich ungehindert wirksam (vgl. Hunger/Thränhardt 2004), greifen aber bereits in der Grundschule (vgl. Radtke 2004, 170 f.). So schätzen Eltern christliche Bekenntnisschulen im Grundschulbereich v. a. deshalb, weil sie weniger von der ‚Ausländerproblematik' berührt sind (Dies gilt z. B. für die weit

---

12 Dies gilt sowohl für den internationalen als auch für den nationalen Vergleich, wo die sozialintegrativen Grundschulen bessere Ergebnisse aufweisen als die Sekundarschulen.

verbreiteten katholischen Grundschulen in Niedersachsen, insbesondere in städtischen Regionen.).[13]

Eine Entmischung auf der Basis ethnisch-sozialer Faktoren widerspricht gänzlich den Forderungen nach Chancengleichheit und Integration, ist aber eine logische Konsequenz des gegliederten Schulsystems und der schulischen Nichtanerkennung anderer Sprachen und Kulturen. Selbst eine intensive Deutschförderung kann nicht eine solch häufige asymmetrische sprachliche Interaktion mit kompetenten Sprechern, wie das normalerweise in der Muttersprache der Fall ist, ganz ersetzen. Gerade für die Ausbildung der schulisch relevanten akademischen Sprachfähigkeiten in der Zweitsprache muss weit mehr Zeit in Anschlag gebracht werden (nach Skutnabb Kangas 1984, 113: bis zu 7 Jahren), als bis zum Übergang zur Sekundarstufe zur Verfügung steht. Wenn nach dem vierten Schuljahr die Weichen gestellt werden, findet sich die Mehrzahl der Schüler mit Migrationshintergrund in sog. Schulen mit hohem Ausländeranteil wieder,[14] wo weder die Möglichkeit einer häufigen Interaktion in der Zweitsprache auf hohem Niveau gegeben ist, noch ein erfahrbarer Orientierungsrahmen für die angestrebte kulturelle Integration. Das verhängnisvolle Zusammenwirken zwischen Stigmatisierung und negativer Rollenzuschreibung potenziert die negativen Folgen der Ausgrenzung.[15] Schüler, die aufgrund der schulischen Bedingungen nicht ihre tatsächlichen Leistungsmöglichkeiten zeigen können, wollen dies später dann vielfach nicht mehr.

Unterstellte man nun trotzdem, dass sekundäre Einsprachigkeit in der Zweitsprache aufgrund des vorrangigen Ziels der Integration berechtigt sei, müsste gerade in diesem Fall die Sekundarstufe als Schule für alle konzipiert werden, wo in unterschiedlichen Fächern die individuell unterschiedlichen Fähigkeiten zum Tragen kommen könnten und lange zweitsprachliche Lernzeiten ohne Selektionsdruck möglich wären. Trotz fundierter Erkenntnisse, dass auch monolinguale Schüler in solchen Schulen erfolgreicher sind als in vermeintlich homogenen, und trotz Forderungen aus Wirtschaft und Handwerk nach längeren gemeinsamen Schulzeiten (vgl. Platte 2003; Seiltgen 2003), werden auf diesem Gebiet Schritte in der falschen Richtung unternommen: Höhere Schulen werden wieder stärker und früher abgegrenzt von Grundschulen und von Schulen für ‚weniger Leistungsfähige'.

---

13 Befinden sich diese Schulen in unmittelbarer Nachbarschaft zur städtischen Grundschule, wie z. B. in Osnabrück (Stadt), wird dies besonders deutlich (vgl. dazu auch Gomolla/Radtke 2002, 119 ff).

14 Verschiedene Studierende mit Migrationshintergrund, die ich daraufhin ansprach, bestätigten mir, dass sie in der Grundschule eigentlich nicht gut waren. Keiner von ihnen hatte die Hochschulreife auf direktem Weg über das Gymnasium erreicht.

15 Hauptschüler sind eben ‚nicht so gut' wie Realschüler und Realschüler sind nicht so gut wie Gymnasiasten, sonst würde ja von vornherein diese Differenzierung fragwürdig. Die Zuweisungspraxis wird als eine Objektivierung gesellschaftlicher Verhältnisse wahrgenommen und signalisiert auf diese Weise allen Mitgliedern der Gesellschaft: Wer nicht gut deutsch kann, ist insgesamt schulisch weniger leistungsfähig.

In Niedersachsen wurde so z. B. die gemeinsame Orientierungsstufe für das 5. und 6. Schuljahr abgeschafft. Reformen in der Lehrerausbildung – wie Bachelor-Master-Studiengänge – setzen ebenfalls verstärkt auf Abgrenzung. In Nordrhein-Westfalen werden nicht mehr Primarstufen- und Sekundarstufenlehrer ausgebildet, sondern (wie in Niedersachsen) Grund-, Haupt-, Realschullehrer (GHR) und Gymnasiallehrer. Obwohl im Lehramt GHR für drei verschiedene Schultypen, für mehr Fächer und eine heterogenere Schülerschaft ausgebildet wird als für das Lehramt an Gymnasien, sind kürzere Ausbildungszeiten vorgesehen. Wie ist das zu interpretieren? Und der Verdacht lässt sich nicht von der Hand weisen, dass durch die Kombination mit dem Lehramt für Grundschulen das als schwierig eingestufte und wenig beliebte Lehramt an Hauptschulen bedient werden soll.[16] Lehrer an höheren Schulen genießen ein höheres Ansehen, werden besser bezahlt und haben die Möglichkeit, Problemschüler (wie solche mit unzureichenden Deutschkenntnissen) nach unten weiterzureichen. Es ist daher nicht zu erwarten, dass von dieser (einflussreichen) Gruppe Signale in Richtung längere gemeinsame Schulzeiten ausgehen.

4 Fazit

Ein optimaler Wissenserwerb und hohe Bildungserfolge sind in hohem Maße von der Qualität sprachlicher Kompetenzen abhängig. Mehrsprachigkeit ist ein Qualitätsfaktor, wenn zumindest eine Sprache auf hohem und v. a. auf schriftsprachlichem Niveau ausgebildet ist. Um die individuellen Potenziale auszuschöpfen, muss an die gegebenen Sprachfähigkeiten angeknüpft werden. Für Schüler mit nichtdeutscher Familiensprache bedeutete dies, dass sie in ihrer Herkunftssprache alphabetisiert werden (und natürlich auch in der Zweitsprache Deutsch). Schüler mit Migrationshintergrund hätten so die Möglichkeit zur Mehrsprachigkeit auf hohem Niveau und zu höherem Bildungserfolg.

Die positiven Folgen einer zweisprachigen Erziehung zeigen sich auch bei den in Deutschland durchgeführten Modellen (z. B. KOALA-Projekte in verschiedenen Bundesländern, Europaschulen in Berlin, Nürnberger Modell in Bayern). Alle Modelle haben gemeinsam, dass die Muttersprache die Sprache der Erstalphabetisierung ist und eine Segregation gegenüber den Schülern mit der Erstsprache Deutsch in unterschiedlichem Umfang bewusst in Kauf genommen wird. Die Zweitsprache wird zunehmend im Unterricht eingesetzt, aber die migrante Muttersprache bleibt langfristig schulisch relevant. Die frühe

---

16 Eine Umfrage unter ca. 300 Studienanfängern (alle Lehrämter) in Osnabrück ergab, dass zwei Drittel der Befragten möglichst nicht an einer Hauptschule unterrichten wollten, weil da am meisten Probleme zu befürchten seien (u. a. Sprachschwierigkeiten). Die meisten dieser Studierenden hatten sich für den Studiengang GHR (Grundschule, Hauptschule, Realschule) entschieden, allerdings mit Schwerpunkt Grundschule.

Segregation aus Gründen besserer Lernchancen und mit zunehmender Integration ist auf jeden Fall der frühen ‚Integration' mit verminderten Lernchancen und späterer Segregation vorzuziehen.

Mehrsprachigkeit muss zur Selbstverständlichkeit für alle Schüler werden. Daher sollten für die Monolingualen ebenfalls frühe Begegnungen mit einer anderen Sprache die Regel sein. Die frühe Fremdsprache, mit der Option in der Sekundarstufe weitergeführt werden zu können, muss nicht eine Migrantensprache sein, aber es sollte keinesfalls Englisch sein.[17] Ist Englisch die frühe Fremdsprache, wird sie zu einem zusätzlichen Ausgrenzungsfaktor, denn in späteren Schuljahren muss systematisch darauf zurückgegriffen werden, da ja Englisch von allen Schülern erlernt werden muss. Frühe Lernschwierigkeiten in dieser Sprache werden sich negativ auf die Schulkarriere auswirken, Migrantensprachen werden verdrängt und eine Diversifizierung des Sprachangebots wird verhindert.

Optimaler Wissenserwerb hieße auch, das schulische Anspruchsniveau nicht an einem einzigen Teilbereich schulischer Leistung wie den Deutschkenntnissen quasi festzuzurren. Alle Schüler (nicht nur solche mit Migrationshintergrund) müssen Gelegenheit haben, sich in verschiedenen Fächern unterschiedlichen Herausforderungen zu stellen, und ihnen muss die Chance einer langfristigen Entwicklungszeit eingeräumt werden. Um frühe Ausgrenzungen und einen niedrigen Bildungserfolg durch institutionell reduzierte Lernchancen zu vermeiden, muss Schule in Deutschland neu gedacht und nicht durch kosmetische Reparaturen Bestandssicherung betrieben werden.

Grundlegend notwendig sind (auch für deutschsprachige Schüler) längere gemeinsame Lernzeiten wie z. B. in Finnland und Schweden, wo die gemeinsame Grundschule neun Schuljahre umfasst (vgl. dazu auch Hunger/Thränhardt 2004, 193 f.). Heterogenität muss als Normalfall gesehen werden. „Es darf keine schlechten Schulen für schlechte Schüler geben, denn so erst werden schlechte Schüler produziert", meint Jukka Sarjala, Präsident des Zentralamts für Unterrichtswesen in Finnland (zit. in Kahl 2002).

Ganztagsschulen[18] tragen nur dann zur besseren Integration und zu mehr Chancengleichheit bei, wenn sie als Gemeinschaftsschulen konzipiert sind, in denen eine Begegnung der vor Ort vorhandenen Sprachen und Kulturen stattfindet und in denen neben dem Deutschen diese verschiedenen Sprachen und Kulturen von schulischer Relevanz sind. Erfolgen dagegen wie bisher üblich nach der Grundschule Zuweisungen in die unterschiedlichen Schulformen unter der frag-

---

17 Bei einem Start im 4. – 6. Schuljahr wäre vollkommen ausreichend Lernzeit vorhanden.
18 Häufig wird *zudem* nicht beachtet, dass in Deutschland die Lernzeiten oft nicht kürzer sind, sondern nur die *Stunden*verteilung ungünstiger und die Schule nicht als Lebensraum (mit Mittagessen, Bibliothek, Spiel- und Sportmöglichkeiten) gestaltet ist wie in den anderen Ländern Europas.

würdigen Vorgabe der Leistungsdifferenzierung, werden bestehende Ungleichheiten und Abgrenzungen weiter verstärkt und die Chance eines beidseitigen Lerngewinns wird vergeben. Die als weniger leistungsstark eingestuften deutschen Muttersprachler werden zusammen mit dem Großteil der Schüler mit nichtdeutscher Herkunftssprache besonderen Sekundarschulen mit reduziertem Leistungsanspruch (Hauptschulen) zugewiesen, während in höheren Schulen die Multikulturalität unserer Gesellschaft nicht widergespiegelt wird. Eine auch im gesellschaftlichen Interesse notwendige Integration kann nicht erfolgreich geleistet werden, wenn das ‚Nichtdeutsche' als Gegensatz zum ‚Deutschen' und als Hindernis schulischen Erfolgs gesehen wird. Minderheitensprachen und -kulturen in das schulische Curriculum zu integrieren, ist sowohl in individuellem als auch in gesamtgesellschaftlichem Interesse.

> At a **societal** level monolingualism is a social construction which is unmodern, underdeveloped and primitive. It might have been seen as a necessary concomitant to the development of the first phases of a traditional Western-type nation-state (and even that is doubtful), but now it is definitely outmoded and dangerous. It prevents political and economic global development, justice, equity, cooperation and democracy. Skutnabb-Kangas (2000, 248)

Der notwendige Perspektivenwechsel, um eine multikulturelle und mehrsprachige Schülerschaft für das Leben in einer multikulturellen, mehrsprachigen und demokratischen Gesellschaft vorzubereiten, findet jedoch nicht statt. Der ausgrenzende, monolinguale und monokulturelle Habitus des deutschen Bildungssystems wird zementiert und wir sind weiter entfernt denn je von bildungspolitischen Forderungen, die überhaupt nicht neu, aber durch neuere Erkenntnisse und Entwicklungen dringlicher geworden sind.

Warum dieser Perspektivenwechsel nicht gelingt, kann nicht durch finanzielle Probleme erklärt werden,[19] wohl aber durch das Beharrungsvermögen des Systems, das fundierte Erkenntnisse unterschlägt, wenn sie nicht in den traditionellen Rahmen passen und wo diejenigen, die sich auf der ‚besseren Seite' wähnen, den größeren Einfluss haben und wo selbst dringend notwendige Umstrukturierungen bisweilen daran scheitern, dass in dem vielstimmigen Konzert der Länder kein Grundkonsens erreicht werden kann.

---

19 Im Eingangsbereich müssten vielleicht mehr Mittel eingesetzt werden, was sich aber in den höheren Jahrgängen und durch höhere Bildungserfolge wieder auszahlt (vgl. z. B. Kahl 2002). Außerdem, so lange sowohl Bund als auch Länder immer noch erhebliche Mittel bereitstellen für die Förderung ‚deutscher Minderheiten' im Ausland, wirken derartige Argumente unglaubwürdig.

Literaturverzeichnis

Baur, Rupprecht S./Meder, Gregor (1992): Zur Interdependenz von Muttersprache und Zweitsprache bei jugoslawischen Migrantenkindern. In: Baur, Rupprecht S./Meder, Gregor/Previsic, Vlatko (Hrsg.): Interkulturelle Erziehung und Zweisprachigkeit. Hohengehren.

BMBF (Bundesministerium für Bildung und Forschung) (2003): Sprachenlernen fördern: Zehn Thesen für ein Handlungskonzept. http://www.bmbf.de/pug/EJS-zehn_thesen.pdf. Zugriff am 24. 9. 2003

Cummins, James (1984): Wanted: A Theoretical Framework for Relating Language Proficiency to Academic Achievement Among Bilingual Children. In: Revera, Charlien (ed.): Language Proficiency and Academic achievement. Clevedon, 2-19.

Daller, Helmut (1999): Migration und Mehrsprachigkeit: der Sprachstand türkischer Rückkehrer aus Deutschland. Frankfurt am Main.

DIPF (Deutsches Institut für Internationale Pädagogische Forschung): Vertiefender Vergleich der Schulsysteme ausgewählter PISA-Teilnehmerstaaten. http://www.dipf.de am 10. 9. 2003

Dirim, Inci; Reich, Hans H./Roth, Hans-Joachim/Siebert-Ott, Gesa/Steinmüller, Ulrich/ Teunissen, Frans (2001): Zum Stand der nationalen und internationalen Forschung zum Spracherwerb zweisprachig aufwachsender Kinder und Jugendlicher. Hamburg.

Döbert, Hans (2003): Zwischen Eigenverantwortung und zentralen Vorgaben. Was den Erfolg bei den PISA-Siegerländern ausmacht. In: Erziehung und Wissen, 9/2003, 26–7.

Fthenakis, Wassilios E./Sonner, Adelheit/Thrul, Rosemarie/Walbiner, Waltraud (1985): Bilingual-bikulturelle Entwicklung des Kindes. München.

Gogolin, Ingrid/Neumann, Ursula/Reuter, Lutz (2001): Schulbildung für Kinder aus Minderheiten in Deutschland 1989-1999. Berlin.

Gomolla, Mechthild/Radtke, Olaf (2002): Institutionelle Diskriminierung. Opladen.

Gröpel, Wolfgang/Urbanek, Martin: Darstellung und Interpretation der Untersuchungsergebnisse. In: Gröpel, Wolfgang (Hrsg.): Migration und Schullaufbahn. Frankfurt a. M. etc. 1999, 213–267.

Hunger, Uwe/Thränhardt, Dietrich (2004): Migration und Bildungserfolg: Wo stehen wir? In: Bade, Klaus, J./Bommes, Michael (Hrsg.): Migration – Integration – Bildung. Grundfragen und Problembereiche. IMIS-Beiträge 23, 179- 198.

Kahl, Reinhard (2002): Finnische Lektionen. In: Die Zeit, Jg. 57, Nr. 23 v. 29. 5. 2002, 30.

KMK (Kultusministerkonferenz) (1996/1998): Empfehlung „Interkulturelle Bildung und Erziehung in der Schule". Beschluss der Kultusministerkonferenz vom 25.10.1996. Bonn: Sekretariat der ständigen Konferenz der Kultusminister der Länder in der Bundesrepublik Deutschland.

Mannitz, Sabine (2002): Auffassungen von kultureller Differenz: Identitätsmanagement und diskursive Assimilation. In: Schiffauer, Werner/Baumann, Gerd/Kastoryano, Riva/Vertovec, Steven (Hrsg.): Staat – Schule – Ethnizität. Münster, 255-322.

Niedersächsische Staatskanzlei (2003): Pressemitteilungen. http://www.stk.niedersachsen. de v. 26. 8. 2003.

Ott, Margarete (2001): Mehrsprachigkeit und Multikulturalität als Chance des Deutschunterrichts und der Deutschlehrerausbildung. In: Wolff, Armin/Winters-Ohle, Elmar (Hrg.): Wie schwer ist die deutsche Sprache wirklich? Regensburg, 127-147.

Platte, Karl-Heinz (2003): Keine Bildungspotenziale vergeuden! Bildungsdialog NRW: Schulstruktur und Chancengleichheit in der Sek. I. Neue deutsche Schule 55, H. 10, 12–13.

Raasch, Albert (2001): „Sprechen Sie europäisch?" und „Sprechen Sie europäisch!" Sprachliche Vielfalt ist kulturelle Vielfalt. DIE. Zeitschrift für Erwachsenenbildung. H. 4, 31-32.
Radtke, Frank-Olaf (2004): Die Illusion der meritokratischen Schule. Lokale Konstellationen der Produktion von Ungleichheit im Erziehungssystem. In: Bade, Klaus, J./Bommes, Michael (Hrsg.): Migration – Integration – Bildung. Grundfragen und Problembereiche. IMIS-Beiträge 23, 143-178.
Reich, Hans H. (2000): Die Gegner des Herkunftssprachenunterrichts und ihre Argumente. Deutsch lernen 25, H. 2, 112-126.
Sander, Uwe (1996): Biographie und Nationalität. In: Krüger, Heinz-Hermann/Marotzki, Winfried (Hrg.): Erziehungswissenschaftliche Biographieforschung. Opladen, 239-257.
Sari, Maksut (1995): Der Einfluss der Zweitsprache (Deutsch) auf die Sprachentwicklung türkischer Gastarbeiterkinder in der Bundesrepublik Deutschland. Frankfurt etc.
Seiltgen, Hanne (2003): Der Fortschritt ist eine Schnecke. Neue deutsche Schule 55, H. 10, 13.
Seveker, Marina (2004): Deutschunterricht für Erwachsene in der Altairegion/ Westsibirien im Kontext von Integration und Aussiedlung. Ausführlicher Bericht zu einem Dissertationsvorhaben am Institut für Migrationsforschung und Interkulturelle Studien. http://www.imis.uni-osnabrueck.de, Zugriff am 4.9.2004.
Skutnabb-Kangas, Tove (1984). Bilingualism or Not. Clevedon. Multilingual Matters.
Skutnabb-Kangas, Tove. (1992): Mehrsprachigkeit und die Erziehung von Minderheitenkindern. Deutsch lernen 17, H. 1, 38-66.
Skutnabb-Kangas, Tove (2000): Linguistic Genocide in Education – or Worldwide Diversity and Human Rights. Mahwah, London.
Statistisches Bundesamt (2004): Strukturdaten und Integrationsindikatoren über die ausländische Bevölkerung in Deutschland 2002. Wiesbaden.
Stölting, Wilfried (1980): Die Zweisprachigkeit jugoslawischer Schüler in der Bundesrepublik Deutschland. Berlin.
Sunier, Thijl (2002): Landessprache und Muttersprache. In: Schiffauer, Werner/Baumann, Gerd/Kastoryano, Riva/Vertovec, Steven (Hrsg.): Staat – Schule – Ethnizität. Münster, 141-160.

Sprache im zweitsprachlichen Mathematikunterricht. Verbale und nonverbale Verfahren bei der Vermittlung mathematischen Wissens[1]

Wilhelm Grießhaber, Münster

Die PISA-Studie 2002 zeigt u.a., dass die Leistungen in den Sachfächern von guten Deutschkenntnissen abhängen und dass schlechte Deutschkenntnisse die Probleme im Sachunterricht verstärken. Von diesen Problemen sind gerade Kinder mit Migrationshintergrund betroffen. Im Förderprojekt „Deutsch & PC" werden SchülerInnen mit erheblichem Förderbedarf in Deutsch und Mathematik besonders gefördert. Gestützt auf Fragebögen, Gespräche und Videoaufnahmen wird in diesem Beitrag die Rolle der Sprache im zweitsprachlichen Mathematikunterricht untersucht. Er scheint in den Anfangsjahren noch weitgehend sprachfrei zu funktionieren und ist wesentlich durch formelhafte Übungssequenzen gekennzeichnet. Andererseits geht es auch um die Vermittlung mathematischer Begriffe. Selbst solche Begriffe wie *plus* und *minus* sind verbal und werden im Unterrichtsdiskurs verbal vermittelt. Der untersuchte Ausschnitt zeigt die zentrale Rolle der Sprache auch bei der Vermittlung mathematischen Wissens.

Mathematik gilt weithin als Fach, in dem Sprache nur eine Nebenrolle spielt, gerade im Primarstufenbereich. Im Vordergrund der fachdidaktischen Literatur stehen kognitive Konzepte und Lernprozesse (s. z.B. Padberg 2002[2]). Auch wenn verbale Interaktionen von Kindern im Grundschulalter beim Lösen mathematischer Probleme erhoben und dokumentiert werden, wie in Selter / Spiegel 2001, stehen kognitive Aspekte des kindlichen Lösungsverhaltens im Zentrum der Betrachtung, oder sie werden in interaktional verbale und fachlich mathematische getrennt wie bei Quasthoff / Steinbring 2000. Nichtdeutschsprachige Kinder werden in den Arbeiten nicht als besondere Gruppe erwähnt. In Selter / Spiegel 2001 finden sich, wie aus den Vornamen hervorgeht – z.B. Mohamedreza, Elaha

---

1 Die Arbeit entstand im Rahmen der wissenschaftlichen Begleitung des Förderprojekts „Deutsch & PC", das an drei Frankfurter Grundschulen mit finanzieller Unterstützung der Gemeinnützigen Hertie-Stiftung durchgeführt wird. Den LehrerInnen und SchülerInnen gilt mein Dank, dass sie mich am Schulleben partizipieren ließen. Nina Heinrich gilt mein besonderer Dank für ihre konstruktiven und wertvollen Kommentare zu der Arbeit. Den DiskutantInnen der GAL Jahrestagung 2003 in Tübingen gilt mein Dank für ihre Hinweise.

– offensichtlich nichtdeutschsprachige Kinder, doch wird dem Umstand, dass sie sich sprachlich möglicherweise nur eingeschränkt ausdrücken können, keine Aufmerksamkeit geschenkt (ähnlich Dicke 1999). Auf der anderen Seite ermittelt schon Lörcher 1981 in einer Untersuchung von Fünftklässlern mathematische Probleme nichtdeutschsprachiger Kinder in folgenden Bereichen: beim Zahlenbegriff, bei Textaufgaben, in der Geometrie und bei Darstellungsformen der modernen Mathematik. Hinsichtlich der L1, die er vereinfachend über die Nationalität ermittelt, haben türkische SchülerInnen die größten, serbokroatisch sprechende SchülerInnen die geringsten und italienische Kinder spezifische Probleme. Mit dem Instrument der Faktorenanalyse ermittelt er sprachliches Verständnis, Begriffskenntnis und Rechenfertigkeit als entscheidende Variablen für die Probleme.

Für das Vorhandensein spezifischer Probleme sprechen auch die Länderergebnisse der Pisa-Studie 2002. Erwartungswidrig werden die Kompetenzunterschiede im mathematischen und naturwissenschaftlichen Bereich nicht geringer, sondern größer. Sprachliche Defizite wirken sich kumulativ in Sachfächern aus. Demnach könnte man – analog zu Knapp 1999 – davon ausgehen, dass in der noch anschaulich handelnd geprägten Grundschule (sprachliche) Defizite unentdeckt bleiben, die sich erst in der abstrakter bestimmten Sekundarstufe unübersehbar manifestieren. Der Grundschule käme demnach eine Schlüsselrolle bei der Vermeidung späterer Probleme zu. Doch diesen Anspruch kann sie nur unzureichend erfüllen. Nach der IGLU-Studie (Bos u.a. 2003) erbringen Kinder aus Familien mit Migrationshintergrund beim Lesen deutlich schlechtere Leistungen als die übrigen Kinder. In Mathematik ist der Anteil schlechter Leistungen insgesamt höher als im Lesen, ohne dass eine Aufschlüsselung nach dem Migrationshintergrund erfolgt. Es ist aber zu vermuten, dass dieser Umstand auch hier eine entscheidende Rolle spielt.

In der fremdsprachendidaktischen Literatur wird der primäre Sach-/ Fachunterricht – im Unterschied zur Sekundarstufe – praktisch nicht unter dem Aspekt des Zweitspracherwerbs und lernersprachlicher Kommunikation betrachtet. Zydatiß (2000, 153) behandelt aus fremdsprachendidaktischer Sicht bei der Einschätzung der Staatlichen Europa-Schulen Berlin (SESB) auch den Mathematikunterricht. Diesen betrachtet er vornehmlich unter sprachproduktiven Aspekten, so der Notwendigkeit, zur Förderung der Bilingualität schon in der Grundschule sprachlich produktives Funktions- und Ausdruckspotenzial zur Verfügung zu stellen. Das Verstehen der grundsätzlich auf Deutsch unterrichteten Mathematik wird nicht behandelt. Verstehensprozesse standen dagegen beim „Memorandum zum Muttersprachlichen Unterricht in der Bundesrepublik Deutschland" (BAGIV 1985) im Zentrum der Überlegungen, den Mathematikunterricht in der stärkeren Sprache, d.h. der Familiensprache, durchzuführen.

Lehrerinnen zum Mathematikunterricht

Wie sehen die Lehrerinnen des Förderprojekts den Mathematikunterricht? Einige regten an, anstelle von Mathematik ein sozial orientiertes Fach als zweites Förderfach neben Deutsch zu nehmen. Sie begründeten dies damit, dass nicht selten gerade FörderschülerInnen im Rechnen zu den besten zählten. Denn die spracharmen Rechenfertigkeiten könnten die Eltern zu Hause üben, sodass die Kinder gerade in diesem Bereich leistungsmäßig mit den übrigen Schülern konkurrenzfähig seien.

Andererseits weisen einige freie Stellungnahmen der Lehrerinnen in den schriftlichen Fragebögen zum Ende des ersten Schuljahres auch der Sprache im Mathematikunterricht eine wichtige Rolle zu. So beschreibt eine Lehrerin ihre Methode als: „handelnder Umgang m. Material; Wert auf Versprachlichung d. math. Operationen" und schreibt zur Frage, was sie gleich machen würde: „Versprachlichung math. Aktionen; viele Übungsphasen; offene Aufgaben ...". Eine andere Lehrerin schreibt zur Frage, was sie im Mathematikunterricht anders machen würde: „Kinder mehr experimentieren lassen, mehr Zeit für das Zahlenverständnis geben, Plus und Minus später einführen" und drückt damit die Erfahrung aus, dass dem Verstehen eine zentrale Rolle zukommt.

Es ergibt sich also ein differenziertes, wenn nicht widersprüchliches Bild. Einerseits wird festgestellt, dass auch Kinder mit schlechten Deutschkenntnissen gute Mathematikleistungen erbringen, andererseits wird betont, dass ungenügende Deutschkenntnisse einen erhöhten Versprachlichungsaufwand erfordern. Die erhöhte Verbalisierung entspricht auch der Position, die Spanos / Crandall 1990 aus Untersuchungen der Sprache im zweitsprachlichen Unterricht in Mathematik und Naturwissenschaft gewonnen haben. Sie plädieren für eine „increased contextualization" and „carefully structured activities", die zur erforderlichen „transition to a more verbal approach" führen können (ebd. 168). Als Beispiel nennen sie Vergleiche.

Verbalisierung als Brücke bei der Wissensvermittlung: Geschichten

Wie sieht nun eine typische Verbalisierung mathematischer Sachverhalte in der Primarstufe aus? Grundlegend ist dabei die Kontextualisierung abstrakter mathematischer Sachverhalte in möglichst alltägliche Handlungskonstellationen (s. v. Kügelgen 1994). In der Grundschule haben sie nicht selten Märchencharakter, wie die Texte in Regelein / Wittasek 2002 zeigen. Zur Einführung der Eins soll die Lehrperson in einer kurzen Erzählung Aktanten in irgendeiner komischen, witzigen, lustigen usw. die Kinder affektiv berührenden Konstellation einführen, die etwas unternehmen oder unternehmen wollen (Text im Anhang). Dabei werden unter der Hand mathematische Fachbegriffe wie *Herr Einser* oder *Herr Null* für alltägliche Sachverhalte verwendet, die Kinder auf diesem Weg zum Fachbegriff hingeführt, der dann eigentlich keiner eigenen Definition mehr bedarf. Die Geschichte wird auch in Bewegung umgesetzt.

Betrachtet man die kleine Passage unter dem Aspekt des Zweitspracherwerbs, zeigt sich, dass die Sprache recht komplex ist. Nach Rehbeins (o.J.) Analyseschema zur Beurteilung (vor-)fachlicher Lehrtexte enthält der Text im Bereich Grammatik, Wortschatz und Wissensbereiche folgende Einheiten, die Lernern mit geringen Deutschkenntnissen Verstehensschwierigkeiten bereiten können (s. Beispiel 1).

1. Grammatik und Wortschatz:
   zusammengesetzte Substantive: Irrwegen, Rechenstadt, Stadtmauer, Eingangstür, Namenschild, Ziffernschrift, Pünktchenschrift;
   ad hoc Bildungen: Rechenstadt, Pünktchenschrift;
   Funktionsverbgefüge: ins Gespräch kommen;
   Modalität und Bedingung: darf ... einziehen, wenn er ... spendet;
   alternierende Ortsbestimmungen in 14: über seinem Kopf (Dativ statisch) – vor seinen Bauch (Akkusativ direktiv) – zwischen seinen Beinen (Dativ statisch);
2. Wortschatz und Wissensbereiche:
   nach dem Handlungsfeld des Wanderns und Suchens das einer Begegnung und schließlich einer bedingten Erlaubnis;
   im letzten Teil Beschreibung von Bewegungen der Füße (Freudentanz) und der Hände (Klatschen);
3. Bedeutungsübertragung:
   Herr Einser, Herr Null, Rechenstadt, Pünktchenschrift.

Beispiel 1: Sprache in Mathematiklehrbüchern (Regelein / Wittasek 2002, 51)

Wenn man die sprachlichen Mittel aus ihrer textuellen Eingebundenheit löst, sieht man, dass zu ihrem Verständnis gute Sprachkenntnisse erforderlich sind. Bei der Äußerung *Die beiden kommen ins Gespräch* kann *ins Gespräch* lokal als Ort verstanden werden, an den die zwei gelangen. Das Kompositum *Rechenstadt* zeigt, wie durch normal gebildete Begriffe über die Bedeutung des neuen Begriffs auch die Grundlage für eine neue Ebene der Betrachtung geschaffen wird, sodass die *Rechenstadt* nun der sinnlich vorstellbare Ort für Rechenoperationen wird. Diese Bedeutung erschließt sich dem Hörer jedoch nur, wenn er die Bildung des Kompositums aus einem Nomen und einem Verb sowie die Bildungsart kennt. Andernfalls ist das Wort *Rechenstadt* lediglich eine Bezeichnung wie *Halberstadt*, ohne jeden erkennbaren funktionalen Bezug zur Mathematikstunde. An dieser Stelle wird deutlich, wo sich das muttersprachlich intuitive Verstehen kongruent mit dem Lehrerplan vollzieht oder im Falle des Zweitsprachlerners im

Umgang mit sinnleeren Worthülsen erschöpft. Der deutsche Mathematikunterricht der Grundschule scheint besonders auf die nicht explizit gemachte Inanspruchnahme muttersprachlicher Alltagsbegriffe als Brücke zum fachlichen Begriff und damit zum fachlichen Verstehen zu setzen. Dieser Prozess ist in hohem Maße an muttersprachliches Sprachwissen gebunden und stellt Zweitsprachlerner vor große Probleme. Das bemerken auch die Lehrkräfte und versuchen durch noch mehr Verbalisierung ein Verstehen zu erreichen. Das verbirgt sich hinter ihrer Wahrnehmung, dass im Mathematikunterricht mit ausländischen Schülern viel mehr verbalisiert werden muss.

Mengenvergleich: *Plus – Minus – Mehr – Weniger*?

Die Probleme dieses Vorgehens werden nun bei der Addition / Subtraktion und dem zugrunde liegenden Mengenvergleich behandelt. Im untersuchten Ausschnitt (Transkription „Würfel" 2003) will die Lehrerin sprachlich-begriffliche Fundamente für die Einführung der Begriffe *plus* und *minus* legen, um später die Symbole ‚+' und ‚-' einzuführen. Der Unterricht findet in einer kleinen Fördergruppe mit vier SchülerInnen mit Förderbedarf in Deutsch statt. Die Lehrerin verwendet blaue und rote Würfel, deren Anzahl sie vor den Augen der LernerInnen vermehrt oder verringert. Die LernerInnen beobachten das Geschehen, sollen es anschließend verbal beschreiben und die jeweiligen Mengen vergleichen. Die Lehrerin will die Lernenden zur Beschreibung der Handlung veranlassen und von den dabei verwendeten handlungsbeschreibenden Verben aus zu den mathematischen Begriffen *plus* / + und *minus* / - gelangen. Das Handlungsgerüst weist folgende Struktur auf:

Lehrerin	Lernerinnen
(1) legt eine Anzahl Würfel	beobachten
(2) verändert die Anzahl	beobachten
(3)	verbalisieren die beobachtete Handlung
(4)	verbalisieren das Verhältnis zur vorherigen Anzahl
(5)	verbalisieren mit den Alltagsbegriffen *mehr* / *weniger*
(6) will daraus *plus* / *minus* entwickeln	

Obwohl die Vermittlung kleinschrittig erfolgt und jeder Schritt verbalisiert wird, erbringen die SchülerInnen längere Zeit nicht die gewünschten Handlungen: (a) zunächst führen sie gleich eine Zähloperation durch, anstatt wie gewünscht die beobachtete Handlung zu beschreiben, (b) bei der Verbalisierung der beobachteten Handlung in der Zweitsprache haben sie Probleme und (c) sie können die von der Lehrerin angebotenen alltagssprachlichen Begriffe *mehr* und *weniger* nicht zuverlässig auf die wahrgenommenen Mengen beziehen; (d) ein Erfolg stellt sich erst nach der Umstellung des Lehrerhandelns ein.

(a) Gestellte und verstandene Aufgabe

Die LernerInnen reagieren zunächst auf die vor ihren Augen ablaufende Handlung mit der Nennung einer Zahl, auch wenn sie die Handlung bestimmen sollen (s. Beispiel 2). Unabhängig von und explizit gegen die gestellte Aufgabe handeln sie nach der allgemeinen Handlungsmaxime, dass eine Operation im Mathematikunterricht zu einer Zahl führen muss. Nach dieser Maxime ist die Anzahl der Gegenstände zu ermitteln und zu nennen, wenn die Lehrerin wie im konkreten Fall einige Gegenstände hinlegt. Bei drei Durchläufen (Segmente 01-03, 18-21 und 42-44) nennen die Schüler dementsprechend eine Zahl, statt aufgabengemäß die Handlung zu bestimmen. Erst auf die abermalige, nun betonte Durchführung der Wegnehmhandlung geht ein nicht identifizierter Schüler aufgabengemäß auf die Bestimmung der Handlung ein (Segment 51).

01	LEHR	So.
		o- nimmt alle Würfel weg -o
		o- ((2s)) legt zwei rote Würfel auf den Tisch -o
02	LEHR	Was hab ich jetzt gemacht?
03	ILYO	*Zwei.*
18	LEHR	• Ich hab dazu gelegt, guck mal.
19	LEHR	Es waren zwei und ich habe noch drei dazugegeben.
20	LEHR	Sind das mehr oder weniger geworden?
21	KENO	*Fünf.*
42	LEHR	Jetzt • passt bitte auf, was ich mache.
		o- nimmt Würfel weg -o
43	LEHR	((5s)) Was hab ich gemacht?
44	EDBE	*Sechs.*
45	USCH	*Sechs.*
46	LEHR	Nee, was hab ich gemacht?
47	EDBE	*Fünf.*
48	LEHR	Nee, was hab ich gemacht?
49	USCH	Du hast ( ).
		o- zeigt das Wegnehmen -o
50	LEHR	Jaa.
51	USCH	(*weggenommen*).
52	LEHR	Ich hab zwei weggenommen.

Beispiel 2: Gestellte und verstandene Aufgabe

Sprache im zweitsprachlichen Mathematikunterricht

(b) Produktionsprobleme in der Zweitsprache

Die Lerner äußern sich überwiegend nur in sehr kurzen Einwortäußerungen (s.o. Beispiel 2 Segmente 03, 21, 44, 45 oder 47), oder in syntaktisch unvollständigen bzw. elliptischen Äußerungen (s.u. Beispiel 3 Segment 57). Syntaktisch vollständige Äußerungen sind sehr selten. Die Nennung einer Zahl kann auch als Vermeidung komplexerer Verbalisierungen betrachtet werden (s.o. Beispiel 1). Die Probleme, die die Lernenden beim zweitsprachlichen Sprechen haben, zeigen sich auch im einzigen Versuch zur verbalen Bestimmung der Handlung. Die Äußerung enthält im entscheidenden Teil mit dem handlungsbeschreibenden Verb eine unverständliche Passage, die durch eine nonverbale Geste begleitet wird (s.u. Beispiel 3 Segment 49). Bei der komplexesten Äußerung, einem Nebensatz mit der subordinierenden Konjunktion *weil* und Verbendstellung (Beispiel 3 Segment 66), fehlen im einleitenden Hauptsatz das semantisch leere Subjekt *es* und das finite Hilfsverb. Dabei wurde der Lernerin ILYO zum Schuljahresende auf einer Fünfer-Skala die zweitbeste Deutschnote gegeben. In Mathematik wurde ihr bescheinigt, gut und schnell zu rechnen. Wenn auch sie noch solche Probleme hat, zeigt dies, dass die Lernerinnen unübersehbare Schwierigkeiten in der Zweitsprache haben.

09	LEHR	Welche?
10	KENO	Zwei rot.
11	LEHR	...*te*.
48	LEHR	Nee, was hab ich gemacht?
49	USCH	Du hast ( ).
		o- zeigt das Wegnehmen -o
50	LEHR	Jaa.
51	USCH	(***weggenommen***).
52	LEHR	Ich hab zwei weggenommen.
56	LEHR	Wo sind die?
57	ERAT	***Blaue sechs.***
58	LEHR	Die sind weg.
59	USCH	***Hinter deinem Rücken.***
60	LEHR	Die sind weg.
61	LEHR	Hinter meinem Rücken, okay, aber die sind weg.
66	ILYO	***Weniger • geworden, weil du zwei weggenommen hast.***

Beispiel 3: Produktionsprobleme

(c) Verbal getriggerte Mengenbestimmung: dazutun oder wegnehmen?

Das didaktische Konzept basiert auf der anschaulich präsentierten Veränderung von Mengen. Die Lehrerin führt wie bei den Schachtelaufgaben (s. Selter / Spiegel 2001, 21 u. 121) eine bestimmte Anzahl von Würfeln ein und verändert dann die Menge durch Hinzutun oder Wegnehmen von Würfeln. Da die LernerInnen zunächst die von der Lehrerin durchgeführte Handlung nicht verbal beschreiben, verengt die Lehrerin die Aufgabe zu einem Vergleich der Mengen im Hinblick auf die Zahl der Objekte. Dabei verwendet sie selbst in der modifizierten Aufgabenstellung die größenverändernden Verben *dazutun / wegnehmen* und fordert die LernerInnen nur noch auf, zu entscheiden, ob es nach dem Dazutun von Würfel *mehr* oder *weniger* geworden sind. Doch auch diese eigentlich einfache Operation des Mengenvergleichs hinsichtlich ihrer Mächtigkeit wird von den LernerInnen nicht zufriedenstellend bewältigt. Dem didaktischen Konzept fehlt also die sprachliche Grundlage aufseiten der LernerInnen.

18	LEHR	• Ich hab dazu gelegt, guck mal.
19	LEHR	Es waren zwei und ich habe noch drei dazugegeben.
20	LEHR	Sind das mehr oder weniger geworden?
21	KENO	Fünf.
22	LEHR	Mehr oder weniger?
23	KENO	*Weniger/ mehr.*
24	USCH	*Weniger.*
25	KENO	*Mehr.*
26	USCH	*Weniger.*
27	KENO	*Mehr. Eä.*
28	LEHR	Weniger geworden?
29	LEHR	• • ( ) wir hatten zuerst zwei Würfel.
		o- legt zwei Würfel in die Mitte -o
29	USCH	Oh oh.
30	LEHR	Und jetzt hab ich noch drei dazugegeben.
		o- legt drei Würfel hinzu -o
31	USCH	Fünf.
32	LEHR	Ist es (jetzt) mehr oder weniger?
33	ERAT	*Mehr.*
34	LEHR	*Mehr geworden.*
60	LEHR	Die sind weg.
61	LEHR	Hinter meinem Rücken, okay, aber die sind weg.
62	LEHR	Ist es mehr oder weniger?
63	USCH	*Mehr.*
64	LEHR	Ich hab weggenommen, ich hab weggenommen.

65 ILYO	He.
66 ILYO	*Weniger* • geworden, weil du zwei weggenommen hast.
67 LEHR	Es ist weniger geworden.

Beispiel 4: mehr-oder-weniger-Relation

Wenn man die Äußerungen der Lehrerin in den Ausschnitten (und in der gesamten Transkription) genauer betrachtet, bemerkt man, dass sie sehr systematisch die Verben *dazutun* und *wegnehmen* (überwiegend im Partizip Perfekt) verwendet. Für sie ist offensichtlich klar, dass die Handlung des Dazutuns zu *mehr* führt, während die Handlung des Wegnehmens mit *weniger* verbunden ist. Bei der Vermehrung verstärkt sie die Aussage noch durch vorgeschaltetes *noch*. Die Zweitsprachlerner lassen diese verbale Brücke unbeachtet, bzw. verwenden die Begriffe *mehr / weniger* ziemlich willkürlich. Die Verben *dazutun, dazugeben / wegnehmen* sind konzeptionell nicht mit den deutschen Begriffen *mehr / weniger* verbunden, die Hinweise (Ehlich / Rehbein 1986, 33) der Lehrerin gehen ins Leere. Sie initiiert einen erneuten Handlungszyklus. Da sie nicht weiß, an welcher Stelle genau die Lernenden ihrem Plan nicht mehr folgen (können), detailliert sie ihre Veränderungshandlung, bis die Lernenden die nebensächliche Feststellung machen, dass die weggenommenen Würfel nun hinter ihrem Rücken seien. Dies ist eine typische Vorgehensweise bei der Vermittlung von Handlungswissen durch Vormachen und Verbalisieren (s. Grießhaber 1999). Dabei entfernen sich die LernerInnen jedoch weiter aus dem Vermittlungsplan. Das Vorgehen der Lehrerin nähert sich dem von Bauersfeld 1983 beschriebenen Trichtermuster. Die jeweilige, auf immer kleinere Aspekte verkleinerte Lehrerhandlung hat am Ende im Schülerwissen keine Verbindung mehr mit der Ausgangsfrage. Die Lehrerin bemerkt die Erfolglosigkeit ihrer erhöhten Verbalisierungsbemühungen und ändert ihr Vorgehen.

(d) Operational vermittelte Mengenbestimmung: größer oder kleiner?

Nachdem wenigstens eine Schülerin (ILYO) mit viel Mühe und Unterstützung durch die Lehrerin die Verbindung von *wegnehmen* und *weniger* verbalisiert hat (Beispiel 5 Segment 66), führt die Lehrerin die LernerInnen nicht mehr über die verbale Brücke, sondern lässt sie eine Zähloperation (Beispiel 5 Segment 71) zum Vergleich von Zahlen (Beispiel 5 Segmente 77, 81) zu zwei verschiedenen Zeitpunkten durchführen. Die LernerInnen müssen also nur noch durch einfache arithmetische Operationen die jeweils größere bzw. kleinere von zwei Zahlen bestimmen und die betreffende Zahl nennen. Die Lehrerin reduziert also sowohl ihre eigene verbale Beschreibung als auch die von den SchülerInnen verlangten Verbalisierungen. Und sie verändert die Mengenangaben. Auf diesem Weg gelingt es, dass nun zwei, bzw. drei LernerInnen der gewünschte Mengenvergleich gelingt. Allerdings ist damit keineswegs bereits eine sicheres Begriffswissen für *größer* und *kleiner/weniger* erreicht, wie sich im weiteren Verlauf der Unterrichtsstunde zeigt, der hier nicht mehr behandelt werden kann.

64	LEHR	Ich hab weggenommen, ich hab weggenommen.
65	ILYO	He.
66	ILYO	Weniger • geworden, weil du zwei weggenommen hast.
67	LEHR	Es ist weniger geworden.
68	LEHR	*Wie viele Würfel waren es vorher?*
		o- legt die Würfel wieder hinzu -o
69	USCH	Acht.
70	LEHR	Acht.
71	LEHR	*Habt ihr alle gezählt.*
72	LEHR	*Und wie viele Würfel sind es jetzt?*
		o- nimmt die Würfel wieder weg -o
73	ERAT	Sechs.
74	ILYO	Sechs.
75	EDBE	Sechs.
76	LEHR	Ja.
77	LEHR	• • *Was ist, was ist größer: acht oder sechs?*
78	ERAT	Acht.
79	ILYO	Acht.
80	LEHR	Acht ist größer.
81	LEHR	*Und was ist kleiner?*
82	ILYO	Sechs.
83	USCH	Sechs.
84	KENO	Eins.
85	LEHR	*Sechs ist kleiner als acht.*
86	LEHR	So, ich schreib an der Tafel.

Beispiel 5: größer-oder-kleiner-Relation über Zähloperationen

Resümee und Ausblick

Die Analyse eines Ausschnitts aus einer Mathematikstunde mit Zweitsprachlernern im Anfangsunterricht der Grundschule erbringt mehrere Ergebnisse. Besonders auffällig ist der große Förderbedarf in der Zweitsprache Deutsch. Dieser große Förderbedarf ist in den sprachproduktiven Beiträgen der SchülerInnen nicht zu übersehen. Der Förderbedarf zeigt sich aber vor allem auch in inkongruenten Leistungen im Anschluss an Lehreräußerungen. Erstaunlich ist vor allem, dass selbst scheinbar selbstverständliche Alltagsbegriffe wie *größer – kleiner* nicht auf eine Menge sinnlich wahrnehmbarer Objekte angewendet wird. Die von den LehrerInnen wahrgenommenen Verstehensprobleme nichtdeutschsprachiger SchülerInnen sind also vorhanden, wie in dem Ausschnitt gezeigt wurde. Allerdings vertieft der aus dem Unterricht mit deutschsprachigen SchülerInnen übertragene didaktische Ansatz, fachliches Wissen über eine verbale alltagssprachliche begriffliche Brücke zu vermitteln, die Probleme noch. Da selbst grundlegende Alltagsbegriffe nicht sicher verfügbar sind, gehen die oft metaphorisch getragenen Überbrückungsversuche ins Leere. Im aktuell untersuchten Fall, der wahrscheinlich repräsentativ sein dürfte, kommt hinzu, dass die LernerInnen eigentlich eine komplexe Aufgabe zu bewältigen hatten: sie mussten eine Handlung in der Zweitsprache beschreiben und gleichzeitig zahlenmäßig eigentlich klare Sachverhalte in einen Größenvergleich überführen, dessen Ergebnis dann in der Zweitsprache verbalisiert werden sollte. Die Überforderung der Lerner sollte nicht überraschen.

Dagegen setzt der modifizierte Ansatz der Lehrerin auf eine schrittweise Abarbeitung mathematischer Einzeloperationen, ohne dass die Lernerinnen das Geschehen in der Zweitsprache verbalisieren sollten. Die Auswertung und Zusammenführung der einzelnen Operationen und die Verbindung der ermittelten Resultate mit fachlichen Begriffen obliegt wohl primär der Lehrerin. Hier könnte sich ein insgesamt mehr eigenaktiv entdeckendes Lernen der Schüler anschließen. Die gesamte Aufgabe könnte auch ganz in die Verantwortung der Schüler gegeben werden, die selbst anhand von Aufgabenblättern mit Würfeln experimentieren (hier könnten die Vorschläge von Ottmann 1980 Verwendung finden), Ergebnisse protokollieren und Schlussfolgerungen erarbeiten. Dabei könnten sie ruhig auch ihre Erstsprachen einsetzen, wenn sich genügend Schüler einer Herkunftssprache finden (s. Grießhaber / Özel / Rehbein 1996). Die neuen nordrhein-westfälischen Richtlinien (Ministerium 2003) für den Mathematikunterricht sehen vor, dass die Kinder mathematisch argumentieren, kommunizieren und Zusammenhänge nachvollziehbar begründen. Dieses Ziel geht an den zweitsprachlichen kommunikativen Möglichkeiten vieler nichtdeutschsprechender SchülerInnen vorbei. Zwar wurde im Förderprojekt auch eine argumentative Phase dokumentiert, in der die Lehrerin mit den Kindern die Frage diskutiert, ob es eine letzte Zahl gibt (s. Grießhaber 2003). Dabei handelt es sich jedoch um eine von der Lehrerin außerhalb des Unterrichts spontan aufgegriffene Frage aus den Pausengesprächen. Dieser Weg ist kaum planbar und setzt voraus, dass die SchülerInnen von sich aus schon ein mathematisches Problem thematisiert haben.

Auch Mathematik in der Grundschule, so hat sich gezeigt, ist alles andere als ein spracharmes Fach. Die Vermittlung mathematischen Wissens macht in sehr hohem Maß Gebrauch von der verdeckten Inanspruchnahme alltagssprachlicher Begriffe und Konzepte.

Anhang

Kurze Lehrererzählung:
Herr Einser
Herr Einser wandert alleine durch die Welt und sucht eine Wohnung. Da entdeckt er nach langen Irrwegen ein Tor mit einem kleinen Fenster. Ein freundlicher Mann schaut heraus (später: „Herr Null"). Die beiden kommen ins Gespräch. Herr Einser darf in die Rechenstadt einziehen, wenn er für die Stadtmauer einen Stein spendet. (Anbringen des Steins an der Korkwand)
Anbringen des Hauses: Herr Einser verziert seine Eingangstür mit seinem Namenschild. Er schreibt seinen Namen in Ziffernschrift. Auf das Dach malt er seinen Namen in Pünktchenschrift.
Gelenkte Bewegungsübung
Vor Freude über sein neues Haus läuft/hüpft Herr Einser einen Schritt vor und wieder einen Schritt zurück, einen Schritt nach links und einen nach rechts ... Er klatscht die Hände einmal über seinem Kopf zusammen, einmal vor seinen Bauch, einmal hinter seinem Rücken, einmal zwischen seinen Beinen ...
(Regelein / Wittasek 2002, 51)

Literaturverzeichnis

BAGIV (Hg.) (1985): Muttersprachlicher Unterricht in der Bundesrepublik Deutschland. Sprach- und bildungspolitische Argumente für eine zweisprachige Erziehung von Kindern sprachlicher Minderheiten (mit der Neubearbeitung des Memorandums zum muttersprachlichen Unterricht). Hamburg: E. B. V. Rissen.
Bauersfeld, Heinrich (1983): Kommunikationsverläufe im Mathematikunterricht. Diskutiert am Beispiel des „Trichtermusters". In: Ehlich, K. / Rehbein, J. (Hrsg.) Kommunikation in Schule und Hochschule. Linguistische und ethnomethodologische Analysen. Tübingen: Narr, 21-28.
Bos, Wilfried / Lankes, Eva-Maria / Prenzel, Manfred / Schippert, Knut / Walther, Gerd / Valtin, Renate (Hrsg.) (2003): Erste Ergebnisse aus IGLU. Schülerleistungen am Ende der vierten Jahrgangsstufe im internationalen Vergleich. Münster u. New York: Waxmann.
Deutsches Pisa-Konsortium (Hrsg.) (2002): Pisa 2000 – Die Länder der Bundesrepublik Deutschland im Vergleich. Opladen: Leske + Budrich.
Dicke, Christoph (1999): 1000 Möglichkeiten mit 1000 Punkten. Orientierung im Tausenderraum mit komplexen Arbeitsmitteln auch in einer „Problemklasse". In: Die Grundschulzeitschrift 121/99, 44-45.
Ehlich, Konrad / Rehbein, Jochen (1986): Muster und Institution. Untersuchungen zur schulischen Kommunikation. Tübingen: Narr.
Grießhaber, Wilhelm (1999): Interaktionale Aspekte der Vermittlung von Nutzungstechniken. In: Jakobs, E.-M. / Knorr, D. / Pogner, K.-H. (Hrsg.) Textproduktion, Hyper-Text, Text, KonText. Frankfurt/M. u.a.: Lang, 229-244.
Grießhaber, Wilhelm unter Mitarbeit von Nina Heinrich (2003): Zwischenbericht März 2003. Projekt „Deutsch und PC". Münster: WWU Sprachenzentrum.

Grießhaber, Wilhelm / Özel, Bilge / Rehbein, Jochen (1996): Aspekte von Arbeits- und Denksprache türkischer Kinder. In: Unterrichtswissenschaft 1/96, 3-20.

Knapp, Werner (1999): Verdeckte Sprachschwierigkeiten. In: Die Grundschule 5/99, 30-33.

Kügelgen, Rainer v. (1994): Diskurs Mathematik. Kommunikationsanalysen zum reflektierenden Lernen. Frankfurt/M. u.a.: Lang.

Lörcher, Gustav Adolf (1981): Ausländische Kinder im Mathematikunterricht – Lernschwierigkeiten und Fördermaßnahmen. In: Sandfuchs, U. (Hg.) Lehren und Lernen mit Ausländerkindern. Bad Heilbrunn: Klinkhardt, 243-252.

Lorenz, Jens Holger (1998). Lesen und Schreiben – oder Mathematik? In: Crämer, C. / Füssenich, I. / Schumann, G. (Hrsg.) Lesekompetenz erwerben und fördern. Braunschweig: Westermann, 128-137.

Ministerium für Schule, Jugend und Kinder des Landes NRW (Hg.) (2003): Richtlinien und Lehrpläne zur Erprobung für die Grundschule in Nordrhein-Westfalen.

Ottmann, Anton unter Mitarbeit von Hildegard Heidtmann und Waldemar Stumpf (1980): Wir fördern mathematisches Denken bei Kindern mit Sprachschwierigkeiten. Horneburg: Persen.

Padberg, Friedhelm (2002^2): Didaktik der Arithmetik. 2., vollständig überarbeitete und erweiterte Auflage. Heidelberg u. Berlin: Spektrum Akademischer Verlag.

Quasthoff, Uta M. / Steinbring, Heinz (2000): Diskurseinheiten im Mathematikunterricht. In: Grundschule 32,12/00, 57-59.

Rehbein, Jochen (o.J.): Analyse-Schema für vorfachliche Texte. Hamburg: Germanisches Seminar (mimeo); http://spzwww.uni-muenster.de/~griesha/eps/dzu/vorfach-rehbein-uebb.html am 2.08.04.

Regelein, Silvia / Wittasek, Edith (2002): Der gesamte Mathematikunterricht im 1. Schuljahr. München: Oldenbourg.

Selter, Christoph / Spiegel, Hartmut (2001): Wie Kinder rechnen. Leipzig u.a.: Klett Grundschulverlag.

Spanos, George / Crandall, Joann (1990): Language and problem solving. Some examples from math and science. In: Padilla, A. M. / Fairchild, H. H. / Valadez, C. M. (Hrsg.) Bilingual Education: Issues and Strategies. Newbury Park u.a.: Sage, 157-170.

„Würfel" (2003): DPC-1.G1C|Würfel|210102: http://spzwww.uni-muenster.de/~griesha/eps/dzu/math/gal03/wuerfel-trs.html am 24.08.04.

Zydatiß, Wolfgang (2000): Bilingualer Unterricht in der Grundschule. Entwurf eines Spracherwerbskonzepts für zweisprachige Immersionsprogramme. Ismaning: Hueber.

Betriebliche Sprachplanung im Kontext innerer und äußerer Mehrsprachigkeit – am Beispiel einer deutschen Großwerft

Klaus Geyer, Kiel/Vilnius

1 Einführung

Das Rahmenthema „Sprache in der Wissensgesellschaft" wird in meinem Beitrag aus einer sprachplanerischen Perspektive fokussiert. Dies geschieht jedoch nicht auf dem gesellschaftlichen Makroniveau, sondern auf der mittleren Ebene, dem Mesoniveau[1] von Institutionen bzw. Organisationen – konkret am Beispiel einer wirtschaftlichen Organisation, nämlich der *Howaldtswerke Deutsche Werft AG* (HDW) am Standort Kiel in Schleswig-Holstein. Dass die HDW in Kiel als größte deutsche Werft trotz einer vergleichsweise bescheidenen Belegschaftsgröße von 3435 Beschäftigten am 31.12.2002 und eines Umsatzes von 461 Mio. € im Geschäftsjahr 2001/2002 im Hinblick auf sprachplanerische Aktivitäten ein außergewöhnlich interessantes Beobachtungsobjekt darstellt, hat verschiedene Gründe. Zunächst ist der industrielle Schiffbau seit jeher eine ausgesprochen international orientierte Branche, die eine Vielzahl von Sprach- und Kulturkontakten aufweist. Die Internationalisierung schreitet auf hohem Niveau weiter fort, wie gerade das Beispiel HDW in den letzten Jahren zeigt. Zu nennen ist hier der umfassende Um- und Ausbau der HDW AG in Kiel zur Muttergesellschaft eines internationalen Schiffbaukonzerns. Wesentliche Schritte in diesem recht jungen und noch laufenden Prozess sind bzw. waren neben der Intensivierung bestehender Kooperationen mit italienischen (*Fincantieri*) und spanischen (*IZAR*) Partnern (i) der Erwerb von Werften in Schweden (*Kockums*) und in Griechenland (*Hellenic Shipyards*), (ii) die Tatsache, dass seit 2002 die Eigentümerin der Werft eine US-amerikanische Investmentbank ist, sowie (iii) die Öffnung des Marktes nach Mittel- und Osteuropa im Zuge der politischen Neustrukturierung Europas und die damit verbundene rasche Zunahme an Kontakten zu Unterauftragnehmern aus diesen Regionen.

---

1 Vgl. Sæbøe (1998), die zwischen dem individuellen Mikroniveau, dem Mesoniveau von Organisationen und dem gesellschaftlichen Makroniveau unterscheidet.

Die Güter, welche auf der Werft produziert werden – Handels- und Marineschiffe, Überwasserschiffe und U-Boote –, sind äußerst komplex. Die Schiffbauindustrie selbst scheut diesbezüglich den Vergleich mit dem Flugzeugbau oder sogar der Weltraumtechnik nicht (vgl. z.B. Leidenschaft Schiffbau 2000), was in einem bemerkenswerten Spannungsverhältnis zum Bild des Schiffbaus als einem letzten Dinosaurier der Schwerindustrie steht (hierzu Geyer erscheint a). Fachleute und Spezialisten sehr unterschiedlicher Disziplinen wirken über kürzere oder längere Phasen daran mit, dass das Produkt „Schiff" entsteht. Neben den werfteigenen Spezialisten ist eine Vielzahl von Unterauftragnehmern involviert, die ihrerseits nicht selten nach gängiger Praxis eine weitere Unterauftragsvergabe vornehmen. Manche der im Werftjargon „Fremdfirmen" genannten Unterauftragnehmer werden für die zu erbringenden Leistungen nur einmalig für einen bestimmten Schiffsneubau engagiert, mit anderen besteht eine langjährige, kontinuierliche Zusammenarbeit. Sowohl regionale oder sogar lokale Handwerksbetriebe als auch weltweit aktive Spezialfirmen sind vertreten. Im Gegensatz zur Massenproduktion am Fließband wie z.B. in der Automobilindustrie handelt es sich bei HDW aber stets nur um Einzelstücke oder Kleinserien mit wenigen Einheiten, weshalb in den fertigungsnahen Bereichen, denen das Hautaugenmerk der Untersuchung gilt, immer wieder Lösungen für unvorhergesehene – und unvorhersehbare – Situationen gefunden werden müssen, und zwar in kooperativer Weise und in sehr unterschiedlichen Konstellationen. Da es bei der Problemlösung durch Improvisieren[2] nicht um beliebige *Ad-hoc*-Maßnahmen gehen kann, sondern sachkundige, kreative Lösungen gefordert sind, wird die herausgehobene Stellung deutlich, die das Wissen der Organisation in Form von Erfahrung und Erfahrungsaustausch, Information und Informationsfluss usw. über intakte, insbesondere sozial intakte, kommunikative Netze einnimmt. Das Organisieren der vorhandenen und zunehmenden Mehr- oder Vielsprachigkeit der Kommunikation ist damit ein wesentlicher Aspekt, um das Wissen zu sichern, auszubauen und zu optimieren. Was für improvisierende Problemlösung besonders deutlich wird, gilt entsprechend auch für den regulären, planmäßigen Ablauf.

Mehrsprachige Kontakte ergeben sich auf der Werft prinzipiell auf allen Ebenen: im technischen wie im kaufmännischen und im Management-Bereich, bei den gewerblich Beschäftigten ebenso wie auf den Führungsetagen. Das Englische spielt dabei eine herausragende Rolle als internationale Sprache des Schiffbaus und der Seefahrt bei den Kontakten nach außen, also zu Reedereien, Behörden, Unterauftragnehmern usw.; Englisch ist aber keineswegs die einzige Kontaktsprache. Im Inneren sind vor allem die Sprachen der Arbeitsmigranten und dabei insbesondere das Türkische im Hinblick auf Mehrsprachigkeit relevant. Welche sprachplanerischen Maßnahmen ergriffen werden und wie sich die Sprach(en)*policy* des Unternehmens gestaltet, um die Mehrsprachigkeit zu orga-

---

2 Die Fähigkeit zur erfolgreichen Problemlösung durch Improvisieren kann als eine wesentliche Komponente angesehen werden, die den professionellen Stolz im Fertigungsbereich ausmacht.

nisieren, diesen Fragen wird in den folgenden Abschnitten nachgegangen. Im Mittelpunkt stehen dabei weniger die relativ abgeschlossenen Bereiche der professionellen Sprachmittlung (Translation, technische Dokumentation), sondern solche Maßnahmen, die sich auf die mehrsprachige Situation in der alltäglichen, fertigungsnahen Arbeit im Betrieb auswirken.

2 Sprachplanung, Sprach*policy* und Sprachmanagement

Der Terminus Sprachplanung, in der Literatur zuerst 1959 von Einar Haugen verwendet (vgl. Vikør 1994, 87), war zunächst eng umrissen als „the activity of preparing a normative orthography, grammar, and dictionary for the guidance of writers and speakers in a non-homogeneous speech community" (Haugen 1959, 8). In der Folgezeit wird der Skopus, nicht zuletzt von Haugen selbst, rasch erweitert. Die Unterscheidung der beiden auch heute noch weithin akzeptierten Hauptbereiche der Status- und der Korpusplanung, die von Kloss (1969) etabliert werden, gehört zu den wichtigsten Schritten.[3] Andere Konzeptionen stellen die Akquisitionsplanung als dritten, eigenständigen Bereich neben die Status- und die Korpusplanung (Cooper 1989). Außerdem wird Sprachplanung in Beziehung gesetzt zu anderen sprach- und gesellschaftswissenschaftlichen Teildisziplinen. Die Definition von Rubin / Jernudd (1971, xvi) betont die Relation von Sprachplanung und Sprachwandel und stellt die Bedeutung der Handelnden im Sprachplanungsprozess heraus: „Language planning is deliberate language change; that is, changes in the system of language code or speaking or both that are planned by organisations that are established for such purposes or given a mandate to fulfil such purposes. As such, language planning is focused on problem solving and is characterised by the formulation and evaluation of alternatives for solving language problems to find the best (or optimal, most efficient) decision."

Die „klassische" Auffassung von Sprachplanung beschreibt im Kern einen *Top-down*-Prozess, der mit der ausgesprochen hierarchischen Struktur eines Wirtschaftsunternehmens bestens kompatibel sein müsste. Dennoch gestaltet sich die Anpassung der für die gesellschaftliche Makroebene entwickelten Sprachplanungskonzeptionen auf das Organisationsniveau im vorliegenden Beispiel keineswegs einfach, sowohl im Hinblick auf die Maßnahmen der Status- und Korpusplanung (und ggf. Akquisitionsplanung) selbst als auch vor allem im Hinblick auf die organisationsinternen Institutionen, denen die Planungsaktivitäten obliegen sollen. Hinsichtlich der – bislang ohnehin wenig entwickelten – Modellierung von Sprachplanung kommt hinzu, dass eine Sprach*policy*, verstanden als die Formulierung allgemeiner, übergeordneter Ziele in der strategischen

---

[3] Dass diese Trennung keineswegs so eindeutig ist, wie sie zunächst erscheint, betont Blommaert (1996).

Unternehmensplanung im vorliegenden Beispiel nicht erkennbar ist.[4] Ein Beispiel für ein übergeordnetes Ziel der Sprach*policy* auf Organisationsniveau wäre die Umstellung der Konzernsprache auf das Englische (Beispiele bei Vollstedt 2002) oder, allgemeiner, ein Sprach- oder sogar Kommunikationskonzept, welches beispielsweise den Umbau eines nationalen Unternehmens zu einem internationalen Konzern in wesentlichen Aspekten unterstützen könnte.

Insbesondere der Umstand, dass die Zuständigkeit spezieller Institutionen für Sprachplanung organisationsintern undeutlich ist bzw. dass solche Institutionen nicht vorhanden sind, lässt es vielversprechend erscheinen, zur adäquaten Erfassung der Situation den Ansatz des Sprachmanagements zu verfolgen. In seinen wesentlichen Elementen in Jernudd / Neustupný (1987) präsentiert und seither verschiedentlich weiterentwickelt, nimmt dieser Ansatz die sprachlichen Kommunikationsprobleme im konkreten Diskurs als Ausgangspunkt. Somit ist er eher ein *Bottom-up*-Konzept. Der Problemlösungs- oder eben Managementprozess umfasst die vier Phasen „(1) Beachtung (*noting*) [einer Abweichung (*deviation*) vom in der Situation erwünschten Sprachgebrauch (*norm*)], (2) Bewertung, (3) Planung der Korrektur, (4) Realisierung [der Korrektur]" (Nekvapil 2000, 684). Erst wenn wiederum im konkreten Diskurs das Problem gelöst ist, gilt der Managementprozess als erfolgreich abgeschlossen – ein Kriterium, an welchem sich alle Maßnahmen des Sprachmanagements messen lassen müssen. Sprachplanung wird hingegen verstanden als eine Form organisierten, von Regierungen oder regierungsnahen Institutionen durchgeführten Sprachmanagements, im Gegensatz zu den einfachen Anpassungen, wie sie Individuen in konkreten Situationen vornehmen. Das Konzept des Sprachmanagements erweist sich als weitaus flexibler, da es nicht auf Sprachplanungsinstitutionen fixiert ist. Dadurch wird es auf die sprachliche Kommunikation ganz unterschiedlicher Gemeinschaften anwendbar.[5]

Im Folgenden werden also Maßnahmen eines in diesem Sinne organisierten Sprachmanagements vorgestellt, wie wir sie im empirisch basierten DFG-Forschungsprojekt *Kommunikationsraum Werft: prototypische maritime Industrie und regionale Identität* (2001-2003, Universität Kiel, vgl. auch www.uni-kiel.de/werftprojekt) ermittelt haben. Trotz der nicht unproblematischen Trennung der drei Bereiche Status, Korpus und Akquisition wird eine tendenzielle Zuordnung vorgenommen. Sie wird erweitert um eine heuristische Differenzierung der jeweiligen Problemlösungsstrategien nach folgenden Aspekten:

---

4   *Sprachplanung* und *Sprachpolicy* werden manchmal synonym gebraucht (vgl. z.B. Haarmann 1988), im Kontrast zum Terminus *Sprach(en)politik*. Dies erscheint für den Kernbereich von Sprachplanung auf dem gesellschaftlichen Makroniveau durchaus angemessen. Da für Sprach(en)politik auf dem Mesoniveau von Organisationen kein Platz ist, lassen sich die beiden Termini hier sinnvoll differenzieren.

5   In Geyer (2003) werden Phänomene des kaum organisierten Sprachmanagements auf der Werft diskutiert, ohne dass ich allerdings zu diesem Zeitpunkt mit dem Konzept des Sprachmanagements vertraut gewesen wäre.

- einsprachig vs. mehrsprachig: Ist die Maßnahme auf nur eine oder auf mehr als eine Sprache bezogen?
- intern vs. extern: Ist die Maßnahme nur innerhalb des Unternehmens wirksam oder zielt sie auf den Kontakt nach außerhalb ab?
- reaktiv vs. aktiv: Erfolgt die Maßnahme erst als Reaktion auf konkrete Probleme oder beugt sie erwarteten bzw. erwartbaren Problemen vor?
- exekutiv vs. initiativ: Setzt die Maßnahme lediglich gesetzliche Vorgaben um oder schafft sie unternehmenseigene Regelungen?

3 Organisiertes Sprachmanagement auf HDW: Beispiele

3.1 Status

Eine explizite Sprachgesetzgebung, die den Gebrauch von Sprache(n) in Organisationen regelt, existiert in Deutschland nicht.[6] Eine Reihe von Gesetzen auf nationaler wie auf EU-Ebene enthält jedoch Passagen, die – teils implizit – Aussagen zum Sprach- und Sprachengebrauch treffen. Von Bedeutung sind hier vor allem das Betriebsverfassungsgesetz (BetrVG), die Wahlordnung zum Betriebsverfassungsgesetz (WOBetrVG), das Gesetz über Europäische Betriebsräte (EBRG) sowie das Sozialgesetzbuch (SGB) IX und das Behindertengleichstellungsgesetz (BGG).

Der vorliegende Beitrag erlaubt keine eingehende Erörterung der gesetzlichen Vorgaben, weshalb der allgemeine Hinweis genügen muss, dass jedes Unternehmen verpflichtet ist, den Betriebsrat bei der Eingliederung ausländischer und/oder schwerbehinderter (hier v.a. gehörloser) Beschäftigter durch die Bereitstellung von Hilfsmitteln wie Wörterbüchern, Übersetzungen, Dolmetschern etc. zu unterstützen. Hinzu kommen ebensolche Hilfsmittel für die interne Kommunikation des Europäischen Betriebsrates in transnationalen EU-Konzernen. Dass HDW seit vielen Jahren für die gehörlosen Beschäftigten GebärdensprachdolmetscherInnen bei Betriebsversammlungen bereit stellt, geht über das hinaus, was der Gesetzgeber verlangt.

Das Organisieren von Mehrsprachigkeit beschränkt sich jedoch keineswegs auf die Umsetzung gesetzlicher Vorgaben. Hinzu kommen initiative Maßnahmen. Ein Beispiel (reaktiv) ist der Vertrag, der die Rechte und Pflichten von Unterauftragnehmern regelt (*Bedingungen für die Beschäftigung von Fremdfirmen auf der Werft*, Stand Juni 2001). Von den 16 Paragraphen des Vertrages ist einer (§15) ausschließlich mit Sprache befasst: „Alle für die Durchführung des

---

6 Als das vermutlich bekannteste Beispiel einer solchen expliziten Sprachgesetzgebung ist Québec/Kanada zu nennen, mit der *Loi sur la langue officielle* (Loi 22, 1974) und der *Charte de la langue française* (Loi 101, 1977) als den wichtigsten Gesetzen (vgl. Hoerkens 1998). Allerdings ist zu beachten, dass die gesetzlichen Regelungen dort einer zweisprachigen Situation entstammen!

Auftrages erforderlichen Unterlagen werden vom AG in deutscher Sprache erstellt. Der Baustellenleiter des AN – auch Schicht – muss die deutsche Sprache beherrschen." (AG – Auftraggeber, AN – Auftragnehmer). Auch wenn dieser Sprachparagraph noch keine reibungslose Kommunikation garantiert, so ist doch der Gestaltungswille deutlich erkennbar.

Die bisherigen Beispiele stehen allesamt für mehrsprachige Maßnahmen. Einsprachig orientiert (und initiativ) wäre z.B. ein *style book* für den Kundenkontakt am Telefon oder in der Briefkorrespondenz – dergleichen wird von HDW allerdings nicht praktiziert. Eine gesetzliche Vorgabe mit einsprachiger Statusrelevanz ist § 611b BGB, der die geschlechterneutrale Ausschreibung von Arbeitsplätzen regelt. Zwar werden in der aktuellen Internetpräsenz von HDW (http://www.hdw.de) bei Stellenangeboten ausschließlich maskuline Berufsbezeichnungen verwendet, ergänzt jedoch um den Hinweis, dass bei den ausgeschriebenen Positionen sowohl weibliche als auch männliche Interessenten angesprochen seien.

Abschließend zu den statusorientierten Maßnahmen soll die Unterscheidung extern vs. intern anhand der Sprachenwahl bei permanenten oder temporären Beschilderungen verdeutlicht werden. Deutsch ist *de facto* die Unternehmens- und Arbeitssprache von HDW in Kiel, ohne dass dies allerdings an irgend einer Stelle festgeschrieben wäre. Während permanente Beschilderungen, so sie überhaupt sprachliche Elemente aufweisen, auf Deutsch vorgenommen und gelegentlich um Türkisch oder auch Englisch ergänzt sind – Letzteres ein Grenzfall von extern vs. intern –, finden sich bei temporären Beschilderungen durchaus eindeutig extern motivierte Sprachen, z.B. Griechisch während einer Bauphase, in der eine große griechische „Fremdfirma" tätig ist.

3.2 Korpus

Als hervorstechendste korpusorientierte Maßnahme auf der Werft ist das *Wörterbuch der Howaldtswerke* zu nennen. Dabei handelt es sich um ein intranetbasiertes, konzeptorientiertes elektronisches Wörterbuch mit 20.000 Datensätzen, das auf jeder PC-Arbeitsstation im Unternehmen zugänglich ist (d.h. nicht nur für Translation und Technische Dokumentation). Es umfasst vor allem technische, in zunehmendem Maße jedoch auch kaufmännische und Management-Terminologie und ist aus über 40 verschiedenen Quellen kompiliert. Als Ausgangs- wie als Zielsprachen der Übersetzung bietet es Deutsch, Englisch und z.T. Spanisch an. Beim Start im Jahr 1994 noch eine Reaktion auf konkrete, sprachliche Probleme im technischen Bereich, hat es sich heute zu einer aktiven Maßnahme entwickelt und ist, trotz mancher Schwachpunkte[7] ein Werkzeug, das

---

7 Beschränkung der Nutzbarkeit auf Personen mit deutscher Muttersprache; teilweise zirkuläre Definitionen; geringer Bekanntheitsgrad; vgl. Geyer (erscheint b) für eine eingehendere Diskussion.

durchaus auch im Fertigungsbereich Verwendung findet; so benutzen es z.B. manche Meister, wenn sie aus der Konstruktionsabteilung englischsprachige Unterlagen bekommen.

Aus einer Sprachmanagement- bzw. -planungsperspektive ist als eine besonders interessante unter den Quellen des Wörterbuchs der HDW-interne Terminologieausschuss zu nennen. Folgende Information hält das Wörterbuch zum Terminologieausschuss (*TA*) bereit:

„Der TA besteht seit April 1993. Seine Aufgaben sind die Erstellung der Terminologiedatenbank, systematische Sammlung, Sichtung, Abstimmung und Erfassung von Terminologie. Der TA trifft sich erforderlichenfalls zu Sitzungen, in denen terminologische Problemfälle besprochen und die Erfassungsaufgaben bis zur nächsten Sitzung verteilt werden. Regelmäßige Mitglieder des TA sind z.Zt.: Frau L[... (Abteilung X)], Herr P[... (Abteilung Y)], Herr M[... (Abteilung Z)]. Je nach Bedarf werden Fachleute in den einzelnen technischen Bereichen hinzugezogen. Die in den Sitzungen besprochenen Themen und Projekte werden jeweils in einem Protokoll festgehalten. TDB-Einträge werden mit dem Quellenkode TA versehen, wenn eine konkrete Quelle nicht (mehr) bekannt ist und sich der TA über diesen Begriff einig ist. Rückfragen und alte Protokolle: Frau L[...] (Tel. [....])."

Der Terminologieausschuss und seine Arbeit kommen der differenzierten Auffassung von Sprachplanung in der Konzeption des Sprachmanagements nahe. Ein wesentlicher Unterschied liegt jedoch in der Tatsache, dass im vorliegenden Beispiel der Werft die Analyseebene eben nicht das gesellschaftliche Makroniveau innerhalb staatlicher Strukturen ist. *Language organizing* könnte, parallel zu *language planning*, ein passender Terminus für diese Art des Sprachmanagements auf der Ebene von Institutionen oder Organsiationen sein.

Das Wörterbuch der Howaldtswerke ist in einer gemeinsamen Softwarelösung mit dem *Duden Oxford Großwörterbuch Deutsch Englisch* von 1990 und nunmehr auch mit *SAPterm 3.0*, einem allgemeinen Fachwörterbuch für verschiedene Disziplinen mit Angaben in bis zu 17 Sprachen, verbunden. Diese beiden Wörterbücher sind jedoch schon dem Bereich der Akquisition zuzuordnen, wie auch ein weiteres Hilfsmittel, die *English Corner*.

3.3 Akquisition

Die grafisch sehr ansprechend gestaltete Intranet-Seite *English Corner* bietet die Möglichkeit, sich auf eher informellem Wege über den korrekten und/oder adäquaten Gebrauch des Englischen in unterschiedlichen Situationen und für unterschiedliche Themenbereiche zu informieren (Genitiv- und Pluralbildung, *Smalltalk* und Höflichkeit, große Zahlen, falsche Freunde etc.). Sie ist eine reaktive Maßnahme.

Den Großteil der Akquisitionsmaßnahmen machen aber, wie in größeren Unternehmen üblich, Fremdsprachenkurse aus. Erwartungsgemäß überwiegen Englischkurse, in einem gewissen Umfang spielen jedoch auch Schwedisch und infolge der jüngsten Erntwicklung Griechisch eine Rolle. Kurse in Deutsch als Fremd- oder Zweitsprache fehlen im Kursprogramm; Spanisch ist mangels Nachfrage seit einigen Jahren nicht mehr im Kursprogramm enthalten. Das Kursprogramm spiegelt recht gut die Struktur und die Neuorientierung des HDW-Konzerns wider.[8] Die Kurse werden teils von außerhalb zugekauft, teils aus eigenen Ressourcen bestritten. Zumindest Ausschnitte des Kursprogramms können als aktiv und initiativ gelten.

Unter der Perspektive des Sprachmanagements wäre die Akquisition über diese mehrsprachig orientierten Maßnahmen hinaus zu ergänzen um die Kommunikationstrainings als in der Regel einsprachig konzipierte Kurse.[9] Die Vielzahl und Diversität gerade solcher Kurse, das Problem der Abgrenzung zu psychologischen u.a. Ansätzen und insbesondere die recht geringere Relevanz für die Fertigungsebene haben es jedoch verhindert, dass dieser Bereich ins Forschungsprojekt einbezogen worden ist.

4 Perspektiven

Aus der knappen Skizze ergeben sich vor allem zwei Perspektiven. Von besonderem theoretischen Interesse ist die Modellierung von Sprachplanung auf dem Mesoniveau von Organisationen. Wie gezeigt werden konnte, bietet das Konzept des Sprachmanagements einen viel versprechenden Ausgangspunkt.

Unter einem unmittelbaren Anwendungs- oder Beratungsaspekt kann man mit Kingscott 1990 programmatisch formulieren: „Every company must have a corporate language policy." Eine strategische Sprach(en)*policy* bietet in der Tat die Möglichkeit zu einer effektiven Koordination der diversen, qualitativ durchaus hochwertigen, aber in der Regel auf individuellen Aktivitäten beruhenden Maßnahmen des operativen *language organizing*. Dadurch kann eine Verringerung sprachlicher Kommunikationsprobleme bewirkt und die bessere Ausnutzung des vorhandenen Wissens der Organisation erreicht werden – Faktoren, die im Zuge der fortschreitenden Internationalisierung weiter an Bedeutung gewinnen.

---

8 Vgl. zum Verhältnis von Kursangebot, Firmenstruktur und Absatzmärkten auch Lindner (1984).
9 Genauer: Um solche Kurse, die ihren Schwerpunkt auf die sprachliche Kommunikation legen.

Literaturverzeichnis

Blommaert, J. (1996): Language planning as a discourse on language and society: the linguistic ideology of a scholarly tradition. In: Language Problems & Language Planning 20(3), 199-222.

Cooper, R. L. (1989): Language planning and social change. Cambridge etc.

Geyer, K. (2003): Zur arbeits-alltäglichen Sprachmittlung im Industriebetrieb - am Beispiel der Howaldtswerke Deutsche Werft (HDW) in Kiel. In: Jahrbuch Deutsch als Fremdsprache 34, 303-332.

Geyer, K. (erscheint a): *Cultural lag* und Schiffbau: ein Diskussionsbeitrag aus dem Forschungsprojekt ‚Kommunikationraum Werft'. In: Debus, F. / Eichinger L. M. (Hrsg.): Maritime Kultur und regionale Identitäten: der südliche Ostseeraum. Stuttgart.

Geyer, K. (erscheint b): Language planning at the German shipyard Howaltdswerke Deutsche Werft in Kiel. In: Doría, M. A. et al. (Hrsg.): Proceedings of the 3rd International Conference on Maritime Terminology: Communication and Globalization, Lisbon, June 23-24, 2003. Lissabon.

Haarmann, H. (1988): Sprachen- und Sprachpolitik. In: Ammon / U., Dittmar N. / Mattheier, K. (Hrsg.): Soziolinguistik, Bd. 2. Berlin etc., 1660-1678.

Haugen, E. (1959): Planning for a standard language in modern Norway. In: Anthropological Linguistics 1(3), 8-21.

Hoerkens, W. (1998): Die Renaissance der französischen Sprache in Quebec. Bonn.

Jernudd, B. / Neustupný, J. V. (1987): Language planning: for whom? In: Laforge, L. (Hrsg.): Actes du colloque international sur l'aménagement linguistique, 25-29 mai 1986, Ottawa. Québec, 71-84.

Kingscott, G. (1990): Every company must have a corporate language policy. In: Kingscott, G. / Matterson, J. (Hrsg.): Corporate language policy. Nottingham, 38-42.

Kloss, H. (1969): Research possibilities on group bilingualism: a report. Quebec.

Leidenschaft Schiffbau (2000): Geschichte und Zukunft im Modell. Begleitbuch zur Expo am Meer. Hamburg.

Lindner, R. (1984): Fremdsprachen bei Schering: das Kursangebot und seine Geschichte im Spiegel der Unternehmensentwicklung. In: Die Neueren Sprachen 83(1), 69-77.

Nekvapil, J. (2000): Sprachmanagement und ethnische Gemeinschaften in der Tschechischen Republik. In: Zybatov, L. (Hrsg.): Sprachwandel in der Slavia. Frankfurt etc., 683-699.

Rubin, J. / Jernudd, B. (1971): Introduction: language planning as an element in modernization. In: dies. (Hrsg.): Can language be planned? Sociolinguistic theory and practice for developing nations. Honolulu, xiii-xxix.

Sæbøe, R. (1998): Språkplanlegging og språkbruk i oljeselskap - teoretiske og metodologiske aspekter. In: Laurén, C. / Nordman, M. (Hrsg.): Nation og individ i fackspråk: forskning i Norden. Vaasa, 51-63.

Vikør, L. (1994): Språkplanlegging: prinsipp og praksis. 2. Aufl. Oslo.

Vollstedt, M. (2002): Sprachenplanung in der internen Kommunikation internationaler Unternehmen: Studien zur Umstellung der Unternehmenssprache auf das Englische. Hildesheim etc.

Zweisprachigkeit als kommunikative Ressource im Krankenhaus: Stand der Dinge und Entwicklungsmöglichkeiten

Bernd Meyer, Hamburg

0 Einleitung

Mein Beitrag beschäftigt sich mit der Zwei- und Mehrsprachigkeit in deutschen Krankenhäusern und den Konsequenzen, die sich daraus für die Arzt-Patienten-Kommunikation ergeben. Ich beginne mit zwei Beispielen, die wir im Zuge des Projekts ‚Dolmetschen im Krankenhaus' dokumentieren konnten.[1]

Beispiel A: Eine Patientin mittleren Alters mit deutscher Staatsangehörigkeit kommt mit starken Bauchschmerzen auf die Abteilung für Innere Medizin eines Hamburger Krankenhauses. Es wird vermutet, dass die Schmerzen durch Gallensteine verursacht werden. Zur Abklärung der Vermutungen entscheiden sich die Ärzte für eine invasive diagnostische Methode, die aufklärungspflichtig ist. Der zuständige Arzt sucht die Patientin in ihrem Krankenzimmer auf, um pflichtgemäß mit ihr das Aufklärungsgespräch zu führen. Schon zu Beginn des Gesprächs stellt sich heraus, dass die Patientin seinen Ausführungen nicht immer folgen kann. Dies liegt nicht am ärztlichen Fachchinesisch, sondern daran, dass Deutsch nicht ihre Muttersprache ist. Sie besitzt die deutsche Staatsangehörigkeit, ist aber gebürtige Portugiesin. Glücklicherweise erschien kurz vor dem Arzt auch die in Deutschland geborene Tochter der Patientin zum Krankenbesuch. Sie ist zweisprachig aufgewachsen und übernimmt spontan die Aufgabe, das Gespräch zu dolmetschen.

Beispiel B: Im Zuge einer Fortbildungsveranstaltung für bilinguale Krankenhausangestellte aus Hamburger Krankenhäusern werden die Teilnehmerinnen und Teilnehmer nach Ihren bisherigen Dolmetscherfahrungen befragt. Eine der Teilnehmerinnen arbeitet als Krankenschwester in einer Kinderklinik. Sie gibt

---

[1] Das Projekt ‚Dolmetschen im Krankenhaus' wurde von 1999-2005 von der DFG im Rahmen des Soderforschungsbreichs ‚Mehrsprachigkeit' an der Universität Hamburg gefördert. Die Projektleiterin ist PD Dr. Kristin Bührig. Ich danke der DFG für die materielle Unterstützung. Kristin Bührig und Thomas Johnen sei für die hilfreichen Kommentare zu diesem Artikel gedankt.

an, mehrmals im Monat, manchmal sogar mehrmals in der Woche zu dolmetschen. Ihre Muttersprache ist Türkisch, ihre zweite Sprache ist Deutsch, nebenbei spricht sie auch Englisch und Französisch. Viele der türkischen Mütter, die das Krankenhaus aufsuchen, können nicht genug Deutsch, um die Kommunikation mit dem ärztlichen Personal zu bewältigen. Nach Aussagen der Krankenschwester stellt die Klinik, in der sie arbeitet, gezielt Personal mit guten Kenntnissen des Deutschen und der Einwanderersprachen ein, da im Einzugsbereich des Krankenhauses viele Einwanderer leben.

Die Fälle A und B illustrieren, dass geringe Deutschkenntnisse der Klienten und der Gebrauch anderer Sprachen als Deutsch zumindest in bestimmten Krankenhäusern in Deutschland für die Beteiligten nichts Außergewöhnliches zu sein scheinen. Während sich in den Auseinandersetzungen über Einwanderungspolitik die Auseinandersetzung mit der Sprachenfrage häufig immer noch darin erschöpft, geradezu formelhaft das Erlernen der deutschen Sprache einzufordern („Wer hier leben will, muss bereit sein, Deutsch zu lernen"), haben sich nicht nur in Krankenhäusern, sondern auch in anderen öffentlichen Institutionen mehrsprachige Praktiken entwickelt, wie etwa der regelmäßige Einsatz von ungeschulten ad hoc-Dolmetschern, die meist aus dem Kreis der Familienangehörigen oder aus der Belegschaft rekrutiert werden. Diese Praktiken sind, wie Untersuchungen empirischer Daten zeigen, nicht immer unproblematisch (vgl. z.B. Bührig/Meyer erscheint). Vor dem Hintergrund der öffentlichen Ignoranz gegenüber dem Phänomen gesellschaftlicher Mehrsprachigkeit sind sie jedoch als erste Lösungsansätze anzusehen, die bei gezielter Weiterentwicklung durchaus geeignet sind, den Zugang von Migrantinnen und Migranten zu den medizinischen und sozialen Institutionen zu erleichtern, die sprachliche Vielfalt in Deutschland zu erhalten und den soziolinguistischen Erfahrungen der so genannten Einwanderungsländer wie Kanada oder Australien Rechnung zu tragen. Dass dort, anders als in Deutschland und anderen Ländern Europa, die Erhaltung der Sprachenvielfalt kein Lippenbekenntnis ist, zeigt sich beispielsweise darin, dass die mangelhafte Beherrschung des Englischen durch Einwanderer nicht zu einer Benachteiligung führen darf, sondern durch gezielte Maßnahmen, wie etwa professionelle Dolmetscherdienste im Sozial- und Gesundheitswesen, aufgefangen wird.

Die beiden skizzierten Fälle zeigen weiter, dass Mehrsprachigkeit sowohl ein Problem als auch eine kommunikative Ressource zur Überwindung von Kommunikationsbarrieren ist. Kommunikationsprobleme zwischen Muttersprachlern bzw. Einheimischen und Nicht-Muttersprachlern bzw. Einwanderern sind kein spezifisch deutsches Problem und ergeben sich auch nicht einfach aus mangelnder Integrationsbereitschaft bestimmter Gruppen, wie es in der deutschen Öffentlichkeit etwa den türkischen Einwanderern häufig unterstellt wird. Vielmehr ist, wie z.B. die Arbeiten Michael Clyne zeigen (Vgl. Clyne erscheint), der Erwerb der Landessprache von zahlreichen Bedingungen abhängig und variiert sowohl zwischen als auch innerhalb der verschiedenen Gruppen. Eine Sprach- und

Einwanderungspolitik, die auf Integration und Zusammenleben ausgerichtet ist, muss beides leisten: Förderung des Deutscherwerbs und Erhalt der Einwanderersprachen. Das kompromisslose Beharren auf der Verwendung einer so genannten ‚Landessprache', die nicht mehr die alleinige oder einzige Sprache der Wohnbevölkerung ist, arbeitet, wie die Erfahrungen mit der mittlerweile dritten Einwanderergeneration ja auch zeigen, sowohl der Integration als auch dem Erhalt der sprachlichen Vielfalt entgegen. Mit der hier vorliegenden Arbeit soll stattdessen eine konkrete Möglichkeit aufgezeigt werden, wie die sprachpolitischen Defizite, die in Deutschland bestehen, in Bezug auf die Kommunikation mit Patienten mit geringen Deutschkenntnissen gemindert werden können: ich stelle die theoretische Fundierung und die praktischen Erfahrungen mit einer Fortbildungsveranstaltung für bilinguale Krankenhausangestellte vor, die im Rahmen des Projekts ‚Dolmetschen im Krankenhaus' entwickelt und seit September 2003 mehrfach in Krankenhäusern in Hamburg und Basel durchgeführt wurde.[2]

1 Kommunikation mit Patienten mit geringen Deutschkenntnissen: Probleme und Lösungsversuche

Das deutsche Gesundheitssystem steht, obwohl die Mitgliedschaft in einer Krankenkasse und auch die Höhe des Mitgliedsbeitrags nicht an die Beherrschung des Deutschen gekoppelt sind, Migrantinnen und Migranten nur eingeschränkt offen. Einschränkungen ergeben sich vor allem in sprachlicher und kultureller Hinsicht, daraus entstehende Vorbehalte und ‚Berührungsängste' existieren sowohl seitens der Patienten als auch der Ärzte. Wie etwa Borde (2002) in einer Studie zur gynäkologischen Versorgung türkischstämmiger Patientinnen feststellt, sind Alter, Art des Schulabschlusses, Schulbildung in Deutschland und Einkommensgruppe wichtige Parameter, die über die Art und Weise der Inanspruchnahme von Gesundheitsleistungen durch Migrantinnen entscheiden. Viele Migrantinnen geben Bordes Untersuchung zufolge Sprachprobleme als ein wichtiges Hindernis für den Kontakt zum deutschen Gesundheitssystem an. Und obwohl Kommunikation in der ärztlichen Ausbildung vielerorts mittlerweile einen gewissen Stellenwert hat und die Bedeutung des Gesprächs für die Diagnose und Therapie von Krankheiten ohnehin kaum geleugnet werden kann, führt die mangelnde Beherrschung des Deutschen durch Patientinnen und Patienten bei Ärzten häufig zu „Abwehr- und Unmutsreaktionen" sowie, daraus folgend, zu einem vermehrten Einsatz von Apparatediagnostik, operativen Therapieformen und medikamentöser Behandlung (Borde 2002, 79).[3]

---

[2] Eine ausführliche Darstellung des Fortbildungskonzeptes findet sich in Meyer (2003a).
[3] Einen Erfahrungsbericht aus ärztlicher Sicht zum Umgang mit Patienten mit geringen Deutschkenntnissen bietet Aumiller (2002).

Die Schwierigkeiten, die sich bei der Versorgung von Patienten mit geringen Deutschkenntnissen in deutschen Krankenhäusern ergeben, haben jedoch nicht nur zu Abwehrreaktionen geführt, sondern auch eine Reihe von lokalen Initiativen hervorgebracht, die mit unterschiedlichen Ansätzen versuchen, dem Problem Herr zu werden. Neben Angeboten wie dem Kurs ‚Türkisch am Krankenbett' der Universität Essen, der an der sprachlichen Kompetenz der deutschsprachigen Krankenhausangestellten ansetzt, finden sich auch Dolmetscherdienste, die entweder regional arbeiten wie das ‚Ethno-Medizinische Zentrum' in Hannover oder die schleswig-holsteinische Initiative ‚Dolmetschertreffen' des Bildungsträgers ‚Gegenwind', oder aber auf eine Einrichtung beschränkt bleiben, wie etwa das Projekt ‚Migrantenversorgung' am Hamburger Universitätskrankenhaus Eppendorf. Solchen eher systematischen Versuchen, das Dolmetschen im deutschen Gesundheitswesen zu verankern, steht eine Vielzahl von Fällen gegenüber, in denen Krankenhausangestellte ad hoc als Dolmetscher zu Arzt-Patienten-Gesprächen hinzugezogen werden. Dies geschieht zwar regelmäßig und selbstverständlich, die Betreffenden sind auf diese Aufgabe jedoch nicht oder nur in äußerst geringem Umfang vorbereitet. Der Vorteil der ad hoc-Lösung liegt auf der Hand: sie kostet nichts und ist ohne größeren Aufwand zu bewerkstelligen, da die entsprechenden zweisprachigen Personen vor Ort verfügbar sind.

2 Sprachlich-kommunikative Anforderungen an Krankenhausdolmetscher

Die Nachteile des Einsatzes von ad hoc-Dolmetschern sind nicht unerheblich: in zahlreichen Untersuchungen konnte mittlerweile nachgewiesen werden, dass ad hoc-Dolmetscher in erheblichem Maße in das Arzt-Patienten-Gespräch eingreifen und sowohl auf dessen Verlauf, aber auch auf Inhalte und Ergebnisse Einfluss nehmen.[4] Die Bereiche, die der Forschungsliteratur zufolge besondere Anforderungen an Dolmetscher im Krankenhaus stellen und weitreichende Eingriffe provozieren können, sind kulturelle Unterschiede in Bezug auf Krankheitskonzepte, Status- und Rollenkonflikte aufgrund der besonderen Beteiligungskonstellation beim Gesprächsdolmetschen (vgl. Wadensjö 1998, Apfelbaum 2004) sowie mangelnde Vertrautheit mit den spezifischen Formen und Zwecken institutioneller Kommunikation. Dabei ist hervorzuheben, dass nicht nur Klienten der Institution, wie Angehörige oder andere Patienten, Probleme mit dem Dolmetschen und der Dolmetscherrolle haben. Auch Pflegekräfte, die seitens der Ärzte nicht ganz zu Unrecht oft als die besseren Dolmetscher angesehen werden, haben aufgrund ihrer spezifischen Teilhabe am institutionellen Arbeitsprozess oft nur eine unklare Vorstellung von den Zwecken und den besonderen sprachlich-

---

4 Die Forschungsliteratur kann hier nicht ausführlich besprochen werden. Ich nenne exemplarisch die Arbeiten von Bischoff (2001), Hardt (1995), Meyer (2004), Pauwels (1995), Pöchhacker/Kadriç (1999), Prince (1986), Rehbein (1985), Stuker (1998).

kommunikativen Anforderungen institutioneller Diskursarten wie dem Anamnese-, dem Befund- oder dem Aufklärungsgespräch. Ein Beispiel für die besonderen kommunikativen Anforderungen an die Ausübung der Dolmetschtätigkeit im Krankenhaus ist das Hinweisen auf medizinische Risiken im Rahmen eines Aufklärungsgesprächs. Diese Risikoaufklärung erfordert nicht nur die korrekte Benennung eines unerwünschten Ereignisses (z.B. durch Ausdrücke wie ‚Blutung' oder ‚Infektion'), sondern auch die Verdolmetschung von Äußerungen, die die patientenseitige Aufnahme dieser Risikoinformationen steuern sollen. Ärzte stehen bei der Patientenaufklärung nämlich vor einer widersprüchlichen Anforderung: Sie wollen die Zustimmung des Patienten zu der geplanten Methode erreichen, müssen aber gleichzeitig die mit der Methode verbundenen Risiken darstellen, was die Zustimmung des Patienten zu der Methode fraglich macht. Mit diesem Widerspruch gehen Ärzte unterschiedlich um: während in manchen Fällen die Risikoinformation durch ein Hervorstreichen der Seltenheit und Geringfügigkeit des unerwünschten Ereignisses in ihrer Relevanz für den Entscheidungsprozess des Patienten depotenziert (‚das ist selten') oder gar der gesamte Abschnitt des Gesprächs als institutionelle Obligation dargestellt wird (‚ich muss Ihnen das nur sagen'), rekurrieren Ärzte in anderen Fällen gerade auf die Entscheidung des Patienten (‚Sie müssen wissen') und heben die Risiken hervor. Für den patientenseitigen Entscheidungsprozess und die Vorauskonstruktion der Handlung kommt es also nicht allein auf die richtige Benennung des unerwünschten Ereignisses an, sondern insbesondere auch auf die sprachlichen Verfahren der Relevantsetzung: das Risiko muss als solches kommunikativ konstituiert werden, um im patientenseitigen Entscheidungsprozess Berücksichtigung zu finden.[5]

Wie sich anhand von Detailanalysen authentischer Diskurse nachweisen lässt, sind es gerade auch diese Verfahren der Relevantsetzung bzw. Depotenzierung, die von ad hoc-Dolmetschern (Angehörigen oder Pflegekräften) nicht korrekt übermittelt werden (Meyer 2003b). Auch jene dolmetschenden Pflegekräfte, die ansonsten eine nahezu professionelle Dolmetschleistung erbringen, messen diesen sprachlichen Verfahren offenbar nur einen untergeordneten Stellenwert bei und konzentrieren sich beim Dolmetschen stattdessen auf die zielsprachlich korrekte Benennung der möglichen Komplikationen. Damit wird jedoch das, worauf es beim Hinweisen auf Risiken ankommt, gerade nicht oder nur zum Teil erfasst.

Ausgehend von solchen Analysen authentischer gedolmetschter Arzt-Patienten-Gespräche schien es gerechtfertigt, mit einer Fortbildung nicht auf die interkulturelle Kompetenz der ad hoc-Dolmetscher abzustellen, sondern vielmehr die spezifischen Anforderungen der schon genannten drei zentralen Diskursformen (Anamnese, Befund, Aufklärung) zu fokussieren und zum Gegenstand der Fort-

---

5 Vgl. zur Relevantsetzung medizinischer Risiken auch Adelwärd/Sachs 1998, Candlin/Candlin 2002, Gigerenzer/Edwards (2003), Sarangi (2003).

bildung zu machen. Mit der Konzentrierung auf institutionelle Diskurse sollte auch der Tatsache Rechnung getragen werden, dass Patienten mit geringen Deutschkenntnissen nicht in jedem Fall auch aus Gruppen kommen, die durch erhebliche kulturelle Unterschiede zur deutschen Bevölkerung geprägt sind. So zeigt etwa Riedel (2002), dass in Grenzregionen bestimmte Angebote grenzüberschreitend bestehen, sodass z.b. dänische Patienten deutsche Krankenhäuser aufsuchen. Auch dürfen Akkulterationsprozesse nicht ausgeblendet werden. Es wäre sicherlich falsch und fahrlässig, der seit vielen Jahren in Deutschland lebenden portugiesischstämmigen Frau mit deutscher Staatsangehörigkeit aus dem Beispiel A zu unterstellen, dass ihre Verständigungsprobleme mit dem deutschen Arzt auf kulturelle Unterschiede zurückzuführen sind. Diese Patientin braucht keinen kulturellen Mediator, sondern einfach ‚nur' jemanden, der die Äußerungen des Arztes ins Portugiesische übertragen kann.

Als Zielgruppe der Fortbildung wurden zwei- oder mehrsprachige Krankenhausangestellte mit medizinischer Ausbildung ausgewählt. Ärzte wurden jedoch nicht berücksichtigt, da davon auszugehen ist, dass diese, wenn sie als Dolmetscher eingesetzt werden, vor anderen Schwierigkeiten stehen als die Pflegekräfte oder medizinisch-technisches Personal. Die Zweisprachigkeit der TeilnehmerInnen wurde nicht besonders geprüft. Vielmehr wurde davon ausgegangen, dass diejenigen, die sich zur Teilnahme an einer solchen Fortbildung bereit finden, schon über Dolmetscherfahrung und damit auch über ausreichende Sprachkenntnisse in beiden Sprachen verfügen. Es ging also nicht um einen Sprachkurs, sondern darum, die ad hoc-Dolmetscher aus der Belegschaft anhand von authentischen und gezielt ausgewählten Beispielen zu einer Reflexion ihrer bisherigen Dolmetschpraxis und der Spezifik institutioneller Diskursformen zu bringen.

3 Methodische Überlegungen

Methodischer Ausgangspunkt für die Fortbildung sind die Überlegungen zur Verwendung von Transkriptionen authentischer Diskurs-Daten zu Fortbildungs- und Trainingszwecken, wie sie generell im Zusammenhang der Angewandten Gesprächsforschung vertreten werden.[6] Ein zentrales Anliegen der in der Angewandten Gesprächsforschung entwickelten Verfahren ist, dass die kommunikative Praxis, um die es in einem Training geht, in der Trainingssituation so repräsentiert wird, dass die spezifischen Probleme deutlich werden und Veränderungsvorschläge an diesen ansetzen. Es geht also nicht um eine Sensibilisierung für generelle kommunikative Fettnäpfchen und sprachliche Etikette, wie in manchen Kommunikationstrainings mit zweifelhafter theoretischer Grundlage angestrebt wird, sondern um eine systematische Untersuchung der jeweiligen Pro-

---

6 Vgl. Fiehler/Schmitt (2004), speziell zum Dolmetschen vgl. Apfelbaum (1997), Apfelbaum/Bischoff (2002).

bleme und deren medialer Transposition in die Schulungssituation mittels Transkriptionen und audiovisueller Verfahren. Dieser Anspruch rechtfertigt sich auch durch die Beobachtungen von Brons-Albert (1995), die davon ausgeht, dass Fortbildungen, die keinen Bezug auf authentische Daten nehmen, auch nicht die angestrebten Veränderungen bei den Teilnehmerinnen und Teilnehmern hervorrufen können.

Ein weiterer Bezugspunkt sind die Überlegungen von Redder (1998) zum sprachlichen Wissen und seiner Vermittlung in Lehr-Lern-Situationen. Zentral für die Reflexion über sprachliche Strukturen ist demnach der funktionale Zugang zum sprachlichen Handeln, mittels dem das Zusammenwirken und die spezifische Leistung einzelner Mittel bezogen auf eine konkrete Konstellation für die Handelnden durchsichtig gemacht werden kann. Der Anspruch, in einer Fortbildung die kommunikative Funktion sprachlicher Mittel zu fokussieren bedeutet, dass es nicht um die Vermittlung neuen Wissens geht, sondern ein im Prinzip schon vorhandenes Wissen auf eine neue Weise zugänglich und reflektierbar gemacht wird. Diese Zielsetzung erscheint nicht zuletzt vor dem Hintergrund gerechtfertigt, dass die in institutionellen Zusammenhängen zu beobachtenden sprachlichen Strukturen und Muster ihre Basis in alltäglichen, außerinstitutionellen Verwendungszusammenhängen haben und im institutionellen Rahmen in spezifischer Weise überformt werden.[7] Bei den bilingualen Pflegekräften liegt also schon ein bestimmtes Wissen über Sprache und auch über Unterschiede zwischen Sprachen vor, ebenso wie konkrete Dolmetscherfahrungen. Diese individuellen und wenig bewussten Wissensbestände werden in der Schulungssituation systematisch reflektiert, verallgemeinert und sollen auf diese Weise dem späteren sprachlichen Handeln in gedolmetschten Interaktionen zugänglich gemacht werden.

Ein dritter Grund für die Fokussierung bestimmter Gesprächstypen liegt in den übersetzungstheoretischen Überlegungen zur Zentralität von Genre-Wissen für das translatorische Handeln. In der linguistisch orientierten Übersetzungswissenschaft wird mittlerweile vielfach davon ausgegangen, dass sowohl die Übersetzungstätigkeit selbst als auch die Bewertung von Übersetzungsleistungen auf strukturelle und funktionale Eigenschaften von Genres Bezug nehmen müssen. Anders gesagt: die Relation zwischen ausgangs- und zielsprachlichem Handeln kann auf der Grundlage von atomisierten Einheiten weder adäquat etabliert, noch im Nachhinein bewertet werden. Vielmehr hat das Text-Ganze eine steuernde Funktion für die Entscheidungen von Übersetzern darüber, wie ausgangssprachliche Einheiten mit zielsprachlichen Einheiten in Bezug gesetzt werden.[8] Diese Beobachtungen und Überlegungen zum schriftlichen Übersetzen lassen sich zwar aufgrund der verschiedenen Rezeptions- und Produktionsbedingungen nicht

---

7   Vgl. hierzu auch Ehlich/Rehbein (1986), Bührig (1997), Liedke/Redder/Scheiter (1999) oder ten Thije (2001).
8   Vgl. z.B. House (2002), die unter einem Genre Text-Klassen versteht, die unter einem gemeinsamen Zweck gefasst werden können.

unmittelbar auf Dolmetschsituationen übertragen. Geht man jedoch von Sylvia Kalinas Feststellung aus, dass Dolmetschen als ein „umfassender Kommunikationsakt" zu verstehen sei (Kalina 2002, 40), so ist eine detaillierte Rekonstruktion der institutionellen Gesprächstypen, in denen ad hoc-Dolmetscher im Krankenhaus tätig werden, unabdingbar.

4 Aufbau der Fortbildung

Die Fortbildung ist als zweitägiger Workshop konzipiert, der aus mehreren, zwei- bis vierstündigen thematischen Einheiten besteht. Die thematischen Einheiten folgen dabei den Phasen der Krankheitsbearbeitung im Krankenhaus, wobei Anamnese, Befundmitteilung und Aufklärung jeweils für Standardkonstellationen stehen, die häufig den Einsatz von Dolmetschern notwendig machen. Diese drei Konstellationen repräsentieren zwar nicht alle im Krankenhaus vorkommenden Gesprächstypen, sie umfassen jedoch eine ganzes Spektrum von unterschiedlichen kommunikativen Phänomenen, wie etwa eher sprechhandlungsverkettende und eher sequenziell organisierte Diskurse, unterschiedliche Hauptdolmetschrichtungen, unterschiedliche Wissensbereiche, sowie eine jeweils spezifische ‚Betroffenheit' des Patienten.

Jedes Thema wird in drei Schritten bearbeitet: zunächst wird gesammelt, welche Erfahrungen die Teilnehmerinnen und Teilnehmer mit einem bestimmten Gesprächstyp gemacht haben. Es wird also zusammengetragen, was aus Sicht von dolmetschenden Pflegekräften an einem Anamnese-, Befund- oder Aufklärungsgespräch auffällig und problematisch ist. Diese notwendigerweise anekdotischen und auch zufälligen Erfahrungen werden in einem zweiten Schritt mit konkreten Transkriptbeispielen konfrontiert, und es wird mithilfe von Beobachtungsaufgaben versucht, gemeinsam aus den mehr oder weniger zufälligen Erinnerungen und den Beispielen verallgemeinerbare Aussagen über das sprachliche Handeln von Arzt und Patient und die Anforderungen, die sich daraus für Dolmetscher ergeben, zu gewinnen. Nach dem Erinnern und dem Beobachten und Auswerten von Daten schließt jede Sitzung mit einer gemeinsamen Beurteilung der in den Transkripten zu beobachtenden Dolmetschleistungen und einer Diskussion von Verbesserungsvorschlägen ab.

Der Workshop beginnt nach einer Vorstellungsrunde und einer kurzen Einführung in die Arbeit mit Transkripten mit dem Anamnesegespräch als erster thematischer Einheit, wobei nach dem Zusammentragen der Erinnerungen und Erfahrungen ein deutsch-deutsches Transkript als Einstieg gewählt wird. Dies geschieht aufgrund der leichteren Lesbarkeit von Transkripten, in denen nur in einer Sprache kommuniziert wird. Nach einer anschließenden Diskussion über ein zweisprachiges Transkript folgt ein Abschnitt, in dem Befundgespräche diskutiert werden, d.h. Gespräche, in denen Patienten vorläufige oder abschließende

Ergebnisse einer Untersuchung mitgeteilt bekommen. Aufklärungsgespräche werden aufgrund ihrer rechtlichen Bedeutung und ihres differenzierten Aufbaus (Ankündigen und Beschreiben der Methode, Hinweisen auf Risiken) in drei Arbeitsschritten behandelt: während zunächst anhand von Transkripten sowohl die Beschreibung der Methode als auch die ärztlichen Ausführungen zu möglichen Komplikationen exemplarisch betrachtet werden, wird daran anschließend anhand von schriftlichen Aufklärungsbögen das terminologische Inventar von Aufklärungsgesprächen exemplarisch rekonstruiert und mit den terminologischen Vorkommen in den Transkripten verglichen. Auf diese Weise sollen sowohl die bei Ärzten zu beobachtenden Verfahren der semiprofessionellen Rede (Rehbein 1994), als auch der Nutzen von Aufklärungsbögen als Ressource für die Erarbeitung von Terminologie deutlich werden.

Am Ende beider Tage des Workshops findet zum Abschluss eine Diskussionsrunde statt, in der Probleme reflektiert werden, die sich aus der dem besonderen Status der Dolmetscher als einer dritten beteiligten Person mit einem besonderen Teilnehmer-Status ergeben. Diese Diskussionen wurden nicht anhand von Diskursdaten geführt. Stattdessen wurden den Teilnehmerinnen und Teilnehmern Formulierungen und typische Situationen vorgestellt und es wurden mithilfe der ‚Fish-Bowl'-Methode verschiedene Perspektiven und Lösungsansätze für ein Problem erarbeitet.[9] Inhaltlich befassten sich diese abschließenden Runden mit dem Problem der Neutralität eines Dolmetschers und mit der Frage, wie man als Pflegekraft mit Überforderungen durch die Dolmetschaufgabe umgeht. Die Neutralitätsfrage wurde anhand folgenden Aussagenpaares diskutiert: „Ich bin neutral und dolmetsche nur das, was der Arzt oder der Patient sagen" vs. „Schon allein durch meine Anwesenheit nehme ich Einfluss auf das Gespräch". Das Problem der Überforderung wurde anhand von Formulierungen diskutiert, die zwei mögliche Umgehensweisen mit schwierigen Dolmetschaufträgen skizzieren: „Wenn mich das Dolmetschen zu sehr belastet, nehme ich den Auftrag nicht an" vs. „Ich tue alles, um meinen Landsleuten zu helfen". Mithilfe der hier dargestellten Methode sollte erreicht werden, dass generelle Probleme, die – unabhängig von einem bestimmten Gesprächstyp – in Bezug auf jede gedolmetschte Interaktion auftreten können, separat von den spezifischen Phänomenen, die mit bestimmten Diskursarten oder Genres verbunden sind, diskutiert werden.

---

9   Bei einem Fish-Bowl diskutieren zwei bis vier Personen stellvertretend für die Gruppe typische Herangehensweisen an oder Positionen zu einem spezifischen Problem oder einer Fragestellung. Zu Beginn der zeitlich begrenzten Diskussion wird ein Meinungsbild in der Gruppe erstellt. Die Diskutanten nehmen konträre Positionen ein und müssen versuchen, andere für ihre Position zu gewinnen, also das Meinungsbild zugunsten ihrer Position zu verändern. Wenn Andere mit der Argumentation eines Diskutanten nicht einverstanden sind, können sie einen freigehaltenen Platz einnehmen und sofort in die Diskussion eintreten, aber nur für einen einzigen Beitrag. Am Ende werden mögliche Verschiebungen des Meinungsbilds in der Gruppe durch eine erneute Abstimmung dokumentiert.

5 Bewertung der Veranstaltungen durch die Teilnehmerinnen und Teilnehmer

Bisher wurde die Veranstaltung zweimal zweitätig und dreimal eintägig (dann mit einem reduzierten Themen-Spektrum) durchgeführt. Die Teilnehmerinnen und Teilnehmer hatten bei allen Veranstaltungen Gelegenheit, mittels eines Fragebogens ein Feedback zu geben. Außerdem wurden nach der ersten Veranstaltung mit einigen Pflegekräften Interviews über die Fortbildung geführt und es wurden die Diskussionen des ersten Workshops auf Mini-Disc aufgezeichnet. In den Reaktionen und Gesprächen wurde deutlich, dass die Erwartungen der Teilnehmerinnen und Teilnehmer an die Fortbildung sich deutlich vom Kursangebot unterschied. Erwartet wurden Übersetzungsübungen und die Erarbeitung von Terminologie, sowie Informationen zu rechtlichen Situation von dolmetschenden Pflegekräften. Trotzdem bewerteten fast alle den Kurs positiv und gaben an, für weitere Angebote dieser Art notfalls auch einen eigenen finanziellen Beitrag leisten zu wollen. Anhand der Aufnahmen des ersten Workshops lässt sich zudem zeigen, dass die Teilnehmerinnen und Teilnehmer in den Beobachtungsaufgaben Phänomene wie etwa sprachliche Unterschiede beim Ausdruck von Modalität thematisierten, die ihnen zu Beginn der Sitzungen nicht als problematisch aufgefallen waren. Dies lässt den Schluss zu, dass das Ziel, über die Beschäftigung mit authentischen Daten eine Sensibilisierung für subtile sprachliche Unterschiede und institutionell geprägte sprachliche Formen zu erreichen, bei einigen der Teilnehmerinnen und Teilnehmer erreicht wurde.

6 Schlussbemerkungen

Die besondere Bedeutung des Themas ‚Sprache(n) in der Wissensgesellschaft' zeigt sich nicht zuletzt in der Beschäftigung mit Experten-Laien-Konstellationen, wie sie im Krankenhaus alltäglich sind. Diese Begegnungen werden auch von deutschen Patienten oft als frustrierend erfahren: das, was man wissen möchte, erfährt man nicht und dass, was man erfährt, versteht man nicht. Die strukturelle Ungleichheit der Perspektiven und Voraussetzungen des Verstehens wird dort verschärft, wo geringe Deutschkenntnisse der Patienten den Einsatz von ad hoc-Dolmetschern nach sich ziehen. Dolmetschende Angehörige, Patienten oder Pflegekräfte sind häufig nicht in der Lage, die Nuancen in der Befundmitteilung eines Arztes oder die zentralen Formulierungen in der Beschwerden-Beschreibung eines Patienten zu erfassen. Durch ihre Tätigkeit erzeugen sie oberflächlich den Eindruck eines Verstehens, vertiefen jedoch in Wirklichkeit die kommunikativen Diskrepanzen. Das muss nicht so bleiben: regelmäßige Fortbildungen der bilingualen Angestellten und ein reflektierter Umgang mit Dolmetschsituationen könnten die Kommunikation mit Patienten mit geringen Deutschkenntnissen (und d.h.: ihre medizinische Versorgung) in den meisten Fällen erheblich verbessern – ohne dass dafür ein großer finanzieller Aufwand betrieben werden müsste. Voraussetzung für diese sprachliche und kulturelle Öffnung des deutschen Gesundheitswesens ist jedoch eine veränderte Einstellung gegenüber der vielsprachigen Klientel und den mehrsprachigen Mitarbeitern. Die geringen Deutschkenntnisse mancher Patienten sind störend, werden in den meisten Fällen aber durch strukturelle Bedingungen hervorgerufen, auf die die Einzelnen keinen Einfluss haben. Die sprachlichen Kompetenzen der Mitarbeiter hingegen sind willkommen, stehen aber, solange sie nicht gefördert und entwickelt werden, als Ressource nur höchst eingeschränkt zur Verfügung. Eine Gesellschaft, die Wissen als wichtige Ressource ansieht, sollte der mehrsprachigen Wissensvermittlung in institutionellen Zusammenhängen einen größeren Stellenwert beimessen.

Literaturverzeichnis

Adelswärd, V./Sachs, L. (1998): Risk discourse: Recontextualization of numerical values in clinical practice. In: Text, 18 (2), 191-210.
Apfelbaum, B. (1997): Zur Rolle der Diskursanalyse in der Ausbildung von Gesprächsdolmetschern. In: E. Fleischmann /Kutz, W./Schmitt, P. A. (Hrsg.), Translationsdidaktik. Grundfragen der Übersetzungswissenschaft. Tübingen: Narr, 268-257.
Apfelbaum, B./Bischoff, A. (2002): Dolmetschtraining als Kommunikationstraining. Anwendungen neuerer Forschungsergebnisse zu Dolmetscheinsätzen im Gesundheitswesen. In: Mitteilungen für Dolmetscher und Übersetzer (MDÜ) 1. Bonn: BDÜ, 12-20.
Apfelbaum, B. (2004): Gesprächsdynamik in Dolmetsch-Interaktionen. Radolfzell: Verlag für Gesprächsforschung.
Aumiller, J. (2002): Zur Behandlung von Patienten mit geringen Deutschkenntnissen. Ein Beitrag aus ärztlicher Sicht. In: Mitteilungen für Dolmetscher und Übersetzer (MDÜ), 1 (2002). Bonn: BDÜ, 28-30.
Bischoff, A. (2001): Overcoming language barriers to health care in Switzerland. Inauguraldissertation, Universität Basel: Philosophisch-Naturwissenschaftliche Fakultät.
Borde, T. (2002): Patientinnenorientierung im Kontext der soziokulturellen Vielfalt im Krankenhaus. Vergleich der Erfahrungen und Wahrnehmungen deutscher und türkischsprachiger Patientinnen sowie des Klinikpersonals zur Versorgungssituation in der Gynäkologie. Dissertation, Technische Universität Berlin: Fachbereich Gesundheitswissenschaften.
Brons-Albert, R. (1995): Auswirkungen von Kommunikationstraining auf das Gesprächsverhalten. Tübingen: Narr.
Bührig, K. (1997): Innerbetriebliche Wirtschaftskommunikation in der Fremdsprache Deutsch. Erfahrungen mit dem Einsatz von Transkripten im Unterricht Deutsch als Fremdsprache. In: Zielsprache Deutsch 4/97, 180-190.
Bührig, K./Meyer, B. (erscheint): Ad hoc-interpreting and the achievement of communicative purposes in doctor-patient-communication. In: J. House/Rehbein, J. (eds.) Multilingual Communication. Amsterdam: Benjamins.
Candlin, C./Candlin, S. (2002): Discourse, Expertise, and Risk. In: Research on Language and Social Interaction, 35 (2), 115-137.

Clyne, M. (erscheint): Towards an Agenda for Developing Multilingual Communication with a Community Base. In: J. House/Rehbein, J. (eds.) Multilingual Communication. Amsterdam: Benjamins.
Ehlich, K./Rehbein, J. (1986): Muster und Institution. Untersuchungen zur schulischen Kommunikation. Tübingen: Narr.
Fiehler, R./Schmitt, R. (2004): Gesprächstraining. In: K. Knapp et al. (Hrsg.) Angewandte Linguistik. Ein Lehrbuch. Francke: UTB, 341-361.
Gigerenzer, G./Edwards, A. (2003): Simple tools for understanding risks: from innumeracy to insight. In: British Medical Journal 327: 741-744.
Hardt, E. J. (1995): The Bilingual Interview and Medical Interpretation. In: M. Lipkin/Putnam, S. M./Lazare, A. (eds.) The Medical Interview. Clinical Care, Education, and Research. New York usw.: Springer, 163-172.
House, J. (2002): Möglichkeiten der Übersetzungskritik. In: J. Best/Kalina, S. (Hrsg.), Übersetzen und Dolmetschen. Tübingen/ Basel: Francke, 101-109.
Kalina, S. (2002): Fragestellungen der Dolmetschwissenschaft. In: J. Best/Kalina, S. (Hrsg.), Übersetzen und Dolmetschen. Tübingen/ Basel: Francke, 30-43.
Liedke, M./Redder, A./Scheiter, S. (1999): Interkulturelles Handeln lehren - ein diskursanalytischer Trainingsansatz. In: G. Brünner/Fiehler, R./Kindt, W. (Hrsg.) Angewandte Diskursforschung Bd. 2: Methoden und Anwendungsbereiche. Opladen/ Wiesbaden: Westdeutscher Verlag, 148-179.
Meyer, B. (2003a): Dolmetschertraining aus diskursanalytischer Sicht: Überlegungen zu einer Fortbildung für zweisprachige Pflegekräfte. In: Gesprächsforschung 4, 160-185. (www.gespraechsforschung-ozs.de).
Meyer, B. (2003b): Bilingual Risk Communication. In: Arbeiten zur Mehrsprachigkeit, Folge B. (Nr. 50). Universität Hamburg: Sonderforschungsbereich Mehrsprachigkeit.
Meyer, B. (2004): Dolmetschen im diagnostischen Aufklärungsgespräch. Eine diskursanalytische Untersuchung der Arzt-Patienten-Kommunikation im mehrsprachigen Krankenhaus. Münster: Waxmann.
Pauwels, A. (1995): Cross-Cultural Communication in the Health Sciences. Communicating with Migrant Patients. Melbourne: Macmillan.
Pöchhacker, F./Kadric, M. (1999): The Hospital Cleaner as Healthcare Interpreter. A Case Study. The Translator 5/ 2. St. Jerome: Manchester, 161-178.
Prince, C. D. (1986): Hablando con el Doctor. Communication Problems between Doctors and their spanish-speaking Patients. Ann Arbour: UMI.
Redder, A. (1998): Sprachwissen als handlungspraktisches Bewusstsein – ein funktionalpragmatische Diskussion. In: Didaktik Deutsch, Nr. 5, 60-76.
Rehbein, J. (1985): Ein ungleiches Paar – Verfahren des Sprachmittelns in der medizinischen Beratung. In: J. Rehbein (Hrsg.) Interkulturelle Kommunikation. Tübingen: Narr, 420-448.
Rehbein, Jochen (1994): Widerstreit. Semiprofessionelle Rede in der interkulturellen Arzt-Patienten-Kommunikation. In: Zeitschrift für Literaturwissenschaft und Linguistik 24, 123-151.
Riedel, S. (2002): ‚Auch für Sie muss alles verstanden sein.' Grenz(en) überschreitende Arzt-Patienten-Kommunikation. Fallstudien zur interkulturellen Kommunikation Deutschland – Dänemark. In: E. Apeltauer (Hrsg.) Interkulturelle Kommunikation: Deutschland – Skandinavien – Großbritannien. Tübingen: Narr. 67-90.
Sarangi, S./Bennert, K./Howell, L./Clarke, A (2003): ‚Relatively speaking': relativisation of genetic risk in counselling for predictive testing. In *Health, risk and society*, Vol. 5 (2): 155-170.

Stuker, R. (1998): Übersetzerinnen im Gesundheitsbereich: Das medizinische Anamnesegespräch im Migrationskontext. Lizenziatsarbeit, Universität Bern: Institut für Ethnologie.

ten Thije, J. D. (2001): Ein diskursanalytisches Konzept zum interkulturellen Kommunikationstraining. In: J. Bolten & Schröter, D. (Hrsg.) Im Netzwerk interkulturellen Handelns. Theoretische und praktische Perspektiven der interkulturellen Kommunikationsforschung. Sternenfels: Verlag Wissenschaft & Praxis, 176-204.

Wadensjö, C. (1998): *Interpreting as Interaction*. London, New York: Longman.

Dimensionen interkultureller Kommunikation: Praxis – Analyse – Kompetenzförderung

Stephan Schlickau, München/Basel

Wissen wird vor allem sprachlich tradiert und kennt in einer sich zunehmend globalisierenden Welt weitaus weniger Grenzen, als dies noch vor einem Jahrhundert der Fall war. Nun ist andererseits bekannt, dass Einiges von dem, was als Wissen bezeichnet wird, keineswegs objektiver oder gesellschaftsunabhängiger Art ist, sondern Ergebnis gesellschaftlicher Prozesse, selektiver Wahrnehmung – vor allem im Fall unvollständigen Wissens – oder sogar, wie die Vertreter der sprachlichen Relativitätstheorie annehmen, durch einzelsprachabhängige Vorkategorisierungen geprägt. Dies alles sind mögliche Faktoren, die den interkulturellen Austausch, auf den eine Wissensgesellschaft angewiesen ist und dessen Inhalte neben Wissen immer auch (partikular)wissensbezogene Einstellungen sind, zu etwas Besonderem, gelegentlich auch Problematischem, machen.

Im Folgenden sollen einige solcher problematischer Beispiele aus der interkulturellen Kommunikation zweier ‚westlicher' Kulturen diskutiert werden; zudem wird ein sprachwissenschaftlich fundierter Vorschlag zur Förderung interkultureller Kompetenzen unterbreitet, der kommunikative Praxis und nachfolgende Bewusstmachung durch Analyse des eigenen kommunikativen Handelns einschließt. Ein solches Vorgehen wird auf breiterer Basis maßgeblich durch den Einsatz Neuer Medien – hier des Mediums Videokonferenz – erst möglich und erscheint dringend notwendig, zumal klassische Ratgeberliteratur bzw. sog. Interkulturelle Trainings oft nicht befriedigen können. Häufig gehen diese nämlich von angeblich prototypischen Situationen oder so genannten *critical incidents* aus, für die eine konkrete Interpretation der Situation präsentiert und oft ebenso konkrete Handlungsvorschläge für den Kulturfremden unterbreitet werden. Dies hat den Vorteil einer relativ anschaulichen und einfachen Vermittelbarkeit, dem allerdings der Nachteil einer gewissen Nähe zur Vermittlung von Rezeptwissen gegenübersteht. Es werden im Wesentlichen unmittelbar aufeinander folgende bzw. bezogene Beiträge thematisiert, sodass größere Diskurszusammenhänge unberücksichtigt bleiben; zudem ergeben sich durch allzu konkrete Materialien das Risiko einer unangemessenen Stereotypisierung sowie die unbeantwortete

Frage, inwieweit auf spezifische Handlungszusammenhänge bezogene Beispiele transferierbare und damit allgemeinere Erkenntnisse erbringen.

Ein weiteres Problem liegt in der bei der Vermittlung häufig anzutreffenden Dissoziation von Lernenden und Lerngegenstand: An meist konstruierten Beispielen soll etwas gelernt werden, wobei den Lernenden oft unklar ist, ob sie selbst in einer Situation so gehandelt hätten wie der ‚Stellvertreter' ihrer Kultur im Beispiel. Keine vollwertige Lösung dieses Problems ist durch Simulationen bzw. Rollenspiele zu erzielen, da die mentalen Voraussetzungen in solchen Fällen signifikant anders sind: Aus der Perspektive der Sprachwissenschaft ist klar, dass in Rollenspielen keine authentischen Interessen vertreten werden, was sich folglich auf die konkrete Kommunikation auswirkt.

Angesichts der hier nur kurz umrissenen Problematik wird nachfolgend ein sprachwissenschaftlich fundierter Vorschlag unterbreitet, der interkulturelle Sprachpraxis systematisch mit linguistischer Analyse verbindet. Hierzu werden an den Universitäten München und Basel seit einiger Zeit und jeweils in Kooperation mit der Miami University (Oxford/Ohio) videokonferenzbasierte Projekte zur interkulturellen Kommunikation durchgeführt. Zu unterschiedlichen Themen treten die Studierenden der beteiligten Universitäten miteinander in Kontakt, sodass authentische interkulturelle Kommunikation stattfindet. Die eigene Kommunikation wird anschließend zum Gegenstand sprachanalytischer Betrachtungen. Hierdurch ist das zuvor genannte Problem mangelnder Beziehbarkeit von Beispielen auf eigene Handlungsdispositionen gelöst. Im Vergleich zu den traditionell empfohlenen Aufenthalten in der Zielkultur ergibt sich – neben offensichtlichen Nachteilen, die hier nicht weiter thematisiert zu werden brauchen – der große Vorteil einer systematisch in Vermittlungszusammenhänge integrierbaren Nachbereitung zur Förderung der Bewusstwerdung. Im Folgenden sollen exemplarisch einige Erkenntnisse zur Spezifik deutsch–US-amerikanischer interkultureller Kommunikation sowie zur interkulturellen Sensibilisierung vor und nach der Analysephase referiert werden. Zuvor sind jedoch noch einige Randbedingungen zu erläutern.

Empirische Grundlage und medientheoretische Überlegungen

Die Projektreihen zwischen dem Institut für Deutsch als Fremdsprache/Transnationale Germanistik der Universität München bzw. dem Englischen Seminar der Universität Basel und dem Department of German, Russian and East Asian Languages der Miami University Oxford/Ohio[1] begannen 1996[2] bzw. 2003. In dieser Konstellation kann die benutzte Sprache variieren, also können die Videokonferenzen auf Deutsch, Englisch oder zweisprachig durchgeführt werden. Wie

---

1 In Oxford wird diese Projektreihe seit 1996 durch Ruth Sanders geleitet.
2 Begonnen wurde diese Projektreihe 1996 von Martina Liedke, seit 1998 ist dem Autor diese Aufgabe zugefallen.

Dimensionen interkultureller Kommunikation

bereits erwähnt, erfolgt die Kommunikation themenzentriert. Nachdem ein Thema vereinbart ist, haben beide Seiten im Vorfeld der Videokonferenz die Gelegenheit, Fragen aneinander zu richten, die dann während der Videokonferenz beantwortet werden. Darüber hinaus steht in den meist rund einstündigen Videokonferenzen ca. die Hälfte der Zeit für spontane Kommunikation zur Verfügung. Hierdurch sind in diesem Synchronmedium zwei deutlich verschiedene Phasen realisiert, von denen die erste deutliche Merkmale diachroner Kommunikation trägt und deshalb mehr oder weniger Schriftlichkeits- bzw. Textualitätsmerkmale[3] aufweist. Im Vergleich mit der zweiten, spontanen Phase lassen sich die Einflüsse von Synchronizität bzw. Diachronizität auf interkulturell bedingte Probleme ermitteln. Erwartungsgemäß ist eine Zunahme brisanter Momente in der auch konzeptionell synchronen[4] Kommunikation festzustellen, wobei die Bewusstwerdung ihrer interkulturellen Bedingtheiten gleichzeitig abnimmt. Auf diesen Aspekt wird unten weiter eingegangen.

Themen und authentische Kommunikationszwecke

Durch Variation der Schwerpunktthemen konnte festgestellt werden, dass interkulturell bedingte Probleme mit steigender Ernsthaftigkeit, mit der Interessen vertreten werden, zunehmen. Dies stützt die oben genannten Vorbehalte Simulationen bzw. Rollenspielen gegenüber. So kam es in der Diskussion des Themas *Terrorismus* (2002) zu zahlreicheren und ernsthafteren zumindest *auch* interkulturell bedingten Problemen als im Zusammenhang von Themen wie *Die Rolle der Universität in der Gesellschaft*. Es gibt Indikatoren dafür, dass Diskrepanzen in kulturspezifischen Diskursmustern stärker ins Gewicht fallen, wenn Divergenzen im Bereich authentischer Interessen bestehen. Weitere häufige Problemursachen liegen in Stereotypen, Präsuppositionen und enttäuschten Erwartungshaltungen. Interessen, Einstellungen, unterschiedliche Wissensvoraussetzungen, aber auch unterschiedliche sich kommunikativ manifestierende kulturelle Praktiken beeinflussen somit einen Transfer von Wissen erheblich. Dies wird im Folgenden auf der Grundlage von Analysen einiger Sequenzen aus einer Videokonferenz zum Thema *Terrorismus*, die im Jahr 2002 zwischen den Universitäten München und Oxford/Ohio stattfand, illustriert. Derartige Analysen können durchaus Bestandteil einer Maßnahme zur Förderung interkultureller Kompetenz werden.

---

3 Zugrunde gelegt ist hier der Textbegriff der Funktionalen Pragmatik, vgl. Ehlich (1983).
4 Die Bezeichnungen „konzeptionell synchron" bzw. „konzeptionell diachron" verwende ich hier in Anlehnung an die Terminologie der Freiburger Mündlichkeits-/Schriftlichkeitsforschung, die eine unabhängig von der Medialität bestehende *konzeptionelle* Mündlichkeit bzw. Schriftlichkeit annimmt, vgl. Koch/Oesterreicher (1985).

Analysen

Das folgende Transkript[5] gibt Ausschnitte der Diskussion der letzten und durch spontane Kommunikation geprägten Minuten der Videokonferenz wieder:

Transkript 1: Videokonferenz München-Oxford/Ohio 2002 zum Thema Terrorismus, Ausschnitte aus der 57.-60. Minute. Begonnnen wird mit einer Reaktion auf eine Aussage aus München, dass Deutschland die Irakpolitik der USA schon in gewisser Weise unterstütze.

Studierender 1 (Oxford): ((Lachen USA, Lachen D)) Ja, ich sehe diese Meinung. Aber / ähm / Egyptian und Marokko und / äh / viele Länder, die wir sagen, sind nicht unsere Freunde, die geben uns Informationen und sind dabei ein bisschen, aber nich mit Soldaten. Aber sie sind nich Freunde der USA wie Deutschland. Und ich finde es . . ein bisschen / äh / ich bin ein bisschen confused / äh / darüber, warum Deutschland sagt einfach, nein, wir / wir machen kein Krieg da mit. ((Lachen in USA, D))

[Studierende 2 (München): (Zu Gründen Schröders für dessen Position)]

Studierende 3 (München):

Was ich glaube auch n ganz wichtiger Punkt ist, das war vielleicht auch son bisschen son Motor in der Wahl / also im Zuge des Wahlkampfes, ist, dass die USA in der Welt ne absolute Vormachtstellung haben. Und dass das Europa . auch irgendwo nicht mehr länger mit ansehen will, weil das Ganze aus Sicht der Europäer . nicht wirklich glücklich läuft. Das heißt etwa Kyoto, das heißt Ausstieg aus dem internationalen Gerichtshof oder eben solche Dinge. Wenn . wir uns gegen euch stellen, dann sind wir eure Feinde, das heißt jetzt nicht eure, sondern die von Amerika. Und ich glaub, das ist ne Politik oder ne Einstellung, ne Mentalität, die / äh / die Amerikaner an den Tag legen, die sich die Europäer . . nur noch / nur noch schwer gefallen lassen können. Und ich meine, auch Frankreich hat sich . gegen den Krieg im Irak ausgesprochen. Und ich glaub, da steckt einfach viel, viel mehr dahinter, als einfach nur schickt Deutschland Soldaten in den Irak für die Amerikaner oder nicht. Ich glaub, da steckt bei weitem mehr dahinter.

---

5 Da die Tonübertragung aus den USA während der Beiträge aus München unterdrückt wurde, kann hier auf die Verwendung eines spezifischen Transkriptionssystems verzichtet werden. Eine Anlehnung erfolgt an HIAT.

Dimensionen interkultureller Kommunikation 107

Abb. 1: Das große Bildfenster zeigt die Studierenden der Miami University gegen Ende der transkribierten Sequenz, das kleine Fenster die Studierenden der Universität München.

Allgemein fällt in der gesamten Videokonferenz auf, wie weitgehend beide Studierendengruppen den damals vorherrschenden jeweiligen politischen Positionen zur Terrorismusbekämpfung bzw. einem möglichen Krieg gegen den Irak folgen. Im Hinblick auf den transkribierten Ausschnitt stellt sich insbesondere die Frage, wie es zu der scheinbar plötzlichen und relativ aggressiven Wendung im Diskursverlauf kommen konnte. Denn oberflächlich erscheint es, als sei lediglich Interesse an gemeinsamem Handeln mit dem deutschen „Freund" geäußert und etwas Enttäuschung über dessen Haltung artikuliert worden. Bei genauerer Betrachtung erweist sich, dass sich die Ursache-Wirkungszusammenhänge einerseits aus dem Gesamtzusammenhang des Diskurses identifizieren lassen, sie zum Teil aber auch lokal bestimmbar sind.

Wenngleich aus Oxford der Wunsch nach gemeinsamem außenpolitischem Handeln mit dem ‚Freund' Deutschland ersichtlich wird, sind doch die Inhalte eines gemeinsamen Handelns keineswegs als verhandelbar konzeptualisiert. Stattdessen wird präsupponiert, dass ein gemeinsames Handeln auf der Grundlage der US-Position erfolgt. Diese Präsupposition selbst wird auf Münchener Seite in der synchronen Situation jedoch nicht problematisiert – wahrscheinlich weil sie nicht bewusst registriert wird (implizit in: „für die USA", Studierende 3). Hierin manifestiert sich eine keineswegs symmetrische Vorstellung vom Verhältnis der ‚Freunde' zueinander.

Der hierbei als einzige Option dargestellte Handlungsplan hat zudem die Qualität eines ‚Krieges' – ein Wort, mit dem die Studierenden aus Oxford vergleichsweise unbefangen umgehen. Es ist sehr wahrscheinlich, dass der Verwendung des deutschen Wortes Krieg das Konzept des Wortes ‚war' zu Grunde liegt. Hierbei ist ausdrücklich hervorzuheben, dass vom US-amerikanischen Konzept die Rede ist, nicht etwa demjenigen der britischen Variante.

Im US-amerikanischen Internet-Werkzeug *Visual Thesaurus* werden Bedeutungsdimensionen des Wortes ‚war' wie folgt dargestellt:

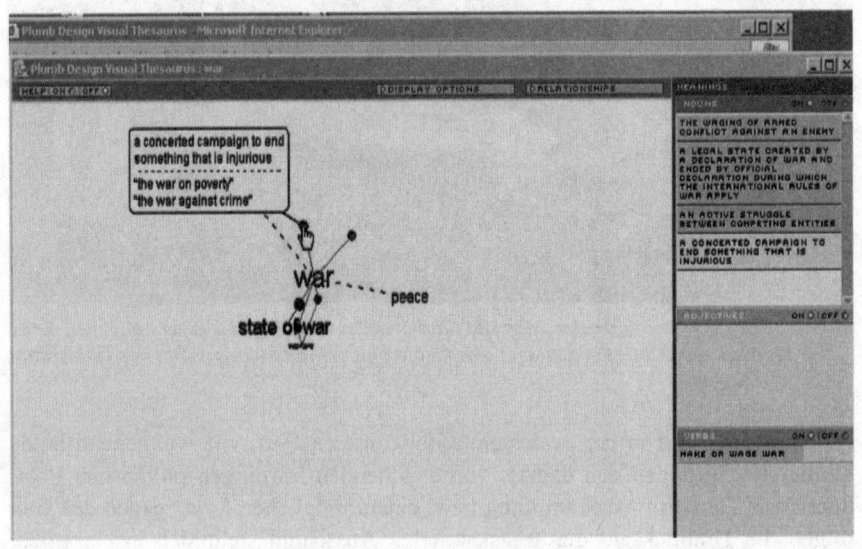

Abb. 2: Aspekte der Bedeutung von ‚war' im Amerikanischen Englisch nach http://www.visualthesaurus.com.

Besonders im Bedeutungsbereich „a concerted campaign to end something that is injurious" unterscheiden sich die Verwendungsweisen von ‚war' und ‚Krieg' recht deutlich voneinander. Dies gilt auch für die angeführten sprachlichen Zusammenhänge wie „the war on poverty" und „the war against crime", die im Deutschen allenfalls historisch eine Entsprechung haben („Friede den Hütten, Krieg den Palästen"). Die deutsche Verwendung von ‚Krieg' ist ansonsten stark durch die eigene neuere Geschichte geprägt, sodass Krieg noch immer vor allem mit Leid und Unrecht assoziiert wird. Dieses Beispiel illustriert insofern, wie relevant ein zumindest exemplarisches Wissen um unterschiedliche Konzepte ‚übersetzter' Wörter in interkultureller Kommunikation ist.

Im übergeordneten Diskurszusammenhang erweist sich als weitere Konfliktursache, dass beiderseits nationale politische Positionen – möglicherweise als Folge unvollständigen Wissens – als allgemeinere Positionen dargestellt werden. Studierende aus Oxford beschreiben z.B. die Forderung nach Absetzung Saddam Husseins als Bestandteil der UN-Resolution. Demgegenüber weist die transkribierte Sequenz auf Münchener Seite eine nicht hinreichende Differenzierung zwischen deutscher und europäischer Positionen auf.

All dies zusammen, also beiderseits unreflektiert bleibende Präsuppositionen, die auch Fragen der (A-)Symmetrie des Verhältnisses befreundeter Staaten betreffen, fehlende oder unzutreffende Differenzierungen politischer Positionen sowie die Diskursrelevanz unterschiedlicher Konzepte/Funktionen der Wörter ‚Krieg' und ‚war' lassen die relativ aggressive Äußerung der Münchner Studentin – in einer Analyse – nicht mehr ganz so plötzlich und unmotiviert erscheinen. Anders herum werden diese Ursachen aber im Diskurs selbst nicht bewusst. Ohne ‚Zerdehnungsfilter' stehen in synchroner Kommunikation weder Zeit für längere Ursachenermittlungen oder Wissensabgleich, noch für eine längere Planung eigener Äußerungen zur Verfügung. Zurück bleibt somit lediglich das Gefühl einer relativ gesichtsbedrohenden und scheinbar unmotivierten Äußerung, was sich deutlich in der Mimik der Studierenden aus Oxford (vgl. Abb. 1) sowie einer anschließenden Phase des Schweigens niederschlägt, die den Austausch zunächst unterbricht.

Bewusstwerdung ohne Nachbereitung?

Dass derartige Prozesse kaum bewusst werden, belegen Befragungen im Anschluss an Videokonferenzen. Es zeigt sich, dass sich allenfalls vage Gefühle gelungener und weniger gelungener Sequenzen einstellen. Teilweise bleiben nur generelle Sympathie- bzw. Antipathiegefühle zurück. Nahezu völlig fehlen Einblicke in Ursache-Wirkungs-Zusammenhänge – und das bei sprachlernerfahrenen Studierenden. Auch dies sei mit zwei Äußerungen aus einer Nachbesprechung direkt im Anschluss an die Videokonferenz zum Thema Terrorismus belegt:

Transkript 2: Eindrücke der Münchner Studierenden im Anschluss an die Videokonferenz

S1: Ich fand am Anfang (   ) teilweise ganz schön vorn Kopf gestoßen, weil sich da teilweise so die Körperhaltung geändert hat. Bei manchen Antworten (hat man richtig) gesehen, das geht denen jetzt so . . gegen den Strich, so gegen den Strich (   )

S2: Kanns dich da an eine erinnern?
S1: Ich kann mich zwar an die Körperhaltung erinnern, aber ich kann (   ) wirklich nur noch so: ((Geste)) Verschränkte Arme, so, ich mach jetzt zu, ich will jetzt hier gar nichts mehr.

(10 Minuten später)

S3: Ähm / und zwar was ich das Hauptproblem bei der ganzen Sache sehe, das sagte (sie schon allerdings vor mir), dass die . . Fragen . . alle offen gelassen wurden, die wir gestellt haben. Und bevor die Fragen nicht beantwortet sind, konzentriert sich kein Mensch auf das Drumherum. Also . . ich würd / also dir ist das aufgefallen mit der Körperhaltung, mir is irgendwie nicht. Ich hab überhaupt nich so groß drauf geachtet auf diese ganzen . kulturellen / äh / Signale oder so was, sondern ganz bewusst auf (wieder) auf diese Fragen und Antworten, was das Thema betrifft. Und die hätten auch (vom Toten) oder nem x-Beliebigen beantworten können . / äh / ja / beantwortet werden können und nicht unbedingt jetzt von dieser Gruppe. Und das hat mir so gefehlt, das stimmt schon. Und bevor die Fragen nicht beantwortet sind, konzentriert man sich wahrscheinlich auch nicht auf den Rest. (...)

Es manifestiert sich somit ein echtes Defizit der Ausbildung. Wie zu Beginn bereits konstatiert, reicht kommunikative Praxis gegebenenfalls nicht einmal, um interkulturell bedingte Probleme wahrzunehmen – geschweige denn, ihre Ursachen zu erkennen.

Möglichkeiten der Förderung

Was konkret kann nun die Angewandte Sprachwissenschaft angesichts mangelnder Sensibilisierung und noch geringerer Fähigkeiten zur Bestimmung interkulturell bedingter Probleme beitragen? Reine Faktenvermittlung hilft hier nicht weiter als Ratgeberwissen oder die Vermittlung sog. Redemittel. Grundsätzlich ist Luchtenberg zuzustimmen, die eine Gefahr sieht in der

(...) Tendenz zu(r) Vermittlung von sprachlichem und kulturellem Wissen anstelle von sprachlicher und kultureller Sensibilisierung. Auch wenn partiell eine solche Wissensvermittlung möglich ist, so impliziert sie eben doch die Gefahr eines statischen Kulturzugangs, das Übersehen von Veränderungen und die Negierung oder Ausklammerung sprachlicher sowie vor allem kultureller Pluralisierung auf allen Ebenen und in allen Gesellschaften und sogar Gruppen. (Luchtenberg 2001, 136)

Für einen solchen Zugang aber bieten text- bzw. diskursanalytische Verfahren zusammen mit den reichen und authentischen Materialien aus Videokonferenzen eine hervorragende Grundlage. Die hier detaillierter besprochenen Beispiele zeigen, wie Praxis und Analyse auf der Grundlage von Transkripten und zusätzlichen Informationen (z.b. je spezifischen semantischen Netzwerken, vgl. Abb. 2) einander erhellen, Vielschichtigkeiten aufzeigen und zum näherungsweisen Verstehen beitragen. Entscheidend sind hierbei die Berücksichtigung der Relativität eigenkultureller Praktiken sowie der Einsatz text- bzw. diskursanalytischer Verfahren. Ziel ist die Ausbildung der Fähigkeit, zunehmend auch in der Kommunikationssituation selbst, z.b. im Fall von Präsuppositionen, die richtigen Fragen zu stellen. Ob und in wie weit sich diese Fähigkeit in der konsekutiven Lehre mit Praxis- und Analysephasen ausbilden lässt, bedarf noch einer Langzeitstudie. Im Rahmen der hier diskutierten Projektseminare jedenfalls zeigte sich, dass Studierende – diachron – zu guten Einblicken in vielfältige Dimensionen interkultureller Kommunikation gelangen und zunehmend für die unterschiedlichen Wissensvoraussetzungen in verschiedenen Bereichen sensibilisiert werden, auf deren Grundlage der aktuelle Wissenstransfer erfolgt. Die Eignung des Einsatzes von Videokonferenzen hat sich hierbei vor allem hinsichtlich folgender Problembereiche bewährt:

- Erfahrung und Analyse des kulturabhängigen Umgangs mit unterschiedlichen Tabuthemen. Hierbei zeigt sich unter anderem, dass die Bereitschaft, über bestimmte Problembereiche zu diskutieren, auch davon abhängt, am Beispiel welcher der beiden Kulturen sie thematisiert werden. Thematisierungsmöglichkeiten sind nicht notwendigerweise symmetrisch.
- Mentale Aktivitäten werden nicht in gleicher Weise verbalisiert. So ist die mentale Auseinandersetzung mit Argumenten, denen widersprochen wird, bei den Studierenden aus den USA deutlicher an der sprachlichen Oberfläche repräsentiert. Fehlt dies in interkulturelle Kommunikation, kann unter Umständen der Eindruck geringerer Berücksichtigung solcher Argumente entstehen.
- Selbst bei Gruppenzusammensetzungen mit deutlich verschiedener Herkunft bleibt die Kategorie *Nationalität* in der Selbst- und Fremdwahrnehmung überraschend homogen und richtet sich offensichtlich nach den beteiligten Institutionen. Ganz überwiegend wird von einer „deutschen" und einer „amerikanischen" Gruppe gesprochen. Dies lässt sich übrigens nicht allein auf die unterschiedlichen Staatsangehörigkeitskonzepte in den USA und Deutschland zurückführen.
- Wenn authentisch (kontroverse) Standpunkte vertreten werden, ergeben sich daraus spezifische Konflikt- und Lernpotenziale, die mit Rollenspielen oder in Kommunikation über weniger strittige Inhalte nicht realisierbar sind.

- Videokonferenzen eignen sich für (konzeptionell) synchrone und diachrone Kommunikation, sodass einige je spezifische Merkmale deutlich werden.
- Videokonferenzen eröffnen die Möglichkeit, Spezifika des Turn-Takings und der Themenentwicklung in der Zielkultur kennen zu lernen. Traditionell erfahren Lerner nur die Anwendung vermittlungsinstitutionsspezifischer Muster, sodass sie in authentischer interkultureller Kommunikation meist entsprechende Muster aus der Muttersprache unreflektiert übernehmen. Ähnliches gilt auch für den Gebrauch von Interjektionen, die kaum Bestandteil der Vermittlung sind.
- Die Kommunikation mit Lernenden der eigenen Sprache ermöglicht es, aus deren Interferenzfehlern im Hinblick auf das Erlernen ihrer Sprache als Fremdsprache zu lernen.
- Gerade in der visuellen Dimension erfolgt ein direktes Feedback auf eigene Äußerungen. Zudem vermitteln Bilder z.B. Hinweise auf institutionelle und sonstige soziale Hintergründe der Partnergruppe.

Fazit zum Zusammenhang von kommunikativer Praxis und Analyse zur Förderung interkultureller kommunikativer Kompetenz in der Wissensgesellschaft

Beobachtungen aus der Projektreihe weisen nach, dass eine zielkulturferne Förderung interkultureller kommunikativer Kompetenz auf den Einsatz sprachanalytischer Verfahren kaum verzichten kann, die zur Bewusstwerdung notwendig sind. Hierzu empfehlen sich Transkriptarbeit und die Sensibilisierung für die Relativität des eigenen kulturspezifischen Wissens. Dabei kommt dem Einsatz neuer Medien große Bedeutung zu. Videokonferenzen stellen ein probates Mittel zur Förderung dar, zumal sie es erstmals ermöglichen, synchrone Kommunikation in die Vermittlungssituation zu integrieren und das eigene kommunikative Handeln systematisch zum Gegenstand der Reflexion zu machen. Auf dieser Grundlage können bestehende (Halb-)Wissensstrukturen hinterfragt werden und so eine wichtige Voraussetzungen entstehen für jene weniger von unreflektierten Präsuppositionen belastete Kommunikation, die für die auf Multikulturalität angewiesene Wissensgesellschaft so notwendig ist.

Literaturverzeichnis

Ehlich, K. (1983): Text und sprachliches Handeln. Die Entstehung von Texten aus dem Bedürfnis nach Überlieferung. In: Assmann, A./Assmann, J./Hardmeier, C. (Hrsg.): Schrift und Gedächtnis. Beiträge zur Archäologie der literarischen Kommunikation, München, 24-43.

Koch, P./Oesterreicher, W. (1985): Sprache der Nähe – Sprache der Distanz. Mündlichkeit und Schriftlichkeit im Spannungsfeld von Sprachtheorie und Sprachgeschichte. In: Romanistisches Jahrbuch 39, 15-43.

Luchtenberg, S. (2001): Language and cultural awareness: ein Thema für die (Fremd)-sprachenlehrerausbildung? In: Neusprachliche Mitteilungen 3, 130-138.

Redder, A./Rehbein, J. (1987): Zum Begriff der Kultur. In: Osnabrücker Beiträge zur Sprachtheorie (OBST) 38, 7-26.

Rivers, W. M. (1997): Principles of interactive language teaching. In: http://agoralang.com/rivers/10Principles_0.html ff. am 22.12.2002.

Sanders, R. H. (1997): Distance Learning Transatlantic Style: How Videoconferencing Widened the Focus in a Culture Course. In: Die Unterrichtspraxis Teaching German 2, 135-140.

Schlickau, S (2001): Praxis und Analyse interkultureller Kommunikation durch Video und Videokonferenz: Lernpotenziale und Anforderungen. In: Zeitschrift für Interkulturellen Fremdsprachenunterricht 6(2), http://www.spz.tu-darmstadt.de/projektejournal/jg-06-2/beitrag/schlickau1.htm am 04.08.2004.

Schlickau, S. (2002): Video- und Videokonferenzeinsatz in der Sprach- und Kulturvermittlung: Lernpotenziale und studentische Evaluierungen. In: Deubel, V./Kiefer, K. H. (Hrsg.): MedienBildung im Umbruch – Lehren und Lernen im Kontext der neuen Medien (= Schrift und Bild in Bewegung, Bd. 6), Bielefeld, 247-260.

Schlickau, S. (demn.): Neue Medien in der Sprach- und Kulturvermittlung: Strukturen – Pragmatik – Interkulturelle Kommunikation. (Arbeitstitel zur Publikation der Habilitationsschrift *Neue Medien in der Sprach- und Kulturvermittlung*).

¿De dóndi vieni? (e) raising in Lorain Puerto Rican Spanish: Maintenance or Convergence?

Michelle F. Ramos-Pellicia, Ohia

Introduction

The American Midwest is experiencing an increase in its Hispanic population. According to the 2000 US Census figures, the Hispanic population in the Midwest has increased from 3,754,389 in 1990 to 5,254,087 in 2000, representing an increase of 1,499,698 or 39.9%. In Ohio alone, Hispanics increased 55.4%, or 77,427; in 1990, the Hispanic population in Ohio was 139,696, while in the 2000 US Census this group consisted of 217,123 people. However, the different dialects of Spanish spoken by the many Spanish speakers who have migrated in recent decades have been underresearched. Lorain, Ohio is a region in the Midwest of the United States where a community of Puerto Ricans has existed since the late 1940s. The Puerto Rican Spanish situation in Lorain is complex because Puerto Ricans interact on a daily basis with Mexicans, thus, any account should not be overly simplistic.

The Lorain Puerto Rican community has different degrees of bilingualism. The first Puerto Ricans who arrived to Lorain brought with them a rural variety of Puerto Rican Spanish and have limited proficiency in American English. Their immediate descendants were exposed to American English in the school system and in the community in general and are considered native speakers of this language. At the same time, this second generation speaks the rural variety of Puerto Rican Spanish they have learned from their parents and other relatives. The linguistic situation for the following generation is drastically changed as they are American English dominant with – at best – a basic, sometimes even non-existent, command of Spanish at all linguistic levels. Their targeted Spanish should be considered a second language variety spoken by the bilingual second generation, i.e., their parents.

Language maintenance or convergence

Since the original Puerto Rican speakers in Lorain came from areas in the Island identified in the literature as having certain sounds that differ from other Spanish varieties, including Standard Puerto Rican Spanish, the question is whether or not these features were transmitted and maintained in Lorain Puerto Rican Spanish. Moreover, because the Puerto Ricans are in contact with the Mexicans, I explore if both dialects have converged in their phonology.

The raising of (e) has been observed to occur in the Puerto Rican Spanish spoken in those areas in the Island where the first group of Puerto Ricans who migrated to Lorain once used to live. Southwestern Mexican American Spanish has also been identified as having this phenomenon. Then, (e) raising is a variable that has two possible identifiable origins in Lorain and these two possibilities encourage its occurrence in Lorain Puerto Rican Spanish. The questions are whether or not (e) raising occurs in Lorain Puerto Rican Spanish, if the first Puerto Ricans in Lorain brought this variation to the area and if Mexican American Spanish in Lorain plays any role in the phonology of Lorain Puerto Rican Spanish. The aim in the pages to follow is to provide answers to the questions articulated above.

Raising of /e/ to [i]

The raising of (e) has been described as carrying a negative prestige and as not being a standard variant in the Spanish linguistic literature. For instance, Lipski, (1994, 321) points out: „... this pronunciation (i.e., merging the oppositions of /o/ - /u/; /e/ - /i/) ... carries a heavy sociolinguistic stigma." (Lipski 1994, 321)

The variable (e) occurs in the following words which have the affected sounds in bold:

[\no.či]	for	/\no.če/	*night*
[su.**bri**.βi.\βir]	for	/so.**bre**.βi.\βir/	*to survive*
[an.**ti**.\rior]	for	/an.**te**.\rior/	*anterior*
[se.**min**.\te.rio]	for	/se.**men**.\te.rio/	*cemetery*
[al.**ri**.δi.\δor]	for	/al.**re**.δe.\δor/	*around*

Nonphonological factors, particularly analogy, play a role in the raising of /e/ to [i]. For instance, ‚e' and ‚i' occur in verbal related forms: the past participle of *to dress* ‚vestido' vs. ‚vistío' (past participle of *to dress*). Thus, some cases could be the result of analogy to regularize the verbal paradigm, specifically, ‚vestido' > ‚vistido', with root vocalism based on the past form ‚vistío'. In such cases, the cause for the change is different from that motivating a phonological change.

In Peninsular Spanish, /e/ as [i] is found in Asturias and the Ribera Salmantina. The raising of (e) is also attested in the Canary Islands of Tenerife and La Graciosa, although Alvar (1959, 17) argues that (e) is *más cerrada* („more rounded') than in Castillian Spanish when there is a nasal or when (e) is in final position (e.g. ‚nochi/noche' *night*, ‚binagri/vinagre' *vinega*r, ‚dimi/dime' *(you sg.) tell (imperative) (it to me)*, ‚dali/dale' *(you sg.) give (imperative) (it to him/her)*, mándeli/mándele *(you sgl.) send (imperative) (it to him/her)*).

Recojo una *e* más cerrada que la castellana, cuando va trabada por nasal, ..., y en posición final... Esta *–e* final cerrada ha sido notada por los escritores que remedan el habla popular, y transcrita, simplemente, como *i*. (Alvar 1959, 17)

Matluck (1951, 21-22) points out that the realization of /e/ as [i] is found in final position in the central regions of Costa Rica, in Mexico where /e/ is described as being laxed in final closed syllables in words such as ‚después', *later*.

A veces el diptongo acentuado de la sílaba siguiente inflexiona a la *e* pretónica: *pescuezo > piscuezo, teniente > tiñiente, despierto > dispierto. . .* Se registra la inflexion de esta *e* en Querétaro, Jalisco, Yucatán, Zacatecas, Nuevo México, Honduras, Costa Rica, Guatemala, Castilla y muchas otras regions de España y en Sudamérica. (Matluck 1951, 21-22)

Peru Spanish spoken in the highlands reduces the vowel system by eliminating the distinction between /e/ and /i/. Cerrón-Palomino (2003, 40, 89) attributes this development to the influence of Quechua and Aymara and adds that it carries a negative stigma.

Concretamente, uno de los rasgos más saltantes de la *motosidad* es, por ejemplo, el confundir las vocals de abertura media del español con las altas del quechua, y quizás por hipercorrección, el trocar las vocals altas del castellano por *e, o*, respectivamente. Así, quien motosea dice aproximadamente misa en lugar de mesa... (Cerrón-Palomino 2003, 40)

... desde un primer momento, como era de esperarse, el hablar un castellano motoso fue considerado denigrante, tornándose en instrumento sutil de opresión. (Cerrón-Palomino 2003, 89)

Lipski (1994) describes the *fronterizo* dialect spoken in the border of northern Uruguay and Brazil as having variable unstressed vowel raising approximating it to the Portuguese vowel system that has /e/ to [i] raising in word final unstressed contexts.

Álvarez-Nazario (1972, 65; 1990, 96; 1991, 673) and Navarro Tomás (1948, 44-45) have identified (e) raising as a feature commonly found in the countryside of Puerto Rico in the rural towns of Lares, Quebradillas, Maricao, San Germán, Mayagüez, Adjuntas, Utuado, Jayuya, Orocovis, Vega Baja, Comerío, Caguas, San Lorenzo, Fajardo. Álvarez-Nazario (1972, 64) points out that – with the exception of Fajardo – the phenomenon is observed in the towns precisely where the Canarian immigrants settled in Puerto Rico. Álvarez-Nazario (1972, 64) argues for Canary Island Spanish influence due to the intense migration of its speakers to rural Puerto Rico and the continuous contact with Puerto Rican Spanish speakers in the area.

El particular influjo canario en la realización de las vocals en Puerto Rico se hace evidente con plena seguridad en relación con los cambios /e>i/, /o>u/ en sílaba final de palabra (lechi, luni ‚Lunes', magu, muertu), hecho qaue el propio Navarro Tomás pudo observar en la Isla por lugares varios de la zona rural, y que hoy día se percibe notoriamente aún por el término municipal de Lares, así como en los campos como también en la zona urbana entre hablantes de extracción culta. (Álvarez-Nazario 1991, 673)

Tocante a /e>i/ se detecta hoy más visiblemente inclusive en hablantes populares de la zona urbana, por Lares y comarcas circundantes. (Álvarez-Nazario 1990, 96)

La manifestación de *i* final en lugar de *e* (*esti, madri, nochi, sabi*, etc.) que en la Península se da desde muy antiguo en el dominio leonés... parece haberse registrado en canario desde tiempos pasados, según hacen suponer tales pronunciaciones frecuentes entre los „isleños" de Luisiana como *nochi, lechi, monti*. (Álvarez-Nazario 1972, 64)

En Puerto Rico, Navarro Tomás toma nota de este mismo fenómeno, en 1927-1928, por la zona rural de Lares (*veinti*) y de Quebradillas, Maricao, San Germán, Mayagüez, Adjuntas, Utuado, Jayuya, Orocovis, Vega Baja, Comerío, Caguas, San Lorenzo, Fajardo (*lechi*), sitios todos, a excepción de Fajardo, significativamente localizados en territorios por donde arraigó y se difundió en forma masiva en el país la inmigración canaria. (Álvarez-Nazario 1972, 64-65)

Hoy en día este cierre *e > i* sigue teniendo vigencia, en particular, por Lares: *di Larih* ‚de Lares', *lechi, poti*, etc. Se da aún asimismo, como hecho fonético notable, por la zona campesina de Aguadilla: *Matildi, dili, buchi, luni* ‚Lunes', etc. (Álvarez-Nazario 1972, 65)

Hasta en la palabra *leche*, en que el castellano da a la *e* acentuada sonido semicerrado, hubo diez lugares, casi todos al centro y este de la isla, donde se recogió la variante abierta, mientras que venticinco de un extremo a otro del país, ofrecieron la pronunciación media. Sólo seis lugares, todos al oeste con excepción de Naguabo, hicieron la *e* del citado vocablo tan cerrada como en castellano. (Navarro Tomás 1948, 44-45)

The mountainous center of Puerto Rico is not the only area where the development of /e/ to [i] is found. Espinosa (1930, 92-93) pointed out that the Spanish of New Mexico has /e/ raising and it has been attributed to several different factors: when /e/ is next to a palatal (e.g., lechi/leche *milk*, cochi/coche *car*, nochi/noche *night*, cayi/calle *street*, vayi/valle *valley*), when it is next to /s/, /n/ or (ñ), the alveolar sound favors raising (e.g., siguro/seguro *sure*, asigurar/asegurar *reassure*, incontrar/encontrar *to find*, mintir/mentir *to lie*, siñor/señor *sir*, siñal/señal *sign*), regressive assimilation (e.g., pidir/pedir *to ask*, amiricano/americano *American*, lisión/lesión *injury*), prefix confusion (e.g., discontento/descontento *unhappy*, discubrir/descubrir *to discover*)[1], by analogy with other forms in the verbal paradigm (e.g., sirvir/servir *to serve*, dicir/decir *to say*)[2].

> *Vistido, Binino, visino* (vestido, Benigno, vecino, etc. por asimilación regresiva. En los verbos de vocalismo *e – i* (*pedir*, etc.), hay quizá influencia de la í del tema sobre las otras formas.
> *Jirvidero, amiricano, ligislador* (hervidero, americano, legislador), por asimilación regresiva ante *i* inacentuada.
> *Lisión, disisión, imperfisión, sisión, confisión, minsión, compilisión* (lección, decisión, imperfección, sección, confesión, mención, competición).
> Por influencia de *s* inmediata, cuyo punto de articulación es más próximo a *i* que a *e*. (Espinosa 1930, 92-93)

Decker (1952, 85) described Lorain Puerto Rican Spanish as having a closed (e) „half as often as in S(tandard) C(astillian) S(panish)", open (e) and „a variety which is articulated with a glide, beginning as a closed e̱ and terminating open" were also used among the Puerto Ricans in Lorain. Although Decker (1952, 85) mentioned that raising of /e/ to [i] is found in Puerto Rico and in Judeo Spanish, he did not find evidence of this vowel change among the Puerto Ricans he interviewed in Lorain, despite the fact that the majority came from Lares, a region where, as noted above, Navarro-Tomás (1948, 44-45) and Álvarez-Nazario (1972, 65; 1990, 96; 1991, 673) have pointed out that /e/ raising can be found. Later on in the section „Random observations" of the same study, Decker (1952, 126) mentions that:

> Qui and hombri were heard from subject #10 and „um pato di lagua" from #13. Relaxed e̱ is often closed almost to i̱; only in the above examples, however, was the change heard to be complete. (Decker 1952, 126)

Decker's comment, then, leads me to believe that /e/ raising was transported to Lorain, although with a low frequency of usage.

Methods

A total of a 100 interviews were collected, 20 speakers were Mexicans, 20 were Puerto Rican Islanders and the remaining 60 were Puerto Ricans from Lorain who were evenly divided in three different generations. Following Silva-Corvalán (1996, 15-16), the first generation were those who originated in Puerto

---

1 The prefix ‚dis-' is used in these examples due to analogy with words such as: ‚discontinuo' *discontinous* ‚disconforme' *not in agreement* and causes confusion in the cases already mentioned.
2 The forms that provide analogical pressure for these forms in the verbal paradigm are: ‚yo sirvo' *I serve*, ‚tú sirves' *You serve*., ‚él/ella sirve', (She) *He serves*., ‚yo digo' *I say*., ‚tú dices' *You say.*, ‚él/ella dice' *(She) He says*.

Rico, the second generation speakers are their children and the third generation is the children and the grandchildren of the second and first generation, respectively.

Group 1 includes speakers born in Mexico, who immigrated to the USA after the age of eleven... Group 2 encompasses speakers born in the USA or those who have immigrated from Mexico before the age of six. Group 3 also comprises speakers born in the USA; in addition, at least one parent responds to the definition of those in Group 2. (Silva-Corvalán 1996, 15-16)

After transcribing the data, each token of (e) was codified. I used the VARBRUL package for the statistical analysis. VARBRUL considers several factor groups at the same time and chooses the groups that have a statistically significant effect.

Results variable (e) in IPRS, LPRS and MAS

The VARBRUL binomial run selected age and gender as relevant factors as far as the use of (e) among Island Puerto Ricans is concerned. The binomial run determined that the probability was 0.00. The VARBRUL probability weights in Table (1) show that the Island Puerto Rican females favor the use of (e) (0.68). Furthermore, considering the division of the Island Puerto Ricans by age, another factor that was chosen by the VARBRUL run, this factor shows that the youngest generation prefers to use (e) (0.80).

Dialect	*Island Puerto Rican Spanish*	
Variable	(e)	[i]
Factor groups		
Phonetic Environment		
Stressed	100%	0%
	N=3128	N=0
Unstressed	100%	0%
	N=4256	N=17
Style		
Reading	100%	0%
	N=3375	N=6
Talking	100%	0%
	N=4009	N=11
Gender		
Male	0.31	
	100%	0%
	N=3706	N=14

Female	0.68	
	100%	0%
	N=3678	N=3
Age		
Older	0.22	
	100%	0%
	N=3887	N=16
Younger	0.80	
	100%	0%
	N=3497	N=1

Table 1. *VARBRUL weights for (e) and Percentages for (e) and [i] in Island Puerto Rican Spanish*
Total number of tokens: 7401   Significance: 0.00 Total Chi-square: 2.39
Chi-square/cell: 0.29   Log likelihood: -109.19

The binomial run for the Lorain Puerto Ricans selected syllable stress, style and generation as relevant factors with a probability of 0.01. The stressed syllable triggered more usage of (e) (0.77) among Lorain Puerto Ricans. In a conversation, (e) was more likely to be found (0.56). The first and second generation preferred to use (e) over [i] (first generation: 0.55; second generation: 0.59), while the third generation follows a different pattern showing a lower probability weight.

Dialect	*Lorain Puerto Rican Spanish*	
Variable	[e]	[i]
Factor groups		
Phonetic Environment		
Stressed	0.77	
	100%	0%
	N=6418	N=10
Unstressed	0.28	
	99%	1%
	N=8447	N=119
Style		
Reading	0.44	
	99%	1%
	N=8079	N=96
Talking	0.56	
	100%	0%
	N=6786	N=33

Gender		
Male	99%	1%
	N=6943	N=44
Female	99%	1%
	N=7922	N=85
Generation		
First	0.55	
	100%	0%
	N=6288	N=29
Second	0.59	
	100%	0%
	N=6254	N=25
Third	0.16	
	97%	3%
	N=2323	N=75

Table 2. VARBRUL weights for [e] and Percentages for [e] and [i] in Lorain Puerto Rican Spanish
Total number of tokens: 14994   Significance: 0.01   Total Chi-square: 42.67
Chi-square/cell: 1.77   Log likelihood: -638.54

Table 3 shows the probability weights for (e) among the Mexicans in Lorain. A binomial run with a probability of 0.00 chose style and gender as significant. The Mexicans preferred [e] when they were talking (0.65). Furthermore, Mexican females preferred to use [e] (0.58) over [i].

Dialect	*Mexican American Spanish*	
Variable	[e]	[i]
Factor groups		
Phonetic Environment		
Unstressed	100%	0%
	N=5315	N=0
Stressed	98%	2%
	N=4180	N=90
Style		
Reading	0.33	
	98%	2%
	N=4530	N=70
Talking	0.65	
	100%	0%
	N=4965	N=20

Gender		
Male	0.39	
	99%	1%
	N=4390	N=60
Female	0.58	
	99%	1%
	N=5105	N=30
Age		
Older	99%	1%
	N=4615	N=45
Younger	99%	1%
	N=4880	N=45

Table 3. *VARBRUL weights for [e] and Percentages for [e] and [i] in Mexican American Spanish*
Total number of tokens: 9585   Significance: 0.00 Total Chi-square: 15.48
Chi-square/cell: 1.93   Log likelihood: -486.38

Conclusions

From the statistical analysis of the data, I conclude that (e) was not transmitted from the Puerto Ricans who first arrived to Lorain. The data collected from the older generation in Puerto Rico and the data from the first generation of Lorain Puerto Ricans do not show any evidence that [i] is produced in their conversations. Another evidence favoring the absence of (e) raising among the first generation to arrive to Lorain is Decker (1952) who found very few cases of (e) raising although many of the Puerto Ricans he interviewed came from the same regions identified by Navarro-Tomás (1948, 44-45) and Álvarez-Nazario (1972, 65; 1990, 96; 1991, 673) as the areas where raising of (e) is found. Furthermore, no (e) raising was found among the Mexicans in Lorain. Thus, these two dialects are not converging in the use of (e) raising, and the raising of (e) is not a transmission from the rural Island Puerto Rican Spanish, variety from which Lorain Puerto Rican Spanish derives. Thus, Lorain Puerto Rican Spanish has not maintained (e) raising, a feature that has been described as characteristic of the mountainous center of Puerto Rico, but rather prefers to use [e], the standard variant.

References

Alvar, Manuel. 1959. *El español hablado en Tenerife*. Madrid.
Álvarez-Nazario, M. 1991. *Historia de la lengua española en Puerto Rico*. San Juan: Academia Puertorriqueña de la Lengua Española.

Álvarez Nazario, M. 1990. *El habla campesina del país*. Río Piedras, PR: Editorial Universitaria.

Álvarez-Nazario, M. 1972. *La herencia lingüística de Canarias en Puerto Rico*. San Juan: Instituto de Cultura Puertorriqueña.

Cerrón-Palomino, Rodolfo. 2003. Castellano andino. Aspectos sociolingüísticos pedagógicos y gramaticales. Lima: Pontificia Universidad Católica del Perú.

Decker, Bob. 1952. *Phonology of the Puerto Rican Spanish of Lorain, Ohio. A Study in the Environmental Displacement of a Dialect*. M.A. Thesis. The Ohio State University.

Espinosa, Aurelio. 1930. *Estudios sobre el español de Nuevo Méjico*. Parte I Buenos Aires: Biblioteca de Dialectología Hispanoamericana. http://factfinder.census.gov/

Lipski, John M. 1994. *Latin American Spanish*. New York: Longman Linguistics Library.

Matluck, Joseph. 1951. La pronunciación en el español del Valle de México. México, D.F.

Navarro Tomás, Tomás. 1948. *El español en Puerto Rico*. Río Piedras: Editorial de la Universidad de Puerto Rico.

Silva-Corvalán, Carmen. 1996. *Language Contact and Change: Spanish in Los Ángeles*. Oxford: Clarendon Press.

Modellierung und Repräsentation von Wissen

Weltwissen in Textannotationen mit Konzeptframes: Modell, Methode, Resultate[1]

Birte Lönneker, Hamburg/Ljubljana

1 Einleitung

Die Frage nach dem Begriff und den Inhalten menschlichen Wissens spielt in vielen Zusammenhängen eine Rolle. Sie kann weder bei der Beschäftigung mit Sprache noch bei soziologischen Fragestellungen wie der Diskussion um die Wissensgesellschaft (z. B. Heidenreich 2003) außer Acht gelassen werden. Der vorliegende Beitrag zum Rahmenthema „Sprache und Wissensgesellschaft" konzentriert sich auf konkrete Beschreibungs-, Erfassungs- und Analysemöglichkeiten von Wissen aus linguistischer Sicht.

Der Forschungsansatz der kognitiven Linguistik geht davon aus, dass sprachliches Wissen nicht unabhängig von konzeptuellen Strukturen untersucht werden kann.[2] Konzepte sind kognitive Einheiten zur Speicherung von Wissen und zur Kategorisierung und Strukturierung von Erfahrungen. Die konzeptuellen Strukturen, auf die sprachliche Ausdrücke verweisen, sind also nicht auf rein linguistisches Wissen („Wörterbuchwissen") begrenzt, sondern umfassen auch weitergehendes Erfahrungs- oder Weltwissen („enzyklopädisches Wissen").

Die relative Komplexität der Wortbedeutungen bzw. der Konzepte, auf die Wörter verweisen, soll an einem traditionellen Beispiel dargestellt werden. Das Wort *Narbe* verweist auf ein Konzept, in dem die Entstehungsgeschichte des Objekts (hier: einer Unregelmäßigkeit in der Haut) von Belang ist, denn eine Narbe wird durch eine Verletzung hervorgerufen (vgl. Fillmore 1977, 73). Eine natürliche Frage zu einer bestimmten Narbe wäre demnach, wodurch bzw. durch welche Verletzung sie entstanden ist, während Fragen zum Grund des Entstehens eines Muttermals oder eines Leberflecks eher unnatürlich sind. Modelle zur Darstellung konzeptueller Strukturen sollten dieser Komplexität Rechnung tragen.

---

[1] Ich danke Dmitrij Dobrovol'skij (Wien/Moskau) und Klaus Konerding (Heidelberg) für wertvolle Hinweise zu einer früheren Version.
[2] Einen Überblick über Themen der kognitiven Linguistik geben z. B. Croft/Cruse (2004).

Konzepte sind als bewusstseinsinterne Einheiten der Forschung nicht direkt zugänglich. Sie sind nicht gleichzusetzen mit neuronaler Aktivität (Schwarz 1997, 21). Das Wissen, das in Konzepten repräsentiert ist, äußert sich aber in unserem Verhalten auf verschiedene Weise. Insbesondere ist es in von Menschen produzierten Texten präsent, wobei Teile des Weltwissens impliziert werden (hierbei handelt es sich um für das Textverständnis notwendiges Wissen, das aber nicht erwähnt, sondern als bekannt vorausgesetzt wird), andere expliziert. Insofern ermöglichen Texte Rückschlüsse auf die Inhalte der Konzepte, sodass die sprachliche und die konzeptuelle Ebene doppelt miteinander verknüpft sind: Repräsentation sprachlichen Wissens erfolgt in Konzepten; die Realität der Konzepte manifestiert sich direkt oder indirekt in sprachlichen Texten. Die traditionellen Methoden der Linguistik wie Introspektion und Informantenbefragung werden daher in der kognitiven Linguistik nicht nur durch psycholinguistische Experimente, sondern auch durch empirische Forschung anhand von Textsammlungen bzw. Korpora ergänzt. Insbesondere digitalisierte Korpora sind ein ergiebiges Instrumentarium zur Erforschung konzeptueller Strukturen sowie der Zusammenhänge zwischen Sprache und Weltwissen.

Der vorliegende Beitrag zeigt einen Zugang zu strukturiertem Weltwissen durch empirische Korpusarbeit. Mit den Konzeptframes wird ein linguistisch motiviertes Modell zur Repräsentation von Weltwissen vorgestellt (Abschnitt 2). Durch computergestützte Annotation automatisch erstellter Textsammlungen aus dem World Wide Web werden Framestrukturen mit Wissen zu bestimmten Konzepten ausgefüllt (Abschnitt 3). Einige der gewonnenen Resultate und ihre Relevanz für andere kognitiv-linguistische Ansätze werden in Abschnitt 4 vorgestellt. Eine kurze Schlussbemerkung kommt noch einmal auf die Wissensgesellschaft zu sprechen.

2 Das Modell der Konzeptframes

2.1 Modelle der Wissensrepräsentation

Modelle der Wissensrepräsentation sind in unterschiedlichen Disziplinen entworfen worden, darunter in der Psychologie, der Linguistik und der Informatik. Je nach Ausrichtung versuchen die Modelle mehr oder weniger stark

- kognitive Speicherformen menschlichen Wissens nachzuahmen;
- sprachliche Phänomene anhand kognitiver Modelle zu erklären;
- Wissen zur Verarbeitung im Computer bereitzustellen.

Im Folgenden werden mit dem Frame-Modell und dem Netzwerk-Modell zwei Modelle der Wissensrepräsentation angesprochen.

2.1.1 Frame-Modelle

Frame-Modelle repräsentieren ein Konzept als eine relativ abgeschlossene Einheit. Als Minsky nach Verarbeitungsmöglichkeiten von Bildern durch den Computer suchte, definierte er den Frame als eine Datenstruktur: „A frame is a datastructure for representing a stereotyped situation" (Minsky 1975, 212). Neben einem Framenamen, der die Bezeichnung des dargestellten Konzepts ist (z. B. APFEL), enthält der Frame eine Liste von Paaren aus Merkmalen (Eigenschaften, *Slots*) und deren Werten (*Filler*), z. B. „Form: rund, Farbe: rot, Material: Fruchtfleisch". Informationen zu einem Konzept werden also gebündelt und in strukturierter Form dargestellt. Im ursprünglichen Entwurf Minskys steht dabei weniger die eigentliche Struktur der Repräsentation im Vordergrund als vielmehr die Leistung des Modells, *typische* (im Gegensatz zu notwendigerweise wahren) Eigenschaften abzubilden und zu verarbeiten. Im obigen Beispiel sind Äpfel typischerweise rot; diese standardmäßige Besetzung der Farbe kann aber in konkreten Situationen bei der so genannten *Instanzierung* des Konzepts revidiert werden, indem der Wert durch einen anderen (z. B. grün) überschrieben wird. Linguistische Arbeiten in der Tradition dieses Framebegriffs sind insbesondere auf dem Gebiet der Semantik und Lexikographie erschienen, z. B. Konerding (1993), Baranov/Dobrovol'skij (1996), Klein (1998) und Martin (2001).

Unter dem Namen *Frame Semantics* wurde von Fillmore (1977) das Modell der „semantischen Frames" eingeführt. Dieser Frame-Begriff setzt einen anderen Schwerpunkt als derjenige Minskys: Er wird heute vorrangig für solche konzeptuellen Einheiten verwendet, die in der untersuchten Einzelsprache durch prädikative Wörter (v. a. Verben, Adjektive, deverbale und deadjektivale Substantive) „evoziert" bzw. im Hörerverständnis hervorgerufen werden. Fillmore (2002, 106f.) umschreibt die potenziellen Frame-Inhalte als die Werte eines durch die prädikativen Wörter eröffneten „Fragebogens". So wird beispielsweise der Frame *Encoding* durch die englischen Verben *express, phrase,* u. a. hervorgerufen, und der Fragebogen erfragt mindestens die Frame-Elemente *Communicator* und *Message*. Besonderes Interesse widmet die Framesemantik der syntaktischen Realisierung solcher Frame-Elemente. Aus Fillmores Arbeiten ging ein großes Korpuslinguistisches Projekt zur Erfassung semantischer Frames hervor, das FrameNet[3].

2.1.2 Netzwerk-Modelle

Netzwerk-Modelle zur Wissensrepräsentation wurden in den 1960er und 1970er-Jahren unter dem Begriff *semantic networks* eingeführt. Anstatt einzelne Konzepte und ihre innere Struktur zu fokussieren, versuchen Netzwerk-Modelle die Zusammenhänge zwischen den Konzepten stärker zu berücksichtigen. Verschie-

---

3 http://www.icsi.berkeley.edu/~framenet/ [5. September 2004]

dene interkonzeptuelle Relationen werden definiert, die sich teilweise auf lexikalisch-semantische Relationen zwischen Wortbedeutungen rückbeziehen lassen (einen frühen interdisziplinären Überblick gibt Evens 1988). In relationalen Modellen des Lexikons wird der gesamte Wortschatz einer Sprache als ein Netzwerk betrachtet. Eines der derzeit computerlinguistisch erfolgreichsten semantischen Netzwerke ist das von Miller u. a. (1990) ursprünglich als psychologisches Modell ins Leben gerufene Princeton WordNet[4]. Im WordNet werden lexikalische Einheiten, die auf dasselbe Konzept verweisen, zu so genannten *Synsets* zusammengefasst. Zwischen Synsets bestehen weitere Relationen wie Hyponymie (Inklusion) und Meronymie (Teil-Ganzes-Beziehung).

Übergänge zwischen Frame- und Netzwerk-Modellen ergeben sich, wenn man die Werte der Eigenschaften in einem Minsky-Frame wiederum als Konzepte und die Eigenschaften selbst als Relationen betrachtet; andersherum könnte man einen bestimmten „Ausschnitt" aus einem Netzwerk als Frame betrachten, indem man alle Relationen vom gewählten Knoten (z. B. Synset) nur jeweils bis zum nächsten Knoten weiterverfolgt.

2.2 Das Modell der Konzeptframes

Das Modell der Konzeptframes lehnt sich an den Framebegriff in der Tradition von Minsky an. Ein Konzeptframe ist eine Sammlung von Aussagen über ein Konzept. Die propositionalen Aussagen ihrerseits bestehen aus einer von dem Konzept ausgehenden Relation und einem über diese Beziehung mit dem ersten verbundenen weiteren Konzept, z. B. das Kind - haben - die Mutter; das Kind - benutzen - das Spielzeug. In den Aussagen stellt ein gleich bleibendes, das Konzept bezeichnendes Lexem, der *Framename*, die Referenz her (z. B. das Kind). Prädikationen aus *Subslots* (Relationen; z. B. haben, benutzen) und *Fillern* (verbundenen Konzepten; z. B. die Mutter, das Spielzeug) enthalten Wissen zu diesem Konzept. Framenamen, Subslots und Filler werden so ausgedrückt, dass sie eine ausreichende lexikalische Grundlage zur Bildung ganzer Sätze darstellen, z. B. wird ein Subslot stets durch ein Verb oder eine Verbalphrase bezeichnet. Für die Art der lexikalischen Bestandteile von Framenamen, Subslots und Fillern gibt es Vorgaben in Form erlaubter Wortarten und Wortformen, z. B. müssen Verben im Infinitiv stehen.[5] Das einfache Prädikationsschema wird in den Konzeptframes durch verschiedene Elemente erweitert: Da ein Frame sehr viele Aussagen enthalten kann, werden

---

4 http://www.cogsci.princeton.edu/~wn/ [5. September 2004]
5 In der beschriebenen Untersuchung (Abschnitt 3) wurden in den meisten Fällen die durch das Modell bevorzugten zweiwertigen Verben zur Relationsbenennung eingesetzt. Einwertige Verben ließen sich mittels Funktionsverben ausnahmslos durch zweiwertige ersetzen. Bei dreiwertige Verben können die Filler in einem Zusatz ein weiteres Argument aufnehmen.

Subslots und zugehörige Filler durch *Slots* in Gruppen zusammengefasst. Kombinationen aus Verben und Präpositionen in Subslots, die zudem negierbar sind, sowie Zusätze zu Fillern (z. B. in Form von Adjektiven) sorgen für den Erhalt der Flexibilitätsaspekte natürlicher Sprache.

In einem Text als explizite und implizite Aussagen vorhandene Informationen zu einem bestimmten Konzept können systematisch als Propositionen in einem Konzeptframe erfasst werden. In einer größeren Untersuchung (Lönneker 2003), deren Ergebnisse hier zusammengefasst werden, wurde zu verschiedenen Konzepten jeweils ein französisches Korpus gesammelt und annotiert (Abschnitte 3.1 und 3.2). Als Darstellungssprachen wurden Französisch und Deutsch gewählt. Abbildung 1 zeigt einen kleinen Ausschnitt aus dem annotierten Frame DAS KIND. Hierbei handelt es sich um die deutsche Wiedergabe von zehn Subslots mit Fillern desjenigen französischen Konzepts (L'ENFANT), das sich aus annotierten Kontexten zum französischen Wort *enfant* ‚Kind' ergibt. Lönneker (2003, 302ff) zeigt den ungekürzten Frame mit mehr als 80 Subslots und ihren Fillern. Die Methode zur Erstellung von Konzeptframes wird im Folgenden (Abschnitt 3) genauer dargelegt.

```
DAS KIND (L'ENFANT)

Die Definition:
 + ähneln
        17 der Jugendliche
        10 der junge Mensch
         4 das Neugeborene
         4 der Säugling
         4 die Frau
 + sein
        [1 die Person in einer Rolle]
 + umfassen
         9 der Junge
         6 das Mädchen
 + behandelt werden, in
        15 die Konvention der Rechte - des Kindes
         2 das kanadische Bündnis - für die Kinderrechte
         2 der Weltkindergipfel
 - sein
        15 der Erwachsene

Die Bedeutung für den Menschen:
 + hervorrufen
         2 die Ausgaben
         2 die Minderung - Steuer-
         1 die Erhöhung - des Familienfreibetrags
```

```
Die Beziehungen zum übergeordneten Ganzen:
+ ein Teil sein von
        32 die Familie
         5 die Gruppe - Minderheiten-
         5 die Gesellschaft

Die inneren Eigenschaften:
+ sein
         8 kreativ
         6 normal
         5 krank
         3 sensibel
         3 ängstlich

Die Beziehungen zum übergeordneten Ereignis:
+ ausüben
        14 das Spiel
        13 das Malen
         8 das Lernen
         6 das Lesen
         4 die Beschäftigung
         3 das Basteln
+ benutzen
         5 die Dienstleistung
         4 das Buch - Kinder-
         3 das Spielzeug
         3 die Dienstleistung - der Betreuung
         3 die Medien
```

Abbildung 1: Ausschnitt aus einem annotierten Konzeptframe

3 Erstellungsmethode

Bei der Erstellung von Konzeptframes wird Weltwissen mit einem eigens entwickelten Programmsystem erfasst, das aus Komponenten zur Korpussammlung aus dem Web (Abschnitt 3.2) sowie zur Annotation der Korpora (Abschnitt 3.3) besteht. Das Annotationstool ist mit Weltwissen der allgemeinsten Ebenen in Form von *Top-Level*-Frames (Abschnitt 3.1) ausgestattet, als deren Subframes die annotierten Frames angelegt werden.

3.1 Erstellung der Top-Level-Konzeptframes

Um einen „Grundwortschatz" vor allem an Subslots zu schaffen, wurden 16 Frames für sehr allgemeine Konzepte entworfen, denen weitere Konzeptframes untergeordnet werden; diese erben dann die Subslots aus den Superframes. Die 16 allgemeinen Frames werden als *Top-Level*-Frames bezeichnet.

Die Inhalte der *Top-Level*-Konzeptframes gehen zurück auf Konerding (1993), ein lexikographisches Werk zu Frames. Konerding konstruiert zwölf Frames auf allgemeinster Abstraktionsebene, so genannte „Matrixframes", die er aus einer Wörterbuchanalyse im Verfahren der Hyperonymtypenreduktion erhält. Die Matrixframes sind in Form von Fragen präsentiert, aus denen deutsche Bezeichnungen für Framenamen, Subslots und teilweise auch Slots von Konzeptframes erkennbar sind. Wenn z. B. die Frage in einem Matrixframe lautet „Welchen Nutzen hat das Artefakt für den Menschen?", wird daraus im Konzeptframe DAS ARTEFAKT das Subslot + nutzen, zu im Slot *Die Bedeutung für den Menschen*. Abbildung 2 zeigt einen Ausschnitt aus dem *Top-Level*-Frame DIE PERSON IN EINER ROLLE.

```
DIE PERSON IN EINER ROLLE

Die Definition:
  + ähneln
  + sein
        [1 die Rolle/Sichtweise auf eine Entität]
  + umfassen
  + behandelt werden, in
  - sein

Die Bedeutung für den Menschen:
  + nutzen zu
  + hervorrufen
  + künden von

Die Beziehungen zum übergeordneten Ganzen:
  + ein Teil sein von

Die Teile:
  + sich zusammensetzen aus
  + haben

Die Existenz/das Leben:
  + seinen Ursprung haben in
  + vorkommen können als

Die äußeren Eigenschaften:
  [...]

Die inneren Eigenschaften:
  + wichtig finden
  - wichtig finden
  + sich fühlen
  + sein
```

```
Die Beziehungen zum übergeordneten Ereignis:
+ vorkommen, in
+ die Rolle spielen der/des
+ hervorrufen
```

Abbildung 2: Ausschnitt aus einem Top-Level-Frame

Die Arbeitsschritte zur Ermittlung der *Top-Level*-Frames und ihrer Einordnung in eine Hierarchie lassen sich wie folgt beschreiben:

1. Für jede Frage in jedem Matrixframe aus Konerding (1993) werden Labels für Framenamen, Slot und Subslot identifiziert.
2. Slots und Subslots unterschiedlicher Frames werden auf Übereinstimmungen hin überprüft.
3. In mehreren Frames parallel vorhandene Subslots werden in weitere höhere bzw. allgemeinere Frames (die bei Konerding nicht als Matrixframes vorkommen) ausgelagert.

Das Ergebnis der Analyse ist eine *Top-Level*-Framehierarchie aus 16 *Top-Level*-Frames (Abbildung 3) mit insgesamt 153 verschiedenen Subslots. Ihre deutschen und französischen Framenamen, Slotnamen, Subslots sowie einige Filler sind in einer Datenbank gespeichert, auf die bei der Annotation von Korpora zugegriffen wird.

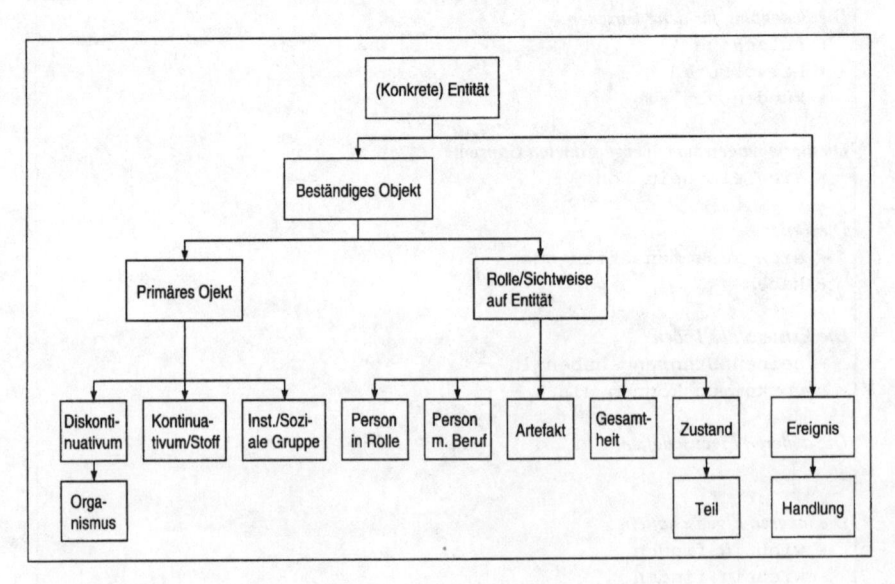

Abbildung 3: Top-Level-Framehierarchie nach Lönneker (2003, 93)

3.2. Korpus-Sammlung

Das Korpus wird mit dem Wrapper LingKonnet (Lönneker 2003, 25) automatisch aus dem Web gesammelt. LingKonnet setzt auf der Suchmaschine AltaVista[6] auf und übernimmt als Parameter für die Suche folgende Werte:

- Sprache, in der Webseiten gesucht werden sollen;
- Suchbegriff(e) in Suchmaschinen-Syntax (z. B. ist die gleichzeitige Suche nach Singular- und Pluralform des Framenamens möglich);
- Art der Suche *innerhalb* der von der Suchmaschine gefundenen Webseiten (auch hier kann gleichzeitig nach verschiedenen Wortformen gesucht werden).

Die Ausgabe des Wrappers besteht in zusammenhängenden Textabschnitten (vereinfacht: „Absätzen"), in denen der gesuchte Framename vorkommt. Die Abschnitte sind meist recht kurz, was ein Charakteristikum der Textsorte Webtext zu sein scheint (vgl. Ide/Reppen/Suderman 2002). Solange aus den extrahierten Textabschnitten mindestens eine Aussage (s. Abschnitt 2.2) erkennbar ist, ist diese Kürze im Annotationsprozess eher von Vorteil, da sehr lange Abschnitte meist ein ungünstiges Verhältnis zwischen Lesezeit und Annotationszahl aufweisen. Teilweise sind die Abschnitte aber so kurz, dass aus ihnen keine Proposition ableitbar ist, da die Prädikation fehlt (z. B. in der Überschrift *Les enfants* ‚Die Kinder'). Daher verfügt LingKonnet über eine automatische Eliminierung zu kurzer Abschnitte, die auf grundlegenden Erkennungsmustern wie Wortzahl des Kontexts (z. B. Einwortkontext *Enfant*) oder Kombination eines Wortes mit einer Zahl (z. B. Kontext aus Zahl und Suchwort: *3 enfants*) basiert. Sie wurde zusätzlich für das Französische optimiert, indem auch einfache Nominal- und Präpositionalphrasen ohne Adjektive als zu kurz ausgeschlossen werden (z. B. Nominalphrase *les enfants*, Präpositionalphrase *pour les enfants*).

Durch die gezielte Suche nach Kontexten zum Framenamen wird für jeden zu annotierenden Frame ein konzeptzentriertes Korpus zusammengestellt, das neben den gefundenen Kontexten auch Informationen zur Abfrage und zum Fundort enthält; alle Angaben werden in einer Datenbank gespeichert.

3.3 Annotation

In den gesammelten Kontexten finden sich sowohl allgemeine Aussagen über eine Klasse, z. B. L'ENFANT/DAS KIND (1), als auch spezielle Aussagen über

---

6 Die Anfragen wurden zwischen dem 14.11.2001 und dem 19.7.2002 an AltaVista gestellt (http://www.altavista.com). Die Suchmaschine Google (http://www.google.com [21. August 2004]) wurde nicht benutzt, da dies eine dort nur auf Antrag erhältliche Lizenz zur automatischen Abfrage vorausgesetzt hätte.

Instanzen dieser Klasse, also z. B. über ein spezielles Kind, in (2) sogar explizit als Beispiel (*exemple*) gekennzeichnet.

(1) Parents, grands-parents, aînés accompagnent les *enfants* dans l'apprentissage de la vie. Ils transmettent leur propre expérience pour que les *enfants* affrontent mieux les risques de la vie [...].
(2) Voici un bel exemple. Il s'agit d'un *enfant* de 5-6 ans dont les parents se séparent. L'*enfant* a une bonne relation avec son père et sa mère.

Beide Arten von Kontexten werden mit Propositionen annotiert, auch falls sie sich gegenseitig widersprechen, was bei Weltwissen durchaus vorkommen kann. Die Annotationen abstrahieren von der Art des Sprechakts und von Modalitäten außer der Negation, berücksichtigen aber auch implizite Relationen zwischen den im Text erwähnten Konzepten. Die Korpusabschnitte werden bewusst manuell annotiert, denn häufig ist in Texten gerade die Art der Relation zwischen zwei Konzepten implizit oder wird nur durch mehrdeutige lexikalische Mittel wie Präpositionen ausgedrückt (Lönneker 2003, 164ff). Ein Kontext kann mehrfach annotiert werden, wie folgende Annotationen des Beispiels (1) zeigen.

```
L'ENFANT
L'importance pour l'homme
+ être accompagné par
    les parents
    les grands-parents
    l'aîné
L'existence/la vie
+ avoir besoin de
    l'apprentissage
    l'expérience
Les relations avec les événements englobants
+ être concerné par
    le risque
+ apprendre
    la vie
```

Die Annotation erfolgt computergestützt mithilfe eines Tools. Das Annotationstool zeigt jeden Abschnitt einzeln an; die Annotation läuft in mehreren Schritten ab.

1. Der Benutzer wählt den Namen des Frames, über den im angezeigten Textabschnitt Weltwissen vorliegt, oder legt Name und Frame neu an. Jeder annotierte Frame ist Subframe eines *Top-Level*-Frames und stellt die ererbten

Subslots und Filler für Annotationen in den weiteren Schritten zur Verfügung.
2. Das Tool zeigt für den Frame passende Subslots in Listen (Slots) an. Der Benutzer wählt das Subslot oder die Subslots, die zur Erfassung der Aussage im Text benötigt werden. Falls die gewünschte Relation noch nicht angeboten wird, kann das Subslot neu angelegt werden.
3. Für jedes gewählte Subslot zeigt das Annotationstool Filler an, die für dieses Subslot in diesem Frame bekannt sind, d. h. zuvor mindestens einmal bei der Annotation verwendet wurden. Der Benutzer wählt einen oder mehrere Filler aus oder legt neue an. Mit der Bezeichnung der Filler sind die Propositionen komplett.

Bei Bedarf werden also spezielle Subslots und Filler vom Benutzer neu eingegeben. Im Frame-Ausschnitt aus Abbildung 1 ist dies bei fast allen Fillern sowie bei den Subslots + ausüben und + benutzen der Fall, da diese im gewählten *Top-Level*-Frame DIE PERSON IN EINER ROLLE (Ausschnitt Abbildung 2) nicht vorhanden sind. Einmal verwendete Subslots und Filler stehen aber bei weiteren Annotationen desselben Frames in den Auswahllisten zur Verfügung, brauchen dann also nicht erneut eingegeben zu werden.

Von den 23 neu angelegten Konzeptframes haben zehn mehr als 100 Annotationen bzw. sieben mehr als 300, teilweise über 1.000 Annotationen. Sie werden in derselben Datenbank gespeichert, die auch die *Top-Level*-Frames, die Textstellen und die Meta-Informationen zu den Textstellen und Abfragen aufnimmt. Zu 3.125 annotierten Korpusabschnitten enthält sie 9.162 Framename-Subslot-Filler-Tripel.

4 Resultate

4.1 Evaluation der Subslots (Relationen) in Top-Level-Frames

Die angenommene Abstraktheit, Allgemeingültigkeit und damit Sprachunabhängigkeit der in den *Top-Level*-Frames (s. Abschnitt 3.1) definierten Subslots bzw. Relationen lässt sich anhand ihrer Verwendungshäufigkeit bei der Annotation konkreter Texte ansatzweise evaluieren. Hierbei ist das Auftreten bzw. Fehlen dieser „*Top-Level*-Subslots" im verwendeten Korpus ein Indiz dafür, welche der Subslots relevant sind: Je häufiger ein Subslot zur Annotation verwendet wird, desto berechtigter ist sein Platz in einem *Top-Level*-Frame und damit in der Grundausstattung des Annotationsprogramms. Für den Hierarchiezweig unterhalb des *Top-Level*-Frames DIE ROLLE/SICHTWEISE AUF ENTITÄT (s. Abbildung 3) wurden die insgesamt 8.460 Annotationen verschiedener Subframes[7] untersucht. Die Überprüfung ergab, dass die Annotationen von 29 der 35 in diesem *Top-Level*-Frame vorhandenen Subslots Gebrauch machen; dies bestätigt die allgemeine Verwendungsfähigkeit dieser (bzw. über 80 % der) *Top-Level*-Subslots.

Andersherum geben die Annotationen auch Hinweise darauf, welche neuen Subslots zusätzlich in den *Top-Level*-Frames definiert werden sollten (Lönneker 2003, 144ff). Bedingung dafür ist, dass sie eine große Anzahl von Annotationen abdecken und parallel in mehreren annotierten Frames vorkommen. Die durch die Evaluation der Annotationen bestätigten bzw. als weitere mögliche *Top-Level*-Subslots identifizierten Relationen können auch in anderen kognitiv-linguistischen Modellen wie z. B. semantischen Netzwerken (Abschnitt 4.2) von Nutzen sein.

4.2 Kandidaten für neue WordNet-Relationen

Die lexikalische Datenbank WordNet (s. Abschnitt 2.1.2) besteht aus konzeptbezeichnenden Synsets und semantischen Relationen zwischen diesen; z. B. weist das Synset {Baum} im deutschen Teil des EuroWordNet[8] (EWN) Hyponymie-Relationen zu den Synsets {Laubbaum}, {Obstbaum} u. a. sowie Meronymie-Relationen zu {Baumkrone, Wipfel}, {Baumstamm} u. a. auf. Während das EuroWordNet für Substantiv-Synsets 15 verschiedene semantische Relationen (teilweise mit Unterarten) und damit mehr als das Princeton WordNet bereitstellt, wurden bei Weltwissensannotationen mit Konzeptframes bedeutend mehr Subslots verwendet: insgesamt über 400. Ein Vergleich von EuroWordNet-Relationen mit Subslots aus den *Top-Level*-Frames zeigt, dass alle EWN-Relationen bereits durch *Top-Level*-Subslots abgedeckt werden (Lönneker 2003, 95ff).

Relationen sind für viele kognitiv-linguistische Untersuchungen interessant, u. a. für den inneren Zusammenhalt konzeptueller „Domains", wie sie bei der Analyse von Metaphern verwendet werden. Beispielsweise wird die konzeptuelle Source-Domain BUILDING im Mapping THEORIES ARE BUILDINGS nicht nur durch semantische, sondern auch durch konzeptuelle Relationen zusammengehalten (Lönneker 2004). Die Beziehungen zwischen den Konzepten STEIN und HAUS, TRÜMMER und GEBÄUDE sowie ARCHITEKT, ENTWURF und GEBÄUDE sind zwar kontextabhängig *typisch*, aber nicht semantisch notwendig: Ein Haus muss nicht notwendigerweise Steine enthalten; Trümmer müssen

---

[7] Da der *Top-Level*-Frame selbst nicht annotiert wird, bezieht sich die Verwendungshäufigkeit seiner Subslots auf die Annotationen aller seiner Subframes bzw. deren Subframes.

[8] Informationen zu diesem und anderen WordNets sind erhältlich bei der *Global WordNet Association*, http://www.globalwordnet.org/ [29. August 2003].

nicht von Gebäuden herrühren; Architekten können auch Brücken oder Landschaften entwerfen. Deshalb ist die Codierung der genannten Beziehungen im WordNet nicht vorgesehen; die Konzeptframes aber stellen angemessene Relationen zur Verfügung: Im Frame LA MAISON/DAS HAUS finden sie sich in den Slots *Die Teile* (+ enthalten), *Die Existenz/das Leben* (+ gefolgt werden, von in Verbindung mit + zu existieren aufhören, bei) und *Die Beziehungen zum übergeordneten Ereignis* (+ entworfen werden, von). In den Annotationen häufig verwendete *Top-Level*-Subslots und für bestimmte Teile des WordNet eventuell auch andere häufig verwendete Subslots (s. Abschnitt 4.1) wären daher aussichtsreiche Kandidaten für neue Relationen bei einer konzeptuellen Erweiterung des WordNet. Eine solche Erweiterung erscheint auch deshalb sinnvoll, weil semantische und konzeptuelle Relationen nicht immer eindeutig voneinander unterschieden werden können.

4.3 Intrakonzeptuelle Strukturen in Konzeptframes

Die zusammengefassten Auszählungen aller Annotationen von Konzeptframes (s. Ausschnitt in Abbildung 1) enthalten keine Informationen über die Zusammenhänge zwischen Fillern oder zwischen Kombinationen aus bestimmten Subslot-Filler-Paaren. Da aber Kontexte aus dem Korpus auch mit mehreren Annotationen versehen sein können, lassen sich anhand auffälliger Kookkurrenzen annotierter Prädikationen auch intrakonzeptuelle Strukturen feststellen.

Der Ausgangspunkt für die Analyse einer intrakonzeptuellen Struktur des BUCH-Frames (Lönneker 2003, 214ff) sind zwei für diese zentrale Subslots: + gekauft werden, von und + verkauft werden, von. Von allen denjenigen Prädikationen, die mit den Ausgangssubslots zusammen zur Annotation von Beispielen verwendet wurden, werden nur diejenigen Subslot-Filler-Paare zurückgehalten, die häufiger auftreten als durchschnittlich in der Gesamtheit der Annotationen. Gesucht wird also nach Prädikationen mit „auffälliger Kookkurrenzdichte". Abbildung 4 zeigt einen Auszug aus der sich ergebenden intrakonzeptuellen Struktur, die als DAS BUCH ALS WARE bezeichnet werden kann.

```
„DAS BUCH ALS WARE"

Die Beziehungen zum übergeordneten Ereignis:
  + vorkommen, in
       der Kauf
       der Verkauf
       der Transport
  + verkauft werden, von
       der Händler
       der Bouquiniste
       der Berufstätige, Buchgewerbe-
```

```
              der Buchhändler
              der Verkäufer
   + gekauft werden, von
              der Käufer
              der Händler
              der Bouquiniste
              der Kunde

Die Definition:
   + behandelt werden, in
              die Rechnung
              der Katalog

Der Ort und die Verbreitung:
   + verkauft werden, in
              die Buchhandlung
              die Messe
              das Internet
```

Abbildung 4: Ausschnitt aus intrakonzeptueller Struktur (Übersetzung eines französischen Frames)

Die Filler der Subslots in der intrakonzeptuellen Struktur sind unterschiedlicher Art. Drei Gruppen lassen sich identifizieren:

1. allgemeine, frame-unabhängige Benennungen, die gleichzeitig Oberbegriffe für die Filler eines Subslots sind; z. B. Käufer, Verkäufer;
2. spezielle Instanzierungen der Oberbegriffe in Abhängigkeit vom Framenamen; z. B. Buchhändler als VERKÄUFER für BUCH, Immobilienagentur als VERKÄUFER für HAUS, Buchhandlung als VERKAUFSORT für BUCH;
3. typische Instanzierungen der Oberbegriffe, bzw. im Vergleich zu anderen Frames typischere, im Diskurs häufig mit einem bestimmten Framenamen auftretende Filler; z. B. Finanzierung als VORAUSSETZUNG für HAUS, Verwandter als BESITZER eines HAUSES.

Die Vertreter der beiden letztgenannten Fillergruppen können sprach- bzw. kulturabhängig sein, z. B. ist *le bouquiniste* eine spezielle Instanzierung von VERKÄUFER und KÄUFER im französischen BUCH-Frame. Die intrakonzeptuellen Strukturen lassen sich auch auf Fillmores semantische Frames abbilden und erlauben in bestimmten Fällen die Entdeckung neuer semantischer Framebestandteile.

5 Schlussbemerkung

Zum Abschluss sollen aus den Konzeptframe-Untersuchungen einige Konsequenzen für die Wissensgesellschaft abgeleitet werden. Dies ist möglich, da die Wissensbegriffe in der kognitiven Linguistik einerseits und in soziologischen Untersuchungen zur Wissensgesellschaft andererseits viele Gemeinsamkeiten haben. Wie Heidenreich (2003) unter Berufung auf Luhmann (1993) herausstellt, wird auch bei der Diskussion über die Wissensgesellschaft menschliches Wissen als durch (kontextgebundene) kognitive Strukturen und kulturelle Schemata beschreibbar angesehen. Framestrukturen wie die vorgestellten Konzeptframes bieten eine Möglichkeit, dieses Wissen systematisch zu erfassen und darzustellen. Sie erfüllen auch den Anspruch, dass Wissen dem Prozess des Lernens und damit auch der Revision unterliegt (Heidenreich 2003), denn sie erlauben das Überschreiben vorgegebener Werte. Die besprochenen Konzeptframes geben sogar kaum Werte (Filler) vor, sondern vor allem mögliche Relationen (Subslots), und ermöglichen auch die Speicherung einander widersprechender Werte, was eine starke Kontextabhängigkeit und/oder eine Diskussion innerhalb der Gesellschaft und damit einen Lernprozess anzeigen kann.

Die rechnergestützte Wissensrepräsentation und -auswertung hat mit der Verbreitung von Wissensmanagement und so genannten Ontologien (Chandrasekaran/Stephenson/Benjamins 1999) auch in die Organisations- und Betriebswirtschaftslehre Einzug gehalten. In der Wissensgesellschaft spielt gerade das in Organisationen und Unternehmen vorhandene (Mitarbeiter-)Wissen und dessen Archivierung, organisationsinterne Verfügbarmachung sowie Optimierung eine Rolle (Staab u. a. 2002). Ob allerdings die teilweise starke Formalisierung und der damit verbundene Regulierungsanspruch von Ontologien für die Repräsentation von Weltwissen und nicht nur von technischem Wissen geeignet ist, scheint fraglich.

Literaturverzeichnis

Baranov, A./Dobrovol'skij, D. (1996): Cognitive modeling of actual meaning in the field of phraseology. In: Journal of Pragmatics 25(3), 409–429.
Chandrasekaran, B./Stephenson, J. R./Benjamins, V. R. (1999): What are Ontologies, and Why Do We Need Them? In: IEEE Intelligent Systems 01/02, 20–26.
Croft, W./Cruse, D. A. (2004): Cognitive Linguistics. Cambridge.
Evens, M. W. (1988): Relational models of the lexicon. Representing knowledge in semantic networks. Cambridge.
Fillmore, C. J. (1977): Scenes-and-Frames Semantics. In: Zampolli, A. (Hrsg.): Linguistic Structures Processing, Amsterdam u. a., 55–81.
Fillmore, C. J. (2002): Lexical isolates. In: Corréard, M.-H. (Hrsg.): Lexicography and Natural Language Processing. A Festschrift in Honour of B.T.S. Atkins, o. Ort, 105–124.

Heidenreich, M. (2003): Die Debatte um die Wissensgesellschaft. In: Schulz-Schaeffer, I./Böschen, S. (Hrsg.): Wissenschaft in der Wissensgesellschaft, Wiesbaden, 25–51.
Ide, N./Reppen, R./Suderman, K. (2002): The American National Corpus: More than the Web Can Provide. In: Proceedings of the third International Conference on Language Resources and Evaluation, Las Palmas de Gran Canaria, 29–31 May 2002, Paris, III: 839–844.
Klein, J. (1998): Linguistische Stereotypbegriffe. Sozialpsychologischer vs. semantiktheoretischer Traditionsstrang und einige frametheoretische Überlegungen. In: Heinemann, M. (Hrsg.): Sprachliche und soziale Stereotype, Frankfurt a. M., 25–46.
Konerding, K.-P. (1993): Frames und lexikalisches Bedeutungswissen. Untersuchungen zur linguistischen Grundlegung einer Frametheorie und zu ihrer Anwendung in der Lexikographie. Tübingen.
Lönneker, B. (2003): Konzeptframes und Relationen. Extraktion, Annotation und Analyse französischer Korpora aus dem World Wide Web. Berlin.
Lönneker, B. (2004): Lexical databases as resources for linguistic creativity: Focus on metaphor. In: Proceedings of the LREC 2004 Satellite Workshop on Language Resources and Evaluation: Language Resources for Linguistic Creativity, Lisbon, 29 May 2004, Paris, 9–16.
Luhmann, M. (2003): Gesellschaftsstruktur und Semantik. Studien zur Wissenssoziologie der modernen Gesellschaft. Band I. Frankfurt a. M.
Martin, W. (2001): A frame-based approach to polysemy. In: Cuyckens, H./Zawada, B. (Hrsg.): Polysemy in Cognitive Linguistics, Amsterdam/Philadelphia, 57–81.
Miller, G. A./Beckwith, R./Fellbaum, C./Gross, D./Miller, K. (1990): Introduction to WordNet: an online lexical database. In: International Journal of Lexicography 3(4), 235–244.
Minsky, M. (1975): A framework for representing knowledge. In: Winston, P. H. (Hrsg.): The psychology of computer vision, New York u. a., 211–277.
Schwarz, M. (1997): Kognitive Linguistik? Eine Straße in den Geist! In: Kertész, A. (Hrsg.): Metalinguistik im Wandel. Die „kognitive Wende" in Wissenschaftstheorie und Linguistik. Frankfurt a. M. u. a.
Staab, S./Studer, R./Schnurr, H.-P./Sure, Y. (2001): Knowledge Processes and Ontologies. In: IEEE Intelligent Systems 01/02, 26–34.

Rekombinationstexte und Wissensatome

Klaus Schubert, Flensburg

1 Rekombination

In diesem Aufsatz geht es darum, ein Forschungsziel zu bestimmen. Er enthält daher vor allem eine Beschreibung der Ausgangslage. Das Ziel ist die Untersuchung von Rekombinationstexten hinsichtlich ihrer textzusammenhaltsstiftenden Eigenschaften. Rekombinationstexte bestehen aus Textteilen, die in anderer Zusammenstellung gelesen als geschrieben werden. Untersuchungsobjekt sollen Dokumente fachlichen Inhalts sein, insbesondere technische Dokumentation von Produkten und Dienstleistungen. Ein geeigneter theoretischer Rahmen ist die fachkommunikativ orientierte Textlinguistik. Das Forschungsziel hat darüber hinaus einen engen Bezug zur Wissensmodellierung.

Eine zentrale Aufgabe der Wissensmodellierung ist die Suche nach Repräsentationen enzyklopädischen und fachspezifischen Wissens, die in der Wissenstechnik als Wissensquelle für Entscheidungsmechanismen verwendet werden können.[1] Solche Entscheidungsmechanismen arbeiten oft im Wege des Abgleichs zwischen einer konkreten Entscheidungsaufgabe und einem vorgegebenen Wissensbestand, die zu diesem Zweck in kompatibler Form repräsentiert werden sollten. Wissensrepräsentationen dieser Art leiten sich aus der menschlichen Sprache ab und verwenden Relationen und Elemente, die entweder sprachliche Ausdrucksmittel sind oder mithilfe der Sprache definiert sind. Die vielleicht wichtigste Wissensressource, die als Rohmaterial für die manuelle und vor allem die automatisierte oder teilautomatisierte Wissensakquisition zum Aufbau entsprechender Wissensquellen genutzt werden kann, sind Korpora, also Texte, insbesondere Fachtexte. Eine Schlüsselfrage beim Entwurf von Wissensrepräsentationen und wissenstechnischen Mechanismen betrifft die sinnvolle Wahl der kleinsten Einheit, des „Wissensatoms".

---

[1] Zu den Begriffen *Entscheidungsraum* und *Entscheidungsmechanismus* vgl. Schubert (2003c, 637f).

2 Dokumente als Untersuchungsgegenstand

Die sich allmählich als Disziplin konsolidierende wissenschaftliche Beschäftigung mit der Fachkommunikation untersucht Texte, die einschlägiges Wissen ausdrücken, also Fachtexte. Diese Disziplin spricht jedoch zumeist nicht primär von Texten, sondern von Dokumenten. Als Extrakt aus Normen sowie aus fachlicher und wissenschaftlicher Literatur habe ich folgende Definition des Begriffs *Dokument* vorgeschlagen: „Ein Dokument ist ein fixierter und zu beliebigen Zeitpunkten wieder rezipierbarer mündlicher oder schriftlicher Text einschließlich eventueller nichtsprachlicher Komponenten" (Schubert 2003a, 229).[2] Diese Definition versucht wiederzugeben, dass es in der Fachkommunikation nicht mehr sinnvoll ist, Texte als rein sprachliche Gebilde zum Gegenstand der Untersuchung zu machen. Vielmehr sind neben dem eigentlichen Text auch die in einem Dokument eventuell enthaltenen nichtsprachlichen Komponenten, also Fotos, Zeichnungen, Grafiken, Video- und Audiosequenzen, Computerprogramme und Ähnliches, Träger eines Teils des kommunikativen Inhalts (vgl. auch Schmitt 2002). Auch die grafische und gegebenenfalls elektronische Formatierung und Strukturierung des schriftlichen Textes trägt hierzu bei und kann daher Gegenstand lohnender fachkommunikativer Untersuchungen sein.

3 Inkongruenz von Lese- und Schreibweg

Technische Dokumentation wird in den meisten Fällen von Fachleuten mit einer kommunikationsorientierten akademischen Ausbildung erstellt und bearbeitet, insbesondere von technischen Redakteuren und Fachübersetzern. Sie bedienen sich bei ihrer Arbeit an Dokumenten vielfältiger Hilfsmittel, insbesondere einschlägiger Softwaresysteme. Die Automatisierung an fachkommunikativen Arbeitsplätzen dient vor allem der Effizienz und damit der Kostenreduzierung. Davon abgeleitete Ziele, die zur Effizienz beitragen, kommen hinzu, so beispielsweise die Konsistenthaltung von Mehrbearbeiterdokumenten und alles, was unter dem Stichwort fachliche Qualitätssicherung zu verstehen ist.[3] Eine wichtige

---

2   Die Quellen definieren teils den Begriff *Dokument*, teils jedoch lediglich *Dokumentation* oder *technische Dokumentation*: DIN 6789-1 (1990), Hennig/Tjarks-Sobhani (Hrsg.) (1998, Stw. Dokumentation, Technische Dokumentation), Hoffmann/Hölscher/Thiele (2002, 13ff). Zur Definitionsproblematik vgl. weiter Schamber (1996), Schubert (2004).

3   Ich unterscheide hier zwischen allgemeiner Qualitätssicherung, die im Wesentlichen die organisatorische Seite der betrieblichen Arbeitsprozesse regelt, und fachlicher Qualitätssicherung, die konkreter auf die Durchführung bestimmter fachlicher Arbeiten und die Soll-Merkmale ihrer Werkstücke eingeht. Die Norm DIN EN ISO 9004 (2001) drückt dies aus, indem sie getrennte Qualitätssicherungshandbücher für ein Unternehmen als Ganzes und für einzelne Bereiche des Unternehmens fordert (vgl. auch Schulz 1996, 21).

Rolle spielt in diesem Rahmen die Wiederverwendung von Texten und Textteilen, wie sie bei der Arbeit mit Textbausteindatenbanken, Autorensystemen, Dokumentenmanagementsystemen, Redaktionssystemen, Content-Management-Systemen und Übersetzungsspeichern verwirklicht ist. Ein Textteil besteht aus einem Satz oder aus mehreren Sätzen in einem Absatz oder aus mehreren Absätzen aus einem Text. Wird ein Textteil wieder verwendet, so wird er mit anderen Textteilen zu einem neuen Text zusammengefügt. Hierdurch werden Textteile in einer Reihenfolge und einer Zusammenstellung aneinander gereiht, die anders ist als beim Schreiben des jeweils einzelnen Textteils. Diesen Vorgang nenne ich Rekombination.

Bei Rekombinationstexten ist der Leseweg ein anderer als der Schreibweg (Schubert 2003a, 232 Anm. 8; vgl. Schubert demn.). Zur Inkongruenz zwischen Lese- und Schreibweg kommt es jedoch nicht nur bei der Rekombination durch Wiederverwendung von Textteilen. Sie kann auch bei kooperativer Textproduktion entstehen, also dem Erstellen eines Gesamtdokuments durch mehrere Autoren. In einem solchen Fall gibt es oft überhaupt keinen geradlinigen Schreibweg. Ein mehrteiliger oder zerrissener Schreibweg kann im Grunde auch schon dann vorliegen, wenn ein längeres Dokument von einem einzigen Autor verfasst wird, der zu unterschiedlichen Zeitpunkten an verschiedenen Kapiteln und Abschnitten arbeitet, also bei nichtlinearem Schreiben.

Ganz ähnlich kann diese Inkongruenz auch bei nichtlinearem Lesen entstehen. Hierzu laden vor allem Hypertexte ein, wie sie auf Websites, in browsertauglichen Produktdokumentationen, in der Online-Hilfe von Softwaresystemen und bei anderen Formen elektronischer Dokumente üblich sind. Nichtlineares Lesen ist jedoch nicht erst mit den elektronischen Medien in die Welt gekommen. Es ist vielmehr eine Leseweise, die für das Nachschlagen und Nachlesen und für ähnliche Arten gezielter Informationssuche in größeren Informationsangeboten sehr typisch ist. Nutzer von Enzyklopädien und Nachschlagewerken aller Art lesen nichtlinear. Ganz besonders gängig ist die gezielte Suche nach bestimmten Teilinformationen aus einem umfangreicheren Informationsangebot für die Nutzung von Produkt- und Dienstleistungsdokumentation. Daher sind auch gerade diese Dokumenttypen üblicherweise mit zum Teil aufwendigen, sorgfältig durchdachten und gestalteten Orientierungs- und Zugangsstrukturen versehen. Hierzu zählen Gliederung und Überschriften, Marginalien, Inhaltsverzeichnis, Sachregister, Querverweise, grafische Blickfänge, typographische und layouttechnische Gliederungsverdeutlichungen, bei gedruckten Dokumenten auch Daumenregister, Papierfarbe und Ähnliches, bei elektronischen Dokumenten Navigationsbalken oder -fenster, Sitemap, empfohlener Leseweg und anderes mehr.[4]

---

4 Zur Zugangsstruktur vgl. de Jong/van der Poort (1994, 236), Steehouder (1994). Zur Navigation in Hypertexten vgl. u.a. van der Geest (1994), Rouet/Levonen (1996), Schneeberger/Göttel (1998), Laus (2001).

4 Textzusammenhalt

Die Sprachwissenschaft ist sich seit langem darüber einig, dass es einen Unterschied zwischen einer sinnlosen Aneinanderreihung von Wörtern und einem Satz gibt. Ajdukiewicz (1935) hat die Eigenschaft, die diese beiden Objekte unterscheidet, Konnexität genannt. In einem Satz sind alle Wörter mithilfe syntaktischer Relationen miteinander verbunden. Die Konnexität wird je nach Sprachtyp durch morphologische Markierungen, Funktionswörter, die Wortfolge oder eine Kombination aus diesen Kennzeichnungen markiert. Die heutige Textlinguistik nennt diese Eigenschaft Kohäsion (de Beaugrande/Dressler 1981, 3ff).[5] Die Kohäsion in Sätzen ist mit syntaktischen Mitteln klar feststellbar und der Unterschied zwischen Satz und Nichtsatz lässt sich recht deutlich definieren, wenn auch nicht so präzise, dass eine vollautomatische syntaktische Analyse von Sätzen (Parsing) ohne Zuhilfenahme über die Syntax hinausgehender Regelmäßigkeiten möglich wäre.

Weitaus weniger klar ist der Unterschied zwischen einem Text und einer sinnlosen Aneinanderreihung von Sätzen.[6] Er besteht im Textzusammenhalt, dessen wichtigstes Kennzeichen die Kohärenz ist. Als Kohärenz werden in der Semantik oder im außertextlichen Wissen begründete Verbindungen bezeichnet, soweit sie nicht zur Kohäsion gehören (de Beaugrande/Dressler 1981, 3ff). Ein erstes wichtiges Kohärenzphänomen ist die Referenz. Deiktika, Anaphorika und Kataphorika referieren auf ihre Korrelate. Darüber hinaus bestehen Beziehungen vollständiger oder teilweiser Koreferenz zwischen Inhaltswörtern oder Syntagmen und anderen Inhaltswörtern oder Syntagmen. Diese Beziehungen werden auch als Isotopien bezeichnet und als Isotopielinien dargestellt.[7] Ein zweites Kohärenzphänomen sind die Ereignisketten, also die zeitliche Reihenfolge oder die logische Abhängigkeit der in einem Text ausgesagten Ereignisse, wobei der Terminus *Ereignis* als Oberbegriff für Handlungen, Vorgänge und Zustände zu verstehen ist (Papegaaij/Schubert 1988, 184ff). Ein drittes Kohärenzphänomen ist die Thema-Rhema-Gliederung der Sätze in Abhängigkeit von den vorangehenden und nachfolgenden Sätzen im Text. Diese Erscheinung, auch kommunikative Gliederung genannt, teilt den Aussagegehalt von Sätzen in aus dem Vortext oder gemeinsamem Wissen von Textproduzent und Zielgruppe bereits vor-

---

5 Mit der Begriffsbestimmung von Kohäsion und Kohärenz geht bei de Beaugrande und Dressler eine ausführliche Diskussion der umfangreichen Literatur einher. Es gab auch Vorschläge, die Konnexität als dritte Größe neben Kohäsion und Kohärenz zu definieren. Vgl. ausführlicher Gerzymisch-Arbogast (1999, 78).
6 Zu der Frage, ob es überhaupt sinnvoll ist, in demselben Denkmodell von der Satz- auf die Textebene aufzusteigen, vgl. Schubert (2003b, 301). Vgl. weiter Papegaaij/ Schubert (1988, 159ff).
7 Zur Isotopie aus einsprachig textlinguistischer und aus übersetzungswissenschaftlicher Perspektive vgl. u.a. Gerzymisch-Arbogast (1987; 1998), Thiel/Thome (1988), Thiel (1996), Gerzymisch-Arbogast/Mudersbach (1998, 61).

aussetzbare Information (Thema) und Neuinformation (Rhema).[8] Neben den Isotopielinien zieht die Thema-Rhema-Gliederung ein zweites, mit diesen nicht isomorphes Beziehungsnetz durch den Text, das die thematische Progression eines Textes wiedergibt.

5 Abkopplung und Neuanschluss von Kohärenzlinien

Im Hinblick auf ihre Kohärenzeigenschaften unterscheiden sich Rekombinationstexte von anderen. Die Rekombination arbeitet üblicherweise mit Textteilen, die mindestens einen ganzen Satz oder ein satzwertiges Syntagma (z.B. eine Überschrift oder ein Aufzählungselement, meist Substantivgruppen) umfasst. Es gibt bisher keine verlässlich arbeitenden Softwaresysteme, die kleinere Textteile, also Gliedsätze oder Syntagmen, aus Texten herauslösen und zur Rekombination nutzbar machen könnten, obwohl dies ein großes Desiderat wäre, da ja ein Gutteil des Schablonenhaften und Repetitiven der Fachsprache gerade in den frequenten textsortenspezifischen Kollokationen liegt. Solange Rekombination auf dieser Ebene jedoch nicht praktikabel ist, bleibt der hier ins Auge gefasste Untersuchungsgegenstand auf Sätze und Mehrsatzeinheiten beschränkt.

Unabhängig davon, ob die Ursache der Rekombination im konkreten Fall in einer nichtlinearen Dokumentstruktur, im nichtlinearen Schreiben oder im nichtlinearen Lesen liegt, so besteht Rekombination immer darin, dass ein Textteil aus dem Dokumentzusammenhang, in dem er ursprünglich geschrieben wurde, herausgelöst und Lesern in einem anderen Zusammenhang, in Kombination mit anderen Textteilen als zuvor, dargeboten wird. Durch diesen Vorgang werden Kohärenzbeziehungen, die im ursprünglichen Dokument bestanden haben, getrennt. Dies gilt jedoch nicht automatisch für alle Kohärenzbeziehungen. Eine Kohärenzbeziehung kann, wie oben angedeutet, als Linie mit Anfangs- und Endpunkt dargestellt werden, wobei sich mehrere dieser Linien zu Strängen oder Netzen zusammenfügen können, wie dies insbesondere im Falle der thematischen Progression und der Referenz auf für die Aussage eines Dokuments zentrale Begriffe der Fall ist. Eine solche Kohärenzlinie wird bei der Rekombination abgekoppelt, wenn ihr Anfangspunkt in dem herausgelösten Textteil und ihr Endpunkt außerhalb liegt oder umgekehrt.

Wenn bei der Rekombination ein Textteil in einen neuen Zusammenhang eingebettet wird, kommt es sehr oft vor, dass einerseits der Textteil abgekoppelte Kohärenzlinien enthält und dass andererseits das neue Zieldokument in sich bereits Kohärenzlinien aufweist. Das Bild der Verbindungslinien mit Anfangs- und Endpunkt ist sehr aussagekräftig. Zum Verständnis der textlinguistischen Vor-

---

8 Dies ist eine bewusst plakative Kurzfassung dieser sehr komplexen Theorie. Zur Thema-Rhema-Gliederung vgl. u.a. Beneš (1967), Sgall/Hajičová/Panevová (1986, 175ff), Hajičová/Partee/Sgall (1998) sowie speziell aus fachkommunikativer Sicht Gerzymisch-Arbogast (1984).

gänge bei der Rekombination ist es jedoch wichtig, sich deutlich zu machen, was genau das Bild von den Verbindungslinien in diesem Falle besagt. Man darf sich die kohärenzanzeigenden Verbindungslinien nicht allzu gegenständlich vorstellen. Die Kohärenzstruktur eines Dokuments entspricht weder der Verdrahtung eines altmodischen Radioapparats noch der Querverweisstruktur einer Enzyklopädie. Bei dem konkreten Gegenstand, dem Radio, gibt es eine Vielzahl von Verbindungen zwischen einzelnen Bauteilen des Geräts. Die Verbindungslinien sind gegenständlicher Art. Sie bestehen aus einem Draht oder einem gedruckten Leiterweg auf einer Platine. Ihr Anfangspunkt, ihr Endpunkt und der gesamte Weg zwischen beiden Punkten sind sichtbar. Entschließt sich ein Bastler, ein Bauteil des einen Radios in einem anderen Radio zu verwenden, so kann er genau nachverfolgen, welche Verbindungslinien er durchtrennt, um das Teil aus dem Ausgangsradio zu lösen, und welche er durchtrennen und eventuell anders wieder verbinden muss, um es in das Zielradio einzubauen. Die Querverweisstruktur einer Enzyklopädie ist eine Stufe abstrakter. Eine Enzyklopädie besteht üblicherweise aus Einträgen, die mehrere Zeilen oder viele Seiten umfassen können. Jeder Eintrag ist durch ein Stichwort eindeutig identifiziert, das normalerweise am Anfang des Eintrags steht und typographisch hervorgehoben ist. Im Text eines Eintrags können sich Querverweise befinden. Sie bestehen meist aus einem Verweiswort (z.B. „siehe") oder einem Verweiszeichen (z.B. „→") und einem Stichwort. Der Querverweis in einem Eintrag bezeichnet den Anfangspunkt einer Verbindungslinie. Der Endpunkt ist der Eintrag, der dem angegebenen Stichwort zugeordnet ist. Der Anfangspunkt der Verbindungslinie ist deutlich erkennbar. Der Endpunkt ist eindeutig auffindbar. Allerdings kann man dem Enzyklopädieeintrag, auf den verwiesen wird, nicht ansehen, dass er Endpunkt einer Verbindungslinie ist. Grundsätzlich kann jeder Eintrag Verbindungslinienendpunkt sein. Hier ist also ein Verbindungsliniennetz vorhanden, dessen Linien nur vom Anfangspunkt aus identifizierbar sind, während die Linien selbst nicht sichtbar und die Endpunkte lediglich als Kandidaten für den Endpunktstatus erkennbar sind. Fügt man einen neuen Eintrag ein, so bleibt das bisherige Querverweisliniennetz intakt. Nur wenn der neu eingefügte Eintrag dasselbe Stichwort trägt wie ein schon vorhandener, werden eventuell auf diesen Eintrag zeigende Verbindungslinien ambig. Sie müssen aufgefunden und disambiguiert werden. Eine ähnliche Suche nach Verbindungslinienanfangspunkten wird notwendig, wenn aus der Enzyklopädie ein Eintrag entfernt werden soll und man vermeiden möchte, dass Querverweise auf nicht mehr vorhandene Einträge verweisen. Das bisher Gesagte gilt für gedruckte Enzyklopädien – wenn sie als Hypertext vorliegen und wenn die Verbindungslinien als Hyperlinks gestaltet sind, ist ein Endpunkt eindeutig erkennbar und wird durch neue Verbindungslinien nicht ambig. Durch Entfernen von Endpunkten zerrissene Links können im Hypertext meist mithilfe einer Editorfunktion automatisch aufgefunden werden.

Die textlinguistische Kohärenzstruktur eines Dokuments ist noch eine entscheidende Stufe abstrakter als das Verbindungsliniennetz der Enzyklopädie: In einem gedruckten Dokument sind die Kohärenzlinien nicht an einem Punkt befestigt und führen von dort nachvollziehbar zu einem anderen Punkt. Wäre dies so, hätte die maschinelle Übersetzung seit langem die Schwelle von der Satz- zur Textübersetzung überwunden.[9] Textlinguistische Verbindungslinien zeichnen sich vielmehr dadurch aus, dass ein Morphem, ein Wort oder ein Syntagma syntaktische, semantische oder pragmatische Eigenschaften besitzt, die es zu einem möglichen Kandidaten für einen Anfangspunkt machen. Die von diesem Anfangspunkt ausgehende Verbindungslinie endet bei einem Morphem, Wort oder Syntagma im selben Dokument, das ebenfalls durch syntaktische, semantische oder pragmatische Eigenschaften als möglicher Kandidat für den Endpunktstatus bestimmt wird. Der Endpunkt muss jedoch nicht in jedem Fall in dem aktuellen Dokument selbst liegen und er muss auch überhaupt nicht in einem expliziten Dokument auffindbar sein. Der Endpunkt kann in einem anderen Dokument oder aber im gemeinsamen Wissen von Produzenten und Rezipienten des Dokuments liegen. Es kommt zudem auch vor, dass er im nicht explizit vertexteten Wissen des Produzenten, nicht aber in dem des Rezipienten liegt – ein Dokument mit solchen Kohärenzlinien wird dann als schwer verständlich empfunden.

Ebenso wie die Anfangspunkt im Text nicht eindeutig markiert sind, sondern lediglich bestimmte Textelemente Anfangspunktkandidaten sind, sind auch die Endpunkte, wenn überhaupt im Dokument enthalten, nicht klar gekennzeichnet. Auch sie sind lediglich durch ihre Eigenschaften als Kandidaten erkennbar. Natürlich sind die Verbindungslinien selbst überhaupt nicht ohne Rückgriff auf die Anfangs- und Endpunkte feststellbar. Die Kohärenzstruktur eines Dokuments ist also nicht, wie bei dem zum Vergleich herangezogenen Radio, fest verdrahtet, sondern konstituiert sich aus Elementen, die durch inhärente oder kontextabhängige Eigenschaften die Möglichkeit erhalten, als Anfangs- und Endpunkte von Kohärenzlinien zu fungieren. Wird nun durch Rekombination ein Textteil in einen anderen Zusammenhang eingefügt, so kommt es nicht selten vor, dass die abgekoppelten Kohärenzlinien dort andere Anfangs- oder Endpunkte finden als im Ursprungsdokument. Anders als beim Radio ist hierfür kein bewusster Neuanschließungsschritt seitens des Menschen erforderlich. Man fügt die Textteile zusammen und die Kohärenzlinien schließen sich ohne weiteres Zutun des Menschen irgendwo an oder sie bleiben als ins Leere weisende Verständnishindernisse bestehen.

Kohärenzlinien gehören nicht zu denjenigen Verknüpfungen, die in elektronischen Formaten wie dem Hypertext explizit markiert werden. Vielmehr gehören sie zu den vom Textproduzenten größtenteils unbewusst geschaffenen textstrukturierenden Merkmalen, die gerade bei den nichtlinearen Schreib- und

---

9 Einige maschinelle Übersetzungssysteme sind in der Lage, einige satzübergreifende Phänomene zu verarbeiten. Dies gilt insbesondere für die wenigstens teilweise kohäsiven Erscheinungen wie Anaphern.

Lesetechniken, die bei Hypertexten üblich sind, zu textlinguistischen Problemen führen können.[10] Gerade bei Hypertexten und anderen Dokumenten im technischen Medium kommt es jedoch auch vor, dass Textproduzenten unmittelbar für die Rekombination schreiben. Ihr Auftrag lautet dann nicht, wie sonst sehr allgemein üblich, ein zusammenhängendes Dokument oder eine ganze Dokumentation zu schreiben, aus der dann in einem späteren Arbeitsgang Textteile herausgelöst und wieder verwendet werden, sondern der Auftrag lautet von Anfang an, Textteile zu produzieren, die in einer Textbausteindatenbank, in einem Hypertextsystem, in einem Expertensystem oder auf andere Art und Weise bereitgehalten und erst beispielsweise als Reaktion auf eine Anwenderabfrage automatisch zu einem Dokument zusammengestellt werden sollen. Hier werden also Textteile direkt im Hinblick auf eine Verwendung in einem dem Textproduzenten unbekannten Zusammenhang geschrieben. Da die Kohärenz jedoch zu einem großen Teil ohne bewusstes Zutun des Textproduzenten entsteht, ist nicht sicher, dass bei einem solchen Arbeitsgang Texte ohne nach außen weisende Kohärenzlinien entstehen (vgl. auch Schmidtke-Nikella 1996).

6 Forschungsziel

Die oben beschriebenen Überlegungen zu Kohärenzlinien in Dokumenten unterscheiden sich von einem Großteil der textlinguistischen Literatur vielleicht vor allem durch die Betrachtungsweise, die von Anfangs- und Endpunkten von Verbindungslinien spricht, bestimmte Wörter oder Syntagmen als Kandidaten für diesen Status benennt und Auffindungskriterien für solche Kandidaten sucht. Man mag hierin einen Denkansatz der Computerlinguistik erkennen, in der es ja bei vielen sehr unterschiedlichen Aufgabenstellungen darum geht, in sprachlichem Material bestimmte Phänomene anhand Softwaresystemen zugänglicher, also expliziter Merkmale zu erkennen und in einer eindeutigen Repräsentation wiederzugeben. Führt man diesen Ansatz fort, so ist ein aus den hier angestellten Überlegungen konsequent ableitbares Forschungsziel die Entwicklung eines Kohärenzparsers für Dokumente.

Die Computerlinguistik versucht dies mit den für sie typischen Techniken. Wo es anhand der Form des sprachlichen Zeichens, insbesondere Morphologie und Syntax, feststellbare Kennzeichen gibt, kann ein solches Parsing sichere Regeln formulieren und anwenden. Wo Ambiguitäten auftreten und wo die Regelmäßigkeiten sich auch auf die Inhaltsseite des sprachlichen Zeichens stützten, also semantischer oder pragmatischer Art sind, neigt die Computerlinguistik dazu, Entscheidungsmechanismen der künstlichen Intelligenz einzusetzen, die dort, wo

---

10 Zur Kohärenz in Hypertexten vgl. u.a. Foltz (1996), Fritz (1999), Storrer (1999; 2003).

sichere Regeln fehlen, mit statistischen, wahrscheinlichkeitstheoretischen oder anderen Techniken intelligent zu raten.

Auf fachkommunikationswissenschaftlicher Ebene erscheint mir jedoch ein etwas anders formuliertes Forschungsziel lohnender als der Plan, unmittelbar eine Automatisierung der Analyse zu versuchen. Bevor man einen Kohärenzparser entwickelt, ist es lohnend, eine Methode für ein Kohärenzparsing zu erarbeiten. Damit meine ich eine von Menschen anzuwendende regelgeleitete Schrittfolge zur Erkennung und Explizierung von Kohärenzlinien.

Diese Zielformulierung schließt sich an Überlegungen aus der Übersetzungs- und Dolmetschwissenschaft an. Gerzymisch-Arbogast und Mudersbach (1998) haben den Entwurf einer Methode für die Übersetzertätigkeit vorgelegt. Auch wenn es von zahlreichen Autoren Kritik an den Einzelheiten dieser Methode gibt, so ist doch der Ansatz vielversprechend, bei dem es darum geht, professionelles menschliches Handeln im geisteswissenschaftlichen Sinne objektivierbar zu machen (Gerzymisch-Arbogast u.a. 1999, 287) und ihm dadurch eine wissenschaftliche Fundierung zu geben. Das Gebiet der Textlinguistik, das sich sicheren Regelformulierungen, wie man sie aus der Syntax kennt, weitgehend verschließt, kann durch das Bemühen um ein gesundes Gleichgewicht aus Regelhaftigkeit und Intuition nachvollziehbarer und damit anwendbarer und lehrbarer gemacht werden.

Literaturverzeichnis

Ajdukiewicz, K. (1935): Die syntaktische Konnexität. In: Studia Philosophica 1, 1-27.
Beaugrande, R.-A. de/Dressler, W. U. (1981): Einführung in die Textlinguistik, Tübingen.
Beneš, E. (1967): Die funktionale Satzperspektive (Thema-Rhema-Gliederung) im Deutschen. In: Deutsch als Fremdsprache 4 [1], 23-28.
DIN 6789-1 (1990): Dokumentationssystematik. Aufbau technischer Produktdokumentationen, Teil 1, Ausgabe 1990-09, Berlin/Wien/Zürich.
DIN EN ISO 9004 (2001): Qualitätsmanagementsysteme – Leitfaden zur Leistungsverbesserung, Ausgabe 2000-12. In: Qualitätsmanagement, Berlin/Wien/Zürich, 67-164.
Foltz, P. W. (1996): Comprehension, Coherence, and Strategies in Hypertext and Linear Text. In: Rouet, J.-F./Levonen, J. J./Dillon, A./Spiro, R. J. (Hrsg.): Hypertext and Cognition, Mahwah, 109-136.
Fritz, G. (1999): Coherence in Hypertext. In: Bublitz, W./Lenk, U./Ventola, E. (Hrsg.): Coherence in Spoken and Written Discourse, Amsterdam/Philadelphia, 221-232.
Geest, T. van der (1994): Hypertext: Writing and Reading in a Non-Linear Medium. In: Steehouder, M./Jansen, C./Poort, P. van der/Verheijen, R. (Hrsg.): Quality of Technical Documentation, Amsterdam/Atlanta, 49-66.
Gerzymisch-Arbogast, H. (1984): Zur Thema-Rhema-Gliederung im Sachbuchtext. In: Fachsprache 7, 18-32.
Gerzymisch-Arbogast, H. (1987): Leksemantische Isotopien als Invarianten im Übersetzungsprozess. In: Albrecht, J./Drescher, H. W./Göhring, H./Salnikow, N. (Hrsg.): Translation und Interkulturelle Kommunikation, Frankfurt am Main usw., 75-87.

Gerzymisch-Arbogast, H. (1998): Isotopien in Wirtschaftsfachtexten: ein Analysebeispiel. In: Hoffmann, L./Kalverkämper, H./Wiegand, H.E. mit Galinski, C./Hüllen, W. (Hrsg.): Fachsprachen/Languages for Special Purposes, Halbbd. 1, Berlin/New York, 595-602.

Gerzymisch-Arbogast, H. (1999): Kohärenz und Übersetzung: Wissenssysteme, ihre Repräsentation und Konkretisierung in Original und Übersetzung. In: Gerzymisch-Arbogast, H./Gile, D./House, J./Rothkegel, A. mit Buhl, S. (Hrsg.): Wege der Übersetzungs- und Dolmetschforschung, Tübingen, 77-106.

Gerzymisch-Arbogast, H./Fleddermann, I./Horton, D./Philippi, J./Sergo Bürge, L./Seyl, H./Tsurikov, C. von/Mudersbach, K. (1999): Methodik des wissenschaftlichen Übersetzens. In: Gil, A./Haller, J./Steiner, E./Gerzymisch-Arbogast, H. (Hrsg.): Modelle der Translation, Frankfurt am Main usw., 287-323.

Gerzymisch-Arbogast, H./Mudersbach, K. (1998): Methoden des wissenschaftlichen Übersetzens, Tübingen/Basel.

Hajičová, E./Partee, B. H./Sgall, P. (1998): Topic-Focus Articulation, Tripartite Structures, and Semantic Content, Amsterdam.

Hennig, J./Tjarks-Sobhani, M. (Hrsg.) (1998): Wörterbuch zur technischen Kommunikation und Dokumentation, Lübeck.

Hoffmann, W./Hölscher, B. G./Thiele, U. (2002): Handbuch für technische Autoren und Redakteure, Erlangen/Berlin/Offenbach.

Jong, M. de/Poort, P. van der (1994): Towards a Usability Test Procedure for Technical Documents. In: Steehouder, M./Jansen, C./Poort, P. van der/Verheijen, R. (Hrsg.): Quality of Technical Documentation, Amsterdam/Atlanta, 229-238.

Laus, F. O. (2001): Informationsrecherche in Hypertext- und Multimedia-Dokumenten, Wiesbaden.

Papegaaij, B./Schubert, K. (1988): Text Coherence in Translation, Dordrecht/Providence.

Rouet, J.-F./Levonen, J. J. (1996): Studying and Learning with Hypertext: Empirical Studies and Their Implications. In: Rouet, J.-F./Levonen, J. J./Dillon, A./Spiro, R. J. (Hrsg.): Hypertext and Cognition, Mahwah, 9-23.

Schamber, L. (1996): What Is a Document? Rethinking the Concept in Uneasy Times. In: Journal of the American Society for Information Science 47 [9], 669-671.

Schmidtke-Nikella, M. (1996): Das Potenzial der Konsistenz in natürlichsprachlichen Wissensbasen. In: Sprache und Datenverarbeitung 20 [1-2], 101-120.

Schmitt, P. A. (2002): Nonverbale Textelemente als Quelle und Lösung von Übersetzungsproblemen. In: Zybatow, L. N. (Hrsg.): Translation zwischen Theorie und Praxis, Frankfurt am Main usw., 191-213.

Schneeberger, J./Göttel, S. (1998): Navigation in komplexen Hypertexten. In: Gräfe, E. (Hrsg.): Herbsttagung 1998 in München. Stuttgart, 44-49.

Schubert, K. (2003a): Integrative Fachkommunikation. In: Schubert, K. (Hrsg.): Übersetzen und Dolmetschen: Modelle, Methoden, Technologie, Tübingen, 225-256.

Schubert, K. (2003b): Jigsaw Translation. In: Gerzymisch-Arbogast, H./Hajičová, E./Sgall, P./Jettmarová, Z./Rothkegel, A./Rothfuß-Bastian, D. (Hrsg.): Textologie und Translation, Tübingen, 295-304.

Schubert, K. (2003c): Metataxe: ein Dependenzmodell für die computerlinguistische Praxis. In: Ágel, V./Eichinger, L. M./Eroms, H.-W./Hellwig, P./Heringer, H. J./Lobin, H. (Hrsg.): Dependenz und Valenz / Dependency and Valency, Halbband 1, Berlin/New York, 636-660.

Schubert, K. (2004): Zur Qualitätskompetenz in der internationalen Fachkommunikation. In: Fleischmann, E./Schmitt, P. A./Wotjak, G. (Hrsg.): Translationskompetenz, Tübingen, 551-562.

Schubert, K. (demn.): Translation Studies: Broaden or Deepen the Perspective? In: Dam, H. V./Engberg, J./Gerzymisch-Arbogast, H. (Hrsg.): Translation and Knowledge – Conceptual Issues, Methodological Aspects, and Systemic Approaches, Berlin/New York.

Schulz, M. (1996): Qualität in Technischen Dokumentationen, Elektronisches Dokument, Weinstadt.

Sgall, P./Hajičová, E./Panevová, J. (1986): The Meaning of the Sentence in Its Semantic and Pragmatic Aspects, Prague.

Steehouder, M. (1994): The Quality of Access: Helping Users Find Information in Documentation. In: Steehouder, M./Jansen, C./Poort, P. van der/Verheijen, R. (Hrsg.): Quality of Technical Documentation, Amsterdam/Atlanta, 131-143.

Storrer, A. (1999): Kohärenz in Text und Hypertext. In: Lobin, H. (Hrsg.): Text im digitalen Medium. Linguistische Aspekte von Textdesign, Texttechnologie und Hypertext Engineering, Opladen/Wiesbaden, 33-66.

Storrer, A. (2003): Kohärenz in Hypertexten. In: Zeitschrift für germanistische Linguistik 31 [2], 274-292.

Thiel, G. (1996): Isotopie. Eine textlinguistische Kategorie im Dienst der Übersetzung. In: Lauer, A./Gerzymisch-Arbogast, H./Haller, J./Steiner, E. (Hrsg.): Übersetzungswissenschaft im Umbruch, Tübingen, 59-68.

Thiel, G./Thome, G. (1988): Isotopiekonzept, Informationsstruktur und Fachsprache. Untersuchung an wissenschaftsjournalistischen Texten. In: Arntz, R. (Hrsg.): Textlinguistik und Fachsprache, Hildesheim/Zürich/New York, 299-331.

Kultursysteme als Wissenssysteme: Kulturelle Konstellationen in Texten und Translation

Young-Jin Kim, Saarbrücken

1 Einleitung

In der vorliegenden Arbeit geht es um die Frage, wie sich Kulturspezifik in Ausgangstexten (AT) systematisch darstellen und in die Zieltexte (ZT) transferieren lässt. Mit der Abkehr von einer rein linguistischen Orientierung in den frühen 80er-Jahren trat die Übersetzungswissenschaft in die „funktionale Wende" ein: die Translation ist nun nicht mehr die Umkodierung des „heiligen Originals" (vgl. Hönig/Kussmaul 1982/⁴1996), sondern wird als „transkulturelles Handeln" bezeichnet (Snell-Hornby 1986, 45). Trotz der Erkenntnis, dass die Identifikation von Kultur in Texten eine Voraussetzung für die Translation ist, fehlte jedoch bis heute eine systematisch operationalisierbare Methode zur Behandlung von Kulturspezifik in der Übersetzungswissenschaft.

Georgios Floros hat im Rahmen seiner Dissertation ein Verfahren zur Übersetzung von Kultur in Texten entwickelt, das nicht nur die Makro-, sondern auch die Mikrostruktur eines Textes berücksichtigt (Floros 2003). Mithilfe dieses Verfahrens werde ich in dieser Arbeit zeigen, wie Kulturspezifik im AT systematisch dargestellt werden kann und so entsprechende Teilbereiche der Ausgangskultur mit Bereichen der Zielkultur verglichen werden können. Als Beispiel habe ich einen Werbetext eines Kosmetik-Unternehmens ausgewählt, auf den die von Floros entwickelte Methode sprachübergreifend – hier Deutsch-Koreanisch – angewendet wird.

Im folgenden Kapitel 2 wird zunächst der Kulturbegriff und die Problematik der Ansätze zur Übersetzung von Kulturspezifik thematisiert. Daraufhin wird die Theorie des von Floros entwickelten Verfahrens zur Übersetzung von kulturellen Konstellationen in Texten vorgestellt. Das dritte Kapitel beschäftigt sich mit der Anwendung dieses Modells auf die Übersetzung des Werbetextes ins Koreanische. Im vierten Kapitel folgt eine Diskussion der Stärken und Schwächen dieses Verfahrens.

2 Theoretische Grundlagen

2.1 Der Kulturbegriff in der Übersetzungswissenschaft

Der vielen übersetzungswissenschaftlichen Arbeiten zugrunde liegende Kulturbegriff von Heinz Göring lautet:

> Kultur ist all das, was man wissen, beherrschen und empfinden können muss, um beurteilen zu können, wo sich Einheimische in ihren verschiedenen Rollen erwartungskonform oder abweichend verhalten, und um sich selbst in der betreffenden Gesellschaft erwartungskonform verhalten zu können, sofern man dies will und nicht etwa bereit ist, die jeweils aus erwartungswidrigem Verhalten entstehenden Konsequenzen zu tragen. (Göring 1978, 10).

Diese Definition ist jedoch zu global und lässt nicht ohne weiteres konkrete, anwendbare Regeln zur Identifikation und Übersetzung von Kulturspezifik ableiten. Ein translatorischer Kulturbegriff, der eine Methode zur Identifikation kultureller Elemente im Text angibt und die Beziehungen zwischen dem abstrakten Phänomen Kultur und dem konkreten Text deutlich macht, wurde von Mudersbach aufgestellt. Ihm zufolge ist

> die *Kultur einer Gemeinschaft* die gemeinsame invariante Funktion aller Kultursysteme in einer Gemeinschaft hinsichtlich der *Sinnbewährung* und *Sinn-Einheitlichkeit*. (Mudersbach 2001, 186).

Er fasst Kultur nicht als globales Phänomen auf, sondern sieht Kultur als die Gesamtheit von einzelnen Teilbereichen an, die als Kultursysteme (Holeme) bezeichnet werden (Floros 2003, 75). Ein Kultursystem wird als eine Konvention angesehen, die auf einen Lebensbereich bezogen ist (Mudersbach 2001, 170). Eine solche Unterteilung der Kultur in Holeme und Subholeme ermöglicht einen systematischen Vergleich von Teilaspekten verschiedener Kulturen, sofern diese den gleichen Zweck erfüllen (Gerzymisch-Arbogast 1994, 77f). Aufbauend auf dem Kulturkonzept von Mudersbach wurde die HOLONTEX-Methode entwickelt (Gerzymisch-Arbogast/Mudersbach 1998, 63ff). Diese dient dazu, das für die Rezeption des Textes relevante Hintergrundwissen beim Leser zu aktivieren und an den Text heranzuziehen.

2.2 Bisherige Ansätze zur Übersetzung von Kulturspezifika

Seit Beginn der 80er-Jahre haben sich viele Übersetzungswissenschaftler mit dem Thema Kultur in Texten beschäftigt und versucht, dem Übersetzer bei der methodischen Behandlung von Kulturspezifik Hilfe zu leisten. Die Ansätze zur Übersetzung von Kulturspezifik in Texten setzen jedoch häufig am einzelnen kulturspezifischen Element an (vgl. Reiß (1971), Koller (⁴1992, 232ff), Newmark (1981, 70ff), Hönig/Kussmaul (1982, 58)) und berücksichtigen nicht den Text als Ganzes (Floros 2001, 78). Diese Ansätze werden auch als *einzelfallorientiert* bezeichnet, da „sie im wesentlichen am Wort ansetzen. Dabei wird vielfach die ganzheitliche, makrostrukturelle Perspektive aus den Augen verloren" (Gerzymisch-Arbogast 1994, 77).

Im Gegensatz dazu gibt es die *ganzheitlichen* Ansätze, die sich am Text in seiner Gesamtheit orientieren und Kultur als ganzheitliche Strukturen im Text zu erkennen versuchen. Sie lassen sich unterteilen in hermeneutische Ansätze – vertreten zum Beispiel durch Paepcke (1986) und Stolze (1992) – und in *scenes-and-frames*-Konzept basierte Ansätze, welche von Vannerem/Snell-Hornby (1986) und Vermeer/Witte (1990) weiter entwickelt wurden.

Jedoch stützen sich die hermeneutischen Ansätze fast ausschließlich auf die menschliche Intuition, sowohl für das Auffinden der kulturspezifischen Unterschiede als auch für den Transfer der Kulturspezifik und explizieren kaum eine systematische Vorgehensweise (Floros 2003, 61). Die auf dem *scenes-and-frames*-Konzept basierenden Ansätze sind ähnlich problematisch: sie scheinen „intuitiv abzulaufen und stellen für den Übersetzer keine systematisch zu handhabende Methode dar" (Floros 2003, 66). So erklären diese Ansätze beispielsweise nicht, wie die *Frames* erstellt und voneinander abgegrenzt werden können (Gerzymisch-Arbogast 1994, 77). Es besteht daher in der Übersetzungswissenschaft grundsätzlich das Problem, zwischen ganzheitlich- und einzelfallorientierter Perspektive zu vermitteln.

2.3 Modell von Floros zur Übersetzung von kulturellen Konstellationen

Floros (2003) erweiterte die HOLONTEX-Methode um ein Verfahren, mit dem eine systematische Identifikation und der Transfer von Kultur ganzheitlich operationalisierbar wird. Dieses Verfahren berücksichtigt Kultur nicht nur auf Textebene sondern auch auf Systemebene, die das kulturspezifische Hintergrundwissen der Rezipienten darstellt. Diese Betrachtungsweise von Kultur zum einen auf Textebene und zum anderen auf Systemebene ermöglicht eine Transparenz von kulturellen Elementen in Texten. Dadurch werden die beteiligten Kulturen im Text systematisch vergleichbar, und gleichzeitig erhält der Übersetzer konkrete Hilfestellungen bei der zielsprachlichen Neuvertextung. Das Verfahren von Floros besteht aus drei Phasen: einer Rezeptions-, Transfer- und Reproduktionsphase (vgl. Abb.1).

Phase		Schritt	Vorgang	Betrachtungsebene
REZEPTIONS-PHASE	1	Erstlektüre des Textes unter holistischen Gesichtspunkten	Identifizierung von Kultur	T
	2	Auflistung und Erstellung von Kultursystemen		T → S
	3	Holistische Zweitlektüre des Textes		S → T
	4	Identifizierung und Gewichtung der kulturellen Konstellationen		T
TRANSFER-PHASE	5	Erstellung der zielsprachlichen Kultursysteme	kontrastiver Vergleich	S
	6	Vergleich mittels kontrastiver Betrachtung		S
REPRODUKTIONS-PHASE	7	Kompatibilitätsüberprüfung	translatorische Grundsatzentscheidungen	T → S
	8	Grundsatzentscheidungen		S → T
	9	Neuvertextung		T

T: Textebene, S: Systemebene, →: Betrachtungsrichtung

Abb. 1 Tabellarische Zusammenfassung des Verfahrens von Floros (2003, 122)

Die Rezeptionsphase dient der Identifizierung von Kultur im Ausgangstext. Die vier Schritte, die oben dargestellt sind, basieren auf der HOLONTEX-Methode von Mudersbach (1991, zitiert nach Floros 2001, 80ff). Schritt 1 der Rezeptionsphase umfasst die Erstlektüre des Textes unter holistischen Gesichtspunkten. Dabei werden die für den Text relevanten Kultursysteme ermittelt, die der Text inhaltlich oder durch seine Form impliziert. Das heißt, das Hintergrundwissen des Lesers wird dargestellt. Im Schritt 2 folgt dann die systematische Auflistung und Erstellung dieser Kultursysteme. Dies kann zum Beispiel thesaurusartig oder in Form eines semantischen Netzes (Gerzymisch-Arbogast 1994) erfolgen. In diesem Schritt wird der Übergang von der Text- auf die Systemebene vollzogen. Im Schritt 3, der holistischen Zweitlektüre des Textes, werden die einzelnen Systeme nacheinander betrachtet und die „Textstellen markiert, die einen bestimmten Systemteil entweder ansprechen und ergänzen oder ihm widersprechen" (Mudersbach 1991, 339, zitiert nach Floros 2001, 82). Die verschiedenen Einheiten des Kultursystems (Systemebene) konkretisieren sich im Text. Dabei sind Überlappungen von Kultursystemen auf einer Textstelle möglich.

Alle Textstellen, die zu einem Kultursystem gehören, bilden eine kulturelle Konstellation:

> Eine *kulturelle Konstellation* ist ein Gefüge von Textsegmenten, das die Summe aller Konkretisierungen eines außertextuellen Kultursystems in einem Text darstellt. (Floros 2001, 34)

Die Identifizierung aller kulturellen Konstellationen und ihre Gewichtung geschieht im Schritt 4. Die Gewichtung soll die Relevanz für das Übersetzungsziel widerspiegeln und in der Reproduktionsphase als Hilfe für die zu treffenden „Grundsatzentscheidungen" dienen.

Das Ergebnis der Rezeptionsphase ist die Identifizierung von Kultur, auf Systemebene in Form von Kultursystemen und auf Textebene als kulturelle Elemente (Mikrostruktur) und kulturelle Konstellationen (Makrostruktur).

Die zweite Phase wird Transferphase genannt. Als Erstes (Schritt 5) wird das holistische System der Zielkultur erstellt, welches im Schritt 6 dem System der Ausgangskultur kontrastiv gegenüber gestellt wird. Deshalb muss das System nicht vollständig aufgeführt sein, es genügt, wenn die im Text vorkommenden *Holeme* des (Kultur)Systems verbunden sind (Gerzymisch-Arbogast/Mudersbach 1998, 70). Das ausgangssprachliche und das zielsprachliche Kultursystem werden auf Systemebene verglichen. Dabei werden Identität, Teil-Identität und Nicht-Identität festgestellt. Im Schritt 7 folgt die Kompatibilitätsüberprüfung. Hierbei werden die kulturellen Konstellationen des ausgangssprachlichen Textes „bezüglich ihrer Kompatibilität zum relevanten zielsprachlichen Kultursystem überprüft" (Floros 2003, 116). Dabei wird festgestellt, inwiefern die kulturellen Konstellationen einzelkulturspezifisch bzw. mit der Zielkultur kompatibel sind. Verständnisschwierigkeiten beim zielsprachlichen Rezipienten sind zu erwarten, wenn die Textstellen inkompatibel mit dem System der Zielkultur sind.

Das Ergebnis der Transferphase ist die systematische Identifikation der Unterschiede und Kompatibilitäten der ausgangssprachlichen und zielsprachlichen Kultursysteme.

In der letzten Phase, der Reproduktionsphase, werden die translatorischen Grundsatzentscheidungen getroffen (Schritt 8). Die Textstellen, die als kompatibel erkannt wurden, stellen kein Übersetzungsproblem dar und können in der Übersetzung mehr oder weniger wörtlich übernommen werden. Für inkompatible Textstellen hingegen muss der Übersetzer Lösungen finden, die ein kohärentes Gefüge im Zieltext ermöglichen. Im darauf folgenden Schritt 9 wird die Neuvertextung des Ausgangstextes vorgenommen. Dabei sind neben dem Übersetzungszweck und der sprachlichen Norm auch die Konvention der Zielsprache und der Empfängerkreis zu berücksichtigen (Floros 2003, 121).

3 Kulturelle Konstellationen anhand eines Textbeispiels

In dem folgenden Abschnitt wird das oben beschriebene Verfahren zur Übersetzung von Kultur in Texten anhand eines Beispieltextes veranschaulicht. Der ausgewählte Text ist eine Werbung der Kosmetik-Kette Douglas[1] aus dem Jahr 2002, die damit im Internet ihre Produkte für den Muttertag und Vatertag beworben hat. Da es in Korea nur den „Tag der Eltern" gibt, wird im Folgenden gezeigt, wie inkompatible Elemente in die Zielsprache (hier am Beispiel des Koreanischen) übertragen werden können. Die folgende Abbildung 2 zeigt den Ausgangstext nach Textstellen (TS) untergliedert. Der Originaltext ist im Anhang enthalten.

Abb. 2 TEXT

TS 1. ABBILDUNG (Elternteile mit Kindern)
TS 2. Muttertag & Vatertag
TS 3. Schenken leicht gemacht
TS 4. Herzliches zum Muttertag
TS 5. Überraschen Sie Ihre Mutter dieses Jahr besonders herzlich!
TS 6. Wir haben die schönsten Geschenke zum „Danke sagen" und Verwöhnen:
TS 7. von trendigen Kosmetiktaschen bis hin zu luxuriösen Düften.
TS 8. ABBILDUNG (Parfüm für Frauen)
TS 9. (LINK) So beautiful
TS 10. (LINK) Herzflimmern
TS 11. (LINK) Liebesgrüße
TS 12. (LINK) Like a Star
TS 13. ABBILDUNG (zwei Herzen)
TS 14. Überraschung für Daddy
TS 15. Hier finden Sie die tollsten Geschenkideen für die Herren der Schöpfung[2] auf einen Blick:
TS 16. duftende Klassiker, coole Designerstücke und mehr.
TS 17. (LINK) Papa auf Tour
TS 18. (LINK) Care for Daddy
TS 19. (LINK) Men's Style
TS 20. ABBILDUNG (Gürtel, Rasierwasser)
TS 21. ABBILDUNG (zwei Herzen)

---

1 Dieser Werbetext wurde am 14.05.02 von der Homepage von Douglas übernommen.
2 „Herren der Schöpfung" kann man als Kultursystem „christliches Kulturgut" bezeichnen. Der Argumentation von Gerzymisch-Arbogast und Mudersbach (1998, 91) folgend, sollte diese Textstelle als Aspekt behandelt werden. („Sie sind allerdings im Beispieltext nicht so ausdifferenziert, dass eine Ausformulierung bzw. die mit der Ausformulierung bezweckte kontrastive *System*-Analyse tiefere Erkenntnisse erwarten ließe, so dass es zu genügen schien, einige dieser Vorstellungen nicht als *Systeme*, sondern lediglich als *Aspekte* einzubringen.")

Der Beispieltext wird zunächst unter holistischen Gesichtspunkten gelesen. Bei dieser Erstlektüre wird ein Kultursystem (KS) beim Leser aktiviert: „Nichtchristliche Feiertage in Deutschland". Dieses Kultursystem ist in Abbildung 3 zu sehen.

1. Muttertag	2. Vatertag
1.1. Allgemeines	2.1. Allgemeines
1.1.1 Name: Muttertag	2.1.1 Name: Vatertag
1.1.2 Zeitpunkt: 2. Sonntag im Mai	2.1.2 Zeitpunkt: Christi Himmelfahrt
1.1.3 Ursprung: Offizieller Feiertag in den USA seit 1914 unter Präsident Woodrow Wilson, in Deutschland seit 1922/23. Er wurde 1933 für den 2. Sonntag im Mai festgelegt.	2.1.3 Ursprung: Offizieller Feiertag in den USA seit 1974 unter Präsident Nixon, in Deutschland seit 1936
1.1.4 Zielperson: Mütter	2.1.4 Zielperson: Väter
1.1.5 Mitwirkende: Kinder, Ehemänner	2.1.5 Mitwirkende: Kinder, Ehefrauen, Väter unter sich
1.2. Funktionen	2.2. Funktionen
1.2.1 Anerkennung der Leistungen der Mutter	2.2.1 Denken an Väter
1.2.2 Danksagung für die Mühen	2.2.2 Väter feiern ausgelassen unter sich
1.3. Aktivitäten	2.3. Aktivitäten
1.3.1 Geschenke	2.3.1 Geschenke
1.3.1.1 Blumen	2.3.1.1 Gürtel
1.3.1.2 Pralinen	2.3.1.2 Kosmetik
1.3.1.3 Kosmetik	2.3.1.2.1 Rasierwasser
1.3.1.3.1 Parfüm	2.3.1.2.2 Hautpflegecreme [...]
1.3.1.3.2 Make-Up	2.3.2 Unternehmungen
1.3.1.4 Selbstgebasteltes [...]	2.3.2.1 mit Familie
1.3.2 Unternehmungen	2.3.2.2 mit anderen Vätern
1.3.2.1 Spazieren gehen	2.3.2.2.1 Alkoholkonsum
1.3.2.2 Einladung ins Cafe/Restaurant [...]	2.3.2.2.2 Radtouren [...]
1.3.2.3 Verwöhnung	3. Silvester/Neujahr
1.3.2.3.1 Frühstück ans Bett bringen	4. Tag der deutschen Einheit [...]
1.3.2.3.2 Haushaltsarbeit übernehmen [...]	

Abb. 3 KS „Nicht-christliche Feiertage in Deutschland" (Quelle: selbst erstellt)

Anschließend wird der Text zum zweiten Mal gelesen (Schritt 3), wobei geprüft wird, an welchen Textstellen sich die einzelnen Kultursysteme konkretisieren.

Das Ergebnis dieses Arbeitsschrittes ist in der Abbildung 4 gezeigt. Die Pfeile zeigen von Elementen des Kultursystems auf deren Konkretisierungen im Text – von der Systemebene zur Textebene.

In Schritt 4 der Rezeptionsphase werden die kulturellen Konstellationen identifiziert und gewichtet. Die kulturelle Konstellation wird durch die in Abbildung 4 gezeigten grau hinterlegten Konkretisierungen im Text gebildet. Eine Gewichtung wird in diesem Beispiel nicht durchgeführt, da nur ein Kultursystem aufgestellt wurde.

In der Transferphase wird ein kontrastiver Vergleich der ausgangs- und zielsprachlichen Kultursysteme vorgenommen. In Schritt 5 werden die entsprechenden zielsprachlichen Systeme erstellt. In Abbildung 5 wird das Kultursystem „Nicht-christliche Feiertage in Korea" gezeigt.

Kultursystem	Text
1. Muttertag	
1.1. Allgemeines	
1.1.1 Name: Muttertag	TS 1. ABBILDUNG (Elternteile mit Kindern)
1.1.2 Zeitpunkt: 2. Sonntag im Mai	
1.1.3 Ursprung	TS 2. Muttertag & Vatertag
1.1.4 Zielperson: Mütter	
1.1.5 Mitwirkende: Kinder, Ehemänner	TS 3. Schenken leicht gemacht
1.2. Funktionen	
1.2.1 Anerkennung	TS 4. Herzliches zum Muttertag
1.2.2 Danksagung	
1.3. Aktivitäten	TS 5. Überraschen Sie Ihre Mutter dieses Jahr
1.3.1 Geschenke	besonders herzlich!
1.3.1.1 Blumen	
1.3.1.2 Pralinen	TS 6. Wir haben die schönsten Geschenke
1.3.1.3 Kosmetik	zum „Danke sagen" und Verwöhnen:
1.3.1.3.1 Parfüm	
1.3.1.3.2 Make-Up	TS 7. von trendigen Kosmetiktaschen bis hin
1.3.1.4 Selbstgebasteltes [...]	zu luxuriösen Düften.
1.3.2 Unternehmungen	
1.3.2.1 Spazieren gehen	TS 8. ABBILDUNG (Parfüm für Frauen)
1.3.2.2 Einladung ins Cafe/Restaurant [...]	
1.3.2.3 Verwöhnung	TS 9. (LINK) So beautiful
1.3.2.3.1 Frühstück ans Bett bringen	TS 10. (LINK) Herzflimmern
1.3.2.3.2 Haushaltsarbeit übernehmen [...]	TS 11. (LINK) Liebesgrüße
2. Vatertag	TS 12. (LINK) Like a Star
2.1. Allgemeines	
2.1.1 Name: Vatertag	TS 13. ABBILDUNG (zwei Herzen)
2.1.2 Zeitpunkt: Christi Himmelfahrt	
2.1.3 Ursprung	TS 14. Überraschung für Daddy
2.1.4 Zielperson: Väter	
2.1.5 Mitwirkende	TS 15. Hier finden Sie die tollsten Geschenk-
2.2. Funktionen	ideen für die Herren der Schöpfung auf einen
2.2.1 Denken an Väter	Blick:
2.2.2 Väter feiern ausgelassen unter sich	
2.3. Aktivitäten	TS 16. duftende Klassiker, coole Designer-
2.3.1 Geschenke	stücke und mehr.
2.3.1.1 Gürtel	
2.3.1.2 Kosmetik	TS 17. (LINK) Papa auf Tour
2.3.1.2.1 Rasierwasser	TS 18. (LINK) Care for Daddy
2.3.1.2.2 Hautpflegecreme [...]	TS 19. (LINK) Men's Style
2.3.2 Unternehmungen	TS 20. ABBILDUNG (Gürtel, Rasierwasser)
2.3.2.1 mit Familie	TS 21. ABBILDUNG (zwei Herzen)
2.3.2.2 mit anderen Vätern	
2.3.2.2.1 Alkoholkonsum	
2.3.2.2.2 Radtouren [...]	
3. Silvester/Neujahr	
4. Tag der deutschen Einheit [...]	

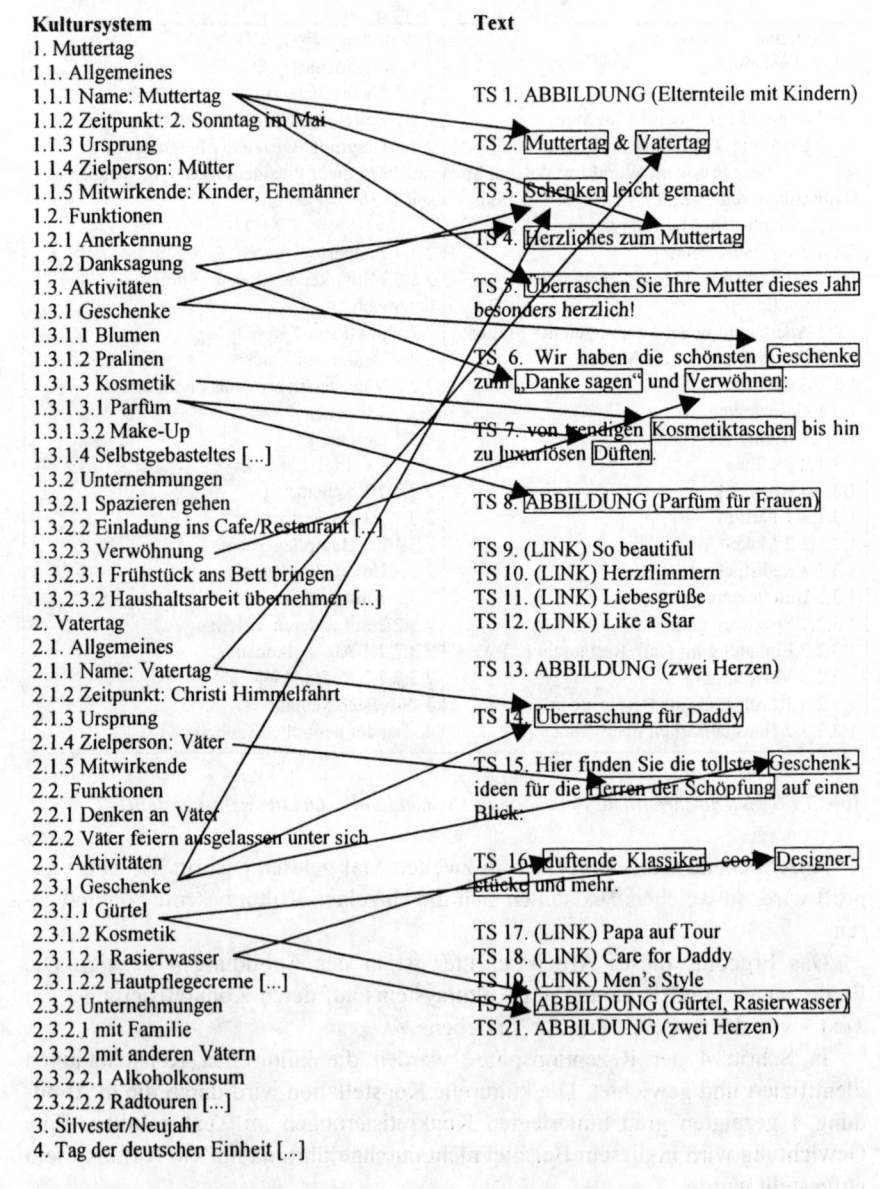

Abb. 4 Konkretisierung des Kultursystems „Nicht-christliche Feiertage in Deutschland"

Kultursysteme als Wissenssysteme 163

1. Tag der Eltern	1.3. Aktivitäten
1.1. Allgemeines	1.3.1. Nelken schenken
1.1.1 Name: Tag der Eltern	1.3.1.1 Rote Nelken an lebende Eltern
1.1.2 Zeitpunkt: 8. Mai	1.3.1.2 Weiße Nelken an verstorbene Eltern
1.1.3 Ursprung: Offizieller Feiertag in den USA seit 1914 unter Präsident Woodrow Wilson, in Korea seit 1956 als Muttertag, seit 1973 in den Tag der Eltern geändert.	1.3.1.3 Selbstgebastelte Papier-Nelken
	1.3.2 Unternehmungen
	1.3.2.1 Verwöhnung
	1.3.2.1.1 Haushaltsarbeit übernehmen
1.1.4 Zielperson: Mütter, Väter	1.3.2.1.2 Massage geben [...]
1.1.5 Mitwirkende: Kinder	2. Silvester/Neujahr
1.2. Funktionen	3. Tag der Bäume
1.2.1 Anerkennung der Leistungen der Eltern	4. Tag der Kinder
1.2.2 Danksagung für die Mühen	5. Tag der Verfassung [...]
1.2.3. Gedenken an verstorbene Eltern	

Abb. 5 KS „Nicht-christliche Feiertage in Korea" (Quelle: selbst erstellt)

In Schritt 6 werden die jeweiligen ausgangssprachlichen und zielsprachlichen Kultursysteme verglichen (Abbildung 6). Die durchgezogenen Pfeile zwischen Teilsystemen zeigen eine Identität an, ungleichmäßig gestrichelte Pfeile eine Teil-Identität und gleichmäßig gestrichelte Pfeile eine Nicht-Identität.

Beispielsweise gibt es in Korea keinen „Muttertag" und „Vatertag", sondern einen „Tag der Eltern" (Teil-Identität). An dem Tag der Eltern werden den Eltern ausschließlich Nelken geschenkt, was eine Teil-Identität des Geschenk-Teilsystems bewirkt. Gürtel oder Parfüm sowie Kosmetiktaschen sind als Geschenke in diesem Kontext nicht bekannt, daher folgt eine Nicht-Identität auf Systemebene.

In Schritt 7 wird die Kompatibilität der kulturellen Konstellationen überprüft. Hierzu wird der Ausgangstext an das Kultursystem „Nicht-christliche Feiertage in Korea" angelegt (Abbildung 7). Erkennbar ist, dass nicht alle Elemente der kulturellen Konstellation dem Kultursystem der Zielsprache zugeordnet werden können. Solche Elemente sind als inkompatibel mit dem System der Zielsprache anzusehen.

Nicht-christliche Feiertage in Deutschland   **... in Korea**
(Ausgangssprachliches Kultursystem)   **(Zielsprachliches Kultursystem)**

1. Muttertag	1. Tag der Eltern
1.1. Allgemeines	1.1. Allgemeines
1.1.1 Name: Muttertag	1.1.1 Name: Tag der Eltern
1.1.2 Zeitpunkt: 2. Sonntag im Mai	1.1.2 Zeitpunkt: 8. Mai
1.1.3 Ursprung: Präsident W.Wilson ...	1.1.3 Ursprung: Präsident W.Wilson ...
1.1.4 Zielperson: Mütter	1.1.4 Zielperson: Mütter, Väter
1.1.5 Mitwirkende: Kinder, Ehemänner	1.1.5 Mitwirkende: Kinder
1.2. Funktionen	1.2. Funktionen
1.2.1 Anerkennung der Leistungen der Mutter	1.2.1 Anerkennung der Leistungen der Eltern
1.2.2 Danksagung für die Mühen	1.2.2 Danksagung für die Mühen
1.3. Aktivitäten	1.2.3. Gedenken an verstorbene Eltern
1.3.1 Geschenke	1.3. Aktivitäten
1.3.1.1 Blumen	1.3.1 Nelken schenken
1.3.1.2 Pralinen	1.3.1.1 Rote Nelken an lebende Eltern
1.3.1.3 Kosmetik	1.3.1.2 Weiße Nelken an verstorbene Eltern
1.3.1.3.1 Parfüm	1.3.1.3 Selbstgebastelte Papier-Nelken
1.3.1.3.2 Make-Up	1.3.2 Unternehmungen
1.3.1.4 Selbstgebasteltes[...]	1.3.2.1 Verwöhnung
1.3.2 Unternehmungen	1.3.2.1.1 Haushaltsarbeit übernehmen
1.3.2.1 Spazieren gehen	1.3.2.1.2 Massage geben [...]
1.3.2.2 Einladung ins Cafe/Restaurant [...]	2. Silvester/Neujahr
1.3.2.3 Verwöhnung	3. Tag der Bäume
1.3.2.3.1 Frühstück ans Bett bringen	4. Tag der Kinder
1.3.2.3.2 Haushaltsarbeit übernehmen [...]	5. Tag der Verfassung [...]
2. Vatertag	
2.1. Allgemeines	
2.1.1. Name: Vatertag	
2.1.2 Zeitpunkt: Christi Himmelfahrt	
2.1.3 Ursprung: seit 1974, Präsident Nixon...	
2.1.4 Zielperson: Väter	
2.1.5 Mitwirkende: Kinder, Ehefrauen, Väter unter sich	
2.2. Funktionen	
2.2.1 Denken an Väter	
2.2.2 Väter feiern ausgelassen unter sich	
2.3. Aktivitäten	
2.3.1 Geschenke	
2.3.1.1 Gürtel	
2.3.1.2 Kosmetik	
2.3.1.2.1 Rasierwasser	
2.3.1.2.2 Hautpflegecreme [...]	
2.3.2 Unternehmungen	
2.3.2.1 mit Familie	
2.3.2.2 mit anderen Vätern	
2.3.2.2.1 Alkoholkonsum	
2.3.2.2.2 Radtouren [...]	

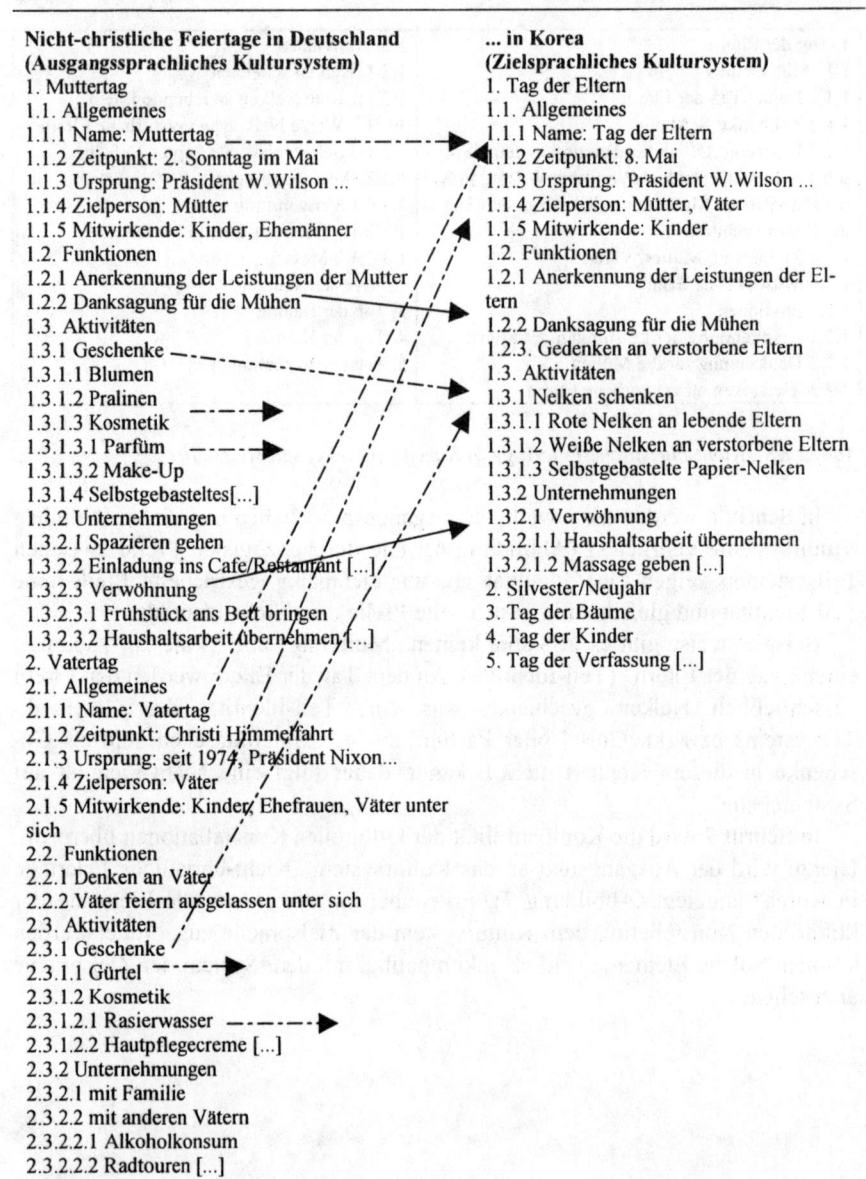

Abb. 6 Kontrastive Betrachtung des Kultursystems „Nicht-christliche Feiertage"

Kultursysteme als Wissenssysteme 165

Kultursystem: **Text**
Nicht-christliche Feiertage in Korea

1. Tag der Eltern
1.1. Allgemeines
1.1.1 Name: Tag der Eltern
1.1.2 Zeitpunkt: 8. Mai
1.1.3 Ursprung: Präsident W.Wilson
1.1.4 Zielperson: Mütter, Väter
1.1.5 Mitwirkende: Kinder
1.2. Funktionen
1.2.1 Anerkennung der Leistungen der Eltern
1.2.2 Danksagung für die Mühen
1.2.3. Gedenken an verstorbene Eltern
1.3. Aktivitäten
1.3.1 Nelken schenken
1.3.1.1 Rote Nelken an lebende Eltern
1.3.1.2 Weiße Nelken an verstorbene Eltern
1.3.1.3 Selbstgebastelte Papier-Nelken
1.3.2 Unternehmungen
1.3.2.1 Verwöhnung
1.3.2.1.1 Haushaltsarbeit übernehmen
1.3.2.1.2 Massage geben [...]
2. Silvester/Neujahr
3. Tag der Bäume
4. Tag der Kinder
5. Tag der Verfassung [...]

TS 1. ABBILDUNG (Elternteile mit Kindern)

TS 2. Muttertag & Vatertag

TS 3. Schenken leicht gemacht

TS 4. Herzliches zum Muttertag

TS 5. Überraschen Sie Ihre Mutter dieses Jahr besonders herzlich!

TS 6. Wir haben die schönsten Geschenke zum „Danke sagen" und Verwöhnen:

TS 7. von trendigen Kosmetiktaschen bis hin zu luxuriösen Düften.

TS 8. ABBILDUNG (Parfüm für Frauen)

TS 9. (LINK) So beautiful
TS 10. (LINK) Herzflimmern
TS 11. (LINK) Liebesgrüße
TS 12. (LINK) Like a Star

TS 13. ABBILDUNG (zwei Herzen)

TS 14. Überraschung für Daddy

TS 15. Hier finden Sie die tollsten Geschenkideen für die Herren der Schöpfung auf einen Blick:

TS 16. duftende Klassiker, coole Designerstücke und mehr.

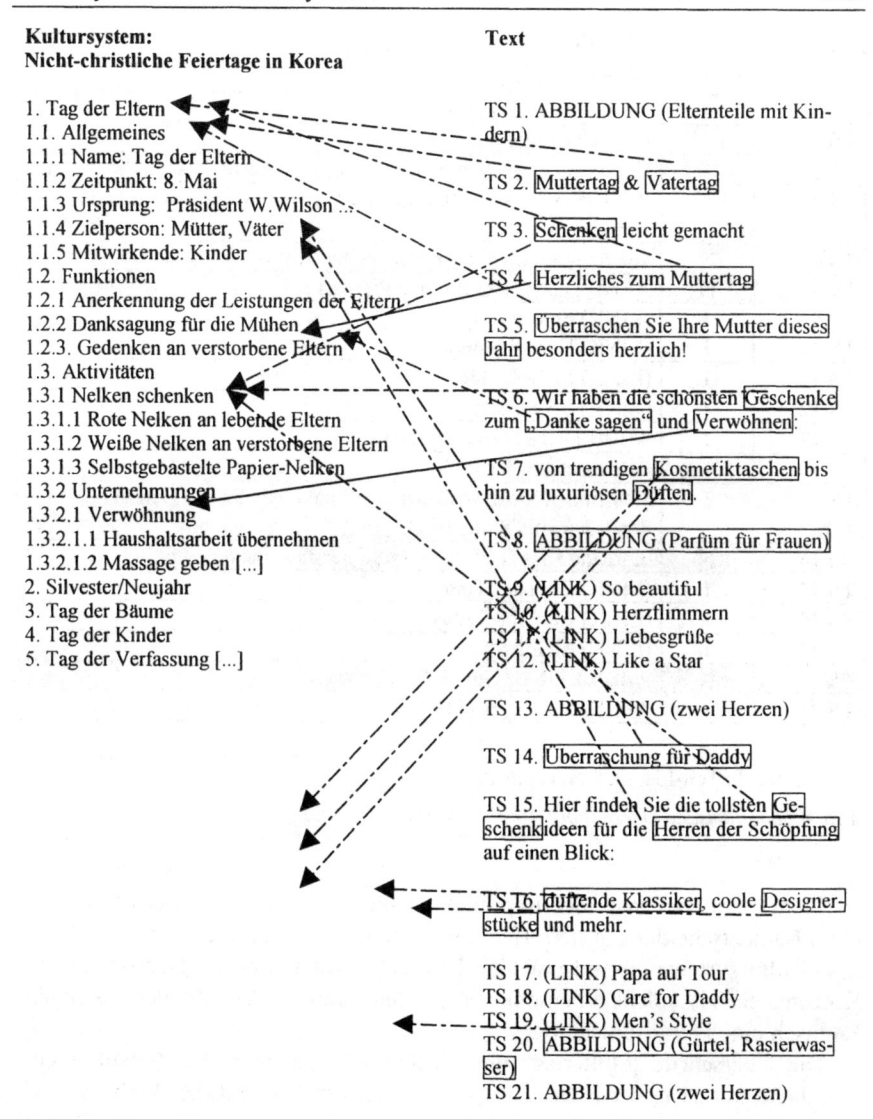

TS 17. (LINK) Papa auf Tour
TS 18. (LINK) Care for Daddy
TS 19. (LINK) Men's Style
TS 20. ABBILDUNG (Gürtel, Rasierwasser)
TS 21. ABBILDUNG (zwei Herzen)

Abb. 7 Kompatibilitätsüberprüfung

In der folgenden Tabelle ist das Ergebnis der Kompatibilitätsüberprüfung zu sehen.

TS 1	I	ABBILDUNG (Elternteile mit Kindern)
TS 2	T	Muttertag & Vatertag
TS 3	T	Schenken leicht gemacht
TS 4	I / T	Herzliches zum Muttertag
TS 5	T	Überraschen Sie Ihre Mutter dieses Jahr besonders herzlich!
TS 6	I / T	Wir haben die schönsten Geschenke zum „Danke sagen" und Verwöhnen:
TS 7	N	von trendigen Kosmetiktaschen bis hin zu luxuriösen Düften.
TS 8	N	ABBILDUNG (Parfüm für Frauen)
TS 9	I	(LINK) So beautiful
TS 10	I	(LINK) Herzflimmern
TS 11	I	(LINK) Liebesgrüße
TS 12	I	(LINK) Like a Star
TS 13	I	ABBILDUNG (zwei Herzen)
TS 14	T	Überraschung für Daddy
TS 15	T	Hier finden Sie die tollsten Geschenkideen für die Herren der Schöpfung auf einen Blick:
TS 16	N	duftende Klassiker, coole Designerstücke und mehr.
TS 17	I	(LINK) Papa auf Tour
TS 18	I	(LINK) Care for Daddy
TS 19	I	(LINK) Men's Style
TS 20	N	ABBILDUNG (Gürtel, Rasierwasser)
TS 21	I	ABBILDUNG (zwei Herzen)

I: Identität, T: Teil-Identität, N: Nicht-Identität

Abb. 8 Tabellarische Darstellung der Kompatibilitätsprüfung

In der dritten Phase, der Reproduktionsphase, werden die translatorischen Grundsatzentscheidungen getroffen. Die Elemente der kulturellen Konstellation des Kultursystems „fremdsprachige Elemente" können in der Übersetzung ins Koreanische als solche übernommen werden, weil in den Vergleichskulturen Englisch eine Fremdsprache ist.

Die Überschrift „Muttertag" und „Vatertag" kann man der Zielkultur entsprechend mit „Tag der Eltern (어버이날)" übersetzen, damit die Werbung auch in der Zielsprache ihre Wirkung behält (Funktionskonstanz) und der Text für den zielsprachlichen Leser verständlich ist[3]. Die Textstelle 3 „Schenken leicht gemacht" ist die erste Konkretisierung des Teilsystems „Geschenke". Diese Textstelle ist eine *Schlüssel-Stelle*, denn die Nicht-Identitäten im späteren Text wie z.B. „Düfte", „Kosmetiktaschen" und „Designerstücke" verweisen auf dasselbe Teilsystem: Geschenke.

---

[3] unter der Annahme eines Übersetzungsauftrages der Firma Douglas, dass diese Werbung in Korea funktionskonstant bleiben sollte.

Kultursysteme als Wissenssysteme

Das Ziel ist es nun, für die als problematisch erkannten Textstellen geeignete Neuvertextungen zu finden, durch die die vorhandenen Nicht-Identitäten möglichst vollständig aufgelöst werden können. Solch ein kohärenter Zieltext kann geschaffen werden, indem man das Teilsystem Geschenke, welches sich in der Zielkultur ausschließlich auf Nelken bezieht, öffnet und somit einen Sinnbezug zu den folgenden Textstellen ermöglicht: „*Immer nur Nelken? Schenken Sie doch einmal etwas anderes!(아직도 카네이션만 선물하세요? 다른 것 좀 선물해보세요!)*"

Durch den Zugriff auf das Kultursystem (Hintergrundwissen) und den systematischen Vergleich zwischen der Ausgangs- und der Zielkultur sowohl auf der Systemebene als auch auf der Textebene ist es möglich, dass diese Textstelle als problematisch erkannt wird und nach einer umfassenden Lösung für die weiteren kohärenzstiftenden Textstellen gesucht werden kann (vgl. Gerzymisch-Arbogast 1999, 87ff). Somit bleibt entsprechend der translatorischen Zwecksetzung das Gefüge der kulturellen Konstellation in dessen funktionalen Zusammenhang im Zieltext erhalten (Floros 2003, 120).

Der darauf aufbauende Übersetzungsvorschlag berücksichtigt zusätzlich die sprachliche Norm und Konvention der Zielsprache, u.a. im Bezug auf passende Kollokationen. Die Übersetzung lautet wie folgt:

auf Koreanisch	Hilfe für dt. Leser
어버이 날	Tag der Eltern
[그림] 아직도 카네이션만 선물하세요? 다른 것 좀 선물해 보세요!	[Abbildung] Immer nur Nelken? Schenken Sie doch einmal etwas anderes!
어머니를 위한 정성어린 선물 올해는 어머니들을 특별히 놀라게 해드리자고요! 더글라스에는 „감사"와 „기쁨"을 전하기 위한 최고의 선물이 마련되어 있습니다. 트렌디한 화장품 가방에서 부터 고급 향수까지.	Herzliches für die Mutter Überraschen Sie Ihre Mutter dieses Jahr besonders herzlich! Wir haben die schönsten Geschenke zum „Danke sagen" und Verwöhnen: von trendigen Kosmetiktaschen bis hin zu luxuriösen Düften.
[그림] (링크) 화장품 (링크) 가슴 설레는 선물 (링크) 사랑의 인사 (링크) 스타처럼 [그림]	[Abbildung] (Link) So beautiful (Link) Herzflimmern (Link) Liebesgrüße (Link) Like a Star [Abbildung]
아빠를 위한 깜짝 선물	Überraschungsgeschenk für Daddy
아빠를 위한 멋진 선물 아이디어들을 한 자리에 모았습니다. 클래식 화장수, 멋진 디자이너 용품 등등.	Hier finden Sie die tollsten Geschenkideen für Papa auf einen Blick: duftende Klassiker, coole Designerstücke und mehr.
[그림] (링크) 아빠의 여행용품 (링크) 아빠의 피부 케어 (링크) 남성 스타일 용품 [그림]	[Abbildung] (Link) Papa auf Tour (Link) Care for Daddy (Link) Men's Style [Abbildung]

Abb. 9 Übersetzungsvorschlag (Neuvertextung grau hinterlegt)

4 Diskussion

Im Gegensatz zu den herkömmlichen Ansätzen zur Übersetzung von Kulturspezifik in Texten hat das Modell von Floros folgende Stärken: Es ist ein systematisches Verfahren, in dem Kulturspezifik anhand von kulturellen Konstellationen im Text auf mikrostruktureller und makrostruktureller Ebene nachgewiesen werden kann. Die Bezüge zwischen Kultur als Wissen auf Systemebene und den einzelnen aktualisierten kulturellen Elementen im Text werden transparent gemacht und dadurch übertragbar. Ebenso können kulturelle Unterschiede im kontrastiven Vergleich (System-System, System-Text, Text-System) identifiziert werden. Der Übersetzer kann durch diese Kompatibilitätsprüfungen potenzielle Übersetzungsprobleme in Bezug auf Kulturspezifik erkennen. Durch seine detaillierte Beschreibung stellt dieses Verfahren für den Übersetzer eine praktisch umsetzbare (=operationalisierbare) Methode dar.

Trotz der vorgegebenen Systematik wird vom Übersetzer jedoch noch eine gewisse Kreativität verlangt. Er hat z.B. bei der Erstlektüre geeignete Kultursysteme (Holons) zu identifizieren, auf denen die weiteren Analysen durchgeführt werden. Das Verfahren gibt darüber hinaus keine konkreten Hinweise darauf, wie inkompatible Textelemente übersetzt werden sollten. Aufgrund dieser notwendigen subjektiven Entscheidungen des Übersetzers kann dieses Verfahren dessen Arbeit nicht objektiv überprüfbar machen; seine Arbeit wird vielmehr intersubjektiv überprüfbar, d.h. seine translatorischen Entscheidungen werden für Dritte nachvollziehbar.

Literaturverzeichnis

Primärliteratur

Der Douglas-Werbetext. World Wide Web: http://www.douglas.de, Stand: Mai 2002.

Sonstige Literatur

Floros, G. (2001): Zur Repräsentation von Kultur in Texten. In: Thome, G./Giehl, C./ Gerzymisch-Arbogast, H. (Hrsg.): Kultur und Übersetzung: Methodologische Probleme des Kulturtransfers. Jahrbuch Übersetzen und Dolmetschen. Bd. 2. Tübingen, 75-94.
Floros, G. (2003): Kulturelle Konstellationen. Jahrbuch Übersetzen und Dolmetschen. Bd. 3. Tübingen, Narr.
Gerzymisch-Arbogast, H. (1994): Übersetzungswissenschaftliches Propädeutikum. Tübingen.
Gerzymisch-Arbogast, H. (1999): Kohärenz und Übersetzung: Wissenssysteme, ihre Repräsentation und Konkretisierung in Original und Übersetzung. In: Gerzymisch-Arbogast, H./Gile, D./House, J./Rothkegel, A (Hrsg.): Wege der Übersetzung- und

Dolmetschforschung. Jahrbuch Übersetzung und Dolmetschen. Bd. 1. Tübingen, 77-106.

Gerzymisch-Arbogast, H./Mudersbach, K. (1998): Methoden des wissenschaftlichen Übersetzens. Tübingen.

Göring, H. (1978): Interkulturelle Kommunikationen: Die Überwindung der Trennung von Fremdsprachen- und Landeskundeunterricht durch einen integrierten Fremdverhaltensunterricht. In: Kühlwein, W. (Hrsg.): Kongressberichte der 8. Jahrestagung der GAL. Stuttgart, 9-14.

Hönig, H. G./Kussmaul, P. (1982/^{4}1996): Strategie der Übersetzung. Ein Lehr- und Arbeitsbuch. Tübingen.

Koller, W. (^{4}1992/^{6}2001): Einführung in die Übersetzungswissenschaft. Heidelberg.

Mudersbach, K. (1991): Erschließung historischer Texte mit Hilfe linguistischer Methoden. In: Best, H. / Thome, H. (Hrsg.): Neue Methoden der Analyse historischer Daten. St. Katharinen: Scripta Mercaturae. (=Historischsozialwissenschaftliche Forschungen. 23), 308-362

Mudersbach, K. (2001): Kultur braucht Übersetzung. Übersetzung braucht Kultur. In: Thome, G./Giehl, C./ Gerzymisch-Arbogast, H. (Hrsg.): Kultur und Übersetzung: Methodologische Probleme des Kulturtransfers. Jahrbuch Übersetzen und Dolmetschen. Bd. 2. Tübingen, 169-225.

Newmark, P. (1981): Approaches to Translation. Oxford, New York.

Paepcke, F. (1986): Im Übersetzen leben: Übersetzen und Textvergleich. In: Berger, K./Speier, H. M. (Hrsg.): Tübinger Beiträge zur Linguistik. 281. Tübingen.

Reiß, K. (1971): Möglichkeiten und Grenzen der Übersetzungskritik. Kategorien und Kriterien für eine sachgerechte Beurteilung von Übersetzungen. München.

Snell-Hornby, M. (1986): Übersetzungswissenschaft zwischen gestern und morgen. Standortbestimmung einer jungen Disziplin. In: Deutsche Gesellschaft für Fremdsprachenforschung (Hrsg.): Zeitschrift für Fremdsprachenforschung. 5(1). Berlin.

Stolze, R. (1992): Hermeneutisches Übersetzen. Linguistische Kategorien des Verstehens und Formulierens beim Übersetzen. Tübingen.

Vannerem, M./Snell-Hornby, M. (1986): Die Szene hinter dem Text: „scenes-and-frames-semantics" in der Übersetzung. In: Snell-Hornby, M. (Hrsg.): Übersetzungswissenschaft: eine Neuorientierung. Tübingen, 184-205.

Vermeer, H./Witte, H. (1990): Mögen Sie Zistrosen? Scenes & Frames & Channels im translatorischen Handeln. TextconText. Beiheft 3. Heidelberg.

Anhang

Muttertag & Vatertag

Schenken leicht gemacht

Herzliches zum Muttertag

Überraschen Sie Ihre Mutter dieses Jahr besonders herzlich! Wir haben die schönsten Geschenke zum "Danke sagen" und Verwöhnen: von trendigen Kosmetiktaschen bis hin zu luxuriösen Düften.

- So beautiful
- Herzflimmern
- Liebesgrüße
- Like a Star

Überraschung für Daddy

Hier finden Sie die tollsten Geschenkideen für die Herren der Schöpfung auf einen Blick: duftende Klassiker, coole Designerstücke und mehr.

- Papa auf Tour
- Care for Daddy
- Men's Style

Kulturtransfer oder ‚Voice-Over': Informationsstrukturen im gedolmetschten Diskurs

Heidrun Gerzymisch-Arbogast / Martin Will, Saarbrücken

1 Einleitung

Den folgenden Ausführungen liegt die Fragestellung zugrunde, ob in einer Simultanverdolmetschung als ‚voice over' (vgl. Pöchhacker 1994:242) per definitionem die Informationsstrukturen invariant bleiben bzw. inwieweit sie variieren können. Dieser Frage soll im Rahmen einer Fallstudie anhand der Thema-Rhema-Gliederungen eines transkribierten amerikanischen Redebeitrags und dessen Verdolmetschung in das Deutsche (auf der Basis des sog. Pöchhacker Korpus (1994) nachgegangen werden. Dabei wird zunächst in Abschnitt 2 dargelegt, in welcher Weise Informationsstrukturen als pragmatisches Phänomen begrifflich konturiert und beschrieben werden können. Nach einer Verortung der Bezugspunkte ‚Informationsstrukturen' – ‚Simultanverdolmetschung' – ‚Interkulturalität' (insbesondere im Hinblick auf das Problem der Norm) in Abschnitt 3 werden die beiden Vergleichstexte in Abschnitt 4 einer Analyse in Bezug auf ihre Thema-Rhema-Gliederungen unterzogen. Die Ergebnisse werden als kulturell bedingte Abweichungen interpretiert und in Abschnitt 5 diskutiert.

2 Informationsstrukturen als pragmatisches Phänomen

2.1 Begriffliche und methodische Auseinandersetzung

Die Problematik der Beschreibung von Informationsstrukturen oder in der fachlichen Terminologie von ‚Thema-Rhema-Strukturen' im Diskurs gehört nach wie vor zu den schillerndsten und problematischsten Fragen der modernen Sprachwissenschaft und ist unter vielen Gesichtspunkten behandelt worden. Zur Beschreibung werden syntaktische, semantische oder textuelle Kriterien herangezogen, z.B.:

- satzinterne Kriterien (Satzgegenstand vs. Satzaussage, logisches Subjekt vs. logisches Prädikat),
- textinterne Kriterien (im Kontext vorerwähnt vs. nicht vorerwähnt, kontextgebunden vs. nicht aus dem Kontext gewinnbar) und
- situative Kriterien (on stage bzw. off stage)

Dabei besteht das Problem zum einen darin, dass meist isolierte Sätze (mit post factum dazu konstruierten Fragen, für die die zu untersuchenden Sätze eine passende Antwort liefern (sollen)), aber keine Redekonstellationen im Diskursverlauf, also keine Texte, untersucht werden. Zum anderen werden zur Beschreibung informationsbezogener Phänomene oft ausschließlich die (oben genannten) syntakto-semantischen oder situativen Kategorien (isoliert) angewendet, ihr Zusammenspiel wird i.d.R. nicht betrachtet. Pragmatische Parameter fehlen in der Beschreibung meist ganz, oder die relevanten funktionalen Verbindungen zwischen den pragmatischen Kategorien werden nicht erfasst. Der ausschließliche Rückgriff auf syntakto-semantische Kategorien zur Beschreibung und Erklärung pragmatischer Phänomene greift allerdings notgedrungen zu kurz.

Diese begrifflichen Defizite führen nach wie vor zu methodischen Problemen, die bislang groß angelegte empirische Untersuchungen zu (kontrastiven) Informationsstrukturen in Texten verhindert haben. Wir gehen daher hier grundsätzlich davon aus, dass es sich bei Informationsstrukturen in Diskursen um ein pragmatisches Phänomen handelt, bei dessen Beschreibung daher pragmatische Kategorien und Kriterien in ihrer **Abhängigkeit voneinander, in ihrem funktionalen Zusammenhang,** erfasst werden müssen.[1] Zu den pragmatischen Parametern, die die Informationsgliederung steuern und bestimmen, gehören:

- Sprecher/Autor und Hörer/Leser in einer Kommunikationssituation
- Wissensstand des Sprechers/Autors (Inf_S)
- Wissensstand des Hörers/Lesers (Inf_H)
- Gemeinsamer Wissensstand von Hörer und Leser (G)
- Aufmerksamkeitsbereich in einer bestimmten Kommunikationssituation (AB)
- Gemeinsamer Aufmerksamkeitsbereich in einer bestimmten Kommunikationssituation (Gemeinsamer AB)

---

[1] Die pragmatische Orientierung bedingt, dass hier nicht von einzelsprachlichen Besonderheiten oder Erscheinungsformen ausgegangen wird, die mit einer Thema-Rhema-Gliederung (TRG) in Zusammenhang stehen oder an denen TRG-Phänomene demonstriert werden können wie z.B. die der Wortstellung, Intonation, Aktiv-Passivtransformation etc., sondern dass davon auszugehen ist, dass die Informationsgliederung **vor** der Verbalisierung stattfindet (beim Sprecher) und **während oder nach** der Interpretation der Äußerung im gesamten Situationszusammenhang (beim Hörer).

Kulturtransfer oder ‚Voice-Over' 173

Inf^S AB Gemeinsamer AB G Inf^H

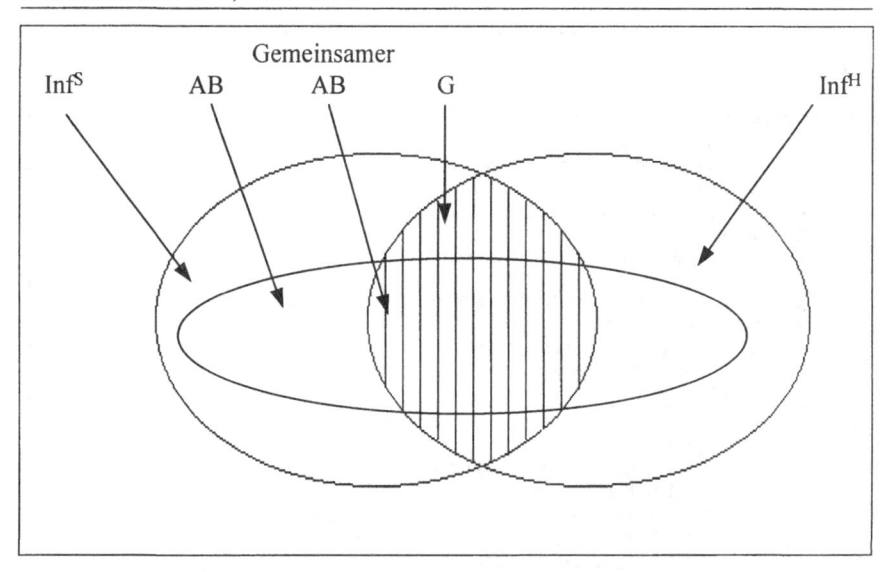

Abb.2.1.1: Pragmatische Thema-Rhema Parameter und ihr Zusammenwirken in der Äußerungssituation

Bei diesen Parametern handelt es sich nicht um unverbundene Einzelkriterien, sondern um ineinander greifende pragmatische Parameter, die sich wechselseitig zum Zweck der Informationsentfaltung bedingen bzw. beeinflussen. Die Beschreibung dieses Ineinandergreifens wird möglich durch ihre Modellierung als holistische Wissenssysteme (vgl. Gerzymisch-Arbogast/Mudersbach 1998:63ff) und die Beschreibung ihrer Interaktion in der Kommunikationssituation bzw. hier im Text im Wege der Konkretisierung (vgl. ebd., 64ff). Ein holistisches Wissenssystem (Holon) besteht aus einer bestimmten Anzahl funktionaler Teile (Holemen), von denen jedes einen Zweck, der ein Teilzweck im Gesamtzweck des Holons ist, hat. Holeme können die Rollen von Personen und Gegenständen des Holons festlegen (statische Holeme) und eventuell deren Zusammenwirken bei Handlungsabläufen angeben (kinematische Holeme)[2]. Pragmatisch orientierte Informationsstrukturen lassen sich zu folgendem Holon strukturieren, das aus statischen und kinematischen Holemen besteht und später in seiner Interaktion im Text über die Konkretisierung (vgl. 4.2) beschrieben wird.

---

[2] Eine ausführliche Definition des Konzepts ‚Holon' (=holistisches System) ist in Mudersbach (1997) zu finden, vgl. auch insbesondere die Konzeption des Kultursystems als holistisches System in Mudersbach (2001).

Holon: Informationsstruktur (Thema-Rhema-Gliederung)

1. Pragmatische Parameter zur Beschreibung der Kommunikationssituation
   1.1 Sprecher/Autor und Hörer/Leser
   1.2 Wissensstand des Sprechers/Autors
   1.3 Wissensstand des Hörers/Lesers
   1.4 Gemeinsamer Wissensstand von Hörer und Leser
   1.5 Aufmerksamkeitsbereich
   1.6 Gemeinsamer Aufmerksamkeitsbereich
2. Dynamisches Zusammenspiel der Parameter in der Kommunikationssituation
   2.1 aus der Sprechersicht
      2.1.1 Hörer (aus der Sprechersicht)
      2.1.2 Konstanz
      2.1 3 Wechsel
      2.1.4 Wissensstand des Hörers (aus der Sprechersicht)
         2.1.4.1 Konstanz
         2.1.4.2 Erweiterung/Zunahme
         2.1.4.3 Korrekturen
      2.1.5 Gemeinsamer Wissensstand von Hörer und Leser (aus der Sprechersicht)
         2.1.5.1 Konstanz
         2.1.5.2 Erweiterung/Zunahme
         2.1.5.3 Korrektur
      2.1.6 Aufmerksamkeitsbereich (aus der Sprechersicht)
         2.1.6.1 Konstanz
         2.1.6.2 Wechsel
      2.1.7 Gemeinsamer Aufmerksamkeitsbereich (aus der Sprechersicht)
         2.1.7.1 Konstanz
         2.1.7.2 Wechsel
   2.2 aus der Hörersicht
      2.2.1 Sprecher (aus der Hörersicht)
         2.2.1.1 Konstanz
         2.2.1.2 Wechsel
      2.2.2 Wissensstand des Sprechers (aus der Hörersicht)
         2.2.2.1 Konstanz
         2.2.2.2 Erweiterung/Zunahme
         2.2.2.3 Korrektur
      2.2.3 Gemeinsamer Wissensstand von Hörer und Leser (aus der Hörersicht)
         2.2.3.1 Konstanz
         2.2.3.2 Erweiterung/Zunahme
         2.2.3.3 Korrektur
      2.2.4 Aufmerksamkeitsbereich (aus der Hörersicht)
         2.2.4.1 Konstanz
         2.2.4.2 Wechsel
      2.2.5 Gemeinsamer Aufmerksamkeitsbereich (aus der Hörersicht)
         2.2.5.1 Konstanz
         2.2.5.2 Wechsel
3. Thema-Rhema-Einheiten aus der Sprechersicht
   3.1 Informationsbezogenes Thema
   3.2 Informationsbezogenes Rhema
   3.3 Indikatoren
   3.4 Indikatoren der Raum-Zeit-Situuierung
   3.5 Indikatoren der Sprechereinstellung
   3.6 Indikatoren der Perspektivierung

Kulturtransfer oder ‚Voice-Over' 175

---

4. **Thema-Rhema-Einheiten aus der Hörersicht**
 4.1 Informationsbezogenes Thema
  4.1.1 Konstanz/Wiederaufgenommen
  4.1.2 Wechsel
 4.2 Informationsbezogenes Rhema
  4.2.1 Alle Informationskomponenten ‚neu'
  4.2.2 Subsidiäre Rhemata
 4.3 Indikatoren
  4.3.1 vorhanden
  4.3.2 nicht vorhanden
 4.4 Indikator der Raum-Zeit-Situierung
  4.4.1 Konstanz/Wiederaufnahme
  4.4.2 Wechsel
 4.5 Indikator der Sprechereinstellung
  4.5.1 Konstanz/Wiederaufnahme
  4.5.2 Wechsel
 4.6 Indikator der Perspektivierung
  4.6.1 Konstanz/Wiederaufnahme
  4.6.2 Wechsel

5. Sprachliche Manifestationen der Thema-Rhema-Gliederung
 5.1 Passivierung
 5.2 Akzentverteilung
 5.3 Wortstellung
 5.4 Kasusmarkierung
 5.5 Definitheit und Referenzausdrücke
 5.6 Präsupponierbarkeit
 5.7 Negierbarkeit
 5.8 Quantifikationsskopos
 5.9 Frage-Antwort-Beziehungen
 5.10 Verb-Rollen (Ergänzungen)

Abb. 2.1.2 Holon ‚Informationsstruktur'

Wie oben bereits erläutert, bedingt die Annahme der Informationsstruktur als Wissenssystem, dass die oben genannten Kriterien nicht als isolierte Einzelkriterien, sondern in ihrem wechselseitigen Zusammenspiel von Wissenssystem und Text bzw. Diskurs zu analysieren sind. Dies gelingt, wenn man das Wissenssystem ‚Informationsstruktur' an den zu analysierenden Text ‚anlegt' (vgl. 2.2). So werden – im Wege der ‚Konkretisierung' – zunächst die Bezüge zwischen dem System und dem Text transparent. Als ‚Mehrwert' dieser Transparenz lässt sich eine sehr viel größere Explizitheit bei der Beschreibung von Informationsstrukturen im Diskurs feststellen, wie dies exemplarisch die Analyse des folgenden Anfangs der Rede von Kirchhoff – aus der Hörersicht – zeigt (vgl. auch Abb. 4.2.1).

2.2 T/R-Wissenssystem und Konkretisierung: Ein Beispiel

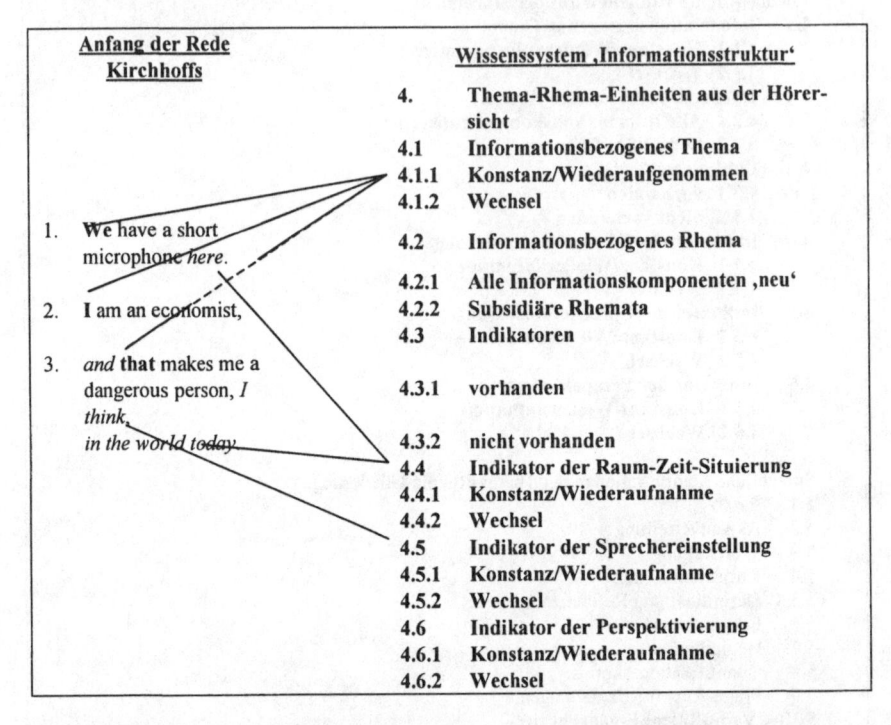

Anfang der Rede Kirchhoffs	Wissenssystem ‚Informationsstruktur'	
	4.	Thema-Rhema-Einheiten aus der Hörersicht
	4.1	Informationsbezogenes Thema
	4.1.1	Konstanz/Wiederaufgenommen
	4.1.2	Wechsel
1. We have a short microphone here.	4.2	Informationsbezogenes Rhema
	4.2.1	Alle Informationskomponenten ‚neu'
2. I am an economist,	4.2.2	Subsidiäre Rhemata
	4.3	Indikatoren
3. *and* that makes me a dangerous person, *I think, in the world today*.	4.3.1	vorhanden
	4.3.2	nicht vorhanden
	4.4	Indikator der Raum-Zeit-Situierung
	4.4.1	Konstanz/Wiederaufnahme
	4.4.2	Wechsel
	4.5	Indikator der Sprechereinstellung
	4.5.1	Konstanz/Wiederaufnahme
	4.5.2	Wechsel
	4.6	Indikator der Perspektivierung
	4.6.1	Konstanz/Wiederaufnahme
	4.6.2	Wechsel

Wir können nun – aus der Hörersicht – auf der Basis der oben veranschaulichten Konkretisierung dieser drei Äußerungen folgende Aussagen zur Informationsstruktur im Original machen:

- Das Thema wechselt in diesen drei ersten Äußerungen vom inklusiven ‚we' des Redners zu ‚I' zu der Proform ‚that', mit der auf das vorangegangene Rhema ‚am an economist' referiert wird.
- Die Rhemata enthalten in der dritten Aussage nicht mehr nur ‚neue' Informationskomponenten, sondern auch subsidiäre Rhemata[3], nämlich ‚me' als Wiederaufnahme von ‚I' aus der vorangegangenen Äußerung. Mit dem Rückgriff auf das ‚I' in Form von ‚me' wird die neue, im Rhema verbalisierte Beziehung, also die Aussage, dass den Sprecher die Tatsache, dass er Wirt-

---

[3] Der Begriff des ‚subsidiären' Rhemas wurde von Mudersbach (in Arbeit) geprägt. Damit werden Einheiten benannt, die an sich thematisch sind, mit deren Hilfe aber eine neue Beziehung (als neue Information) hergestellt wird. Z.B. ‚ich habe meinem Bruder mein Buch geschenkt' – ausgehend von der Annahme, dass ‚ich' thematisch ist und ‚mein Bruder' sowie ‚mein Buch' vorerwähnt, also ebenfalls thematisch sind, würden die beiden letzteren Segmente hier aber als ‚subsidiäre' Rhemata zur Herstellung der neuen Beziehung des Schenkens betrachtet.

schaftswissenschaftler ist, seiner Meinung nach zu einer gefährlichen Person macht, hergestellt.
- Indikatoren sind in Äußerung 1 und 2 vorhanden. Es handelt dabei um Raum-Zeit-Indikatoren („here', ‚today', ‚in the world') sowie um einen Indikator der Sprechereinstellung („I think') und einen additiven Rhema-Indikator („and').
- Zur Frage der Konstanz bzw. des Wechsels der Indikatoren lässt sich feststellen, dass ein Wechsel im Raum-Zeit-Indikator Gefüge eintritt: Hier wird einmal (in Äußerung 1) die Situation im Konferenzsaal angesprochen bzw. indiziert („here'), zum anderen die allgemeine Weltsituation in Äußerung 3 („in the world'). Weitere Aussagen lassen sich aufgrund der Kürze des betrachteten Abschnitts nicht machen.

2.3 Zur Frage der Interkulturalität: Die Rolle der ZS-Norm

Es besteht in der Literatur zu interkulturellen Diskursmustern – zumindest bezogen auf das Deutsche und Englische – weitgehender Konsens darüber, dass diese im kontrastiven Vergleich variieren (können). Dies ist in der Literatur ausführlich dokumentiert (Kaplan 1966), Galtung 1985, Clyne 1996, House 1996, 1999), Gerzymisch-Arbogast (1993, 1997), und kann hier aus Platzgründen nicht im Detail referiert werden. (vgl. dazu auch die gesamthafte Darstellung von Buhl 1999). Wesentlich ist dabei, dass je nach zielsprachlicher Norm die Informationsstrukturen eher sachorientiert (im Deutschen) bzw. eher leser- bzw. adressatenorientiert (im Englischen) gestaltet erscheinen. Ohne hier auf eine theoretische Diskussion des Normbegriffs eingehen zu können (vgl. dazu ausführlich Gerzymisch-Arbogast 2003), wird dabei insbesondere von House (1996, 1999) vorgeschlagen, dass sich deutsche und englische Diskurse tendenziell entlang der folgenden Pole graduell unterscheiden:

Deutsche Sprecher		*Englische Sprecher*
Direktheit	-----------------	Indirektheit
Ich-Orientiertheit	-----------------	Adressaten-Orientiertheit
Inhaltsorientierung	-----------------	Adressatenorientierung
Explizitheit	-----------------	Implizitheit
Ad-hoc-Formulierung	-----------------	sprachliche Routinen.

Abb. 2.3.1: Diskursunterschiede bei deutschen und englischen Sprechern nach House 1999

In unserem Zusammenhang interessiert nun die Frage, ob in der Simultanverdolmetschung die Informationsstrukturen im Sinne eines ‚voice over' notgedrungen ‚invariant' bleiben oder ob in dieser so restriktiven Form des sprachlichen Transfers kulturelle Anpassungen an die zielsprachliche Norm zu beobachten sind. Dabei kann die hier vorgelegte exemplarische Analyse natürlich nur heuristischen Wert haben, würde aber die These vom ‚voice over' der Simultanverdolmetschung doch dahingehend relativieren, dass die zielsprachliche Norm als besonderes ‚System' (vgl. Gerzymisch-Arbogast 2003) Einfluss auf das Sprechverhalten einer DolmetscherIn in dem Sinne nehmen kann, dass die Informationsstruktur verändert wird.[4] Vor diesem Hintergrund sollen daher die Ergebnisse in Abschnitt 5 diskutiert werden.

3 Informationsstrukturen und Simultandolmetschen

In der Literatur zum Simultandolmetschen sind empirische Arbeiten zur (In)varianz von Informationsstrukturen unterrepräsentiert. Dies dürfte zum einen – wie im Falle des Übersetzens auch – auf die begrifflichen und methodischen Defizite bei den Analysekriterien der Thema-Rhema-Gliederung zurückzuführen sein. Hinzu kommt – neben den allgemeinen Erschwernissen bei Analysen gesprochener Sprache – die Problematik der Verfügbarkeit authentischer Simultanverdolmetschungen. Eine weitere Barriere dürfte die mangelnde Relevanz solcher Untersuchungen nach Einschätzung der Praxis sein: Da Texte ja immer nur in Segmenten, nicht als „‚complete object' to the eyes of the interpreter" (Garzone 2000:70) – gedolmetscht werden, gelten Untersuchungen des Diskurses in seiner Gesamtheit als für die Praxis wenig aufschlussreich. Dennoch scheint die zunehmende Literatur zu thematischen Strukturen beim Dolmetschen (Taylor 1996, Consorte 1999) ein verstärktes Interesse an diesem Phänomen anzudeuten, wobei jedoch die mangelnde Explizitheit des methodischen Instrumentariums aussagefähigen Resultaten im Wege steht. Mit der folgenden Fallstudie soll daher ein Instrumentarium vorgeschlagen werden, das breitere empirische Analysen zu den Informationsstrukturen gedolmetschter Texte ermöglicht.

4 Informationsstrukturen als Wissenssysteme in Original und Simultanverdolmetschung: Eine Fallstudie

4.1 Zu den Vergleichstexten

Bei den beiden Vergleichstexten, die im Anhang segmentiert und nach T/R-Einheiten aufgeschlüsselt sind, handelt es sich um einen Konferenzbeitrag von

---

4   Hier ließen sich Untersuchungen anschließen, die danach fragen, inwieweit die relative Erfahrung und Professionalität von DolmetscherInnen mit dem Einfluss und der Ausprägung der zielsprachlichen Norm – hier am Beispiel der Informationsstrukturen – korrelieren.

Bruce Kirchhoff – einem amerikanischen Muttersprachler – anlässlich der ‚36th International Council for Small Business (ICSB) World Conference', der 1991 in Wien stattfand. Der Beitrag wurde simultan von einem erfahrenen Dolmetscher und deutschen Muttersprachler in das Deutsche gedolmetscht. Original und Verdolmetschung liegen transkribiert im Rahmen des so genannten Pöchhacker Korpus (1994) vor. Der hier vorgelegten Analyse liegen die transkribierten Texte im Original und in der Simultanverdolmetschung, nicht die digitalisierte Version des Korpus zugrunde. Auf die Auswertung einzelsprachlicher Ausprägungen der T/R-Kennzeichnungen wird hier aus Relevanzgründen verzichtet.

4.2 Methodisches Vorgehen und Durchführung der Analyse

Das methodische Vorgehen erfolgt in vier Schritten:

Schritt 1: Beschreibung der Kommunikationssituation des Beitrags nach den Parametern des Wissenssystems ‚Informationsstruktur'
Schritt 2: Segmentierung der Texte (in Original und Verdolmetschung)
Schritt 3: Konkretisierung des Wissenssystems ‚Informationsstruktur' am Text (Original und Verdolmetschung)
Schritt 4: Erstellung eines Befunds (Gemeinsamkeiten und Abweichungen)

Die Analyse wurde wie folgt durchgeführt:

Schritt 1: Beschreibung der Kommunikationssituation des Beitrags nach den Parametern des Wissenssystems ‚Informationsstruktur'

Hier werden aufgrund des Vorwissens um die Konferenzsituation folgende Parameter spezifiziert:

1.1 Sprecher und Hörer

Beim Sprecher handelt es sich um einen englischen Muttersprachler und Fachmann der Volks- und Betriebswirtschaftslehre, der vor einem Fachpublikum zum Thema ‚Kleinere Betriebe und Unternehmen' einen Vortrag hält. Das Publikum besteht aus Fachleuten und/oder interessierten fachkundigen Laien sowie aus Kollegen, die ebenfalls im Laufe der Konferenz einen Vortrag halten. Weitere Daten zu Rednern und Publikum lassen sich aus den Konferenzunterlagen erschließen.

1.2 Wissensstand des Sprechers/Hörers

Der Redner verfügt über hervorragende Kenntnisse und Erfahrungen zu Aufbau und Funktion von Kleinunternehmen und Unternehmensformen bezogen auf die

USA (eingeladener Redner). Auch das Publikum verfügt über gewisse Kenntnisse und Erfahrungen, die aber unter den Kenntnissen und Erfahrungen des Redners liegen, da sie sich als Teilnehmer dieser Konferenz ‚Neues' zum Thema erhoffen. Sprecher und Publikum verfügen über Sprachkenntnisse im Englischen und Deutschen, die sich aber individuell unterscheiden können, daher wird der Einsatz von Dolmetschern nötig.

1.3 Gemeinsamer Wissensstand von Hörer und Leser

Sprecher und Fach-Publikum verfügen über einen gemeinsamen Wissensstand bezogen auf Bildung, Weiterbildung und die Funktion von Konferenzen sowie bezogen auf das Fachgebiet ‚kleine und mittelständische Unternehmen'. Möglicherweise ist kein gemeinsamer Wissensstand bezogen auf die Sprache und Kultur vorhanden (Dolmetscher).

1.4 Aufmerksamkeitsbereich

Genereller Aufmerksamkeitsbereich ist das Thema ‚kleine und mittelständische Unternehmen' in ihrer Bedeutung für die Weltwirtschaft, das anlässlich des 36. Weltkongresses der Kleinunternehmen (‚36th International Council for Small Business (ICSB) World Conference') in Wien diskutiert wird.

1.5 Gemeinsamer Aufmerksamkeitsbereich

Gemeinsamer Aufmerksamkeitsbereich (= Textthema) ist der Beitrag von Bruce Kirchhoff zur Lage der Kleinunternehmen in den USA

Schritt 2: Segmentierung der transkribierten Texte (Original und Verdolmetschung)

(siehe Anlage)

Schritt 3: Konkretisierung des Wissenssystems ‚Informationsstruktur' am Text (Original und Verdolmetschung) anhand der ersten drei Äußerungen

Kulturtransfer oder ‚Voice-Over'   181

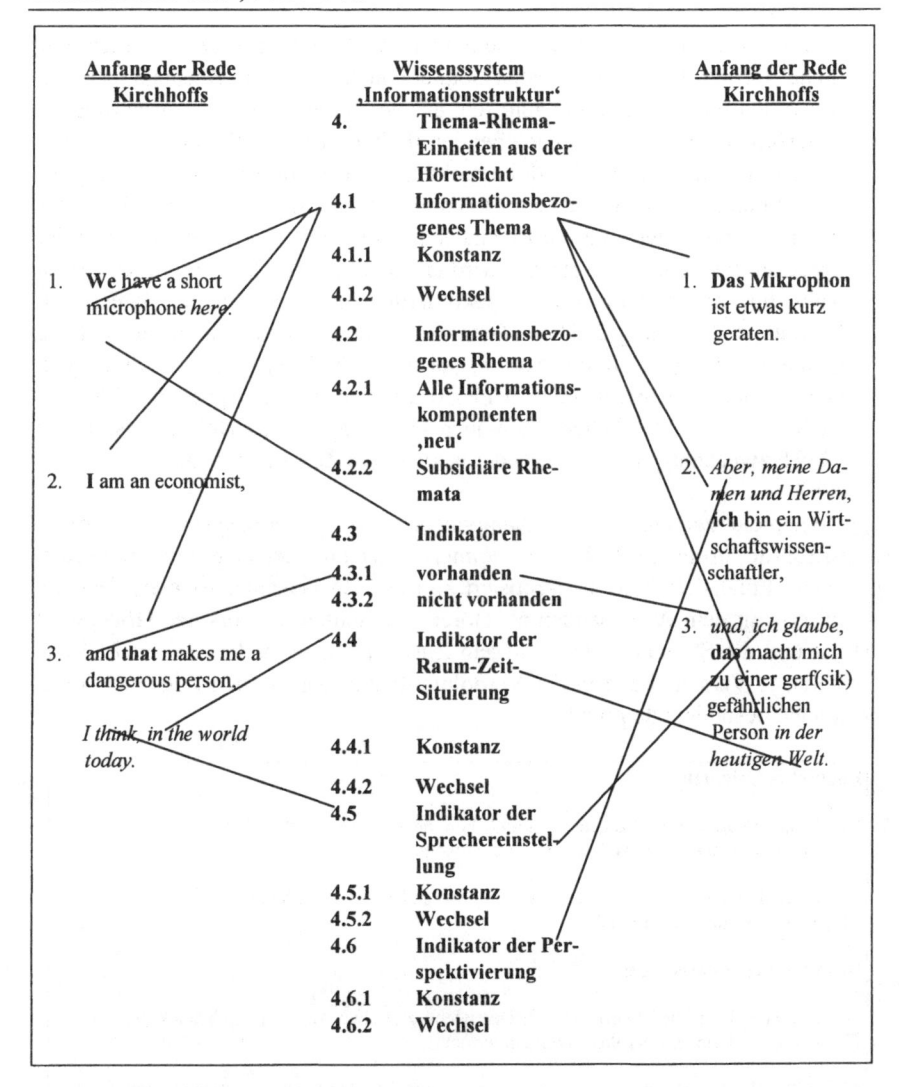

Anfang der Rede Kirchhoffs	Wissenssystem ‚Informationsstruktur'		Anfang der Rede Kirchhoffs
	4.	Thema-Rhema-Einheiten aus der Hörersicht	
	4.1	Informationsbezogenes Thema	
	4.1.1	Konstanz	
1. We have a short microphone *here*.	4.1.2	Wechsel	1. Das Mikrophon ist etwas kurz geraten.
	4.2	Informationsbezogenes Rhema	
	4.2.1	Alle Informationskomponenten ‚neu'	
2. I am an economist,	4.2.2	Subsidiäre Rhemata	2. *Aber, meine Damen und Herren,* ich bin ein Wirtschaftswissenschaftler,
	4.3	Indikatoren	
	4.3.1	vorhanden	
	4.3.2	nicht vorhanden	
3. and that makes me a dangerous person,	4.4	Indikator der Raum-Zeit-Situierung	3. *und, ich glaube, das* macht mich *zu einer gerf(sik) gefährlichen Person in der heutigen Welt.*
I think, in the world today.	4.4.1	Konstanz	
	4.4.2	Wechsel	
	4.5	Indikator der Sprechereinstellung	
	4.5.1	Konstanz	
	4.5.2	Wechsel	
	4.6	Indikator der Perspektivierung	
	4.6.1	Konstanz	
	4.6.2	Wechsel	

Abb. 4.2.1:   Konkretisierung des Wissenssystems ‚Informationsstruktur' im englischen Beispieltext verglichen mit der deutschen Verdolmetschung (Ausschnitt)

Für den kontrastiven Vergleich können folgende Aussagen gemacht werden:

- Der Themenwechsel wird analog übernommen, aber im Vergleich zum Original unterscheidet sich das Thema der ersten Äußerung (inklusives ‚we' im Original, ‚das Mikrophon' in der Verdolmetschung).

- Wie im Original enthalten die Rhemata in der dritten Aussage nicht mehr nur ‚neue' Informationskomponenten, sondern auch subsidiäre Rhemata, nämlich ‚mich' als Wiederaufnahme von ‚Ich' aus der vorangegangenen Äußerung.
- Unterschiede ergeben sich auch bei den Indikatoren: Der Raum-Indikator aus Äußerung 1 wird in der Verdolmetschung nicht realisiert, der Zeit-Indikator aus Äußerung 3 wird mit dem Ortsindikator zu ‚in der heutigen Welt' zusammengefasst, der additive Rhema-Indikator ‚und' sowie der Indikator der Sprechereinstellung ‚ich glaube' wird analog realisiert. Am wesentlichsten ist wohl die Hinzufügung des Perspektivierungsindikators ‚meine Damen und Herren' in Äußerung 2. Diese Perspektivenakzentuierung in Bezug auf die gerade stattfindende Redesituation, bei dem der Sprecher seine Hörer noch einmal direkt anspricht, kann dem Zweck dienen, den Appellcharakter der Äußerung zu verdeutlichen, kann aber – besonders in der Dolmetschsituation – auch zweckentfremdet verwendet werden, um Zeit zu gewinnen.

Die Beispiele zeigen, welche Komponenten des Wissenssystems ‚Informationsstruktur' in der deutschen Verdolmetschung im Vergleich zum englischen Original aktualisiert bzw. konkretisiert wurden. Zu beachten ist hier, dass die Analyse - mit dem Analysanden als Hörer – ausschließlich **aus der Hörersicht** erfolgt und die Sprechersicht in diesem Zusammenhang nicht relevant ist.[5] Die thematische Verschiebung in der Verdolmetschung wird in den folgenden Textbeispielen besonders deutlich:

Englisches Original:
......
10. *On the one hand* we have general equilibrium theory.
11. *But on the other hand*, we have entrepreneurship.
......
42. *So*, we do not have a situation on the one hand and on the other hand.
43. *Instead*, we have a partnership.

Deutsche Verdolmetschung
...
10. *einerseits* gibt es die Theorie des Gleichgewichts zwischen Angebot und Nachfrage.
11. *andererseits* gibt es aber das Unternehmertum.
...
42. *und ich wiederhole*, es gibt keine Dichotomie zwischen den Kleinen und den Großen,
43. *sondern* es geht um eine Partnerschaft.

Abb. 4.2.2: Thematische Verschiebungen im gedolmetschten Diskurs

---

5 Dabei ließe sich in diesem Fall die ‚Korrektheit' der Analyse aus Hörersicht durch eine Befragung des Sprechers verifizieren. Hier eröffnet sich eine Reihe neuer Forschungsperspektiven im Zusammenhang mit der potentiellen Übereinstimmung von Informationsgliederung aus der Sprechersicht mit der Informationsgliederung aus der Hörersicht im Rahmen gedolmetschter und überhaupt gesprochener Texte/Diskurse und damit Aussagen über missverstandene Elemente im gedolmetschten Diskurs.

Wir sehen hier, dass in der Verdolmetschung

- zum einen ein Themenwechsel vom inklusiven ‚we' im Englischen zum unpersönlichen ‚es', einem so genannten Thema-Platzhalter im Deutschen stattgefunden hat und
- zum anderen in Äußerung 42/43 ein Wechsel bei den Indikatoren vom Rhema-Indikator ‚so' (indiziert eine Folgerelation) zu einem Rhema-Indikator ‚und' (indiziert eine Addition) im Verbund mit einem Kommentar des Sprechers ‚ich wiederhole' (indiziert eine Sprechereinstellung).

Hier soll allerdings keine Bewertung der Dolmetschleistung vorgenommen werden - dazu müssten viele andere Kriterien berücksichtigt werden, sondern lediglich ein Befund der Abweichungen erstellt werden, der in Abschnitt 5 diskutiert und interpretiert wird.

Schritt 4: Erstellung eines Befundes von Gemeinsamkeiten und Abweichungen

Wir können jetzt auf der Basis der Konkretisierung sagen, dass in den beiden oben genannten Textbeispielen[6]

- das Thema variiert: im Englischen erscheint das inklusive ‚we' als Thema, im Deutschen wird unpersönlich mit ‚es', also einem inhaltslosen Thema-Platzhalter thematisiert.
- Darüber hinaus variieren im zweiten Beispiel (Äußerungen 42 und 43) die Indikatoren: Im englischen Original wird mit ‚so' eine Folgerelation indiziert, im Deutschen eine additive Beziehung ‚und' und zusätzlich ein Sprecherkommentar ‚ich wiederhole'.

Darüber hinaus lassen sich quantitative und qualitative Aussagen zur Themenstruktur machen, die sich in folgender Tabelle zusammenfassen lassen.

---

6 Aus Platzgründen werden hier nur die relevanten Äußerungen gezeigt. Der gesamte segmentierte englische und deutsche Text befindet sich im Anhang.

Informationsstruktur	Englisches Original (65 Äußerungen)	Deutsche Simultan-verdolmetschung (64 Äußerungen)
1. Themen Anzahl absolut und (in %)	27 (42%)	28 (44%)
2. Themenstruktur Textthema (Primäres Thema)	we (inkl.)	es
Sekundäres Thema	Economies of socialist countries in Europe	(Volkswirtschaften) in den früheren sozialistischen Ländern Osteuropas
3. Verdichtung Textthema (Primäres Thema)	we 12 (44%)	es 9 (32%)
Sekundäres Thema	6 (22%)	4 (14%)
Andere Themen	1-3	1-3
4. Thematische Verschiebungen		28 (44%)

Tab. 4.2.3: Abweichungen in der Themenstruktur

5 Ergebnisse und Diskussion

Interessant ist zunächst, dass beide Texte als gesprochene Diskurse sehr breit angelegt sind. Das zeigt die Häufigkeit der Themen bzw. des Themenwechsels in beiden Diskursen, im englischen Original werden 27 verschiedene Themen angesprochen, in der deutschen Simultanverdolmetschung sogar 28. Das heißt, dass aus der Sicht der Informationsstruktur beide Texte nicht stringent um ein Thema organisiert sind, sondern – abgesehen von einem stärker verdichteten Primärthema (dies gilt in geringerem Masse auch für das Sekundärthema) – eine Vielzahl von Themen mit einem relativ geringen Verdichtungsgrad (von 1-3 Nennungen) aufweisen. Dies gilt insgesamt sowohl für das englische Original als auch für die deutsche Simultanverdolmetschung.

Wie aus der obigen Tabelle hervorgeht, variieren die Themen in der Verdolmetschung in 28 Fällen von 64 bzw. 65 Äußerungen. Von diesen Themen ist das am häufigsten genannte Thema, also das Thema mit dem höchsten Verdichtungsgrad, im englischen Original das inklusive ‚we' mit 12 Nennungen (44%). Das indiziert einen – für den englischen Diskurs typischen – starken Hörer- bzw. Leserbezug. In der deutschen Verdolmetschung ist dies der inhaltslose Platzhalter ‚es' mit 9 Nennungen (32%). Das inklusive ‚wir' wird im Deutschen nur dreimal thematisiert. Obwohl man bei der Platzhalter-Thematisierung nicht eigentlich – im Sinne von Juliane House (1996) – von einem stärkeren Sachbezug sprechen kann, wird doch deutlich, dass in der deutschen Verdolmetschung die Thematisierung des inklusiven ‚wir' vermieden wird, d.h. sehr viel weniger oft thematisiert wird. Hier liegt die Vermutung nahe, dass die zielsprachliche ‚Norm' des geringeren Adressatenbezugs im Deutschen zu der Häufigkeit der ‚es'-Thematisierung geführt hat, womit der Dolmetscher intuitiv dem deutschen Publikum den Eindruck eines für das Deutsche ungewöhnlichen Empfängerbezugs, also einen ‚Kontrast zur Norm' bei der Verdolmetschung ersparen wollte. Dies würde die Hypothese nahe legen, dass – auch in der simultanen Dolmetschsituation – kulturspezifische Gegebenheiten und Erwartungen durchaus eine Rolle spielen und dass das Simultandolmetschen nicht nur als ‚voice over' betrachtet werden kann.

6 Schlussbemerkung

Welche Schlüsse lassen sich für das Simultandolmetschen aus diesem Befund ziehen?

Aus der Sicht der Praxis dürfte es sicher interessant sein, auf das Phänomen der sprachenpaarbezogenen unterschiedlichen Informationsstrukturen aufmerksam zu machen, damit Irrtümer und Fehler in Bezug auf dieses Phänomen vermieden werden können. **Aus der Sicht der Didaktik** ließe sich die Frage anschließen, ob nicht im Dolmetschunterricht Übungen einzubauen wären, in denen der effiziente Umgang mit kontrastiv unterschiedlichen Informationsstrukturen geübt werden könnte und sollte. **Aus der Sicht der Forschung** wäre es sicher aussichtsreich, im Rahmen von breiteren empirischen Analysen auch mit unterschiedlichen Sprachenkombinationen zu überprüfen, ob sich die hier aufgestellte Hypothese der sprachenpaarbezogenen Unterschiede bei der Informationsstrukturierung im Rahmen von Verdolmetschungen verifizieren lässt. Ein begriffliches und methodisches Instrumentarium für solche Analysen wurde hier vorgelegt.

Literaturverzeichnis

Buhl, Silke (1999): Gestaltungsprinzipien wissenschaftlicher Texte im Sprachenpaarvergleich Deutsch-Englisch am Beispiel von Einsteins und Russels zur Relativitätstheorie. In: Gerzymisch-Arbogast, Heidrun / Gile, Daniel / House, Juliane / Rothkegel,

Annely (Hrsg.) (1999): *Wege der Übersetzungs- und Dolmetschforschung.* (Jahrbuch Übersetzen und Dolmetschen, Bd. 1). Tübingen: Narr, 117-141.
Clyne, Michael (1996): *Intercultural Communication at Work.* Cambridge: University Press.
Consorte, Cesira (1999): Thematic structure and simultaneous interpretation. In: *The Interpreters' Newsletter,* No. 9/1999, 99-124.
Galtung, Johan (1985): Struktur, Kultur und intellektueller Stil. Ein vergleichender Essay über sachsonische, teutonische, gallische und nipponische Wissenschaft. In: Wierlacher, A. (ed.) (1985): *Das Eigene und das Fremde. Prolegomena zu einer interkulturellen Germanistik.* München: iudicium, 151-193.
Garzone, Giuliana (2000): Textual analysis and interpreting research. In: *The Interpreters' Newsletter,* No. 10/2000, 69-88.
Gerzymisch-Arbogast, Heidrun (1987): *Zur Thema-Rhema-Gliederung in amerikanischen Wirtschaftsfachtexten.* Eine exemplarische Analyse. Tübingen: Narr.
Gerzymisch-Arbogast, Heidrun (1993): On the Thematic Nature of the Subjunctive in the Romance Languages: An Empirical Study Contrasting Examples from Spanish and English. In: Malmberg, Bertil/Nickel, Gerhard [Hrsg.] (1993): *IRAL (International Review of Applied Linguistics in Language Teaching).* XXXI/2. Heidelberg: Groos, 113-128.
Gerzymisch-Arbogast, Heidrun (^{2}1994b [1986]): Zur Relevanz der Thema-Rhema-Gliederung im Übersetzungsprozess. In: Snell-Hornby, Mary (Hrsg.) (1994): *Übersetzungswissenschaft: Eine Neuorientierung. Zur Integrierung von Theorie und Praxis.* Tübingen - Basel: Francke. (= UTB. 1415). (1. Aufl. 1986), 160-183.
Gerzymisch-Arbogast, Heidrun (1997): Der Leserbezug in Sigmund Freuds psychoanalytischen Schriften im Spiegel der englischen Übersetzungen. In: Wotjak, Gerd / Schmidt, Heide (Hrsg.) (1997): *Modelle der Translation – Models of Translation. Festschrift für Albrecht Neubert.* Frankfurt/M.: Vervuert, 213-233.
Gerzymisch-Arbogast, Heidrun (1999): Kohärenz und Übersetzung: Wissenssysteme, ihre Repräsentation und Konkretisierung in Original und Übersetzung. In: Gerzymisch-Arbogast, Heidrun / Gile, Daniel / House, Juliane / Rothkegel, Annely (Hrsg.) (1999): *Wege der Übersetzungs- und Dolmetschforschung.* (Jahrbuch Übersetzen und Dolmetschen, Bd. 1). Tübingen: Narr, 77-106.
Gerzymisch-Arbogast, Heidrun (2003): Norm and Translation Theory: Some Reflections on its Status, Methodology and Implications. In: Schubert, Klaus (Hrsg.): *Übersetzen und Dolmetschen: Modelle, Methoden und Technologie.* (= Jahrbuch Übersetzen und Dolmetschen, Bd. 4/I). Tübingen: Narr, 47-67
Gerzymisch-Arbogast, Heidrun (2004): Theme-Rheme Organization (TRO) and Translation. In: Frank, Armin Paul / Greiner, Norbert / Hermans, Theo / Kittel, Harald/Koller, Werner / Lambert, José / Paul, Fritz (Hrsg.): *Übersetzung - Translation - Traduction.* Ein internationales Handbuch zur Übersetzungsforschung. Berlin - New York: de Gruyter. (= Handbücher zur Sprach- und Kommunikationswissenschaft (HSK).
Gerzymisch-Arbogast, Heidrun / Mudersbach, Klaus (1998): *Methoden des wissenschaftlichen Übersetzens.* (UTB Uni-Taschenbücher 1990). Tübingen/Basel: Francke.
Hajičová, Eva (1994): Topic/Focus and Related Research. In: Luelsdorf, Philip A. (Hrsg.): *The Prague School of Structural and Functional Linguistics: A Short Introduction.* Amsterdam/Philadelphia: Benjamins, 245-275. (= LLSEE, Linguistic and Literary Studies in Eastern Europe, Bd. 41).
House, Juliane (1996): Contrastive Discourse Analysis and Misunderstanding: the Case of German and English. In: Hellinger, Marlis / Ammon, Ulrich (eds.) (1996): *Contrastive Sociolinguistics.* Berlin/New York: de Gruyter, 345-361.

House, Juliane (1998): Kontrastive Pragmatik und interkulturelle Kompetenz im Fremdsprachenunterricht. In: Börner, Wolfgang / Vogel, Klaus (Hrsg.) (1998): *Kontrast und Äquivalenz. Beiträge zu Sprachvergleich und Übersetzung*. Tübingen: Narr, 62-88.

House, Juliane (1999): Zur Relevanz kontrastiv-pragmatischer und interkultureller Diskursanalysen für das Fachübersetzen. In: Gerzymisch-Arbogast, Heidrun / Gile, Daniel / House, Juliane / Rothkegel, Annely (Hrsg.) (1999): *Wege der Übersetzungs- und Dolmetschforschung*. (Jahrbuch Übersetzen und Dolmetschen, Bd. 1). Tübingen: Narr, 43-54.

Kaplan, Robert B. (1966): Cultural Thought Patterns in Inter-Cultural Education. In: *Language Learning* Vol. XVI, No. 1,2, 1-20.

Knowles, Frank (1999): ‚New' versus ‚Old'. In: Hickey, Leo (Hrsg.): *The Pragmatics of Translation*. Philadelphia/Toronto/Sydney: Multilingual Matters, 103-114. (= Topics in Translation, 12).

Mudersbach, Klaus (1981): *Ein neues Thema zum Thema „Thema Rhema"*. Unveröffentlichter Habilitationsvortrag. Heidelberg.

Mudersbach, Klaus (1982): Dividuensemantik. In: Leinfellner W., Kraemer E., Schaenk J. (eds.): *Language and Ontology. Proceedings of the 6th International Wittgenstein Symposium, Kirchberg am Wechsel/Austria 1981*. Wien: Hölder-Pichler-Tempsky, 270-273.

Mudersbach, Klaus (1984): *Kommunikation über Glaubensinhalte. Grundlagen der epistemistischen Linguistik*. Berlin-New York: de Gruyter.

Mudersbach, Klaus (1989): The Theoretical Description of Speaker-Hearer- Hypotheses. In: Dietrich, Rainer / Graumann, Carl F. (eds.): *Language Processing in Social Context*. North Holland: Elsevier, 77-93.

Mudersbach, Klaus (1991): Erschließung historischer Texte mithilfe linguistischer Methoden. In: Best, Heinrich /Thome, Helmut (Hrsg.): *Neue Methoden der Analyse historischer Daten*. St.Katharinen: Scripta Mercaturae, 318-362. (= Reihe Historisch-Sozialwissenschaftliche Forschungen, Band Nr.23).

Mudersbach, Klaus (1997): Wie vermeidet man Denkfehler beim Formulieren von wissenschaftlichen Theorien? In: Jakobs, E.-M./Knorr, D. (Hrsg.): *Textproduktion in elektronischen Umgebungen*. Frankfurt/M. u. a.: Lang, 201-221. (= Textproduktion und Medium Bd.1).

Mudersbach, Klaus (2001): Kultur braucht Übersetzung. Übersetzung braucht Kultur. In: Thome, Gisela /Giehl, Claudia /Gerzymisch-Arbogast, Heidrun. *Methodologische Probleme des Kulturtransfers*. Jahrbuch Übersetzen und Dolmetschen, Bd. 2. Tübingen: Narr, 169-225.

Mudersbach, Klaus (in Arbeit): A New Rheme for a given Theme. In: Wiegand, Herbert Ernst, Gerzymisch-Arbogast, Heidrun, Storrer, Angelika (2004), *Festschrift für Klaus Mudersbach zum 60. Geburtstag*. Germanistische Linguistik: Olms.

Pöchhacker, Franz (1994): *Simultandolmetschen als komplexes Handeln*. Tübingen: Narr.

Sgall, Petr / Hajičová, Eva / Partee, Barbara H. (1998): *Topic-focus articulation, tripartite structures, and semantic content*. Dordrecht u.a.: Kluwer (= Studies in linguistic and philosophy, 71.)

Taylor, Torsello C. (1996): Theme as the interpreter's path indicator through the unfolding text. In: *The Interpreters' Newsletter*, No. 7/1996.

8. Appendix: Vergleichstexte

8.1 Segmentierung des Originals

Segmentierung der Rede von Bruce Kirchhoff (Original)
Thema: Fettdruck
Kursivdruck: Indikatoren

1. We have a short microphone *here*.
2. I am an economist,
3. *and* **that** makes me a dangerous person, *I think, in the world today*.
4. The problem **we** have is best described by a former president of the United States,
5. *when* **he** stated, what he wanted to do was to hire a one-armed economist.
6. *When* **they** asked him: „Why do you want a one-armed economist?",
7. he said: „Because I ask the economist: how is the economy progressing? and they say: well on the one hand it is doing very well, but on the other hand, it is not doing so well."
8. *But* **I** have two arms
9. *So* let **me** tell you the big problem in economics today.
10. *On the one hand* **we** have general equilibrium theory, the theory that we all know of supply and demand being equal in the marketplace, the work of Adam Smith, Marshall and (Walras) around the turn of the century, in developing elaborate and logically rigorous models of how the economy moves towards equilibrium.
11. *But on the other hand,* **we** have entrepreneurship.
12. **Entrepreneurship** is a deliberate effort by an individual to distort the equilibrium.
13. *Now* how can **we** have entrepreneurship and general equilibrium theory at the same time?
14. **The world's economists** have not resolved this.
15. **We** don't know how to do this.
16. *But* **the problem**, *I suggest*, is with general equilibrium theory, not with entrepreneurship.
17. *The truth is that* **general equilibrium theory** can easily be used to justify the existence of large corporations *and* demonstrate how they are efficient and productive,
18. *but* **general equilibrium theory** cannot explain how entrepreneurs create new businesses, create entire industries from a very small starting point.
19. *The other thing that is in [sic] very important is* that **there is** an Austrian by the name of Schumpeter, who explained all of that sixty years ago.
20. *But* **his theory** cannot be put into mathematics

21. *and so* **most economists** have chosen to ignore it.
22. *But* **his theory** explains what is going on
23. *and* **his theory** explains **to us** why there is a major partnership between the small firms and the large firms
24. **It** isn't on the one hand and on the other hand.
25. **It** is a joint interaction.
26. **Successful small firms** grow into large corporations *as* they achieve the productivity improvement, *as* they achieve the efficiencies that are available to large corporations.
27. *And* still more **small firms** are formed,
28. *and* from those small firms **we** find the mechanism by which the large corporations achieve their efficiencies.
29. *In the United States* **we** have very large corporations.
30. **Most people** admire us for our large corporations.
31. *But* let **us** take a simple example:
32. **General Motors Corporation**, one of the world's largest corporations, General Motors Corporation in the United States sells its automobiles through a network of dealers.
33. **Ninety-Five per cent of their dealers** employ less than fifty employees.
34. **They** are small businesses.
35. Without these small businesses, **General Motors** could not sell its automobiles.
36. *And throughout the United States* **there are** automobile repair shops.
37. **Ninety-eight per cent of the automobile repair shops** employ less than twenty people.
38. Without these small repair shops, **you** could not get your General Motors car fixed.
39. *So*, **there is** already a partnership between large and small corporations,
40. *and it is* **a partnership** *that* in the United States we are only now beginning to understand.
41. *It is* **we** are very slow to learn.
42. *So*, **we** do not have a situation on the one hand and on the other hand.
43. *Instead* **we** have a partnership.
44. *And* it is **the lack of this partnership** *in the former socialist nations of Europe* that has caused the collapse of their economies.
45. **They** have the large firms,
46. *but* **they** are large bureaucracies owned by the state.
47. *But* **such large organizations** can be efficient,
48. **they** can be productive,
49. *but* **they** cannot achieve efficiencies without many small businesses to do the distribution, the sales.
50. *And therefore* **they** lack the partnership between small and large.

51. **And if that is the great weakness in those economies,** *then* the first step is to establish the small businesses
52. **The small businesses,** not the large corporations, will revive the economies of these former socialist nations.
53. *That is why* **we** are *here today*: to talk about bringing small businesses to the world, to Europe, to the former socialist nations.
54. *And* **general equilibrium theory** is not going to help us.
55. **This** reminds me of another story:
56. **Two bankers** were walking down the street, *in New York City.*
57. *And suddenly out before them* jumps a large frog.
58. *And* **they** look back
59. *and* **they** say: „Look at this strange frog."
60. *And* **the frog** *then* speaks.
61. **The frog says:** „Help me! I am an economist! I developed a model, a mathematical model of the economy that predicts interest rates. And if you kiss me, I will turn back into an economist, and I will share my model with you, and we will all become wealthy."
62. *So* **the one banker** leans down, picks up the frog, and puts the frog in his pocket
63. *and* **the other banker** says: „Well, are you not going to kiss the frog so that we will have the economic model and we will become wealthy?"
64. *And* **the first banker** says: „Ah, the world is full of economists who think they can become wealthy, but a talking frog is really valuable!"
65. Thank you very much.

8.2 Segmentierung der Verdolmetschung

1. **Das Mikrophon** ist etwas kurz geraten.
2. *Aber, meine Damen und Herren,* **ich** bin ein Wirtschaftswissenschaftler,
3. *und, ich glaube,* **das** macht mich zu einer gerf(sic)gefährlichen Person *in der heutigen Welt.*
4. **Unser Problem** lässt sich am besten mit einer Geschichte, mit einem Ausspruch beschreiben, das [sic] ein früherer Präsident einmal tat.
5. **Er** wollte einen einarmigen Wirtschaftswissenschaftler anstellen.
6. **Man** fragte ihn: „Ja, wieso denn das?"
7. *und* **er** sagte: „Na ich frage den Wirtschaftsexperten, wie der Fortschritt der Wirtschaft sich entwickeln wird, und er sagt, ja auf der einen Seite gut, auf der anderen Seite nicht, und ich wollte ihn eben zwingen, das ist ein Wortspiel im Englischen, bei einer Seite zu bleiben."
8. (fehlt in der Verdolmetschung)

9. *aber, meine Damen und Herren,* **ich** möchte sie auf das Hauptproblem in der Wirtschaft heutzutage hinweisen
10. *einerseits* gibt **es** die Theorie des Gleichgewichts zwischen Angebot und Nachfrage, die in der Marktwirtschaft ausgewogen ist,
10a. **das** [sic] geht zurück auf Adam Smith, Marshall und die Theoretiker um die Jahrhundertwende, die recht strenge Modelle entwarfen, wie sich das wirtschaftliche Geschehen auf ein Gleichgewicht hinentwickelt.
(10a ist im Original nicht als eigenständige Äußerung formuliert)
11. *andererseits* gibt **es** *aber* das Unternehmertum.
12. **Unternehmertum** ist ein gezieltes Vorhaben eines Einzelnen, dieses Gleichgewicht ins Wanken zu bringen.
13. Nun fragen wir uns, wie können wir die Theorie des Gleichgewichts und des Unternehmertums gleichzeitig haben
14. *und* **die Wirtschaftswissenschaftler in der ganzen Welt** haben dieses Problem noch nicht gelöst.
15. (fehlt in der Verdolmetschung)
16 *Ich möchte hier darauf hinweisen,* dass **das Problem** nicht beim Unternehmertum liegt, sondern bei der Torie [sic] Theorie des Gleichgewichts.
17. *Die Wahrheit ist folgende*: **Die Theorie der marktwirtschaftlichen Gleichgewichtsbewegungen** kann sehr leicht dazu benutzt werden, die Effizenz der Großunternehmen hervor zu streichen.
18. *Aber* **diese Theorie** kann nicht erklären, wie Kleinunternehmer, Unternehmer neue Betriebe aufbauen, ja ganze Industriezweige praktisch aus dem Nichts aufbauen.
19. *Der zweite Faktor, der hier sehr wichtig ist,* ist die **Theorie von Joseph Schumpeter**, der all das vor sechzig Jahren sehr richtig erklärte.
20. *Aber* **seine Theorie** lässt sich nicht mathematisch ausarbeiten.
21. *Deshalb* haben **die meisten Wirtschaftswissenschaftler** seine Theorien ignoriert.
22. (+23. im Original) *Aber* **seine Theorie** erklärt sehr wohl, was auf dem Markt der Fall ist, was sich entwickelt und weshalb es zu einer Partnerschaft gekommen ist zwischen Kleinunternehmen und Großunternehmen.
24. **Es** ist keine Frage der Dichotomien. Kleine auf der anderen Seiten [sic]) und Großunternehmen auf der anderen.
25. (Fehlt in der Verdolmetschung bzw. Fehler):
26. **Kleine schlagkräftige Unternehmen** wachsen *und* werden zu Großunternehmen *und* erreichen die Effizienz der großen Betriebe.
27. (fehlt in der Verdolmetschung)
28. **Die Großunternehmen** arbeiten wiederum mit den Kleinen zusammen, sind von ihnen abhängig, *und* können *dadurch* ihre Effizienz gewährleisten.
29. *In den Vereinigten Staaten* haben **wir** sehr viele große Unternehmen
30. *und* **wir** werden dafür bewundert.

31. Ein Beispiel:
32. **Die General Motors Corporation**, eine [sic] eines der größten Unternehmen auf der Welt,
3.2a (im Original eine Äußerung) *und* **dieser Konzern, dieser amerikanische Konzern, General Motors,** verkauft die hergestellten Automobile über ein Händlernetz
33. *und* **fünfundneunzig Prozent der Händler** haben weniger als fünfzehn Mitarbeiter.
34. **Das** sind Kleinunternehmer
35. *und* ohne diese Kleinunternehmer könnte **General Motors** die Automobile nicht verkaufen.
36. (+ 37., in Verdolmetschung zwei Äußerungen). *Und in den Vereinigten Staaten* gibt es *fast überall, fast an jeder Ecke*, Reparaturwerkstätten, Kfz-Werkstätten, die zu achtundneunzig Prozent Kleinunternehmen sind mit weniger als zwanzig Mitarbeitern,
38. *und* ohne diese Kfz-Werkstätten könnten **Sie** Ihr General Motors Auto nicht reparieren lassen.
39. **Es** besteht *also* eine Partnerschaft zwischen Kleinunternehmen und den Großen,
40. *und e*s ist **diese Partnerschaft**, *die* die Amerikaner erst langsam in ihrer vollen Tragweite zu verstehen lernen.
41. **Das** ist ein ganz langsamer Lernprozess,
42. *und ich wiederhole*, **es** gibt keine Dichotomie zwischen den Kleinen und den Großen,
43. *sondern* **es** geht um eine Partnerschaft,
44. *und* es ist **der Mangel an Partnerschaft** *in den früheren sozialistischen Ländern Osteuropas*, der zum Zusammenbruch ihrer Volkswirtschaften geführt hat.
45. **Sie** hatten Großkonzerne,
46. *aber* **das** waren große Unternehmen, die von der Bürokratie des Staates abhängig waren.
47. **Diese Konzerne** können *zwar* produktiv sein,
48. *aber* **sie** können ihre Produkte nicht verkaufen, vertreiben,
49. *wenn* **es** keine Kleinunternehmen für diese Zwecke gibt.
50. Aufgrund dieses Mankos kam **es** zu den Schwächen im östlichen Wirtschaftssystem,
51. *und* aufgrund dieser Erkenntnis müssen **wir** feststellen, dass es in erster Linie darum gehen muss, in diesen Staaten die mittelständische Wirtschaft aufzubauen.
52. **Die Rettung** liegt in der mittelständischen Wirtschaft und nicht in der Förderung von Großunternehmen.

53. *Deshalb* sind **wir** *heute hier* zusammengekommen, um die Aussage zu treffen, dass wir in diesen Staaten mithelfen wollen, die Klein- und Mittelbetriebe zu fördern.
54. (fehlt in der Verdolmetschung)
55. *Und, meine Damen und Herren, da* fällt mir noch etwas ein:
56. **Zwei Bankiers** gingen durch die Straßen von New York City,
57. *und plötzlich* springt *vor ihnen* ein Frosch empor,
58 *und* **sie** sehen sich das an, ...
59. Sagt **der eine**: „Sieh dir mal diesen Frosch an."
60. (+61. im Original). *Und* **der Frosch** beginnt zu sprechen: „Helft mir, ich bin ein Wirtschaftswissenschaftler. Ich habe ein mathematisches Modell der Wirtschaft entworfen, das die Zinssatzentwicklung voraussagt, und wenn Sie mich küssen, dann werde ich wieder zu einem Wirtschaftswissenschaftler, und ich sag Ihnen, wie mein Modell funktioniert, und wir werden alle reich."
62. Nja, **der eine Bankier** beugt sich zum Frosch, nimmt ihn auf mit der Hand, steckt ihn in die Rocktasche,
63. *und* **sein Kollege** sagt: „Ja, willst du ihn denn nicht küssen, damit wir an das Modell rankommen und alle reich werden?"
64. *Und* **sein Kollege** sagt: „Ah die Welt wimmelt nur so vor Wirtschaftsexperten, die glauben, sie können reich werden, aber ein sprechender Frosch, damit kann man Geld verdienen!"
65. Vielen Dank.

Kommunikation von Erkenntnis in Wissenschaftstexten: die Rolle der morphosyntaktischen Oberfläche

Paul Georg Meyer, Aachen

Dieser Beitrag erwächst aus **korpuslinguistischen**[1] Studien zum **nicht fachgebundenen Wortschatz in englischen Wissenschaftstexten**.[2] Das **Referenzpotential** dieses Wortschatzes ist keineswegs beliebig oder unvorhersehbar, sondern umfasst eine überschaubare Anzahl von semantischen Feldern, die für den Wissenschaftsprozess und für die wissenschaftliche Kommunikation höchst bedeutsam sind (Meyer 1996). Da sind einmal

- die lexikalischen Ausdrucksformen für **temporale, aspektuelle** und **modale** Bedeutungen im weitesten Sinne wie *recent, ongoing* oder *possible*,
- Elemente der **Textorganisation** wie *above, fig. 13, following*,
- **Klassifikatoren** für Elemente des **Gegenstandsbereichs** wie *problem, behaviour*,
- deren **Eigenschaften** wie *degree, scope, function, range*,
- mit ihnen assoziierte standardisierte (meist als quantitativ konzeptualisierte) **Vorgänge** wie *decrease, alter*,
- **Relationen** zwischen ihnen wie *detail, provide, influence* und schließlich, ganz zentral,
- Elemente der wissenschaftlichen Praxis und Kommunikation.

Der Darstellung des Wissenschaftsprozesses in Wissenschaftstexten liegt ein **idealisiertes kognitives Modell** desselben zugrunde, das vor allem im oben angesprochenen Vokabular greifbar ist (und das übrigens nur bedingt von wissenschafts- und erkenntnistheoretischen Einsichten getrübt ist). Nach diesem Modell durchläuft der Wissenschaftsprozess verschiedene **Phasen** von der Problem-

---

1 Beispiele, deren Quellenangabe mit „SJ" beginnt, stammen aus dem LOB (London – Oslo – Bergen) Corpus. Einige weitere Beispiele stammen aus dem amerikanischen Brown Corpus und sind entsprechend gekennzeichnet. Alle anderen stammen aus dem BNC (British National Corpus).
2 Dieser kann immer noch als vernachlässigtes Gebiet der Fachsprachenforschung angesehen werden (vgl. Meyer 1996).

erkennung bis zur wissenschaftlichen Auseinandersetzung über die (publizierten) Ergebnisse. Jeder dieser Phasen entspricht ein spezifisches kognitives Modell mit je spezifischem Vokabular. Im Zentrum der Modelle stehen für die jeweilige Phase spezifische Tätigkeiten oder Handlungen, die in englischen Wissenschaftstexten vor allem durch Verben und deren Wortfamilien ausgedrückt werden.

Ich will im Folgenden **drei Hauptphasen** unterscheiden, die sich am deutlichsten in Hinsicht auf das zu ihrer Erwähnung in Texten verwendete Vokabular unterscheiden:

- die Phase der **Forschung**, typischerweise dargestellt durch atelische transitive Handlungsverben (*study, observe$_1$, analyse*): das Objekt der Forschung erscheint als grammatisches Objekt oder in einem indirekten Fragesatz;
- der Moment der **Erkenntnis**, typischerweise dargestellt durch telische, punktuelle transitive Verben, die nach Vendler (1957) als *achievements* oder *accomplishments* klassifiziert werden können (*find, observe$_2$, determine*): das Objekt der Erkenntnis erscheint typischerweise als grammatisches Objekt, oft in einem mit *that* eingeleiteten Objektsatz;
- die **Kommunikation** der Erkenntnis (*show, report*): wiederum erscheint das Objekt der Erkenntnis typischerweise in einem Objektsatz.

In diesem Beitrag werde ich mich auf die Verben der Erkenntnis konzentrieren (wie auch in Meyer 1997a). Die Semantik der gängigsten Verben des Wissenserwerbs (zentral: *find*) entspricht bis auf wenige Ausnahmen (z.B. *determine*) einem traditionellen kognitiven Schema des Wissenschaftsprozesses: Ein präexistentes Objekt oder Faktum wird durch wissenschaftliche Aktivitäten ‚entdeckt'.[3]

Insbesondere *find* entspricht mit seinen prototypischen Eigenschaften diesem eingefahrenen, traditionellen kognitiven Modell der wissenschaftlichen Erkenntnis. Es ist das häufigste Verb der Erkenntnis, ist überhaupt einer der häufigsten Verbstämme in englischen Wissenschaftstexten (Platz 11 der Häufigkeitsliste der Sektion J ‚Learned and scientific English' des LOB-Korpus) und damit in diesem Genre eindeutig überrepräsentiert. Das bedeutet, der Erkenntnisprozess wird in englischen Wissenschaftstexten am häufigsten durch das ‚naive' Verb *find* angesprochen.

Neben ihrer Semantik weisen die Verben der Erkenntnis in Wissenschaftstexten aber auch interessante **pragmatische** Eigenschaften auf. Abgesehen davon, dass sie einen zentralen Moment des **pragmatischen Hintergrunds** dieser Texte festhalten, werden sie in verschiedenen **textsortentypischen Kontexten** verwendet. Die AutorInnen von Wissenschaftstexten vollziehen mit Hilfe dieser

---

3 Ich möchte hier nur darauf hinweisen, dass dieses Modell der wissenschaftlichen Erkenntnis bei vielen, z.B. Konstruktivisten und Dekonstruktivisten als naiv gilt und derzeit überhaupt nicht *hip* ist (vgl. Latour 1987; Bazerman 1988). Ich kann auf diese Debatte hier aus Platzgründen nicht eingehen.

Verben ganz bestimmte typische Teilhandlungen der wissenschaftlichen Kommunikation, die wir als innertextliche Kontexte oder Teiltexte von Wissenschaftstexten verstehen können. Beispiele wären etwa ‚Forschungsgeschichte' ‚Diskussion von Literatur', ‚Beschreibung der Versuchsanordnung', ‚hypothetische Methodenerörterung', ‚Darstellung von Resultaten', ‚Schlussfolgerungen' u.v.a. mehr; alles typische Elemente von Wissenschaftstexten, die in der Fachtextliteratur immer wieder erörtert wurden.

Alle genannten typischen Teiltexte haben interessanterweise die Funktion, Elemente des Wissenschaftsprozesses zu thematisieren, und es gibt in der Tat nur wenige Passagen in Wissenschaftstexten, die nicht auf diesen in irgendeiner Form Bezug nehmen. Sicher gibt es rein narrative Passagen etwa in der Geschichtswissenschaft oder deskriptive in den Ingenieurwissenschaften, **das große Thema der meisten Wissenschaftstexte ist jedoch eindeutig der Wissenschaftsprozess selbst.** Dieses Phänomen hat Jens Lüdtke (1983) einmal die **Reflexivität** der Fachtexte genannt. Da dies so ist, fallen Inhalt und Hintergrund, also Semantik und Pragmatik der Wissenschaftstexte, über weite Strecken zusammen. Wissenschaftstexte sind ständig damit beschäftigt, ihren eigenen Hintergrund zu explizieren.[4]

Ich werde im Folgenden ein **Modell des Wissenschaftsprozesses** vorstellen, das einen präziseren und systematischeren beschreibenden, klassifizierenden und analysierenden Zugriff auf die oben genannten Teiltexte oder Kontexte erlaubt als die bloße Etikettierung, wie sie bisher z.B. in Textschema-Modellen (z.B. Hoey 1983) vorgenommen wurde.[5]

Wir wollen uns den Wissenschaftsprozess vorstellen als ein komplexes Gebilde von buchstäblich unendlich vielen **Teilereignissen**, die im Prinzip, d.h. insoweit sie zu solch einem idealisierten Modell gehören, alle im Wissenschaftstext erwähnt werden können. Man könnte die Nennbarkeit im Wissenschaftstext geradezu zum Kriterium dafür erheben, welche Teilereignisse zu einem idealisierten Modell des Wissenschaftsprozesses zu zählen sind und was belanglose oder peinliche Einzelheiten sind, die besser nicht erwähnt werden und auch nicht zum idealisierten Modell zählen, obwohl sie oft unvermeidlich ja notwendig sind, z.B. wie viel Kaffee beim Verfassen des Textes getrunken wurde, wie oft der Computer abgestürzt ist oder dass der beschriebene Versuch erst beim dritten Mal geklappt hat.

---

4 Dies ist außer in Wissenschaftstexten nur noch in wenigen Textsorten so unausweichlich der Fall; mir fallen im Moment nur Selbsterfahrungsgruppen und der politische Diskurs ein.
5 Gewisse Anregungen kommen aus dem Ansatz von Graustein / Thiele (1987), den ich aber hier nicht ausführlich würdigen kann.

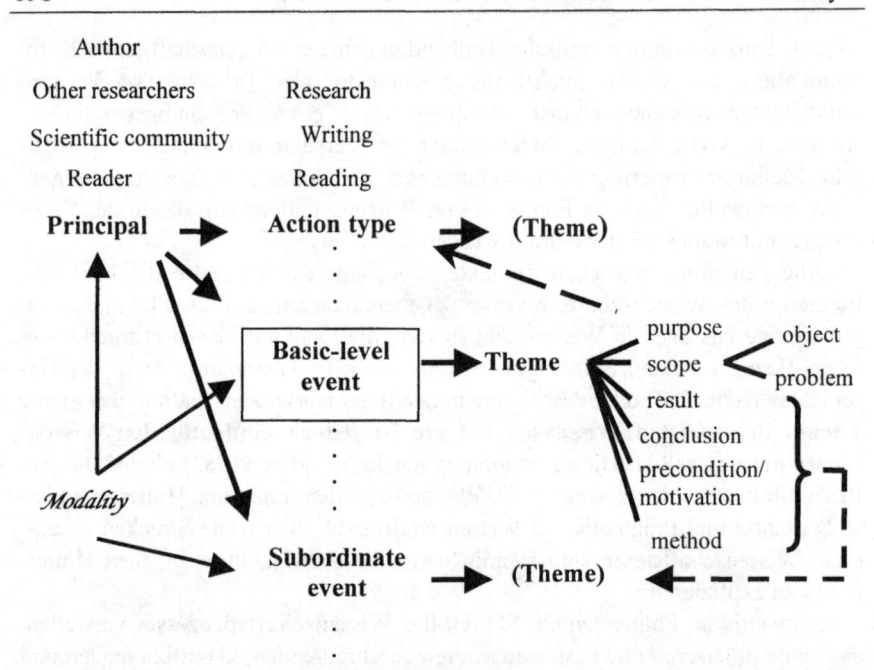

```
Author
Other researchers        Research
Scientific community     Writing
    Reader               Reading
  Principal    ──▶   Action type  ⇒  (Theme)
                          ⋮
                    ┌──────────┐            purpose     object
                    │Basic-level│──▶ Theme   scope   ⟨
                    │  event   │            result       problem
                    └──────────┘            conclusion
                                            precondition/
  Modality                                  motivation
                                            method
                    Subordinate   ──▶ (Theme)
                       event
```

Letztendliche **Urheber**[6] dieser Ereignisse, die oft Handlungen sind, sind WissenschaftlerInnen. In den meisten Fällen sind es die AutorInnen des jeweiligen Textes. Häufig werden aber auch andere ForscherInnen oder AutorInnen als Urheber wissenschaftlicher Ereignisse genannt. Oft ist es einfach nur die Fachöffentlichkeit insgesamt, die *scientific community*.

(1) *transient glycosuria with normoglycaemia may indicate transient lowering of renal threshold as is **commonly found** in pregnancy |SJ14|P63*

Die genannten Teilereignisse befinden sich in einer **Hierarchie** von übergeordneten und untergeordneten Ereignissen zueinander. Die Ereignisse im Wissenschaftsprozess lassen sich einer kleinen Zahl von sehr breiten **Ereignistypen** oder **Ereignisdomänen** zuordnen. Wir wollen im Augenblick nur **Forschung**, **Schreiben** und **Lesen** unterscheiden.[7] Diese Ereignisdomänen geben gleichzeitig so etwas wie **Typen von übergeordneten Handlungszielen** im Wissenschaftsprozess ab, aus denen die einzelnen im Text erwähnten Ereignisse ableitbar sind. Die im Text wirklich erwähnten Ereignisse befinden sich in der Regel auf einer Abstraktionsebene, die in der Kognitiven Semantik (Lakoff 1987) *basic level* genannt wird. Es werden in Wissenschaftstexten weniger die übergeordneten Handlungsziele auf einer abstrakten Ebene wie ‚Forschung', ‚Schreiben' etc.

6　Im Diagramm in Anlehnung an Goffman (1981, 144) *principal* genannt
7　Wenn weitere Untergenres von Wissenschaftstexten berücksichtigt werden sollen, müsste man wahrscheinlich noch **Lehre** und **Anwendung** hinzufügen.

breit diskutiert, sondern vielmehr einzelne konkretere Teilereignisse zu einem Argumentationsgang oder einer Erzählung zusammengefügt, wie aus den bereits genannten Beispielen ersichtlich. Der genaue Charakter dieser Ereignisse wiederum wird oft nicht über einen *basic level* hinaus präzisiert.

Ein typisches *basic-level*-Verb der Erkenntnis im Englischen ist z.B. *find*, für das es übrigens keine gute deutsche Entsprechung gibt. Das Ereignis des Etwas-Findens kann natürlich in einer Hierarchie von Ereignissen stehen: Es kann Teil eines übergreifenden Forschungsprozesses sein: Indem ich X (heraus)finde, kann ich Y beweisen. Gleichzeitig kann es selbst aus untergeordneten Teilereignissen wie Beobachtung, Berechnung etc. bestehen: Indem ich X berechne oder Y beobachte, finde ich Z (heraus). Die linguistische Analyse von solchen Ereignisdarstellungen konzentriert sich tunlichst auf eine Ereignisebene auf einmal, ohne jedoch die über- und untergeordneten Ebenen dabei zu vergessen, die gelegentlich im selben Satz mit erwähnt sind. Gehen wir also davon aus, dass die Leerstelle in der Mitte unserer Grafik, die mit „*basic level*" bezeichnet ist, in der Regel von einem Verb wie *find* gefüllt ist.

Bislang habe ich wenig von der **Textoberfläche** gesprochen. Die bisher besprochenen Elemente unseres Modells (Goffmanscher *principal* und von diesem veranlasstes Ereignis) könnte man als Elemente einer **Texttiefenstruktur** oder **Textbasis** im Sinne der klassischen Textlinguistik deuten. Sie scheinen nahe zu legen, sie als **Subjekte** und **Verben** in Sätzen zu erwarten. Dies ist auch häufig der Befund. Es gibt aber mindestens zwei Faktoren im Wissenschaftstext, die andere Ausprägungen der Textoberfläche herbeiführen können und dies auch häufig tun.

Da ist einmal die bekannte und viel beklagte Tendenz zum **unpersönlichen Stil** im Wissenschaftstext, die vor allem die AutorInnen von Texten als Handelnde sprachlich nahezu unsichtbar macht. Es gäbe hierzu viel zu sagen, vor allem Differenzierendes und Beschwichtigendes (gegen die Kritik), aber das würde den Rahmen dieses Beitrags sprengen. Klar ist jedenfalls, dass diese Tendenz, aus welch guten oder schlechten Gründen auch immer, dazu führt, dass die AutorInnen eines Textes sprachlich nicht oft an der Oberfläche der Darstellung einer Teilhandlung realisiert sind. Statt sie als Subjekte der relevanten Ereignisse zu präsentieren, wird eine Konstruktion gewählt, die den normalerweise im Subjekt erscheinenden Aktanten eines Ereignisses nicht an der Oberfläche benötigt. Für diese Funktion wird häufig das Passiv genannt, aber auch Infinitive, Gerundien und Partizipien haben kein eigenes Subjekt, sodass die Nennung der AutorInnen hierdurch jedenfalls minimiert werden kann. So gelingt es den AutorInnen von Wissenschaftstexten, oft über lange Strecken hinweg Ereignisse und Handlungen zu berichten oder sonst wie zu thematisieren, an denen sie selbst beteiligt waren oder sein könnten, ohne sich selbst nennen zu müssen. Ein weiteres Mittel zu diesem Zweck sind Nominalisierungen.

Letztere trägt aber vor allem auch zum zweiten hier zu nennenden Faktor bei, nämlich zu der Tendenz zur **Kondensierung von Information**. Hierdurch erscheint ein Ereignis häufig an der Textoberfläche in nominaler Form. Überraschenderweise eröffnet die nominale Form häufig viel weitergehende **syntaktische Anschlussmöglichkeiten** für weitere Aktanten als eine Verbform. Eine Nominalgruppe kann nicht nur beliebig viele Komplemente und Adjunkte in Gestalt von attributiven Adjektiven und Präpositionalgruppen enthalten, sondern sie hat gegenüber einer verbalen Ausdrucksform auch den Vorteil, dass sie die verbale Leerstelle eines Satzes freihält, die dann durch ein weiteres Verb mit weiteren Objekten, Komplementen und Adjunkten gefüllt werden kann. Auf diese Weise können mehrere elementare Ereignisse in der Darstellung zu einem komplexen Satz zusammengefügt werden.

Wir müssen also damit rechnen, in Wissenschaftstexten die handelnden Subjekte häufig gar nicht an der Textoberfläche anzutreffen, oder in anderen, weniger prominenten Rollen als in Subjektsposition.

Wir kommen nun zur letzten Leerstelle unserer Grafik, die uns noch weit mehr Gelegenheit gibt, von der Textoberfläche zu sprechen. Diese letzte Leerstelle kann von einer Fülle verschiedener Rollenträger gefüllt werden, oft von mehreren gleichzeitig. Die Füllung(en) dieser Leerstelle könnte man die **Thematisierung**(en) nennen. In ihr können nämlich verschiedene typische Elemente des Wissenschaftsprozesses thematisiert werden.

Da ist z.B. der **Zweck** der jeweils erwähnten Teilhandlung, wie z.B. in

(2) *This section will **analyse** the development of this initiative over its first few years, **in order to** give a particular example of local political activity at a particular time in a particular place. B2L: 1169*

In (2) wird eine angekündigte Teilhandlung des Analysierens (*will analyse*), hier als im Text, also in der Ereignisdomäne des Schreibens stattfindend dargestellt (*this section*), u.a. mit einem Zweck versehen (*in order to ...*).

Des Weiteren kann die **Reichweite** eines Teilereignisses thematisiert werden. Diese kann z.B. eine bestimmte Klasse von Forschungsobjekten sein oder eine Fallgruppe, für die eine Aussage gelten soll. In diesen Fällen sprechen wir von **Objektsreichweite**. Die Objektsreichweite kann auch durch **zeitliche** und **räumliche** Angaben spezifiziert werden. Unabhängig davon kann auch die Reichweite einer **Problemstellung** angegeben werden, im Englischen häufig in einem Komplementsatz mit *whether* wie in (3) oder einem anderen indirekten Fragesatz:

(3) *after these observations he fell to dispute this optique question, **whether** we see by the emission of the beams from within, or reception of the species from without.* |SJ37|P46

Die Problemstellung kann aber auch wie in (2) einfach als nominales Objekt des Verbs angegeben sein, das dann die Angabe einer Objektsreichweite auch noch mühelos erlaubt (Ereignis: *analyse*; Problemstellung: *the development*; Objektsreichweite: *of this initiative*; zeitliche Reichweite: *over its first few years*).

Wenn von wissenschaftlicher Forschung die Rede ist, dürfen natürlich **Resultate** nicht fehlen, und gerade diese werden oft an ein Verb der Erkenntnis angeschlossen, typischerweise in einem *that*-Komplement.

Von den Resultaten zu trennen sind die **Schlussfolgerungen**, wie in Beispiel

(4) *observations on the inverse distribution of plants and animals in the sea suggested that many forms must be prevented from coming up or must come up for only a short time* |SJ06|P88

Beispiel (4) verbindet ein nominalisiertes Verb des Forschens (*observation*) mit einem Pseudo-Sprechaktverb (*suggested*), wie bereits oben als Möglichkeit beschrieben, und erlaubt so, eine Reichweite der Fragestellung (in der von *observation* abhängigen Präpositionalgruppe mit *on*) mit einer Schlussfolgerung zu verbinden, die mit einem *that*-Komplementsatz an das Verb *suggested* angeschlossen ist, ohne die eigentlichen Resultate der Beobachtung zu nennen. Außerdem werden durch die Verwendung des Sprechaktverbs *suggest* die Beobachtungen der ForscherInnen metonymisch personifiziert. Hierbei handelt es sich um eine weitere Strategie zur Entpersönlichung des Textes, die hier vor allem die Funktion eines Heckenausdrucks hat, denn durch die Metonymie wird kaschiert, dass es sich um Schlussfolgerungen der AutorInnen handelt.

Häufig werden auch **Bedingungen** oder **Motivationen** für die jeweiligen Teilhandlungen genannt wie in

(5) *First of all, there have been important advances in experimental methods: (...)* **sophisticated computational and statistical analysis** *of data* **permitting better mathematical modelling** *of large and small scale events in the nervous system and its functional connections. AOT: 1223*

In (5) wird für eine Verbesserung der Modellbildung („*permitting better mathematical modelling*") in „*sophisticated computational and statistical analysis of data*" eine Bedingung festgemacht. Die beiden Vorgänge, die einander bedingen, sind in nominalisierter Form an der Textoberfläche zu finden; ihre konditionale Relation zueinander ist durch ein (attributiv konstruiertes) partizipiales Verb ausgedrückt. Hierdurch wird eine extreme syntaktische Kondensierung einer komplexen Sachverhaltsdarstellung erreicht: Beide Sachverhalte mitsamt ihrer konditionalen Relation finden in **einer** Substantivgruppe Platz, die ihrerseits bloß Teil einer Aufzählung ist und die sogar noch Raum für weitere Aktanten lässt.

Eine wichtige Rolle im Wissenschaftsprozess spielen natürlich die **Methoden**, und ohne Thematisierung derselben kann ein Wissenschaftstext wohl kaum ein solcher genannt werden. Häufig werden sie allerdings eher vage und eher beiläufig erwähnt, etwa in attributiven Adjektiven wie in Beispiel (5) („*computational and statistical*") oder auch in präpositionalen Adjunkten („*on a statistical basis*"). Typisch in englischen Wissenschaftstexten ist auch ein, häufig syntaktisch unkontrolliertes, Partizip *using*, das so auf dem besten Wege ist, eine ‚Präposition der Methode' für Wissenschaftstexte zu werden:

(6) **Using** *EBG*[8], *one might observe just one species, a sparrow, and deduce that any bird with short wings and a short beak could survive comfortably on a diet of seeds and insects. FNR: 2894*

Ein letztes Element unseres Modells bleibt noch zu diskutieren: Für die Herleitung bestimmter typischer Teiltexte von und Kontexte in Wissenschaftstexten ist es auch wichtig festzuhalten, in welcher **Modalität** (im weitesten Sinne) die jeweiligen Ereignisse dargestellt sind. Es ist natürlich etwas völlig anderes, ob eine bestimmte Erkenntnis als real lange zurückliegend oder relativ neu, als möglich, wünschenswert oder unmöglich, als notwendige Bedingung für etwas Anderes oder als Aussicht für die Zukunft dargestellt wird.

Die modale Skala reicht von der Darstellung von Erkenntnis**desideraten**

(7) ***what we need is*** *more work of the nature of... to determine in detail ...* |*SJ32*|*P52*

über die **Möglichkeit** (hier in der Zukunft)

(8) *(it **may well be that*** *some correlation **will** be found between the nature of the stimulus from the environment and the nature of the child's development* |*SJ32*|*P58*

oder Unmöglichkeit

*(9) **it is impossible** to determine when the practice arose of...* |*SJ65*|*P52*

und die methodischen und wissensmäßigen **Bedingungen** bestimmter Erkenntnisse

(10) *... this characteristic waviness **would** ensure the precise determination of the ...* |*SJ80*|*P37*

sowie die **Notwendigkeit** bestimmten hypothetischen Wissens für weitere Erkenntnisschritte

(11) *... the direction of their sensitive axis **must be** accurately **determined**. Brown J80:66*

---

8   *Explanation Based Generalization*

bis zur **Präsentation** eigener Erkenntnisse

(12) *it is found* that the blood sugar curves we obtained show a gradual ... |SJ14|P12

und fremder Erkenntnisse als mehr oder weniger real und gesichert:

(13) *Edmunds estimated the ... to have a ... of about 600 feet* ... |SJ11|P41

Es ist dabei nicht weiter verwunderlich, dass die Modalität in der Regel sehr deutlich an der Textoberfläche markiert wird. Während die realen Modalitäten meist lediglich durch das entsprechende Tempus markiert sind (aber auch hier gibt es lexikalische Ausdrucksmittel), zeigen die hypothetischen Modalitäten eine große Vielfalt von Ausdrucksformen für allerhand Nuancen, deren Bestandsaufnahme noch zu leisten wäre. Neben den Modalverben sind vor allem Satzadverbien und Adjektive wie *possible* etc. in Gebrauch.

Stehen die Resultate erst einmal fest, kann man sie argumentativ weiter verarbeiten, also **evaluieren** oder dagegen an argumentieren:

(14) *observations of this nature have been recorded before ... but ...* |SJ71|P32

Oder man kann **Schlussfolgerungen** und **Konsequenzen** etc. darlegen:

(15) *observations on ... suggested that ...* |SJ06|P88

Hier kommen wir zu einer weiteren Oberflächenbeobachtung. Die **morphosyntaktische** Form (Nominalisierung, Passiv, Infinitiv etc.) des jeweiligen Verbs korreliert deutlich mit dem pragmatischen **Kontexttyp**. Je stärker die Erkenntnis bereits als selbstverständlich gegeben akzeptiert ist, desto mehr wird tendenziell der Vorgang der Erkenntnis und auch das Faktum selbst syntaktisch verpackt. Finite Verbformen werden gern zur Präsentation von Erkenntnissen verwendet: eigene Erkenntnisse im Passiv („*it was found*"), fremde wegen der Notwendigkeit der Nennung des Urhebers auch gern im Aktiv („*X found*"). Methodologisches und Hypothetisches bringt typischerweise Infinitivformen hervor („*in order to determine ...*", „*it is impossible to find ...*"). Wenn dagegen vorausgesetzte Resultate in irgendeiner Form weiter diskutiert werden, findet man häufig attributive Perfektpartizipien („*the results found*", „*the observed parameter values*") oder Nominalisierungen („*the observations*").

Auf der anderen Seite werden wenig gesicherte Erkenntnisse und Schlussfolgerungen durch Heckenausdrücke gegen Kritik immunisiert, ein Phänomen, das ich hier ebenfalls nicht erschöpfend behandeln kann (vgl. Meyer 1997b):

(16) *it is **often found** that* ... |SJ30|P36
(17) *it **would appear that** our findings are **not inconsistent** with* ... |SJ44|P46

Man könnte also sagen, dass an der Oberfläche von Wissenschaftstexten mit Hilfe von Morphosyntax **Wissensmanagement** betrieben wird. LeserInnen nehmen diese Signale auf und ordnen auf ihrer Grundlage bestimmten Wissenshäppchen einen bestimmten Status zu. So entsteht ein reich strukturiertes und differenziertes Wissensuniversum, das nicht bloß aus gesicherten Erkenntnissen, sondern auch aus Vermutungen, Hypothesen, Möglichkeiten, Perspektiven, Glaubenssätzen und vor allem aus Metawissen besteht: aus Wissen über Wissen, genauer gesagt: **Wissen über den Status von Wissen.**

Diese Möglichkeit des Wissensmanagements über die Textoberfläche eröffnet natürlich auch Möglichkeiten der Manipulation, des Bluffs, des Herunterspielens unliebsamer Tatsachen. Aber darauf kann ich hier nicht näher eingehen. Je besser wir aber die Möglichkeiten der Textoberfläche kennen, desto weniger werden wir auf Bluff und Manipulation hereinfallen.

Literaturverzeichnis

Bazerman, C. (1988): *Shaping written knowledge: the genre and activity of the experimental article in science.* Madison, WI.
Goffman, E. (1981): *Forms of talk.* Oxford.
Graustein, G. / Thiele, W. (1987): *Properties of English texts.* Berlin (DDR).
Hoey, M. (1983): *On the surface of discourse.* London.
Lakoff, G. (1987): *Women, fire, and dangerous things: what categories reveal about the mind.* Chicago.
Latour, B. (1987): Science in action: how to follow scientists and engineers through society. Milton Keynes.
Lüdtke, J. (1983): *Reflexivität in fachsprachlichen Texten.* LiLi 13:51-52, 48-58
Meyer, P.G. (1996): Nicht fachgebundene Lexik in Wissenschaftstexten: Versuch einer Klassifikation und Einschätzung ihrer Funktionen. In: Kalverkämper, H. / Baumann, K.-D. (Hrsg.): *Fachliche Textsorten: Komponenten – Relationen – Strategien.* Tübingen, 175-192.
Meyer, P.G. (1997a): *Coming to know: studies in the lexical semantics and pragmatics of academic English.* Tübingen.
Meyer, P.G. (1997b): Hedging strategies in written academic discourse: strengthening the argument by weakening the claim. In: Schröder, H. / Markkanen, R. (Hrsg.): *Hedging and discourse: approaches to the analysis of a pragmatic phenomenon.* Berlin, 21-41.
Vendler, Zeno (1957): Verbs and Times. In: *The Philosophical Review LXVI,* 143-160.

Modellierung von Risikowissen und multilinguale Textproduktion

Annely Rothkegel / Claudia Villiger, Hannover

1 Fragestellung

Risiko und Sicherheit sind Themen, die in letzter Zeit stark an Bedeutung gewonnen haben. Dies gilt für ganz verschiedene Domänen (Wirtschaft, Technik, Medizin, Sport, Verwaltung). Ihnen gemeinsam ist der Ansatz, dass Handlungen hinsichtlich bestimmter Ziele ausgeführt werden, die bei Gelingen zu einem Gewinn, bei Misslingen zu einem Verlust führen. Dieses allgemeine Prinzip, generell als Risiko bezeichnet, wird zunehmend zum Gegenstand der professionellen Kommunikation, die wiederum entsprechendes Wissen über den Zusammenhang von Handlungszielen, Ausführung und Situationsbedingungen voraussetzt. Ist Technologie im Spiel, ist das Risiko zudem abhängig von den jeweiligen technischen Geräten sowie vom Umgang der NutzerInnen mit ihnen. Dies ist der Bereich der Technikkommunikation, auf den wir uns in unserem Beitrag beziehen. Instruktionstexte als zentrale Textsorte dieses Kommunikationstyps enthalten Angaben zu Handlungen sowohl in der Soll-Qualität (Anleitungen) als auch in der Soll-Nicht-Qualität (Warnungen). Anleitungen beziehen sich auf die erwünschten Ergebnisse der Handlungen, Warnungen auf die zu vermeidenden Handlungen und deren unerwünschte Ergebnisse (Schäden). Neben dem Sachwissen hinsichtlich der technischen Abläufe sowie der situationsspezifischen Bedingungen des Gebrauchs geht es um Wissen über die geeignete Vermittlungsstrategie und eindeutige sowie verständliche Formulierung. Zum Sachwissen kommt also das Textwissen (Wissen über Text und Textproduktion) hinzu.

Die Modellierung von Sachwissen und Textwissen ist Gegenstand eines BMBF-geförderten Forschungsprojekts zur Entwicklung eines Autorensystems, das an der FH Hannover durchgeführt wurde (2001-2003). Das System NORMA (Nutzerorientiertes Risikomanagement) ist in der Weise konzipiert und implementiert, dass Technische Redakteure Unterstützung bei der Darstellung von Risiko und Sicherheit im Umgang mit Technologie erhalten. Dies bezieht sich sowohl auf die Sachaspekte als auch auf die Sprachaspekte. In der folgenden Skizze stehen die Modellierungen des jeweiligen Wissens im Vordergrund (zur Darstellung des Prototyps vgl. Brosda 2003, Rothkegel 2002, Villiger 2003).

2 Modellierung von Risiko

2.1 Risikoszenario

Wenn wir als NutzerInnen in einem technologisch mitbestimmten Umfeld agieren, um bestimmte Ziele zu erreichen, ist es hilfreich, wenn wir uns eine abstrakte Vorstellung vom Gesamtablauf der Einzelhandlungen und von deren Abhängigkeiten untereinander sowie von deren Ergebnissen bilden. Aus kognitiver Sicht spricht man von einem „mentalen Modell" des Wissens (Dutke 1994, Schnotz 1994), das uns die Kontrolle über die Handlungen gestattet, in die wir involviert sind. Gemeint ist ein allgemeines Schema des jeweiligen Szenarios (z.B. KfZ-Gebrauch) mit Akteuren (FahrerIn) und Beteiligten (z.B. Fahrgast), Ort (z.B. Garage), technischen Objekten (z.B. Kfz, Motor, Gurt), anderen Objekten, Situationen (Straßenverkehr), Vorgängen (z.B. Motor anlassen oder Gurt anlegen) und Ergebnissen von Handlungen (fahrbereites Fahrzeug und Vergiftungsgefahr). Aufgrund eines solchen Modells können wir unsere Aufmerksamkeit fokussieren, die einzelnen Aktionen planen und ausführen. In der Beschreibung repräsentieren wir dieses Wissen in Form von Schemata (z.B. Frames mit Attribut-Wert-Paaren), die durch bestimmte Spezifikationen charakterisiert sind. (Das Autorensystem NORMA ist framebasiert; zu framebasierter Wissensrepräsentation s. Reimer 1991; zur Umsetzung des framebasierten Ansatzes im Autorensystem Rothkegel 2002 und Brosda 2003).

Versteht man eine Handlung als intendierten Übergang von einem Zustand in einen anderen Zustand (vgl. Rehbein 1977), lassen sich alle Zustände als Rollenkonfigurationen entsprechender Frames beschreiben. Im Hinblick auf Risiko und Sicherheit interessieren vor allem solche Handlungen, die zu unerwünschten Ergebnissen führen, und deren Repräsentationen. Sie werden zusammengefasst in einem Risikomodell.

2.2 Risikomodell

Bei der Entwicklung des Risikomodells, das der Repräsentation von Risiko und Sicherheit zu Grunde liegt, haben wir uns an Ansätzen der Risikoforschung orientiert (Banse/ Bechmann 1998). Zusammengefasst ergibt sich das in Abbildung 1 wiedergegebene Schema. Als Prozessschritte des Managements im Risikomodell lassen sich unterscheiden die Risiko-Identifikation, die Risiko-Analyse und die Risiko-Bewertung.

Schema:

Risikoquelle	=	[...]
Schadensziel	=	[...]
Schadenstyp	=	[...]

Risikoidentifikation

Schadensgrad	=	[a,b,c,d]
Vermeidung	=	[...]
Kompensation	=	[...]
Reparatur	=	[...]

Risikoanalyse und Risikobewertung

Abb. 1: Risikomodell des Autorensystems (Prototyp) NORMA

Die Risikoidentifikation bezieht sich auf das jeweilige Produkt, seine Bestandteile und die Personen und Objekte, die mit ihm in Berührung kommen. Abbildung 2 zeigt das Handlungsszenario ‚Motor anlassen' aus dem Kfz-Bereich. Es legt die Bedingungen fest, unter denen beim Anlassen des Motors ein Risiko für den Nutzer auftritt. Keine Risiken entstehen, wenn der Nutzer nach Anlassen des Motors gleich losfährt oder den Motor im Freien startet (s. S1 und S2 in Abbildung 2). Gefährlich ist es aber, wenn er den Motor im geschlossenen Raum startet und laufen lässt (s. S3 in Abbildung 2). Nun nimmt die Konzentration von giftigen Abgasen im Raum zu, und es besteht für alle im Raum befindlichen Personen die Gefahr des Erstickens. Damit haben wir alle relevanten Faktoren für die Risikoidentifikation festgelegt:

- Risikoquelle (Motor),
- Schadensziel (im Raum befindliche Personen) und
- Schadenstyp (Bewusstlosigkeit und in Folge Vergiftung und Tod).

Bei der Risikoanalyse werden die äußeren Bedingungen miteinbezogen. Diese können das Risiko auslösen bzw. den beim Eintreten des Risikos entstehenden Schaden beeinflussen. Im Risikoszenario ‚Motor anlassen' sind allein die Aktionen des Fahrers Auslöser für das Auftreten des Risikos und für den dabei entstehenden Schaden ausschlaggebend. Im Risikoszenario ‚Gurt anlegen' hingegen treten neben der Handlung des Fahrers (Nicht-Anlegen oder falsches Anlegen des Sicherheitsgurtes) äußere Faktoren hinzu, die das Auftreten des Risikos und die Schadenshöhe beeinflussen. Hierzu gehören die Verkehrskontrolle und der Unfall. Auch diese äußeren Aspekte werden im Risikomodell erfasst und bei der Vertextung der Risikoinformationen berücksichtigt.

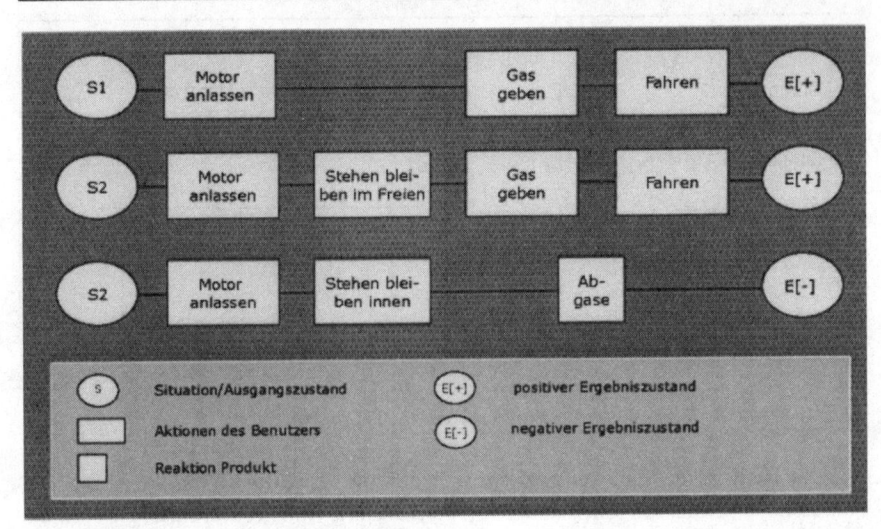

Abb. 2: Risikoszenario ‚Motor anlassen'

Voraussetzung für eine Risikobewertung ist die Graduierung von Risiken. Es existieren zahlreiche Graduierungen, die sich in ihrer Granularität unterscheiden. Für die Technische Dokumentation sind die verschiedenen nationalen und übernationalen Normen (s. Überblick in Gindi 2003) zentral. Die neuste ANSI-Norm (ANSI Z 535.4 1998) des American National Standard Institute, die die Symbole für Gefahrenschilder festlegt, wurde mit dem entsprechenden europäischen Standard, der ISO 3864-1 (2002), harmonisiert. Daher findet diese dreistufige Graduierung von Personenschäden auch häufig Anwendung in der Technischen Dokumentation. Die Begrenzung auf Personenschäden ist allerdings mit Blick auf Anleitungen häufig nicht günstig. Die NutzerInnen sollten auch über Risiken, die in Sachschäden münden, oder Risiken, die den Nutzen des Produkts einschränken, informiert werden. Außerdem kann die Graduierung von Risiken nicht unabhängig von der jeweiligen Domäne vorgenommen werden. Während bei Arbeitsmaschinen z. B. fünf Stufen für Personenschäden sinnvoll sind (s. Bollie/Meyer 2001), ist eine solche Graduierung für Software nicht angemessen, da hier kaum Personenschäden auftreten, wogegen Verluste von Daten in ihren Konsequenzen erheblich sein können. In NORMA wird daher die Graduierung der Risiken in Abhängigkeit von der jeweiligen Domäne festgelegt.

Tabelle 1 zeigt die Graduierung für Personen- und Sachschäden im Kfz-Bereich. Die Orientierung an der ANSI-Norm gestattet eine ANSI-konforme Bewertung im Autorensystem. Das Risiko, das beim Anlassen des Motors in geschlossenen Räumen entsteht, wird entsprechend als ‚sehr schwer' (Grad 4) be-

Modellierung von Risikowissen und multilinguale Textproduktion

wertet. Weiterhin werden auch Störungen im Umgang mit dem Produkt und Hinweise für effizientes Arbeiten zu einzelnen Aktionen erfasst.

Nun genügt es nicht für ein Werkzeug, wie es ein Autorensystem darstellt, nur eine Graduierung für die Risiken vorzunehmen. Vielmehr müssen auch die Aktionen, die zur Risikovermeidung, Risikominimierung, Reparatur oder zur Risikominimierung führen, beschrieben werden. So ist es für das Beispiel ‚Motor anlassen' unerlässlich, dass die Risikovermeidung berücksichtigt wird, da hier die unerwünschten Handlungsergebnisse zur Lebensgefahr führen.

Schadenstyp	*Schadensbewertung*	*Schadensbeschreibung*	*Symbol*
Sachschaden	1 = leicht	leichter Sachschaden	⚠ [Achtung]
Personenschaden	2 = mittel	leichte Verletzung	⚠ [Vorsicht]
Personenschaden	3 = schwer	mittelbare Lebensgefahr/schwere Verletzung	⚠ [Warnung]
Personenschaden	4 = sehr schwer	unmittelbare Lebensgefahr/schwere Verletzung	⚠ [Gefahr]

Tab. 1: NORMA-Graduierung von Risiken für die Domäne Kfz

Die Differenzierung von Identifikation, Analyse und Bewertung einerseits sowie die Erweiterung hinsichtlich Vermeidung, Minimierung, Kompensation und Reparatur andererseits erfordern differenzierte Formulierungen auf der sprachlich-textlichen Seite. Hierzu wird ein selbstständiges Modul eingebracht, das die Sach- und Sprachebene miteinander kombiniert und das erforderliche Textwissen (Rothkegel 1993) in Form von differenzierten Schreibaufgaben repräsentiert. Die Verbindung basiert dabei auf der Zuordnung von Sprachhandlungen zu den Spezifikationen und Graduierungen des Risikomodells.

3 Modellierung von Textwissen (Schreibaufgaben)

Im integrierten Ansatz von NORMA bildet das repräsentierte Wissen über Risiko und Sicherheit den Ausgangspunkt der einzelsprachlichen Textproduktion. Die Repräsentation der Sachebene gilt dagegen als einzelsprachunabhängig. Die Verbalisierung der einzelnen Sachkategorien und der fallabhängigen Instanzen ist gekoppelt mit einem Inventar an Textbausteinen, deren Auswahl über die spezifizierten Sprachhandlungstypen kontrolliert wird. Entsprechend werden unterschieden Inventare für AUFMERKSAMKEIT-ERHÖHEN (*Vorsicht! Beachten!*), WARNEN (was nicht getan werden darf), EMPFEHLEN, RATEN/ ABRATEN. Beispiele für die Formulierung der verschiedenen Graduierungen sind Abb. 3 und 4. Alternative Formulierungen ersetzen z.B. die Negationspartikel *nicht* durch eine Kollokation zum Ausdruck der Nullfrequenz (*auf gar keinen Fall*). Weitere Möglichkeiten sind Summativpronomen, Fokusadverbien und Intensitätsadverbien. Für die Risikostufen 1 und 2 werden dagegen solche verstärkenden Ausdrücke nicht benutzt (s. Abbildung 4 zu einem leichten Sachschaden).

Piktogramm	Risikoinformation
⚠ Gefahr	Motor auf gar keinen Fall ueber laengeren Zeitraum im Innenraum laufen lassen!
	Das Einatmen von Motorabgasen ueber laengeren Zeitraum fuehrt zu Bewusstlosigkeit und Tod!

Piktogramm	Risikoinformation
⚠ Achtung	Enfernen Sie Flecken an der Buegeleisensohle mit Essigwasser (1 Teil Essig, 2 Teile Wasser).
	Flecken auf der Buegelsohle verschmutzen Ihre Kleidung.

Abb. 3: Risikoinformation Grad 4   *Abb. 4: Risikoinformation zu Stufe 1*

Die Schreibaufgaben sind modularisiert nach den beteiligten Wissensressourcen. RECHERCHIEREN organisiert die Fall-Beschreibung für ein Risikoszenario gemäß der vorgegebenen Kategorien des Risikomodells. Hierbei geht es um die Spezifikation der Akteure, der Objekte sowie von Schadensquelle und Schadensschwere. Im Modul KONSTRUIEREN werden die nun spezifizierten Frames mit den Sprachhandlungstypen zusammengebracht (z.B. (dringlichst) WARNEN, (sehr) EMPFEHLEN, (nicht) RATEN). Diese Kombination wiederum steuert die Selektion der passenden Textbausteine aus den jeweiligen Inventaren im Modul FORMULIEREN. Die Zuordnung von Frame-Repräsentationen und Textbausteinen ist zum Teil fest (in Abhängigkeit der Szenario-Komponenten), zum Teil offen, was die Formulierungsalternativen anbelangt. Hier sind die AutorInnen frei, ihre Wahl zu treffen. Die Trennung von Sachkategorien, Sprachhandlungstypen und einzelsprachlichen Formulierungen gestattet eine multilinguale Anwendung (prototypisch bislang allerdings nur fürs Deutsche realisiert; vgl. auch Rothkegel 2000).

4 Anwendung

Die Verbindung von Textarbeit und Autorensystem liegt nahe. Dennoch gibt es nur wenige Ansätze, in denen versucht wird, Textlinguistik und Softwareentwicklung zusammenzubringen (vgl. Sharples 1993, van Berkel 1997, Rothkegel 1995, 1997, Mißler 1997). Dies mag zunächst generell damit zu tun haben, dass

Modellierung von Risikowissen und multilinguale Textproduktion

Sprache auf der einen Seite und Maschine auf der anderen Seite eher als feindliche Schwestern gelten. Es sind Sachbereiche, die nach gänzlich verschiedenen Prinzipien operieren (Diskussion in Wege 2000). Dem allerdings stehen die mehr oder weniger erfolgreichen Simulationen oder Anwendungen der Sprachtechnologie entgegen (vgl. Netter/Steffens 1998, Lobin 1999). Ihnen gemeinsam ist die Zerlegung sprachlicher Daten und Phänomene in definierte Portionen – ein Verfahren, das nicht ohne weiteres von texttheoretischen Ansätzen unterstützt wird.

Etwas Spezifisches kommt hinzu, wenn der Aspekt der Nutzerorientierung als bestimmend angesehen wird. Nach Lutz (2001) steht als verbindende Brücke zwischen NutzerIn und Softwaresystem die „Aufgabe" (vgl. „task analysis" in Gianuetti 1995, Hackos/Redish 1998). Eine Aufgabe ist definiert durch Ziele, Teilziele, Strategien der Zielerreichung, Einzelschritte und deren Relationierung untereinander sowie Ergebnisse und Zwischenergebnisse. Lassen sich alle diese Elemente fixieren, spricht man von Aufgaben bzw. Aufgabenlösungen. Probleme bzw. Problemlösungen beziehen sich dagegen auf nicht unmittelbar verfügbare Strategien und Einzelschritte, die in einem gesonderten Problemlöseverfahren entwickelt werden müssen. NORMA ist konzipiert für Aufgaben wie die skizzierten Schreibaufgaben. Damit stellt es eine Ergänzung dar zu gängigen Risikomanagementsystemen, die sich vorwiegend auf Wissen hinsichtlich der Sachebene beziehen. Eine Ergänzungsmöglichkeit für NORMA wiederum bieten sprachorientierte Unterstützungssysteme wie etwa Translation Memory Systeme, die das Übersetzen (bereits einmal übersetzter Textteile) unterstützen. Insofern ist eine Modellierung, in der Sach- und Textwissen aufeinander bezogen sind, offen für Anschlussmöglichkeiten auf beiden Seiten.

Literaturverzeichnis

ANSI Z 535.4 (1998). *Product Safety Signs and Labels. Accredited Standard on Safety Signs and Colors.* National Electrical Manufacturers Association, Arlington, VA.
Banse, Gerhard/Bechmann, Gotthard (1998): Interdisziplinäre Risikoforschung. Westdeutscher Verlag, Opladen.
Berkel, Ariel van (1997): A model for hypertext authoring based accessibility. In: Knorr, Dagmar/Jakobs, Eva M. (HG), Textproduktion in elektronischen Umgebungen, 183-189. Lang, Frankfurt.
Bollie, Mauritius/Meyer, Fritz (2001): *Methode Suva zur Risikobeurteilung von technischen Einrichtungen und Geräten.* Luzern, Suva, Schweizerische Unfallversicherungsanstalt. wwwitsp1.suva.ch/sap/its/mimes/zww20/99/pdf/66037-d.pdf [letzter Zugriff 06.08.2004]
Brosda, Volkert (2003): *Von Frames zu Textbausteinen. Eine Implementationstechnik für Autorensysteme.* Textstudio Heft 10. Hannover, Fachhochschule Hannover. [als pdf-Dokument http://www.ik.fh-hannover.de/ik/projekte/norma/rili/ Textstudio10.pdf; letzter Zugriff 06.08.2004]
Dutke, Stephan (1994): *Mentale Modelle: Konstrukte des Wissens und Verstehens. Kognitionspsychologische Grundlagen für die Software-Ergonomie.* Verlag für Angewandte Psychologie, Stuttgart.

Gindi, George (2003): *Normen zu MORMA. Wandel von Risiken zu Chance und Gewinn mit Normen und Gesetzen. Textstudio Heft 8.* Hannover, Fachhochschule Hannover. [als pdf-Dokument http://www.ik.fh-hannover.de/ik/projekte/norma/rili/ Textstudio8.pdf; letzter Zugriff 06.08.2004]

Gianuetti, Anna (1995): Business communication plans and strategies: texts, tasks and tools. In: *Pragmatics* 4:4, 575-598.

Hackos, Jo Ann/Redish, Janice C (1998): *User and Task Analysis for Interface Design.* John Wiley and Sons, New York.

ISO 3864-1 (2002): *Graphical symbols -- Safety colours and safety signs -- Part 1: Design principles for safety signs in workplaces and public areas.* International Organization for Standardization, Geneva.

Lobin, Henning (Hg) (1999): *Text im digitalen Medium. Linguistische Aspekte von Textdesign, Texttechnologie und Hypertext Engineering.* Westdeutscher Verlag, Opladen.

Lutz, Hans-Dieter (2001): Softwareergonomische Entwicklung – eine Herausforderung für die Computerlinguistik. In: *Sprache und Datenverarbeitung*, 2001, Heft 1, 5-19.

Mißler, Bettina (1997): *EUROJOB. Ein multilinguales Schreibwerkzeug.* In: Knorr, Dagmar/Jakobs, Eva M. (HG), Textproduktion in elektronischen Umgebungen. Lang, Frankfurt, 157-170.

Netter, Klaus/Steffens, Petra (1998): *Current Situations and Perspectives for Language Engineering Research and Development in Germany.* Springer, Berlin.

Rehbein, Jochen (1977): *Komplexes Handeln. Elemente zur Handlungstheorie der Sprache.* Metzler, Stuttgart.

Reimer, Ulrich (1991): *Einführung in die Wissensrepräsentation.* Teubner, Stuttgart.

Rothkegel, Annely (1993): *Text knowledge and object knowledge.* Pinter, London.

Rothkegel (1995): Konzept für eine Werkbank zum Schreiben. In: Jakobs, Eva-Maria/ Knorr, Dagmar/ Molitor-Lübbert, Sylvie (Hg), *Wissenschaftliche Textproduktion. Mit und ohne Computer.* Lang, Frankfurt, 179-192.

Rothkegel (1997): Textproduktion mit Hypertext. In: Knorr, Dagmar/ Jakobs, Eva-Maria (Hg), *Textproduktion in elektronischen Umgebungen.* Lang, Frankfurt, 191-204.

Rothkegel, Annely (2000): Transfer of knowledge in cross-cultural discourse. In: Lundquist, Lita/ Jarvella, Robert (eds), *Language, Text, and Knowledge.* Mouton de Gruyter, Berlin, 189-206.

Rothkegel, Annely (2002): *NORMA – Nutzerorientiertes Risikomanagement in der Technischen Kommunikation. Konzept eines Autorensystems.* Textstudioheft 6. Hannover, Fachhochschule Hannover. [als pdf-Dokument http://www.ik.fh-hannover.de/ik/projekte/norma/rili/ Textstudio6.pdf; letzter Zugriff 06.08.2004]

Schnotz, Wolfgang (1994): *Aufbau von Wissensstrukturen. Untersuchungen zur Kohärenzbildung bei Wissenserwerb mit Texten.* Beltz, Weinheim.

Sharples, Mike (Hg) (1993): *Computer supports collaborative writing.* Springer, Berlin.

Villiger, Claudia (2003): *Vom Risikomodell zur Sprachhandlung. Textgrammatik für das Autorensystem NORMA.* Textstudioheft 9. Fachhochschule Hannover, Hannover. [als pdf-Dokument http://www.ik.fh-hannover.de/ik/projekte/norma/rili/ Textstudio9.pdf; letzter Zugriff 06.08.2004]

Wege, Carl (2000): *Buchstabe und Maschine. Beschreibung einer Allianz.* Suhrkamp, Frankfurt.

Qualitätsmanagement und Qualitätssicherung in der Translation – Anforderungen an die Translationsdidaktik

Cornelia Feyrer, Innsbruck

1 Informations-, Wissens- und Qualitätsmanagement und Translation

Für den Translator bedingen jeder Übersetzungsauftrag, jeder Text und jede fachsprachliche Ausrichtung notwendigerweise eine Erweiterung seiner sprachlichen und kulturellen (Transfer)Kompetenzen, seiner professionellen Kompetenzen im jeweiligen Interaktionsbereich und seines Allgemein- und Fachwissens. Der Umgang mit Information und Wissen, aber auch mit den involvierten Interaktionspartnern, die Strategien und Methoden, die die Bearbeitung eines Übersetzungsauftrages (ÜA) ausmachen und schließlich den Translationsprozess bis zur Erstellung des Produktes determinieren, machen zu einem großen Teil sein Qualitätsmanagement (QM) aus. Translation ist daher im Prinzip eine spezifische und hochkomplexe Form von Informations- (IM) und Wissensmanagement (WM) und damit auch von QM (vgl. Feyrer 2004). Die zentrale Aufgabe des Translators besteht darin, eine (Informations)Transferleistung in eine andere Sprache und Kultur unter Berücksichtigung der jeweiligen Skopoi von Translationsauftrag und Zieltext zu erbringen. So gesehen ist Translation ein pluridimensionaler Vorgang von QM mit individuellen und überindividuellen Komponenten, mit fakultativen und genormten Komponenten und mit Prozess- und Produktcharakter, der über Fach-, Sprach- und Kulturgrenzen hinausgeht.

Die Repräsentation von Wissen und Information kann jedoch gerade durch die universellen Möglichkeiten zu Informationsverbreitung und -konsum von unterschiedlicher Qualität sein. Daher gehört zum Anforderungsprofil an den modernen Translator auch eine effiziente und auf die besonderen Erfordernisse von Sprach- und Kulturtransfer ausgelegte Qualitätssicherung (QS) im translationsrelevanten IM, WM und Interaktionsmanagement. Dazu bedarf es wiederum eines komplexen, die Besonderheiten von Ausgangs- und Zielsprache und -kultur wie auch die spezifischen Rahmenbedingungen der konkreten Arbeitssituation berücksichtigenden QM.

Eine Anforderung an das Curriculum unter vielen besteht darin, den angehenden TranslatorInnen ein Bewusstsein für Qualitätsparameter zu vermitteln und ihnen bei der Erarbeitung von Strategien der QS behilflich zu sein. Dies fordert auch Hönig, wenn er schreibt: „Professionelle Übersetzer müssen in der Lage sein, die Qualität ihrer Arbeit argumentativ nachweisen zu können; [...] durch die Prägung der AbsolventInnen werden dem Markt die Qualitätsstandards einer begründet guten Übersetzung vermittelt" (Hönig 1999, 378). QM und vor allem QS beziehen sich in der Ausbildung sowohl unter didaktischem Blickwinkel auf die Arbeit mit den Studierenden als auch auf die schließlich im Berufsleben an den Translator herangetragenen Anforderungen an eine adäquate Translationsleistung in Allgemein- und Fachsprache.

2 Translationsrelevantes Qualitätsmanagement

Translationsrelevantes QM erfordert Systematik, effiziente Strategien und Methoden bei der Analyse von Ausgangstext (AT) und -kultur bzw. der jeweiligen Rahmenbedingungen und bei der Umsetzung im Translationsprozess bis hin zur Translaterstellung. Dies gilt es auch in der Translationsdidaktik zu vermitteln, um eine fundierte Ausbildung professioneller KommunikationsmittlerInnen zu schaffen.

In den Wirtschaftswissenschaften ist ‚Qualität' (Q) ein Schlüsselbegriff, der lange gar nicht thematisiert wurde und erst in den letzten Jahren entscheidende Bedeutung erhielt. So heißt es etwa bei Adams und Rademacher: „An die Qualität von Produkten und Dienstleistungen haben wir uns schon so gewöhnt, dass uns die Qualität nur noch dann auffällt, wenn sie fehlt" (Adams/Rademacher 1994, 13). In den Wirtschaftswissenschaften wird allerdings auch bemängelt, dass Q immer noch zu sehr ein Merkmal von Produkt und Produktion ist (Schnorbus 1994, 5), während die qualitätsbestimmenden Vorgänge vor der Produktion und die produktbegleitenden Leistungen gegenüber dem Kunden unzureichend integriert sind (TÜV 2003). In der Translationstheorie hat sich schon lange die Erkenntnis durchgesetzt, dass der Prozess das Produkt determiniert und dass sowohl Auftraggeber als auch Konsument, d. h. Rezipient, für den Prozess und die darin ablaufenden Entscheidungsprozesse, also das translatorische Handeln, wenn wir mit Holz-Mänttäri (1982) sprechen wollen, maßgebliche Faktoren sind.

2.1 Zum Begriffsverständnis von QM

Sowohl in den Wirtschaftswissenschaften als auch in der Translation sind die Begriffe IM, WM und QM eng miteinander verbunden. Sie sind in der Wissenschaft wie auch in der Praxis gebräuchlich, werden jedoch sehr unterschiedlich verwendet bzw. mit unterschiedlichen Inhalten in Verbindung gebracht. QM wird in den Wirtschaftswissenschaften in der Regel als integrativer Teil von IM und WM gesehen, wobei QS heute unter QM subsumiert wird. QS bzw. QM ist der Oberbegriff für Qualitätsplanung, Qualitätsprüfung und Qualitätslenkung (Heinrich 1992, 81). Unter QM wird vor allem im Marketing ein System zur ständigen Qualitätsverbesserung von Prozessen, Produkten und Dienstleistungen verstanden. Q wird dabei als „Gesamtheit aller Eigenschaften eines Produktes" definiert, „die bekannte oder unausgesprochene Bedürfnisse befriedigen kann" (Lexikon Marketing 2003) bzw. als „diejenige Eigenschaft eines Produktes, die geeignet ist, die externen und internen Forderungen zu erfüllen" (Adams/Rademacher 1994, 13). QS erfolgt damit einerseits produktbezogen, andererseits systembezogen, d.h. prozessbezogen.

QM hat dadurch mehrere Sichtweisen: eine prozessorientierte, eine produktorientierte und eine ganzheitliche (vgl. Heinrich 1992, 83). Die prozessorientierte Sichtweise schließt Planungs- und Realisierungsprozesse (Prozessqualität) ebenso ein wie die Nutzung dieser Produkte (Nutzungsqualität). Die produktorientierte Sichtweise konzentriert sich auf die Produktqualität, und die ganzheitliche Sichtweise betrachtet die Schnittstellen zwischen der prozessorientierten und der produktorientierten Sichtweise (Problemlösungsqualität). Daraus folgt: „Prozessqualität ist Voraussetzung dafür, dass Produktqualität entstehen kann. [...] Produktqualität kann nur dann entstehen, wenn sie im Prozess der Planung und Realisierung des Produkts durch konstruktive Maßnahmen erzeugt wird. [...] Geringe Prozessqualität kann nicht zu hoher Produktqualität führen; umgekehrt kann eine hohe Prozessqualität die Erreichung einer hohen Produktqualität wirkungsvoll unterstützen. [...] Nutzungsqualität kann nur dann verfügbar gemacht werden, wenn Produktqualität gegeben ist. Folglich besteht eine Wirkungskette, die von der Prozessqualität über die Produktqualität zur Nutzungsqualität verläuft" (ebd.).

2.2 Parallelen und Synergieeffekte

Wir haben es also aus der Perspektive der Wirtschaftswissenschaften mit unterschiedlichen Teilqualitäten zu tun, die die Q des Gesamten sichern sollen und letztendlich ausmachen. Für den Benutzer des Produktes ist letztendlich nur die Q des Gesamtsystems von Bedeutung. Interessant an dieser Konzeption aus der Wirtschaft ist die Differenzierung des Q-Begriffes in mehrere Teilqualitäten, die Begriffe wie ‚Prozess-' und ‚Produktorientiertheit' aufweisen, die uns auch in der Translationswissenschaft immer wieder an zentraler Stelle begegnen. Bezieht man dieses Begriffsnetz auf die situative Spezifik der Tätigkeit des modernen Translators als Mitarbeiter in einem Wirtschaftsunternehmen oder als selbstständiger Gewerbetreibender, so lassen sich durchaus Parallelen zum Begriffsverständnis und den Anforderungen und Zielsetzungen von QM und QS in der Wirtschaft herstellen.

Auf die Tätigkeit des Translators hin ausgelegt, würde die Umsetzung des Wirtschaftskonzepts bedeuten, dass es eines gemeinsamen Q-Begriffs mit Q-Kriterien bedarf. Dem tragen Normungsbestrebungen und Zertifizierungskonzepte Rechnung, die zu einer Vereinheitlichung in der Bewertung von Q-Standards beitragen (vgl. dazu die ISO-Norm). Der Benutzer im Hinblick auf Translation ist der Rezipient des Translats, der das im Translationsprozess entstandene Produkt benötigt und verwendet. Für ihn ist die Nutzungsqualität (in unserer Terminologie Funktionalität, Situations- und Zielgruppenorientiertheit, Adäquatheit in sprachlicher, pragmatischer, kultureller und situativer Hinsicht...) von Bedeutung. Für den Translator ist zur Erlangung und Sicherung der Nutzungsqualität für seinen Kunden eine möglichst hohe Prozess- und Produktqualität ausschlaggebend.

Interessant an der erwähnten Definition von Q ist weiters der Hinweis auf die Forderung, „bekannte oder unausgesprochene Bedürfnisse" (Lexikon Marketing 2003) zu berücksichtigen. D.h., dass auch implizit zu erschließende, sich beispielsweise lediglich aus den situativen, kulturell-pragmatischen Rahmenbedingungen ergebende, Anforderungen an das Produkt zur Gewährleistung seiner Funktionalität einzubeziehen sind – auch eine der maßgeblichen Komponenten der Arbeit des professionellen Translators. In der Lehre heißt dies, dass auch hier Qualitätsforderungen einzuhalten sind und eine möglichst hohe Nutzungsqualität für die Studierenden anzustreben ist.

Schließlich decken sich auch die in den Wirtschaftswissenschaften immer wieder genannten Prinzipien des QM mit Parametern, die in der Translation – und hier vor allem auch in der Didaktik – zum Tragen kommen. Im Folgenden soll nun der Fokus unter didaktischem Schwerpunkt auf den Anforderungen an Q, QM und QS in der Lehre liegen. Gerade hier sind Anforderungen, wie sie in der Wirtschaft genannt werden, maßgeblich. Dazu gehören z. B. die Operationalisierung bzw. das Schaffen von Q-Kriterien, d. h. für die Translation Kriterien wie Beachtung der Stimmigkeit in Bezug auf Situationsadäquatheit des Translats, Zielgruppen- und Medienorientiertheit bzw. kulturelle, pragmatische und textsortenspezifische Stimmigkeit. Weiters gehört dazu objektbezogenes QM in Bezug auf Text und ÜA, das zu erstellende Produkt, und damit auch in Bezug auf die Interaktionspartner, die in die Abwicklung des ÜA involviert sind. Nicht zuletzt seien hier als Kriterien die Q-Prüfung und vorausschauende Evaluierung genannt sowie die Integration der QS in den Prozess der Planung und Realisierung des Arbeitsauftrages, sodass eine Reflexion über den Übersetzungsprozess möglich wird, welche prospektive, arbeitsbegleitende und retrospektive Komponenten vereint.

3 Qualitätsmanagement in der translatorischen Praxis

IM – und damit auch QM von Informationsaufbereitung und -transfer – als Produktionsfaktor und strategische Konzepte der QS in der Informationsver- und -bearbeitung sind somit auch für den Arbeitsplatz des modernen Translators zentral. Wird Information als wertvolle wirtschaftliche Ressource gesehen, so besteht die Aufgabe des Translators darin, diese Ressource zu schaffen und damit auch deren Q im Sinne von Prozess-, Produkt- und Nutzungsqualität für den Anwender zu sichern, d.h. sie intra-, inter- und transkulturell aufzubereiten und in geeigneter Weise für den Konsumenten des fertigen Produktes ‚Information' aufzubereiten.

Die Wirtschaft sieht heute Geschäftserfolg in Abhängigkeit zu gelungenem IM und damit QM; effektive Anwendung von Information, strategisches IM und QM werden als in der Wirtschaft notwendige, ganzheitliche Kernkompetenzen gesehen (Teubner 2002, 18). Dafür werden die entsprechenden Normen entwickelt und institutionalisiert. Auch TranslationswissenschafterInnen beziehen sich, wenn es um QM geht, auf die gängigen ISO-Normen. QM wird im Allgemeinen durch die Normenreihe ISO 9000 behandelt. Der konkrete organisatorische Übersetzungsablauf wird unabhängig von ISO 9000 in DIN 2345 behandelt (vgl. Schmitt 1999, 394). Schmitt versteht unter Q (ebd.) „die Erfüllung definierter Erwartungen. [...] Im Zentrum aller Qualitätsbetrachtungen steht die Kundenorientierung [...]", wobei jedoch ausdrücklich darauf hingewiesen wird, dass als Q-Ziel „die Zufriedenheit des Kunden unter Beachtung der berufsspezifischen Maßstäbe und der Berufsethik" (ebd.) zu sehen ist. QM wird laut Schmitt (ebd.) mit einem QS-System verwirklicht, das die Aufbauorganisation, Verantwortlichkeiten, Abläufe, Verfahren und Mittel regelt.

3.1 QM-komponenten im translatorischen Handeln

Generell gesehen ist Translation mit Risku gesprochen „Gestaltung einer Kooperation" (Risku 1998, 90), in der sich alles um Q in Prozess, Produkt und Nutzung dreht. Welche Komponenten beinhaltet nun das QM im translatorischen Handeln? Das QM des Translators umfasst sein eigenes individuelles Selbstmanagement, das auf IM und WM basiert, d. h. auf seinem lexikalischen, sprachlichen, pragmatischen und kulturellen Basiswissen, und das Prozessmanagement in seiner Tätigkeit. Es beinhaltet fachliches und sachologisches QM, aber auch das entsprechende dazugehörige QM in Bezug auf Konventionen von Texttyp, Textsorte und Terminologie. Schließlich gehört eine intra-, inter- und transkulturelle Komponente dazu im Hinblick auf Sprach- und Kulturvergleich bzw. -transfer. Alle diese Komponenten im translatorischen Handeln sind dabei als vernetzte, interdependente Prozessfaktoren zu sehen, die letztendlich die Produkt- und Nutzungsqualität ergeben. Allerdings ist auch Distanz zum eigenen QM erforderlich, es bedarf im translatorischen Handeln einer permanenten Adjustierung und Neuorientierung von Q-Parametern im Selbstmanagement und in der Einbindung in die Zusammenarbeit mit den Interaktionspartnern und deren Einbettung in den pragmatischen, situativen und kulturellen Rahmen.

Q, QS und QM braucht es als Prozessqualität im IM und WM, im Interaktionsmanagement sowie auch in der Gewährleistung von Adressaten- und Zielgruppenorientiertheit, also für die Gewährleistung von Nutzungs- und Produktqualität mit Blick auf das Translat, das Textsortenkonventionen und normativen wie pragmatisch-kulturellen Konventionen zu genügen hat. Dies hat nicht nur Konsequenzen für die berufliche Tätigkeit, sondern auch für Forschung und Lehre.

3.2 Übersetzungsanbieter und QM

Ein kurzer Blick ins Internet zeigt schnell, dass bei den diversen Übersetzungsbüros QM bzw. QS durchaus ein gängiges Schlagwort ist. Unter dem Motto ‚Qualität muss sein' wird bei vielen sogar das Wertlegen auf Q als strategischer Marketingschachzug eingesetzt bzw. hervorgehoben, mit dem sich die einzelnen Büros von der Konkurrenz abzuheben versuchen. Dabei wird auf Text- und Servicequalität abgezielt.

Bei FXM (2003) heißt es z.B.: „Unsere Einstellung und Absicht: Es ist durchaus möglich, gewinnbringend zu arbeiten und damit sogar gewisse Kunden zufrieden zu stellen, indem man das Gewicht einzig auf den Preis oder die Geschwindigkeit legt. Wir hingegen legen in erste Linie Wert auf Qualität. Damit meinen wir nicht nur die Qualität der Texte, sondern einen in jeder Hinsicht einwandfreien Service". Als Parameter für Q tauchen hier Text- und Servicequalität auf. Auch trans-k (2003) legt auf Q und Service Wert: „Die Qualität ist nicht bloß auf das Produkt beschränkt; auch der Service muss stimmen".

Aus den Selbstdarstellungen der einzelnen Anbieter wird deutlich ersichtlich, dass einerseits auf Kundenorientiertheit (Nutzungsqualität), Einbindung des Kunden in den Arbeitsprozess (Prozessqualität) und andererseits auf Kriterien der Produktqualität Wert gelegt wird. Die Firma transline (2003) äußert jedoch – wie auch Risku (1998, 237) aus translationswissenschaftlicher Sicht – explizite Zweifel an der Effizienz der gängigen Normierungen: „Inzwischen hat sich auch in der Übersetzungsbranche die Einsicht durchgesetzt, dass die Normenreihe ISO 9000 alles andere als ein Garant für Qualität ist" (transline 2003). Für transline (2003) ist Q ein ‚Schattenprozess'. In der Homepage der Firma heißt es dazu: „Qualität findet nicht an bestimmten Stellen im Übersetzungsprozess statt, sie begleitet vielmehr diesen gesamten Prozess als eine Art Schattenprozess; ja, der

Qualitätsprozess beginnt bereits vor der eigentlichen Übersetzung und dauert nach deren Abschluss noch an" (ebd.).

Für das konkrete QM des Translators ergibt sich daraus, dass es zwar möglich ist, Q-Kriterien auf Makroebene aufzustellen (ISO), aber nicht auf der Mikroebene des Translationsprozesses. D.h. der Translator muss – wie so oft – je nach den konkreten spezifischen Rahmenbedingungen seines Arbeitsauftrages immer wieder neue Q-Kriterien, und damit neue QM-Maßnahmen, definieren bzw. eingespielte und bewährte Vorgehensweisen permanent evaluieren und adaptieren, um Prozess- und Produktqualität auf einem möglichst hohen Niveau halten zu können. Risku (1998: 239) spricht hier von Bereichs- und Situationsspezifik.

4 QM aus der Perspektive der Translationsdidaktik

Was uns nun interessieren soll, ist aber der didaktische Zugang zu QM im Hinblick auf Prozess und Produkt, d. h. ein Zugang aus funktionaler Sicht. Wie schon Nord (1999, 60) festhält, kann die Q eines Translats nur anhand der durch den ÜA definierten intendierten Übersetzungsfunktion gemessen werden. Das Arbeitsfeld der AbsolventInnen einer Übersetzer- und Dolmetscherausbildung ist sehr komplex und vielschichtig und erfordert in jedem Fall ein Einarbeiten in die individuellen Bedingungen und Anforderungen des konkreten Arbeitsplatzes. Für die Ausbildung heißt dies, dass gerade im Hinblick auf QM möglichst viele allgemeine Grundlagen zum Anforderungsprofil eines solchen Translators vermittelt werden müssen, wozu exemplarische und vor allem verallgemeinerbare, d. h. in den Grundzügen auf individuelle Arbeitsverhältnisse anpassbare, Kenntnisse und Kompetenzen gehören.

Vergleiche mit der Wirtschaft und ihrer Konzeption von QM drängen sich in vielerlei Hinsicht auf, sieht man den Translator als (Klein)Unternehmen oder Unternehmer. Der Arbeitsalltag des Translators umfasst in ganz unterschiedlichen Ausprägungsformen QM am Text und innerhalb des situativen Rahmens des jeweiligen Arbeitsauftrages in seinem pragmatischen und kulturellen Kontext. In der Didaktik sollte der Bogen vom ‚einfachen', eindimensionalen QM, sprich z.B. dem Abklären und Recherchieren von Begriffen oder Teilinhalten in der Muttersprache und -kultur, bis hin zum komplexen pluridimensionalen QM im Rahmen komplexer Arbeitsaufträge von der Beschaffung von Information mit der entsprechenden Bewertung bis hin zur Be- und Verarbeitung von Informationsmaterial im Sprach- und Kulturtransfer zur Erstellung eines funktionierenden Translats gespannt werden. Grundfragen sind dabei der Umgang mit Q und Q-Kriterien durch den Translator selbst, seine Ansprüche an Q bzw. die Ansprüche, die von außen an ihn herangetragen werden, und die Auswirkungen seines QMs auf seine Arbeit und die Q des Produktes bzw. die Optimierung seiner Leistung durch gelungenes QM. Für die Studierenden ist es wichtig, ein Selbstmanagement für Q zu entwickeln, dieses aber auch in übergeordnete Handlungsmuster und Teamarbeit integrieren zu können. Dafür bedarf es explizit herausgearbeiteter Q-Kriterien und der Entwicklung eines Q-Profils für die jeweilige Übersetzungssituation (Arbeitsprofil des Translators) bzw. die Spezifik des ÜA.

4.1 implizite Bedürfnisse – ein Qualitätsanspruch

Ein Q-Kriterium im translatorischen Handeln ist die Bedürfniserhebung. Interessant an den Konzeptionen aus der Wirtschaft ist der erwähnte Anspruch, auch auf implizite Bedürfnisse des Kunden und die daraus resultierenden Q-Parameter, denen das Produkt genügen muss, einzugehen, d. h. „bekannte oder unausgesprochene Bedürfnisse" (vgl. Lexikon Marketing 2003) zu berücksichtigen.

Das folgende Textbeispiel fand in einer Übung zur Translatorischen Basiskompetenz, einer Lehrveranstaltung, die für StudienanfängerInnen gedacht ist, Verwendung. Es handelt sich dabei um eine Beilage eines Versandhauses, die sich in Schuhkartons findet. Der Text ist launig geschrieben und auf die persönliche Ansprache der Kunden zugeschnitten. Die neuen Schuhe wenden sich in personalisierter Form direkt an ihren neuen Besitzer. Es folgt die Bitte, bei der ersten Anprobe einen Schuhlöffel zu verwenden, Socken zu tragen und sich nur auf Teppichböden zu bewegen. Dann folgt eine Anleitung, wie im Falle eines Umtausches vorzugehen ist. Schließlich ‚bedanken' sich die Schuhe bei den neuen Besitzern für ihr Verständnis:

Chère Cliente, cher Client,
Nous sommes vos nouvelles chaussures et attendons impatiemment de pouvoir faire nos preuves. Mais nous avons une petite prière à vous faire avant que vous nous essayiez : traitez-nous s'il vous plaît avec précaution. Utilisez un chausse-pied pour nous chausser, faites-nous marcher sur une moquette aussi douce que possible et, pour des raisons d'hygiène, portez toujours des bas pour nous essayer. Car si vous désirez nous échanger ou nous restituer, nous devrons être aussi neuves que nous le sommes actuellement. Sinon notre carrière sera terminée et nous serons mises au rebut. Vous aimeriez certainement nous essayer maintenant. Si nous sommes un peu trop petites ou un peu trop grandes – ce que nous n'espérons pas – inscrivez simplement la nouvelle pointure que vous aimeriez recevoir sur le bulletin de renvoi et nous arriverons chez vous dans la taille désirée aussi vite que possible. Nous sommes vraiment curieuses de voir si nous vous allons bien, nous voulons seulement encore vite vous dire merci de votre aimable compréhension.

Bei näherem Hinsehen ist der Text fast ein bisschen ‚zu nett' verfasst. Außerdem trägt er – entgegen des im ersten Moment entstehenden Eindrucks – Charakteristika eines Fachbereiches, nämlich im weitesten Sinne des Marketings. Wir haben es hier nämlich mit einer recht ausgeklügelten Strategie des Versandhauses zu tun. Unter dem Vorwand des Dienstes bzw. einer Serviceleistung am Kunden werden hier beinharte Interessen des Herstellers bzw. des Versandhauses verfolgt. Der Kundschaft wird auf ansprechende Weise suggeriert, dass ihr hier Hilfestellung und wichtige Zusatzinformationen für den Erwerb und die Freude am Benutzen des Produktes zur Verfügung gestellt werden. Ein durch unsachgemäße Anprobe beschädigter Schuh ist allerdings wertlos bei Rücksendung und kann nicht nochmals versandt, d.h. verkauft, werden. Also unternimmt das Versandhaus den Versuch, dem vorzubeugen und den Kunden nach Möglichkeit auch zu sachgemäßem, d. h. im Interesse der Firma liegendem, Umgang mit der Ware zu ‚erziehen'.

Die implizite Intention, die hier hinter der Beilage des Textes zum Produkt steht, ist also eine grundlegend andere, als diejenige, die dem Kunden auf den ersten Blick vorgegaukelt wird. Der Text wurde im Interesse der Firma und nicht primär im Interesse des Kunden verfasst und mitgeschickt und dient primär dem Marketinginteresse des Versandhauses – auch ein richtiges Vorgehen bei Rücksendung ist letztlich im Interesse der Firma. Die Q der Übersetzung ist dann gegeben, wenn dieser Skopos erreicht und die Funktionalität des Translats im Interesse der Firma gegeben ist. Q-Kriterium für die Prozessqualität ist, diese impliziten Bedürfnisse zu erkennen, im Translationsprozess mit zu berücksichtigen und den Text gemäß dem AT und dessen Funktion bzw. der dahinter stehenden Intention des Auftraggebers stilistisch genauso ansprechend zu gestalten, sodass die angestrebte Wirkung, also das gewünschte Verhalten beim Kunden, erzielt wird.

Daraus lassen sich u. a. folgende Ansprüche an das QM des Translators ableiten: die Fähigkeit, implizite Intentionen zu erkennen und diese im Translat textsorten-, situations- und interaktantengerecht umzusetzen. Dazu gehört die Fähigkeit, stilistisch entsprechende Formulierungen zu wählen und eventuelle kulturelle Anpassungen vornehmen. Dies erfordert eine eingehende Analyse des AT und vor allem des Umfeldes, in dem der Text generiert wurde und schließlich jenes, in dem der Zieltext funktionieren und seinen Zweck erfüllen soll. Zum QM gehört in diesem Fall eine Bedarfserhebung der Ansprüche des Auftraggebers und der Erwartungshaltung des Textrezipienten, in diesem Fall des Kunden, der sich eine Dienstleistung erwartet. Dieser wiederum wird jedoch mit Ansprüchen des Versandhauses konfrontiert, die bei genauerem Hinsehen massive Handlungsaufforderungen darstellen. Also müssen selbige möglichst ansprechend verbrämt werden. Hier wird deutlich, dass die Ansprüche an Produkt- und Nutzungsqualität von Auftraggeber und Kunde deutlich differieren und der Translator eine Art Spagat vollführen muss.

QM läuft somit mit Blick auf die Ansprüche an die Tätigkeit des Translators pluridimensional und vielschichtig ab. Es beinhaltet das eigene QM des Translators, sein Selbstmanagement in Bezug auf IM- und WM, aber auch auf Prozessmanagement im Tätigkeitsablauf. Der Translator kann letztlich seiner Aufgabe nur dann gerecht werden, wenn sein eigenes QM im Handlungskontext, in dem er zu agieren hat, stimmig ist. Es beinhaltet aber zum anderen auch QM für den Rezipienten des Zieltextes in seiner Kultur und eventuell seinem Wissens- und Informationsstand nach.

5 Didaktische Konsequenzen

Wie kann die Translationsdidaktik ihren Auftrag wahrnehmen, auf die Bedeutung von QM für den Translator selbst bzw. den Translationsprozess und situationsadäquate Translationsprodukte hinzuweisen und dies zu trainieren? Eine textsortenspezifische Auseinandersetzung mit Text, Inhalt, Fachspezifik und situativem, kulturell-pragmatischem Rahmen ermöglicht einerseits den Aufbau von (fachlich-) inhaltlichem Grundwissen, sensibilisiert aber andererseits auch für die Bedeutung und den Zusammenhang zwischen Textinhalt, Information, Situation und translatorischem Interaktionsrahmen. Die Auseinandersetzung mit Kriterien von QM im translatorischen Handeln wirkt sich dann generell auf das Herangehen an Arbeitsaufträge aus. Den Studierenden wird bewusst, dass über die Informationsbeschaffung zu fachlichen und terminologischen Fragen hinaus ein bewusster Umgang mit Information bzw. ein zielgerichteter Informationsbeschaffungs- und -verarbeitungsprozess für eine funktionale und skoposadäquate Bewertung und Ausführung von Arbeitsaufträgen im Sinne eines effizienten QM relevant ist. Erkennen sie dies, haben die Studierenden einen großen Schritt in Richtung professionelles Expertenverhalten gemacht. Risku (1998, 190) hebt z. B. deutlich hervor, dass sich die AT-Rezeption des professionellen Translators auf das gesamte Material, das für die Translation relevant erscheint, beziehen muss, um eine autonome Handlungsbasis entstehen lassen zu können. Der professionelle Translator unterscheidet sich vom Laien gerade dadurch, dass er gelernt hat, den Bedarf an Konsultation weiterer Informationsquellen einzuschätzen und diese gezielt einzusetzen. Dies ist ein Erfordernis zur Gewährleistung von Prozessqualität. Der Experte berücksichtigt das „Wissen um die Verwendungsbedingungen und die Empfänger des Zieltextes" (ebd.). D.h. der Experte benötigt weitreichende Rezeptions- und Produktionsstrategien zur Bewältigung intrakultureller Kommunikationssituationen.

Die Studierenden haben damit in ihrer Auseinandersetzung mit QM in der Translation Folgendes gelernt: Zum einen, dass bei der AT-Analyse vorerst die Rezeption durch den Translator und sein eigenes individuelles QM am Text maßgeblich ist, also das ‚textimmanente QM', worunter wir das Aufeinanderbeziehen von Textteilen und der darin gegebenen Information, weiterführende Schlussfolgerungen sowie erste Konsequenzen für das translatorische Handeln mit Blick auf den Sprach- und Kulturtransfer verstehen wollen. Zum anderen wurde den Studierenden bewusst, dass sich aus der Textrezeption und der Bewertung der gegebenen Information die als notwendig erachtete weitere Planung der Vorgehensweise ableitet. Dadurch wiederum leiten sich die einzelnen Schritte des QM zur Gewährleistung von Prozess- und Produktqualität ab. Aus den dabei gewonnenen Relevanzkriterien ergeben sich weiterführende Konsequenzen für die Bearbeitung des Auftrages und die Gestaltung des Zieltextes bzw. die Transposition im Translat. Schließlich kann aus der Zusammenführung von Information aus dem AT, dem entsprechenden textimmanenten IM, der weiterführenden Informationsbeschaffung bzw. dem Inbezugsetzen dieser Informationen zum Textinhalt und der Einschätzung des Translatskopos und der Besonderheiten der intendierten Zieltext-Funktion und -rezeption eine Neubewertung des ÜA und seiner Rahmenbedingungen resultieren. Diese ist entscheidend für das weitere Vorgehen im QM des Translators. Nicht zu vernachlässigen ist dabei die Komponente der Kundenorientiertheit. Das Produkt der translatorischen Tätigkeit muss auch insofern funktionieren, als es auf den Kunden (Auftraggeber, Zielgruppe, potenzielle Rezipienten) in allen Belangen zugeschnitten und auf ihn je nach Rahmenbedingungen angepasst werden muss. Der auf Funktionalität ausgerichtete Umgang mit Text und ÜA und die ökonomische und zielgerichtete Beschaffung und Verarbeitung von relevanter Zusatzinformation sind integrativer Teil der Arbeit des Translators und für ein gelungenes QM bzw. eine gelungene Auftragsbearbeitung zentral.

Zusammenfassend heißt dies: Translatorisches QM muss sach- und fachinhaltsbezogen ausgerichtet sein, aber auch text-, sprach- und kulturbezogen im Hinblick auf eine Transferleistung sein, und es muss zudem ökonomisch sein. QM umfasst Selbstmanagement und Arbeit im Team und ist auf Prozess-, Produkt- und Nutzungsqualität hin ausgerichtet. Es bedarf aber auch ständiger Revision und Angleichung an die Erfordernisse des konkreten Arbeitsauftrages. In diesem komplexen Anforderungsprofil liegt die Herausforderung an die Translationsdidaktik, damit die Studierenden ein entsprechendes (Problem)Bewusstsein überhaupt erst entwickeln können.

Literaturverzeichnis

Adams, H. W./Rademacher, H. (1994): Strategische Ansätze führen zu Qualitätsmanagementsystemen. In: Adams, H. W./Rademacher, H. (Hrsg.): Qualitätsmanagement. Strategie – Struktur – Systeme, Frankfurt a.M., 13-24.
Feyrer, C. (2004): Informationsmanagement im Fokus ‚kundenorientierter' Textrezeption und -produktion – Ein Auftrag an die Translationsdidaktik. In: Göpferich, S./Engberg, J. (Hrsg.): Qualität fachsprachlicher Kommunikation (= Forum für Fachsprachenforschung 66), Tübingen, im Druck.

FXM (2003): http://www.fxm.ch/De/Services/AssuranceQualite.de.htm am 25.08.2003.
Heinrich, L. (⁴1992): Informationsmanagement: Planung, Überwachung und Steuerung der Informations-Infrastruktur (= Wirtschaftsinformatik). München/Wien.
Holz-Mänttäri, J. (1982): Vom translatorischen Handeln. Ein Kompendium. Weiterbildungsveranstaltung für Übersetzer 03-04.06.82 am Institut für Übersetzen und Dolmetschen der Universität Turku. Turku.
Hönig, H.G. (²1999): Humanübersetzung (therapeutisch vs. diagnostisch). In: Snell-Hornby, M./Hönig, H.G./ Kußmaul, P./Schmitt, P.A. (Hrsg.): Handbuch Translation, Tübingen, 378-381.
Lexikon Marketing: http://www.wiwi-treff.de/home/mlexikon.php?mpage=beg/qualitat. htm am 25.08.2003.
Nord, C. (²1999): Textlinguistik. In: Snell-Hornby, M./Hönig, H.G./Kußmaul, P./Schmitt, P.A. (Hrsg.): Handbuch Translation. Tübingen, 59-61.
Risku, H. (1998): Translatorische Kompetenz. Kognitive Grundlagen des Übersetzens als Expertentätigkeit (= Studien zur Translation 5). Tübingen.
Schmitt, P.A. (²1999): Qualitätsmanagement. In: Snell-Hornby, M./Hönig, H.G./Kußmaul, P./Schmitt, P.A. (Hrsg.): Handbuch Translation. Tübingen, 394-399.
Schnorbus, A. (1994): Vorwort. In: Adams, H.W./Rademacher, H. (Hrsg.): Qualitätsmanagement. Strategie – Struktur – Systeme, Frankfurt a.M., 5-8.
Teubner, R.A.(2002): Informationsmanagement.http://www.wi.uni-muenster.de//wi/lehre/ ewi/ws00-01/wi_im.pdf, 1-18, am 09.09.2002.
trans-k (2003): http://www.trans-k.co.uk/qualitaet.html am 25.08.2003.
transline (2003): http://www.transline.de am 25.08.2003.
TÜV (2003): TÜV Journal 3. Quartal 2003: http://www.tuev.sued.de am 25.08.2003.

Sprache und neue Medien

Multiliteracies im Englischstudium

Rita Kupetz / Thanh-Thu Phan Tan / Jill Schneller /
Birgit Ziegenmeyer, Hannover

1 Herausforderungen der Wissens- und Informationsgesellschaft: *Multiliteracies*

Wir stellen vor, wie unsere Organisation, d.h. das Englische Seminar der Universität Hannover, die Entwicklung ausgewählter Schlüsselkompetenzen im Bereich der *Multiliteracies* in die Studiengänge integriert hat. Durch die Nutzung der Neuen Medien im Englischstudium streben wir neben der Entwicklung von Kompetenzen im Umgang mit dem Computer und dem Internet einen sprachlernspezifischen Mehrwert an, der jedoch weder isoliert entwickelt noch erfasst werden kann, sondern von uns als Teil von *Multiliteracies* konzipiert und beschrieben wird.

Der Begriff *Multiliteracies* (New London Group 2000) weist erstens auf die zu erhaltende kulturelle und linguistische Vielfalt der *Global Community* und gleichzeitig auf die Bedeutung der englischen Sprache als *Lingua franca* hin. Zweitens bietet der Begriff die Möglichkeit, eine Vielfalt an Kompetenzen wie u.a. *Electronic Literacy, Web Literacy* und *Critical Literacy* zu erfassen (vgl. Shetzer/Warschauer 2000), die notwendig sind, um neue Textformen, die durch die technische Entwicklung entstehen und multimedial konstruiert werden, zu rezipieren bzw. zu produzieren (vgl. Cope/Kalantzis 2000).

Literacy Events und Literacy Practices (vgl. Barton 1994; Barton/Hamilton 1998) erfahren im Kontext dieses Medienwandels jeweils spezifische Ausprägungen (vgl. Kupetz/Schneller im Druck).
Wir evaluieren Unterrichtsversuche und stellen unsere Erfahrungen vor, die wir einerseits zur Arbeit mit der Lernplattform CommSy in verschiedenen Lehrveranstaltungskontexten (s. Abschnitt 3.1) und andererseits zur Entwicklung der Kompetenzen „*Searching for Information*" und „*Constructing a Web Site*" in einem sprachpraktischen Kurs *Composition* (s. Abschnitt 4) durchgeführt bzw. gemacht haben.

```
        Electronic Literacy:
     bedientechnische Befähigung zur...

              Konstruktion
        Recherche  Kommunikation

  Web Literacy: inhaltliche      Critical Literacy:
     Befähigung zur...         kritische Beurteilung von...
```

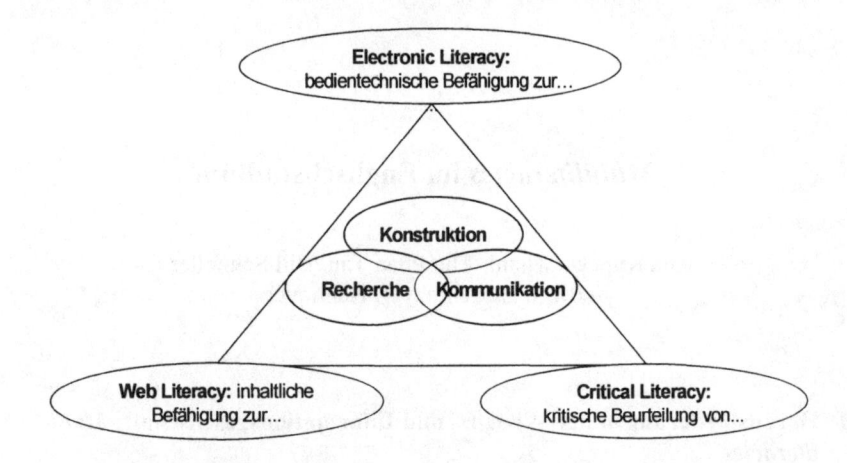

Abb. 1: Herausforderungen der Wissens- und Informationsgesellschaft: Multiliteracies

2 Personal- und Curricularentwicklung

2.1 Die Wollongong-Erfahrung und der Wollongong-Alptraum – Der Anstoß von außen

Rita Kupetz forschte im Sommersemester 2001 an der Universität Wollongong (NSW, Australien), die gerade eine Anerkennung erhalten hatte als Universität, die ihre Absolventen am besten auf die *E-World* in Australien vorbereitet. Ein wesentlicher Faktor der E-Learning-Strategie war die flächendeckende Implementierung der Lernplattform WebCT: Dies bedeutete, dass alle Lehrpersonen ihre Kursinhalte in WebCT einstellen und danach die Rechte an die Universität abtreten mussten, um langfristig Personalkosten einsparen zu können und die Inhalte über die Lernplattform und billigere Tutoren vermitteln lassen zu können. – Wir wollten uns wappnen für eine Strategie an unserer Hochschule, indem wir Erfahrungen mit einer Open-Source-Lernplattform sammeln wollten.

2.2 Lernplattform CommSy

Jill Schneller ist eine medien-kompetente Kollegin, die sowohl sprachpraktische Kurse als auch kulturwissenschaftliche Seminare erteilt und Birgit Ziegenmeyer eine informatikkundige Mitarbeiterin. Zu dritt beteiligten wir uns im September 2001 an einer zweitägigen Fortbildung der Universität Hannover zu internetgestützter Lehre und entschieden uns für die Erprobung der web-basierten Kommunikations- und Kooperationssoftware CommSy[1]. Als Lernplattform versucht CommSy insbesondere, den Aufbau von Wissen im Hochschulstudium zu unterstützen sowie selbstständiges und kooperatives Lernen in den Mittelpunkt zu stellen, ohne jedoch die konkrete Nutzung der Plattform durch eine Lerngemeinschaft inhaltlich oder formal vorzugeben.

Das Herzstück von CommSy bilden virtuelle, nichtöffentliche *Projekträume*, die von Lehrenden wie Studierenden zur Unterstützung einer Lehrveranstaltung eingerichtet werden können. In ihrem Projektraum können die Teilnehmenden Termine und Neuigkeiten ankündigen, Arbeitsmaterialien und Literatur(angaben) einstellen und bearbeiten sowie miteinander Diskussionen führen. Teilnehmende können sich auf einer persönlichen Seite vorstellen und Arbeitsgruppen bilden.

Die Gestaltung von CommSy basiert auf den zentralen Designprinzipien einer einfachen individuellen Benutzung, einer verantwortungsvollen gemeinschaftsorientierten Benutzung innerhalb der Lerngemeinschaft sowie einer ausdrücklichen Einbettung in einen Medienmix (Jackewitz/Janneck/Pape 2002). Eine derartige Gestaltung soll dazu beitragen, „Lernen in Präsenz zu unterstützen, ohne es zu ersetzen oder in den medialen Raum hineinzuverlagern" (Krause 2002, 44).

Darüber hinaus zeichnet sich CommSy neben der technischen Bereitstellung der Software insbesondere durch eine begleitende Entwicklung und Evaluation von Modellen und Materialien[2] zur Benutzungsbetreuung aus. Für den CommSy-Einsatz am Englischen Seminar stellten diese vielversprechende und hilfreiche Anregungen für die Einführung und Integration von CommSy-Projekträumen in verschiedene Veranstaltungskonzepte im Rahmen der Erprobung medienunterstützter Präsenzlehre dar. Die genannten Funktionen und didaktisch motivierten Gestaltungskriterien ließen CommSy insgesamt geeignet erscheinen für einen Einsatz zur Unterstützung von Präsenzlehre im Sinne eines *Blended Learning*.

Rita Kupetz und Jill Schneller setzten CommSy im Wintersemester 2001/ 2002 erstmals im Rahmen ihrer Seminare und sprachpraktischen Kurse ein. Birgit Ziegenmeyer unterstützte sie als Tutorin und bei der Erstellung von Lehrmaterial. Am Anfang wurden traditionelle Lehrkonzeptionen durch den Einsatz einer Lernplattform angereichert und Erfahrungen im *Learning-by-Doing*-Verfahren gesammelt. Diese waren positiv, so dass wir darüber am Englischen Seminar berichteten und als Multiplikatorinnen weitere Kolleginnen und Kollegen interessieren und durch interne Weiterbildungsveranstaltungen (CommSy-Lunch) auf die CommSy-Nutzung vorbereiten konnten.

---

1 Die web-basierte Kommunikations- und Kooperationssoftware CommSy wurde im Rahmen des BMBF Programms „Neue Medien in der Bildung" als Teil des Projektes WissPro am Fachbereich Informatik der Universität Hamburg entwickelt, vgl. http://www.commsy.de.

2 Z.B. Szenarien und ein Moderationshandbuch zur Nutzung von CommSy, vgl. http://www.commsy.de/commsy.php.

Unser Team ist inzwischen gewachsen, Thanh-Thu Phan Tan, die als wissenschaftliche Mitarbeiterin in der mediendidaktischen Beratung des ELAN-Projektes am Forschungszentrum L3S arbeitet, ist im Wintersemester 2002/2003 zu uns gestoßen. Sie betreibt in ihrem Dissertationsprojekt Begleitforschung im Bereich von E-Learning am Englischen Seminar und trägt zur Fortbildung interessierter Kolleginnen und Kollegen bei, so dass inzwischen die Arbeit mit der Lernplattform in ausgewählten Kursen konzeptionell integriert ist.

```
                    CommSy Lunch
                  Seminarinterne
                   Weiterbildung

    RK, JS                                  RK, TP, JS, BZ
  Lehrpersonen         LEHRE              Begleitforschung
weitere KollegInnen

                          BZ
                       Tutoren
```

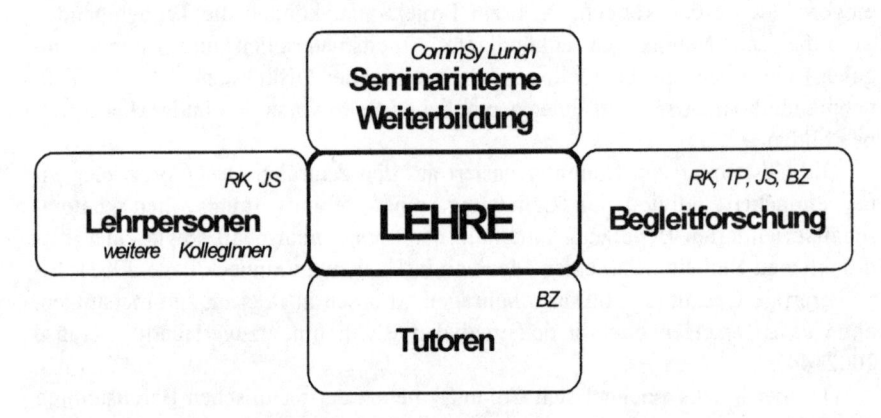

Abb. 2: Zusammenfassung zu Personalentwicklung und Einführung der Lernplattform CommSy[3]

Am Englischen Seminar wurden zum Zeitpunkt der Jahrestagung 2003 seit dem Wintersemester 2001 bereits über 40 Lehrveranstaltungen internetgestützt durchgeführt, dabei sind die Anteile und Szenarien für eine Kombination aus Präsenzveranstaltungen und Lernplattform weiter optimierbar. Wir gehen davon aus, dass die Nutzung einer Lernplattform dazu beiträgt, *Electronic Literacies* bzw. *Web Literacies* als Teil der *Multiliteracies* zu erwerben; diesen Erwerb wiederum betrachten wir als eine wesentliche Komponente von E-Learning.

2.3 Bedarfsanalyse als Prozess: Computer Literacy am Englischen Seminar

Ein wichtiger Faktor für die erfolgreiche Implementierung des E-Learnings in der Hochschullehre ist die Kompetenz der Studierenden im Umgang mit dem Computer bzw. dem Internet. Dabei spielen neben technischen Handhabungsfähigkeiten auch der sichere Umgang mit Kommunikationstechnologien und die kritische und verantwortungsvolle Nutzung des Internets eine Rolle. Insbesondere die subjektive Wahrnehmung des lernbezogenen, kommunikativen und gesellschaftlichen Stellenwerts der Neuen Medien beeinflusst die Offenheit für neue

---

3 Die Abkürzungen stehen für die Namen der Autorinnen.

Lernwege. Im Englischstudium spielt das Internet nicht nur als Werkzeug sondern auch fachlich gesehen als literarisches, kulturelles und linguistisches Phänomen eine Rolle.

Auf der Basis des *Inventars zur Computerbildung* der Universität zu Köln (Naumann/Richter/Groeben 1999) wurde eine kleinere Studierendengruppe (n=59) im Sommersemester 2003, d.h. drei Semester nach der ersten CommSy-Nutzung, im Sinne einer kontinuierlichen Bedarfsanalyse nach den oben genannten Faktoren befragt. Aufgrund der niedrigen Zahl können keine Rückschlüsse auf die Grundgesamtheit der Studierenden gezogen werden, weswegen die Beschreibung der Ergebnisse nur für die befragte Gruppe relevant ist. Allerdings führten einzelne, veranstaltungsinterne Befragungen am Englischen Seminar zu ähnlichen Ergebnissen, so dass eine Übertragbarkeit dieser Ergebnisse auf die Grundgesamtheit der Studierenden zu vermuten ist.

Alle der Befragten (75% weiblich, Durchschnittsalter: 24 Jahre, sechs Fachsemester) besitzen sowohl einen Computer als auch einen privaten Zugang zum Internet. Die Computer- und Internetnutzung ist einseitig: bei circa zehn Stunden pro Woche am Computer und davon vier Stunden im Internet werden fast ausschließlich Textbearbeitungsprogramme (100%) und E-Mail genutzt sowie im Internet recherchiert (je 98%) und gesurft (82%). Andere Anwendungsprogramme auf dem Computer und Kommunikationsmöglichkeiten über das Internet werden jedoch nur teilweise oder kaum genutzt. Auch produktive Tätigkeiten wie das Erstellen von eigenen Webseiten (5%) werden kaum wahrgenommen. Die auffällig niedrige Erfahrung mit Kommunikationstechnologien und Computerprogrammen stellt für die Entwicklung von *Multiliteracies* eine Herausforderung dar.

Was die Einstellung zu den Neuen Medien betrifft, so ist zu erkennen, dass die Befragten den Neuen Medien grundsätzlich offen gegenüber stehen. Die auffällige Verteilung um neutrale Einschätzungen sowohl auf positiver als auch negativer Seite lässt vermuten, dass noch keine eingehende kritische Auseinandersetzung mit dem Medium stattgefunden hat. Bei der Betrachtung des Computers als Lernmedium gibt es eine Tendenz zur Zustimmung, allerdings mit dem Einwand, dass die Kritikfähigkeit der Lernenden zu wenig gefördert wird. Den Stellenwert des Computers in der Gesellschaft bewerten die Befragten als tendenziell positiv, vor allem, was die globale Kommunikationsmöglichkeit betrifft.

3 Evaluation zum internetgestützten Lehren und Lernen am Englischen Seminar

3.1 Nutzung von CommSy-Projekträumen am Englischen Seminar

Im Folgenden werden die Einsatzkontexte, Rahmenbedingungen und Ziele der Nutzung der Lernplattform CommSy am Englischen Seminar dargestellt und durch Einbeziehung von Ergebnissen aus einer begleitenden Studierendenbefragung, an der sich n=192 Studierende aus 11 Lehrveranstaltungen im Sommersemester 2003 beteiligten, reflektiert.

Für viele Studierende stellt die Arbeit mit CommSy im Rahmen von Einführungsveranstaltungen und -vorlesungen, Seminaren sowie sprachpraktischen Kursen am Englischen Seminar eine erste Begegnung mit dem Internet als Medium zur Kommunikation und Kooperation im Rahmen der universitären Ausbildung dar. Die Benutzung der Lernplattform fällt Lehrenden wie Studierenden überwiegend leicht. Die Studierendenbefragung im Sommersemester 2003 zeigt, dass Studierende CommSy tatsächlich überwiegend als „ziemlich" einfach zu benutzen bewerten und es nur wenige Probleme bei der Benutzung gibt. Auch werden die angebotene Benutzereinführung und -unterstützung überwiegend als ausreichend eingeschätzt. Hierzu konnten neben Anpassungen der Software auf der technischen Ebene (u.a Verbesserungen in der Performanz des Systems seit Beginn des Jahres 2003 als Reaktion auf die schnell wachsende Zahl der CommSy-Nutzerinnen und -Nutzer) insbesondere auch didaktische Begleitmaßnahmen am Englischen Seminar zur Einführung und kontinuierlichen Nutzung von CommSy beigetragen:

- Fortbildungsveranstaltungen, CommSy-Lunches und die Einrichtung einer Mailing-Liste für Lehrende,
- Handouts, eine Einführungsveranstaltung und ein Leitfaden für Studierende[4].

Die einfache Benutzbarkeit von CommSy ist eine wichtige Voraussetzung, um bei der Erprobung der von CommSy angebotenen Funktionalitäten und bei der Entwicklung von Nutzungsszenarien für die Einbettung von CommSy in einen für die jeweiligen Lehrveranstaltungsarten spezifischen Medienmix Überlagerungseffekte (z.B. mit nutzungshemmenden oder demotivierenden technischen Problemen oder Benutzungsschwierigkeiten) möglichst auszuschließen.

Zur Integration eines CommSy-Projektraumes in eine Lehrveranstaltung im Sinne eines *Blended Learning*-Ansatzes gehören neben einer notwendigen „Of-

---

4   Erstaunlich ist, dass mögliche Ursachen für Probleme im Umgang mit CommSy auch von Studierenden nur z.T. in der Software selbst verankert gesehen werden, sondern auch die Medienkompetenz der Kommilitoninnen und Kommilitonen kritisch hinterfragt wird, vgl.: „CommSy ist einfach und gut. Leider sind viele Studenten noch nicht soweit, sich regelmäßig ins Internet einzuwählen" (LV2, SoSe03).

fenheit" aller Teilnehmenden für die Erprobung einer Lernplattform in einer Präsenzveranstaltung, ausreichender Sicherheit und Lernbereitschaft im Umgang mit diesem neuen Medium auf der Benutzerebene im Sinne von praktischer Medienkompetenz insbesondere auch Überlegungen zur funktionellen Einbettung der Lernplattform in das didaktische Konzept einer Lehrveranstaltung.

Eine Analyse der kursspezifischen Einbettungen der Projekträume in die Veranstaltungskonzeptionen zeigt, dass die Lernplattform insbesondere in den Bereichen Kursorganisation und -information (Administration) einerseits sowie Bereitstellung und Austausch von Materialien andererseits genutzt wird. Die Nutzung eines Projektraumes zur Ermöglichung und Verortung eines veranstaltungsergänzenden inhaltlichen Diskurses hat hingegen nur einen nachgeordneten Stellenwert und ist in hohem Maße mit der Schaffung von für den Einzelnen als relevant empfundenen Nutzungsanlässen verknüpft (z.B. Diskussionen mit räumlich nicht anwesender Lehrerin in einem fachdidaktischen Seminar, Einrichtung eines Projektraumes für den seminarbegleitenden Austausch auf explizite Anregung durch Teilnehmende der Veranstaltung).

Diese Erfahrungen des Englischen Seminars decken sich im Wesentlichen mit dem CommSy-Evaluationsbericht 2003, in dem zur didaktischen Einbettung festgestellt wird, dass die Nutzung als „Materiallager" dominiert und CommSy als diskursives Medium gering genutzt wird. Dies wird damit erklärt, dass „die Verlagerung bzw. die Wiederaufnahme von Diskussionssträngen in den bzw. im virtuellen Raum offensichtlich vielen TeilnehmerInnen schwer [fällt und] das elektronische Medium [...] hier durch die scheinbare zeitlose Vergegenständlichung der Kommunikationsbeiträge womöglich unrealistische Erwartungen an die Qualität von Online-Diskussionen [weckt]" (Strauss u.a. 2003,19).

Ein weiterer, bislang jedoch nur marginal genutzter Bereich der CommSy-Projekträume betrifft die Unterstützungsfunktionen für gemeinschaftlich organisierte, kooperative Projektarbeit. Hier wurden erste Erfahrungen während der Arbeit an einem CD-ROM- Projekt gemacht, die zwar einerseits das Potential der Lernplattform in der Förderung selbstständigen, kooperativen Lernens andeuten konnten, andererseits aber auch deutlich gemacht haben, dass die Berücksichtigung der Vorkenntnisse und subjektiven Einstellungen der Lernenden nicht nur bezüglich des Aspektes „Neue Medien" sondern auch insbesondere bezüglich der Methoden des kooperativen und projektbezogenen Lernens selbst einen wesentlichen Faktor darstellen.

3.2 Bewertung der Nutzung von CommSy durch die Studierenden

Gemäß der Studierendenbefragung sind die Studierenden überwiegend der Ansicht, CommSy sei eine sinnvolle Bereicherung ihrer Lehrveranstaltung gewesen (s. Abb. 3). Das Nutzungsverhalten der Studierenden orientiert sich an der hauptsächlichen Funktionsnutzung des Materialaustausches: Die meisten Studierenden nutzen CommSy ergänzend zu den wöchentlichen Präsenzterminen regelmäßig mindestens einmal pro Woche. CommSy wird als Raum für die Bereitstellung von Inhalten (Arbeitsmaterialien, vergleichbar einem konventionellen Handapparat in der Bibliothek, verschriftlichte Materialien und Protokolle der Studierenden) sowie als Kommunikationswerkzeug zur organisatorischen Unterstützung einer Lehrveranstaltung anerkannt und genutzt. Hingegen wird die wöchentliche Präsenzveranstaltung selbst als primärer Ort für die diskursive Auseinandersetzung mit den bereitgestellten Inhalten gesehen und eingefordert. Es zeichnet sich somit ab, dass die Nutzung der Lernplattform CommSy zur (Weiter-)Entwicklung von *Multiliteracies* in den Bereichen *Electronic Literacy* und *Media Literacy* im Rahmen des Englischstudiums beitragen kann. Zugleich lassen die Befragungen in den Bereichen *Web Literacy* und *Critical Literacy* einen Fortbildungsbedarf sowohl für Studierende als auch für Lehrende erkennen.

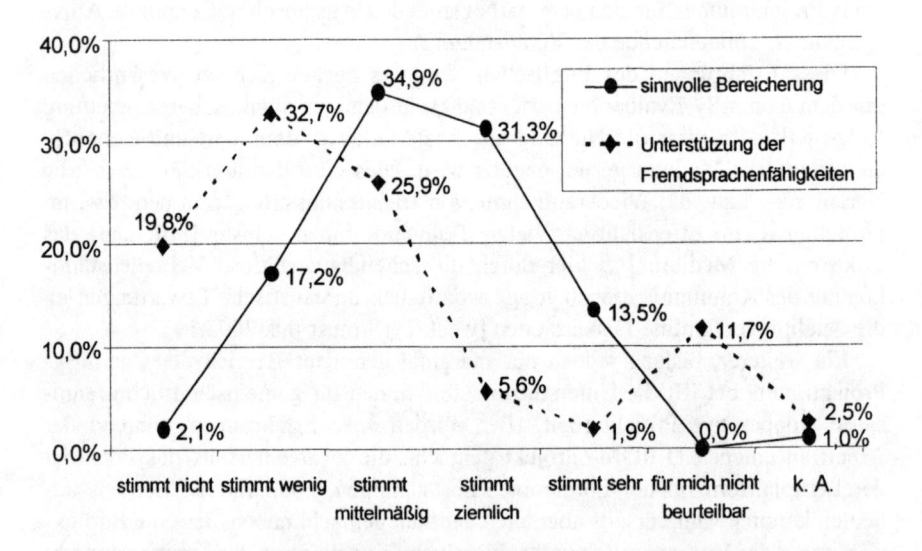

Abb. 3: Vergleich zwischen studentischer Einschätzung zur Bereicherung einer Lehrveranstaltung durch CommSy und zur Unterstützung der Entwicklung der Fremdsprachenkompetenz im Englischen durch die Nutzung von CommSy

Unerwartet skeptisch hingegen fällt die Einschätzung der Studierenden bezüglich der Weiterentwicklung ihrer Fremdsprachenkompetenz durch die Nutzung von CommSy aus. Über die Hälfte der Studierenden sieht hier keinen oder nur einen geringen Zusammenhang bzw. meint, dies nicht beurteilen zu können. Es deutet sich an, dass die Entwicklung und Förderung der *Multiliteracies* ein Prozess ist, der praktische Befähigung *und* theoretische Reflexion umfasst.

4 *Multiliteracies* im Schreibkurs

Seit dem Sommersemester 2002 werden in Schreibkursen Studien zum Thema *Multiliteraćies* durchgeführt. Diese Studien dienen dazu, Veränderungen im bzw. durch das Internet beim Lesen und Schreiben der Studierenden festzustellen. In der ersten Phase des Forschungsprojekts wurden zuerst das gegenwärtige Verhalten der Studierenden beim Lesen und Schreiben und allgemeine Veränderungen ihres Lese- und Schreibverhaltens bedingt durch Neue Medien untersucht (Kupetz/Ziegenmeyer 2004). Die vorliegende Studie ermöglichte es, neue internetspezifische *Literacy Events* nämlich „*Searching for Information*" und „*Constructing a Web Site*" festzustellen, die traditionelle Vorstellungen von Lesen und Schreiben in Frage stellen. Es geht insbesondere um Veränderungen des Lesens und Schreibens, da die Probanden diese Kompetenzen im Sinne des Erstleserwerbs noch nicht mit Hilfe eines Computers oder des Internets erlernt hatten. Im Rahmen dieser zwei Kontexte sollten die zugehörigen *Literacy Practices* festgestellt werden. In diesem Kapitel wird die zweite Phase des Projekts (Wintersemester 2002/2003), in der der *Literacy Event* „*Searching for Information*" untersucht wurde, beschrieben (vgl. Kupetz/Schneller im Druck).

Die Studie versteht sich als Unterrichtsforschung und wurde in einem Schreibkurs (*Composition*) durchgeführt, deren Dozentin zugleich Forscherin war. Elf Studierende haben sich freiwillig für ein Projekt angemeldet, in dem sie in Kleingruppen eine Webseite erstellen sollten. Als Thema der Webseite wurde ein Reiseplan für eine zehntägige Reise in ein englischsprachiges Land vorgegeben. Die Studie kombiniert in sechs Phasen die in Abb. 4 dargestellten Erhebungsinstrumente, um unterschiedliche Perspektiven zu erfassen.

Hauptziele der Befähigungsexperimente waren die Analyse der eigenen Stärken und Schwächen durch die Studierenden bei der Suche im Internet, die Befähigung zu einer kritischeren Bewertung von Internetseiten sowie Anleitungen zum selbstständigeren Arbeiten bei der Internetrecherche und für das Erstellen eigener Webseiten.

Die Datenerhebung ist sowohl quantitativ als auch qualitativ orientiert. Die ersten beiden Fragebögen dienten der Bedarfsanalyse der Lerner und waren wichtig für die Kurskonzeption. Bei den Studierenden waren Schwächen bei der Internetrecherche festzustellen. Sie hatten auch kaum Erfahrung mit der Erstellung von Webseiten. Bei der Planung der Anleitungen musste Rücksicht auf diese Vorkenntnisse genommen werden. Die Erhebungsinstrumente ermöglichten einen Zugang zu den Entscheidungsprozessen der Probanden. Somit konnten Veränderungen der *Multiliteracies* verfolgt werden bzw. die subjektiven Theorien zu den Veränderungen erfasst werden. Die Logs sind Erhebungsinstrumente und Reflexionsmittel der Lernenden zugleich, die auch der eigenen Bedarfsanalyse dienen und die Lernenden unterstützen, ihr Lernen effektiver zu gestalten.

```
┌─────────────────────────────────┐
│ Erfassung des Ausgangsniveaus   │
│ mittels zweier Fragebögen zu Compu-│
│ ter- und Internetkenntnissen und zu│
│ Web Literacy                    │
└─────────────────────────────────┘
                │
                ▼
┌─────────────────────────────────┐
│ Anfertigung eines Laut-Denk-    │
│ Protokolls                      │
│ während einer neunzigminütigen Inter-│
│ net-recherche (Guided/Unguided Log)│
└─────────────────────────────────┘
          ↙           ↘
┌──────────────────────┐  ┌──────────────────────┐
│ Befähigungsexperiment:│  │ Befähigungsexperiment:│
│ Anleitung zur Suche im In-│ │ Anleitung zur Anfertigung│
│ ternet               │  │ von Webseiten mit Hilfe von│
│ und Bewertung von Internet-│ │ AOLPress            │
│ seiten               │  │                      │
└──────────────────────┘  └──────────────────────┘
```

PROJEKT

```
┌──────────────────────┐  ┌──────────────────────┐
│ Reflexion über den Lernef-│ │ Reflexion über den Lerneffekt,│
│ fekt                 │  │ die durch ein Interview ausge-│
│ mittels Fragebogen   │  │ löst wurde           │
└──────────────────────┘  └──────────────────────┘
```

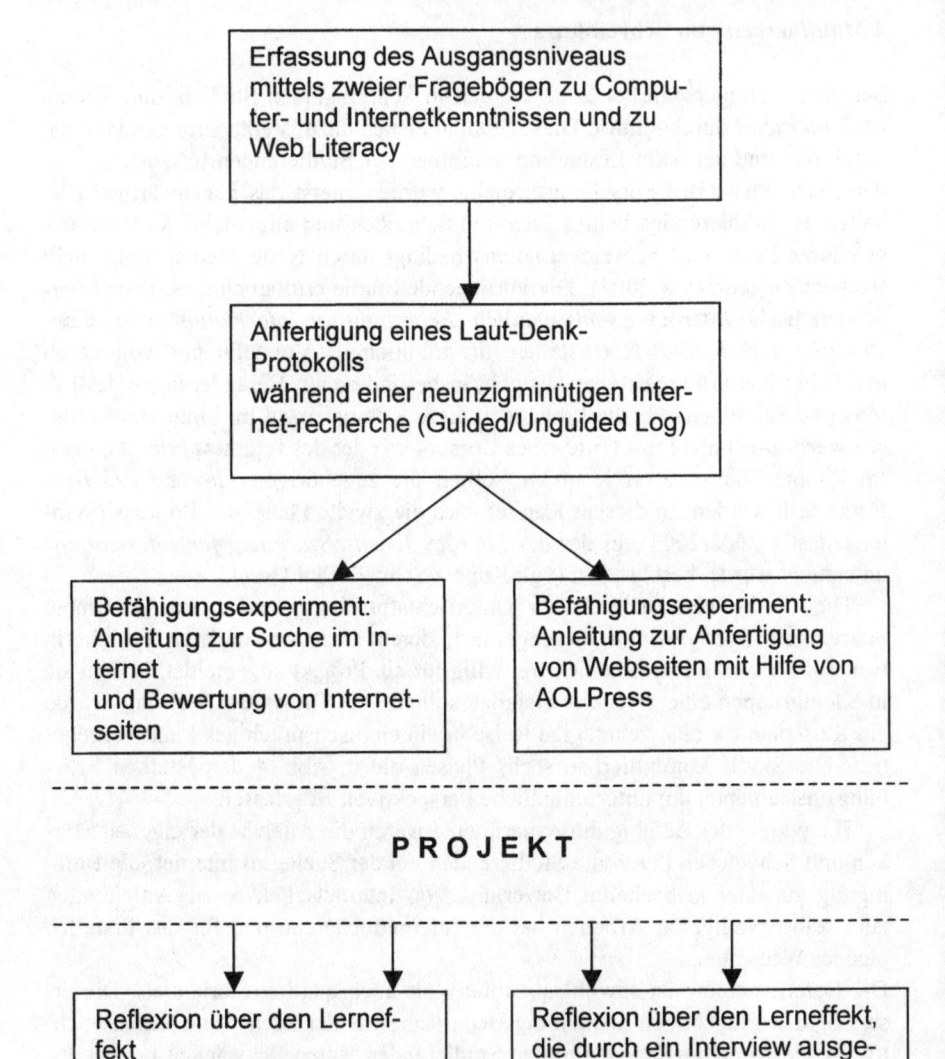

Abb. 4: Forschungsdesign Hauptstudie zu „Searching for Information"

Durch die Erhebungsinstrumente konnten sowohl allgemeine Nutzerprofile erkannt als auch *Literacy Practices* analysiert werden. Die Probanden waren aufgrund ihrer mehrjährigen Nutzung erfahrene Internetbenutzer. Dennoch war ihre *Web Literacy* durch einfache und unsystematische Suchstrategien gekenn-

Multiliteracies im Englischstudium

zeichnet. Die Probanden erkannten die Notwendigkeit zur Verbesserung und wünschten sich eine Anleitung durch Expertinnen oder Experten. Allgemein haben sie ihre *Web Literacy* intuitiv-erfahrungsgeleitet entwickelt. Aus diesem Grund begrüßten die Studierenden die praktischen Anleitungen, die *Learning by Doing* ermöglichten und ihrem Lernstil besser entsprachen.

Die Studierenden haben im Rahmen des Befähigungsexperimentes ihrerseits Veränderungen bezüglich der Nutzung von Werkzeugen und der Vorgehensweise bei der Informationsrecherche wahrgenommen. Zu den *New Practices*, die die Studierenden erworben haben, gehören u.a. die Nutzung verschiedener Auswahlmöglichkeiten (Suchmaschine und/oder Kataloge) und spezieller Suchmaschinen, eine zunehmend wissensgesteuerte Suche, Präzisierungen von Suchbegriffen, Verwendung von Syntaxregeln sowie auch eine gezieltere Nutzung der Funktionen von Suchmaschinen. Das Rechercheverhalten ist im Rahmen des Projektes gezielter and kritischer geworden.

Aspekt	New Practices der Probanden
Werkzeuge für die Informationsrecherche	Verschiedene Auswahlmöglichkeiten: Suchmaschinen versus Kataloge im Allgemeinen; spezielle Suchmaschinen in Abhängigkeit vom Thema und der Kommunikationsgemeinschaft
Vorgehensweisen bei der Informationsrecherche	Gefühl und Wissen Eine gefühlsgeleitete Suche wird zunehmend wissensgesteuert
	Gezieltere Nutzung der Funktionen von Suchmaschinen
	Präzisierung der Suchbegriffe
	Einschränkung von Suchprozessen durch Verwendung von Syntaxregeln
Suchprozess	Gezielt und kritisch, so dass eine kritische Bewertung unmittelbarer erfolgt

Abb.: 5: New Practices im Literacy Event „Searching for Information"

Die Aufgabenstellung ermöglicht es, einen inhalts- und prozessorientierten Ansatz im Fremdsprachenunterricht unter Einbeziehung von Computer und Internet umzusetzen. Die Aufgabe integriert Rezeption und Produktion in der Fremdsprache. Die Produkte belegen, dass die fremdsprachliche Ausdrucksfähigkeit gefördert wurde. Andererseits waren auch Schwächen festzustellen: Flüchtigkeitsfehler, Fehler bei der Wortwahl, ungrammatische Sätze. Solche Fehler waren in „konventionellen" Essays vor dem Projekt seltener aufgetreten.

Der Grund liegt darin, dass die Studierenden sich in dem Projekt mehr auf die Erstellung der Webseite als auf die Fremdsprache konzentriert haben. Dies bestätigen sie auch in der Erhebung zum Lerneffekt. Für die Studierenden standen nicht das Lesen der Texte bzw. das Schreiben in der Fremdsprache im Vordergrund, sondern die praktisch-technische Umsetzung ihrer Ideen bei der Erstellung einer Webseite.

Zusammenfassend kann gesagt werden, dass sich der sprachpraktische Mehrwert bei fortgeschrittenen Lernern im aufgabenorientierten Design schwer isolieren lässt. Vielmehr fließt er ein in eine Kompetenzerweiterung im Sinne der *Multiliteracies*, genauer der Befähigung zur emanzipierteren Beteiligung an Recherche, Kommunikation und Konstruktion im Internet in der Fremdsprache Englisch. In zukünftigen Projekten ist daher darauf zu achten, dass Studierende sich nach einer stärker technisch orientierten Phase mehr auf fremdsprachliche und inhaltliche Aspekte konzentrieren können.

5 *Multiliteracies* im Englischstudium

5.1 Kompetenzbildung für Studierende

Was bedeuten die Ergebnisse aus drei Erhebungen zu verschiedenen Aspekten der *Multiliteracies* für das Studium am Englischen Seminar? Sie zeigen auf, dass die bisherigen Bemühungen nach drei Semestern E-Learning-Erfahrung in die richtige Richtung gehen. Insgesamt wird der Schwerpunkt auf die Entwicklung der Kritik- und Kommunikationsfähigkeit mit den Neuen Medien gesetzt, um die traditionellen Lern- und Methodenziele im Englischstudium, also die kritische Auseinandersetzung mit englischen Texten und die Fähigkeit, diese zu kommunizieren, zu ergänzen.

Die Befragungsergebnisse der Erhebungen zu *Computer Literacies* und *Multiliteracies* im Schreibkurs zeigen, dass weiterhin ein hoher Bedarf im Bereich der Webseitenerstellung besteht, um die kritische Auseinandersetzung mit den Neuen Medien zu fördern. Weitere Maßnahmen sind Lese- und Beurteilungsübungen mit Hypermedien sowie Kenntnisse über die Technologie des Computers bzw. des Internets.

In Bezug auf die Kommunikationsfähigkeit mit den Neuen Medien besteht am Englischen Seminar ein hoher Qualifizierungsbedarf. In Anbetracht der Wichtigkeit dieser Kompetenz im Allgemeinen (vgl. Durant 1995, 47) müssen Studierende des Englischen Seminars bei der Nutzung neuer Kommunikationswerkzeuge gefördert werden. Gerade die Diskussion in Foren, die die Studierenden in den Erhebungen zu *Computer Literacy* und *CommSy Nutzung* am wenigsten wahrgenommen haben, sollte intensiver genutzt werden. Weiterhin ist es sinnvoll, das kooperative Lernen und Arbeiten im Internet zu üben, um neue wissenschaftliche Arbeitsmethoden und Formen des kreativen Schreibens kennen zu lernen.

5.2 Kompetenzbildung für Lehrende: Szenarien als Impulsgeber

Was bedeuten diese Ergebnisse für die Lehrenden am Englischen Seminar? Die Lehrenden müssen *Computer Literacies* selbst entwickeln, um dann wiederum den Studierenden die Möglichkeiten der Kompetenzbildung zu bieten. Hierbei fallen nicht nur die oben genannten Kompetenzen ins Gewicht, sondern zusätzlich auch mediendidaktische und organisatorische Sicherheit bei der Nutzung von Computer und Internet in der Lehre. Um diesen Anforderungen gerecht zu werden, wären Fortbildungen notwendig. Eine weit verbreitete, aber unter Umständen unökonomische Methode ist die des *Learning by Doing*. Auf dieser Basis fanden bis 2002 die computer- und internetgestützten Lehrveranstaltungen am Englischen Seminar mit unterschiedlichsten Ausprägungen statt. Einen großen Vorteil bietet diese Form der internen Fortbildung durch die stark intrinsische Motivation. Diese drückt sich auch in den informellen Treffen aus, bei denen sich die Lehrenden gegenseitig über ihre Erfahrungen austauschen (*Peer Learning*). Solche Treffen sind eine besonders gute und auch geforderte Maßnahme zur nachhaltigen Etablierung der multimedialen Lehre (vgl. Kleimann/Wannemacher 2004, 113). Jedoch besteht der Nachteil im Fehlen der Dokumentation und den gemeinsamen didaktischen Grundlagen, was das E-Learning zu einer stark personengebundenen Angelegenheit macht.

Die didaktischen Grundlagen könnten durch Lehr-/Lernszenarien gefestigt werden. Szenarien beschreiben ganzheitlich zukünftige Lehr-/Lernsituationen, in denen sich Lehrende und Studierende wieder finden können. Sie sollen eine realitätsnahe, umfassende und doch pragmatische Vorstellung von E-Learning entwickeln helfen (vgl. Hankel u.a. 2003, 412). Dabei zeigen sie die Möglichkeiten alternativer Lehr-/Lernformen auf und geben Impulse für neue Wege. Sie sind eine Grundlage für eine kritische Auseinandersetzung mit E-Learning und eine Möglichkeit, eigene Erfahrungen in strukturierter Form mitzuteilen. Dabei können sie leicht an die Fähigkeiten und Fertigkeiten der Lehrenden angepasst und verändert werden. Sie spannen den Bogen zwischen Mediendidaktik, Organisation und Technik und regen zu innovativen Lehrmethoden an.

Allerdings ist eine Sammlung von Szenarien allein noch kein handhabbares Instrument zur Kompetenzbildung. Die Auseinandersetzung mit den Szenarien muss durch vielfältige Aspekte des E-Learnings ergänzt werden (s. Rahmenmodell Abb. 6). Diese Konzeption sollte die Meta-Informationen zu einer Lehrveranstaltung aufgreifen und so eine gemeinsame didaktische Grundlage schaffen. Dadurch wird die didaktische Nutzung der Neuen Medien bewusst und reflektierend in den Lehrbetrieb verankert. Dabei sollte es auch möglich sein, die einzelnen Aspekte mit hilfreichen Informationen und Unterstützungen wie Literaturempfehlungen, Checklisten, Handreichungen, Tutorials sowie mit Beispielen anzureichern.

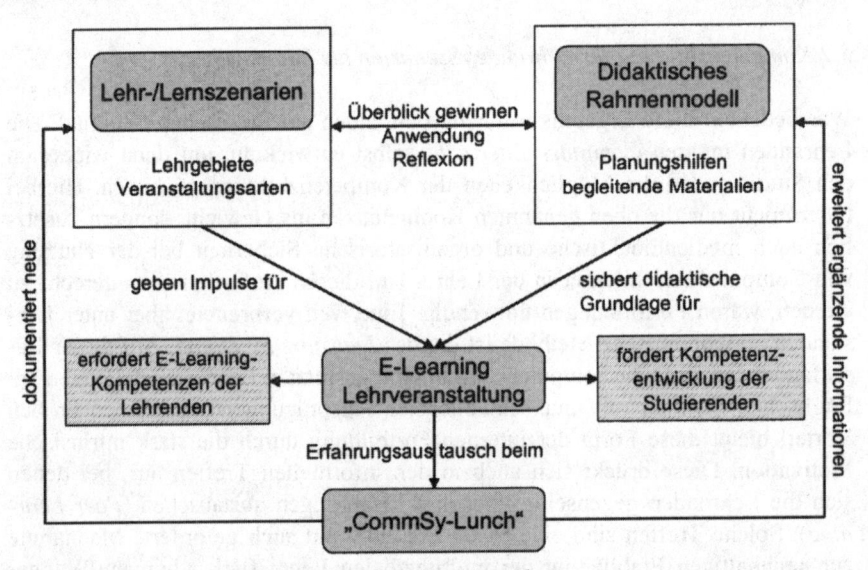

Abb. 6: E-Learning-Fortbildungskreislauf der Lehrenden

Insgesamt sind sowohl die Beschreibung der Szenarien als auch die Meta-Informationen der Konzeption an ECTS-Richtlinien[5] bzw. an das LOM-Modell[6] angelehnt, so dass eine zukunftsweisende Entwicklung des Englischstudiums für die laufende Umstellung auf die Bachelor- und Masterstudiengänge und auch das globale Lernen stattfinden kann.

5.3 Multiliteracies im Englischstudium: Ausblick

Wir werden zukünftig stärker konzeptionell und integrativ an der Entwicklung der *Multiliteracies* sowohl der Studierenden als auch der Lehrpersonen arbeiten.

- Weitere Förderung von *Multiliteracies*, u.a. durch computer- und internetgestützte Lehre

---

5   ECTS = *European Credit Transfer System*, ein von der EU entwickeltes System zur Anrechnung von Studienleistungen
6   LOM steht für *Learning Object Metadata* und wird in einem internationalen Konsortium entwickelt, um elektronische Lernobjekte zu beschreiben. Dieser Standard soll die Suche, Evaluation, Beschaffung und Nutzung von Lernobjekten erleichtern und das Teilen und Austauschen von Lernobjekten durch die Entwicklung von Katalogen und Bestandlisten unter Beachtung der Verschiedenheit von kulturellen und sprachlichen Kontexten unterstützen (vgl. Forschungszentrum L3S 2003).

Multiliteracies im Englischstudium

Im Sommersemester 2004 ist inzwischen in einer fachdidaktischen Lehrveranstaltung ein E-Interview integriert worden, in dem drei Studierende als Moderatorinnen gewirkt haben und eine Expertin, hier eine Gymnasiallehrerin, asynchron über ein Diskussionsforum und auch synchron im Chat befragt und somit ihre theoretischen Erkenntnisse aus dem Kurs einer Überprüfung durch die Praxis unterzogen haben. Diese Moderatorinnen haben selbstständig kooperativ gearbeitet und unter Ausnutzung der Kommunikationstools neues Wissen konstruiert.

- Weitere Förderung des Fremdsprachenerwerbs, u.a. durch computer- und internetgestützte Lehre

Literacies, die für die kritische Wertung von englischsprachigen Webseiten und für die fremdsprachige Webseitenerstellung notwendig sind, werden nicht nur in sprachpraktischen Kursen sondern in kultur- und literaturwissenschaftlichen Kursen **integriert** entwickelt.

Zum Zeitpunkt der Tagung stellte sich die Frage, ob bei der Erstellung von weiteren Webseiten die technische Herstellung in den Hintergrund rückt und damit eine Fokussierung auf die Inhalte und auf die Sprache möglich wird. Diese Verschiebung deutet sich in ausgewählten Veranstaltungen bereits im Wintersemester 2003/04 an.

- Erweiterung der didaktisch-methodischen Kompetenzen der Lehrpersonen im Umgang mit computer- und internetgestützter Lehre

Es werden gegenwärtig Szenarien für verschiedene Lehrveranstaltungstypen entwickelt, die ab Wintersemester 2004/2005 zum Einsatz kommen. Diese Szenarien sind in einem didaktischen Rahmenmodell eingebettet (s. Abb. 6) und nach fachspezifischen und didaktisch-methodischen Gesichtspunkten kategorisiert. So werden verschiedene Lehrmethoden auf konkreter, fachlicher Ebene veranschaulicht. Die direkte Verknüpfung mit begleitenden Materialien unterstützt die Lehrenden bei der Umsetzung. Es wird den Lehrenden zudem ermöglicht, ihre eigenen Erfahrungen strukturiert in Form von Szenarien internetbasiert zu beschreiben und damit ein *Teacher Portfolio* zu entwickeln.

Die hier erwähnten Projekte werden durch Unterrichtsforschung in drei Dissertationsvorhaben[7] begleitet, die verschiedene Aspekte der *Multiliteracies* im Englischstudium aus verschiedenen Perspektiven behandeln.

---

7 Titel der Dissertationsvorhaben: Thanh-Thu Phan Tan: E-Learning-Kompetenz im Englischstudium; Jill Schneller: Becoming Multiliterate: The Development of EFL Students' E-Literacies; Birgit Ziegenmeyer: E-Learning in der fachdidaktischen Ausbildung von Englischlehrerinnen und -lehrern: Multimediale Fallgeschichten als Kern verschiedener Lernszenarien zum Erwerb fachdidaktischen Theorie- und Handlungswissens

Literaturverzeichnis

Barton, D. (1994): Literacy. An Introduction to the Ecology of Written Language. Oxford.
Barton, D./Hamilton, M. (1998): Local Literacies. Reading and Writing in One Community. London.
Cope, B./Kalantzis, M. (2000): Introduction. In: Cope, B./Kalantzis, M. (Hrsg.): Multiliteracies. Literacy Learning and the Design of Social Futures, London, 5-7.
Durant, A. (1995): Literacy and Literature: Priorities in English Studies towards 2000. In: Korte, B./Müller, K.-P. (Hrsg.): Anglistische Lehre Aktuell: Probleme, Perspektiven, Praxis, Trier, 37-59.
Forschungszentrum L3S (2003): Lexikon – Learning Object Metadata (LOM). In: eLearning Infothek. http://www.l3s.de/elan/kb3 am 26.07.2004.
Hankel, O./Jackewitz, I./Pape, B./Strauss, M. (2003): Technical and Didactical Scenarios of Student-centered Teaching and Learning. In: Kerres, M./Voß, B. (Hrsg.): Digitaler Campus. Vom Medienprojekt zum nachhaltigen Medieneinsatz in der Hochschule, Münster, 411-419.
Jackewitz, I./Janneck, M./Pape, B. (2002): Vernetzte Projektarbeit mit CommSy. In: Herczeg, M./Prinz, W./Oberquelle, H. (Hrsg.): Mensch & Computer 2002: Vom interaktiven Werkzeug zur kooperativen Arbeits- und Lernwelt, Teubner, 35-44.
Kleimann, B./Wannemacher, K. (2004): E-Learning an deutschen Hochschulen. Von der Projektentwicklung zur nachhaltigen Implementierung. In: Reihe „Hochschulplanung" 165.
Krause, D. (2002): Aspekte der Mediennutzung im offenen Seminarkonzept. In: Bleek, W.-G./Krause, D./Oberquelle, H./Pape, B. (Hrsg): Medienunterstütztes Lernen. Beiträge von der WissPro-Wintertagung 2002. Berichte des Fachbereichs Informatik B-239, Universität Hamburg, Fachbereich Informatik, 41-59.
Kupetz, R. (2005): E-Learning. In: Siever, T./Schlobinski, P./Runkehl, J. (Hrsg.): websprache.net. Sprache und Kommunikation im Internet. Berlin und New York: de Gruyter.
Kupetz, R./Schneller, J. (2005): Multiliteracies: Vom Lesen zum Recherchieren, vom Schreiben zur Publikation mittels Webseite. In: Ahrens, R./Weier, U. (Hrsg.): Englisch in der Erwachsenenbildung des 21. Jahrhunderts. Heidelberg: Winter, 371-406.
Kupetz, R./Ziegenmeyer, B. (2004): Metakapitalismus, Multiliteracies und Hypertexte. Ein Beitrag zur Beschreibung von Veränderungen im Kommunikationsverhalten von Fremdsprachenlernern. In: Bosenius, P./Donnerstag, J. (Hrsg.): Interaktive Medien und Fremdsprachenlernen (Kolloquium Fremdsprachenunterricht, Bd. 17,), Frankfurt, 85-102.
Naumann, J./Richter, T./Groeben, N. (1999): Inventar zur Computerbildung. Unveröffentlichtes Manuskript.
New London Group (2000): A Pedagogy of Multiliteracies Designing Social Futures. In: B. Cope/Kalantzis, M. (Hrsg.): Multiliteracies: Literacy Learning and the Design of Social Futures, London, 9-37.
Strauss, M./Pape, B./Adam, F./Klein, M./Reinecke, L. (2003): CommSy-Evaluationsbericht 2003: Softwareunterstützung für selbstständiges und kooperatives Lernen. Berichte des Fachbereichs Informatik B-251. Universität Hamburg, Fachbereich Informatik.
Shetzer, H./Warschauer, M. (2000): An electronic literacy approach to network-based language teaching. In: Warschauer, M./Kern, R. (Hrsg.): Network-based language teaching: Concepts and practice, Cambridge, 171-185.

Das MOO als Werkzeug synchroner Kollaboration: Fremdsprachenlernen in transatlantischen Online-Projekten

Oliver Traxel, München

1 Einleitung

MOOs (Multi-user domains, object-oriented) bieten gegenüber herkömmlichen Chat-Umgebungen nicht nur Vorteile für den Lehrenden im Bereich der Erhebung und Aufzeichnung von Lernerdaten, sondern ermöglichen auch dem Lernenden ein Erleben von (virtuellem) Raum, der schon nach kurzer Zeit als echt empfunden wird und somit für den Lerner authentisch wirken kann. Sie „sehen" sich und Gegenstände, „sprechen" miteinander, tauschen Emotionen aus und überwinden somit – zumindest in gewissem Maße – einige der Defizite nonverbaler synchroner Kommunikationsformen. Insbesondere dieses Erleben von Raum sowie die Manipulation bzw. Nutzung von „Gegenständen" und MOO-spezifischen Werkzeugen für Präsentationen oder Gruppenarbeit bieten Lehrenden und Lernenden ein Potenzial, das über das in herkömmlichen Chat-Umgebungen zur Verfügung stehende hinausgeht.

Nach einer kurzen Einführung in die Funktionsweise eines MOO am Beispiel des deutsch-amerikanischen *MOOssiggang* werden die Einsatzmöglichkeiten dieses Mediums zur Unterstützung des Fremdsprachenlernens beispielhaft anhand mehrerer Projekte vorgestellt, die mit Studierenden der Universität Münster und des Vassar College, New York, zwischen 1998 und 2003 stattgefunden haben und in den kommenden Jahren weiter ausgebaut werden sollen.

2 Funktionsweise eines MOO

„Historisch" betrachtet liegen die Wurzeln des MOO im Bereich der Rollenspiele, in denen die MitspielerInnen die Rolle einer Phantasiefigur annehmen und diese Figur während des Spiels verkörpern, z.B. als Fee, Elf, Zauberer oder Krieger. Ursprünglich als Brettspiel konzipiert, fanden Rollenspiele mit der Verbreitung des Internet ihren Weg in die virtuelle Welt, in der sie im MUD (Multi-User Domain) mehreren Personen, egal in welchem Teil der Welt diese sich zurzeit befinden, die Teilnahme ermöglichten. Das MOO ist eine Weiterentwicklung des MUD, das um objektorientierte Elemente erweitert wurde. Daher entstammen auch heute noch viele Begrifflichkeiten innerhalb des MOO dem Bereich der Rollenspiele, sodass Mitwirkende beispielsweise als „player", die Administratoren des Systems als „Wizards" bezeichnet werden.

Technisch gesehen ist ein MOO eine objekt-orientierte, auf einem Server abgelegte und als virtuelle Welt konzipierte Datenbank. NutzerInnen können durch Eingabe von Text mit anderen NutzerInnen und mit Objekten in der Datenbank interagieren.

A MOO is simply a database running on a server. When users sign on to a MOO they are dropped into a text-based virtual reality; a database that is „divided" into many rooms or locales. The user is virtually in this room and the room will have a description, may contain other objects [...] and allows synchronous communication with other users in the room. (Sanchez 1996, 146)[1]

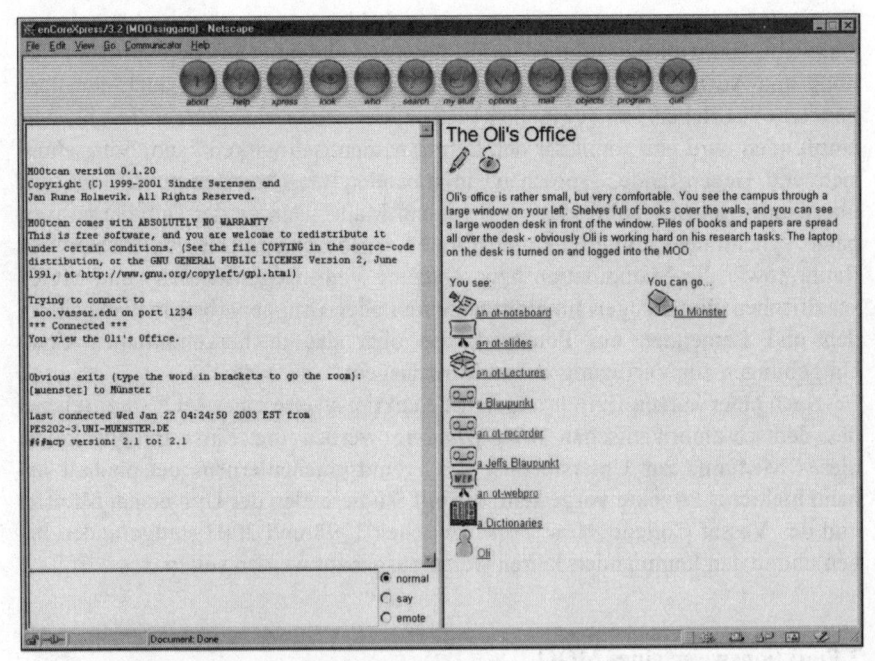

Abb. 1: Ein Raum in MOOssigang aus der Sicht von enCore

Die NutzerInnen benötigen eine geeignete Software, um auf die Datenbank zugreifen zu können – d.h. um das MOO nutzen zu können. Neben eher älteren

---

[1] Für ausführliche Informationen zu MOOs, ihrer Funktionsweise und ihren Einsatzmöglichkeiten vgl. Haynes/Holmevik (22001).

Programmen wie *Pueblo*[2], die eine Installation auf einem Rechner vorsehen, ist heute ein Zugriff mithilfe des MOO-seitig installierten *enCore Xpress*[3] sehr komfortabel über einen Java-fähigen Internetbrowser von jedem beliebigen Ort der Welt aus möglich (vgl. Abb. 1).

Das MOO selbst ist, wie im obigen Zitat von Sanchez (1996, 146) beschrieben, als eine textbasierte virtuelle Welt konzipiert, d.h. die NutzerInnen sehen die Räume, Wege, Gegenstände etc. nicht als grafische Darstellung, sondern sie erhalten eine Beschreibung in Form eines Textes. Modernen Client-Programmen ist aber inzwischen auch die Anzeige von Grafiken möglich, sodass heute die Beschreibungstexte häufig durch grafische Darstellungen unterstützt werden. Anders als in 3D-Welten moderner Computerspiele erfahren die NutzerInnen ihre virtuelle Umgebung jedoch nicht wie in einem „Film", sondern vielmehr in „Standbildern". Die Welt selbst, das Gefühl von Raum, die Vorstellung vom Aussehen von Objekten, von Bewegung usw. entsteht somit ausschließlich in ihrer Vorstellungskraft.

3 Einsatzmöglichkeiten des MOO: Die Münster-Vassar-MOO-Projekte

Projekte zwischen Studierenden des Vassar College und der WWU Münster werden in diversen Seminar- und Arbeitsformen seit 1998 jeweils im Wintersemester durchgeführt. Studierende der Germanistik (Vassar College, Poughkeepsie, New York) treffen Studierende der Anglistik (Westfälische Wilhelms-Universität Münster) in der Regel zwei Mal pro Woche über einen Zeitraum von etwa sechs bis sieben Wochen[4] im deutsch-amerikanischen *MOOssiggang*.[5] Die reinen Online-Zeiten, die sich aufgrund einer Zeitverschiebung von „nur" sechs Stunden noch relativ einfach abstimmen lassen, variierten dabei über die Jahre zwischen 45 und 75 Minuten. Sie werden durch entsprechende Offline-Phasen ergänzt, die zur Vor- bzw. Nachbereitung sowie zum Gruppen- oder Seminarmanagement genutzt werden.

Während der Online-Phasen der Projekte arbeiten die Studierenden synchron und in gemischten Kleingruppen an Teilprojekten zu einem gemeinsamen Oberthema. Sie nutzen dabei die Werkzeuge und Optionen des MOO für die Gruppenarbeit, beispielsweise für das kollaborative bzw. kreative Schreiben von Texten (vgl. Abb. 2), gemeinsame Web-Quests (vgl. Abb. 3) oder das Erstellen von Präsentationen.

---

2 Vgl. http://pueblo.sourceforge.net/pueblo/ (15.09.04).
3 Vgl. http://lingua.utdallas.edu/encore/ (15.09.04).
4 Diese Zeiten ergeben sich aus den unterschiedlichen Semesterzeiten in Münster und Vassar.
5 Vgl. http://moo.vassar.edu:7000/ (15.09.04).

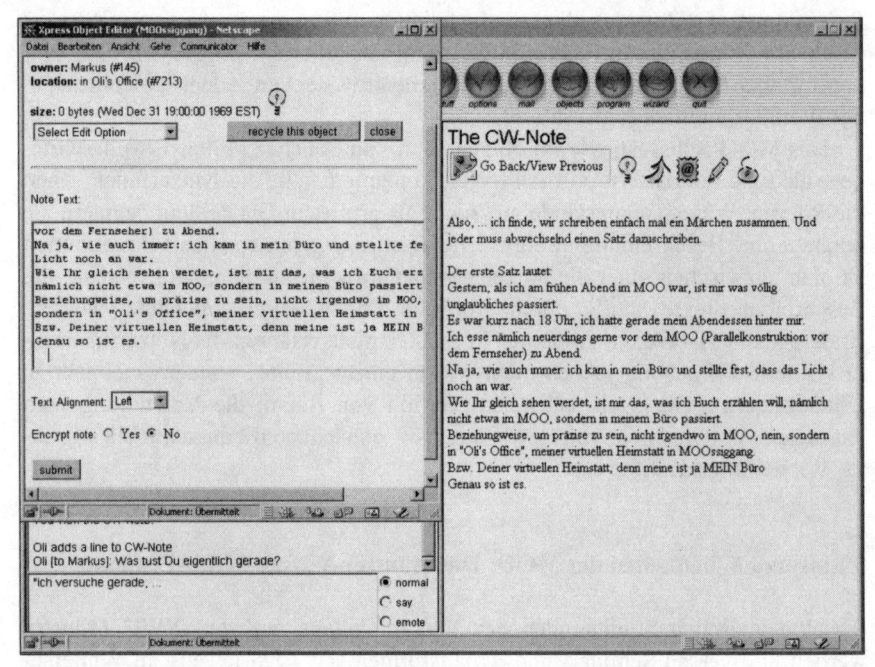

Abb. 2: Beispiel einer creative writing session

Die Arbeitsergebnisse werden den anderen Gruppen ebenfalls mit Hilfe MOO-spezifischer Werkzeuge präsentiert, beispielsweise dem „lecture tool", das es ermöglicht, große Mengen an Text (beispielsweise für eine Rede oder eine Präsentation) vorzubereiten und bei Bedarf „abzuspielen" – vergleichbar einer Vorlesung (vgl. Abb. 4).

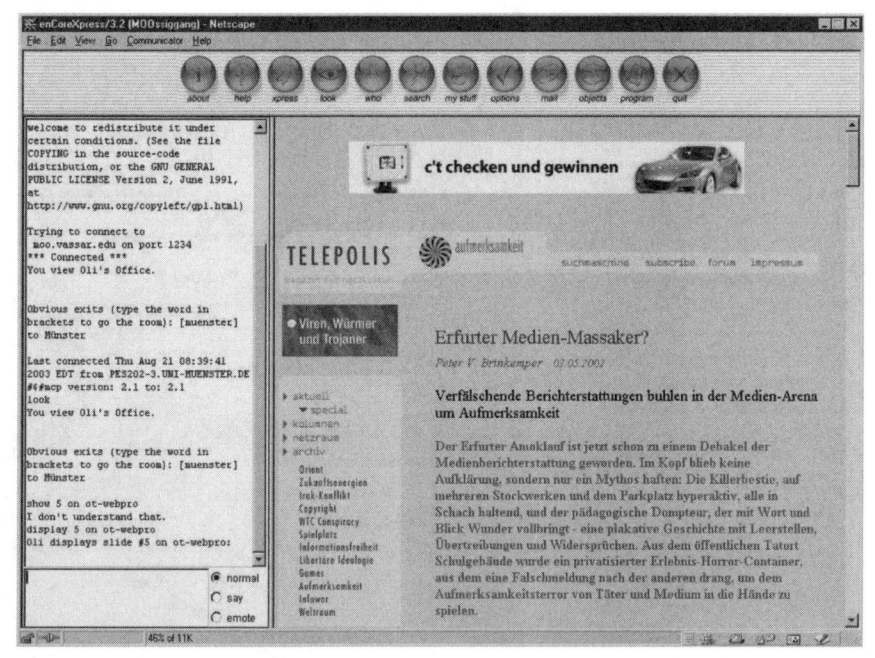

Das MOO als Werkzeug synchroner Kollaboration

Abb. 3: Beispiel einer Web-Quest

Allein die wenigen hier beschriebenen Möglichkeiten des MOO verdeutlichen, dass diese Umgebungen aufgrund ihrer Vielfalt an Werkzeugen und Optionen komplexer sind als Chatrooms und andere „Konkurrenzprogramme". Daher ist zu Beginn der Projektphase eine „Kennenlernphase" unumgänglich: die Studierenden benötigen Zeit, um sich in die Funktionen des MOO einzuarbeiten und die Umgebung zu erforschen, d.h. der Einsatz sollte über mehrere Wochen oder gar ein Schul(halb)jahr bzw. Semester erfolgen. Während dieser Zeit arbeiten die Studierenden grundsätzlich eigenständig und „quasi-autonom". „Quasi-autonom", da ein grobes Rahmenthema ebenso vorgegeben ist wie gewisse Arbeitsanweisungen. Die Studierenden sind jedoch völlig frei in der Gestaltung und der Organisation ihres Lern- und Arbeitsprozesses, d.h. es steht ihnen frei, auf welche Weise, in welcher Arbeitsform und mit welchen Mitteln sie die ihnen gestellten Aufgaben bewältigen. Die Kursleiter in Vassar und Münster nehmen die Funktion von Mediatoren oder Tutoren ein, die bei Konflikten eingreifen und zu vermitteln versuchen oder bei Problemen helfen und unterstützen – möglichst aus dem Hintergrund und ohne sich den Studierenden aufzudrängen. Sowohl die Rolle der Studierenden als auch die Rolle der Lehrenden zeigt somit Ansätze, die denen des autonomen Lernens sehr ähnlich sind.

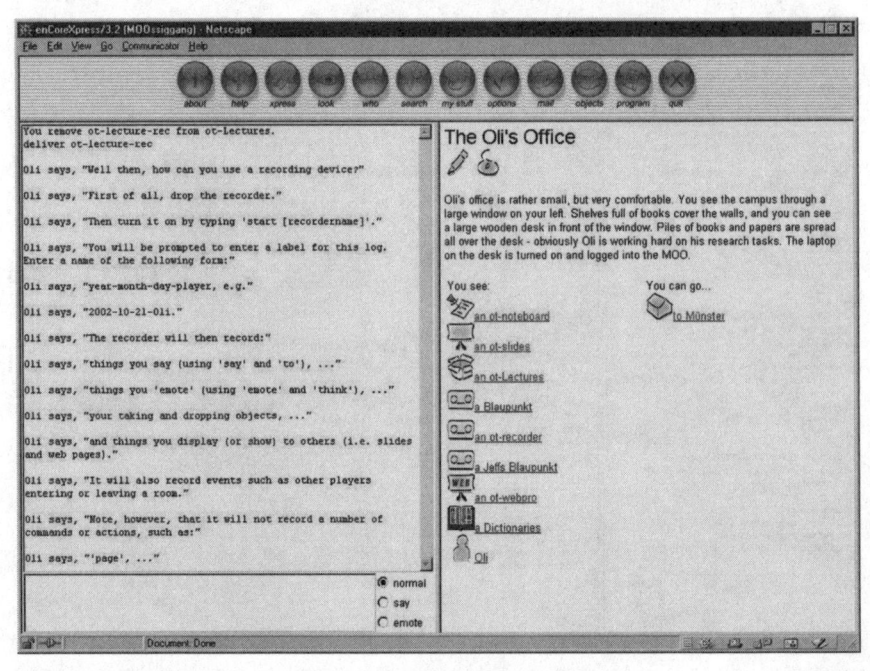

Abb. 4: Beispiel eines Vortrages mithilfe des „lecture tool"

Zur Unterstützung der Sprachlernprozesse – dem eigentlichen Hauptgrund für die Online-Projekte – sind die Lernergruppen so organisiert, dass das gemeinsame Arbeiten im MOO den Grundprinzipien des Lernens im Tandem genügt. Als wichtigste Grundlage gilt hierbei das Reziprozitätsprinzip bilingualer Kontakte, d.h. alle beteiligten Kulturen und alle beteiligten Sprachen sollen gleichberechtigt und gleichwertig sein. In der Praxis der Münster-Vassar-Projekte bedeutet dies, dass zum einen die Gruppen möglichst paritätisch mit deutschen und mit amerikanischen Studierenden besetzt sind und die Oberthemen so gewählt werden, dass beide Kulturen gleichwertig beitragen können (z.B. ein Vergleich der Berichterstattung in deutschen und in amerikanischen Massenmedien über die Ereignisse vom 11. September). Zum anderen finden die Online-Phasen entweder wechselweise in deutscher und in englischer Sprache statt (z.B. montags Deutsch, mittwochs Englisch) oder es wird mit einer Sprache begonnen und nach der Hälfte der Online-Zeit die Sprache gewechselt – was dazu führt, dass die Studierenden sich einigen müssen, mit welcher Sprache sie anfangen möchten (vgl. Abb. 5).

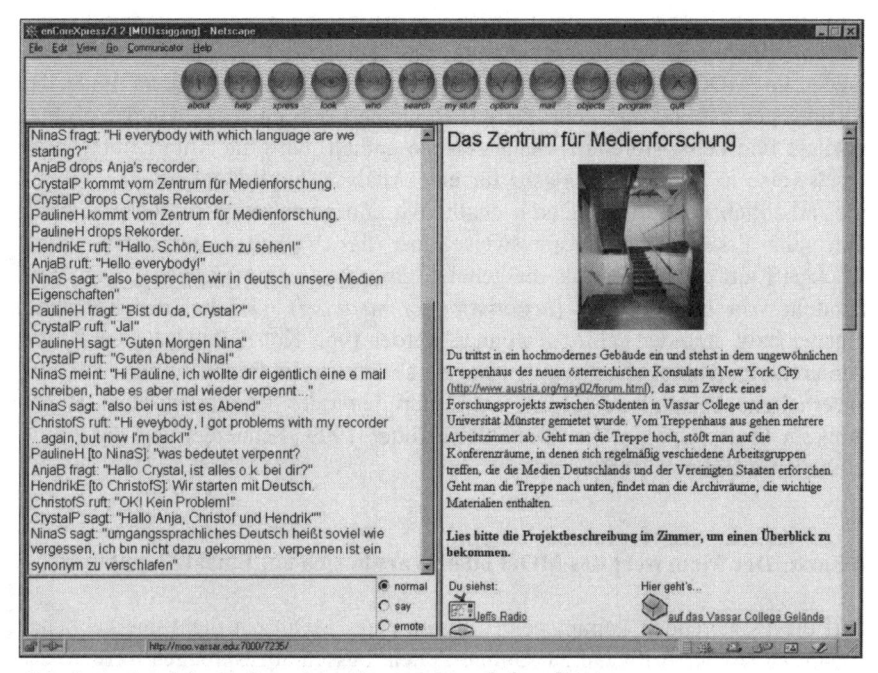

Das MOO als Werkzeug synchroner Kollaboration 249

Abb. 5: Aushandeln der Sprache zu Beginn einer Online-Session

Durch die möglichst gleichwertige Gewichtung von Kultur und vor allem Sprache der beiden Länder nehmen die Studierenden sowohl die Rolle eines Lernenden als auch die eines Lehrenden an: Studierende aus Münster verbessern und entwickeln ihre kulturellen und ihre Fremdsprachenkenntnisse durch den Kontakt zu amerikanischen Muttersprachlern des Englischen. Zugleich unterstützen sie die Lernprozesse der jeweiligen PartnerInnen aus Vassar mit ihrer eigenen muttersprachlichen Kompetenz im Bereich der deutschen Sprache und Kultur – und umgekehrt. Sie machen sich dadurch die eigenen Lehr- und Lernprozesse ebenso bewusst wie die der PartnerInnen, sie gehen aufeinander ein und sie berücksichtigen mögliche Unterschiede in der Sprachkompetenz ihrer Gegenüber. Dies fördert bei den Studierenden nicht nur Sprachbewusstheit und Sprachlernbewusstheit, sondern unterstützt auch die Bildung einer weiteren und für einige Beteiligte eher neuen Schlüsselkompetenz, die als eine Art „Sprachlehrbewusstheit" bezeichnet werden könnte.

Zusätzlich untermauert werden diese Potenziale mithilfe der im MOO vorhandenen Werkzeuge. Durch sie wird die Gewinnung von Daten zur didaktischen, linguistischen und inhaltlichen Analyse der vergangenen Sitzungen und der Lernersprache erheblich vereinfacht. Ein eingebautes „recording device" ermöglicht beispielsweise die vollständige Aufzeichnung der Kommunikation, einschließlich non-verbaler Fragmente wie „emotes". Die Daten werden entweder im MOO gespeichert oder dem Lernenden sofort nach dem Ende der Sitzung per E-Mail zugestellt. Da das Rohmaterial in einem reinen Textformat vorliegt und keine störenden Steuerzeichen enthält, wird die Aufarbeitung, beispielsweise in Form des *Taggens* für eine Analyse durch Konkordanzprogramme, erheblich vereinfacht. Durch qualitative und quantitative Analysen können einerseits Erkenntnisse beispielsweise über das Verhalten der Lerner beim Rückgriff auf eine andere als die genutzte Sprache (*code switching*), beim Verhandeln von Bedeutungen (*negotiation of meaning*) oder bei der Korrektur eigener bzw. fremder Fehler gewonnen werden (vgl. Kötter 2002, Kötter 2003). Andererseits ermöglicht die Datenanalyse aber auch die Beobachtung des Lernerverhaltens beispielsweise aus interkulturellen oder lernstrategischen Blickwinkeln (beispielsweise bei Donaldson/Kötter 1999, Schneider/von der Emde 2000, Schwienhorst 1997).

4 Fazit: Der Mehrwert des MOO oder Warum sich ein Einsatz lohnt

Auf die Dozierenden kommt beim Einsatz eines MOO ein nicht unerheblicher organisatorischer Aufwand zu: Online-Zeiten müssen abgesprochen werden, der Zugang zum MOO muss auch außerhalb der Seminarzeiten gewährleistet sein, die Anzahl und die Länge der Treffen muss abgesprochen werden, Sitzungen müssen sowohl online als auch offline vor- und nachbereitet werden, Notfallpläne für Rechner- bzw. Netzwerkausfälle müssen ausgearbeitet werden, die Studierenden benötigen eine Einführung in die Bedienung des Systems und vieles mehr. Ebenso wichtig ist, dass der bzw. die Lehrende selbst gut bis sehr gut geübt im Umgang mit dem MOO sein sollte, um bei Problemen sofort reagieren zu können und die Kommunikation aufrecht zu erhalten.

Doch dieser Aufwand lohnt sich: Mithilfe der im MOO zur Verfügung stehenden Werkzeuge können Lernerdaten in großem Umfang und auf einfache Weise erhoben, gesammelt und zur Auswertung aufbereitet werden. Daneben – und ungleich wichtiger – ermöglicht das MOO auf relativ einfache Weise den Kontakt von Fremdsprachenlernern zu Muttersprachlern ihrer Zielsprache, selbst zwischen zwei Kontinenten und über alle physischen Grenzen hinweg. Unabhängig vom Aufenthaltsort der TeilnehmerInnen entstehen authentische (wenn auch non-verbale) kommunikative Situationen. Diese können nicht nur positive interkulturelle Effekte hervorrufen, sondern sie fördern auch die Sprachbewusstheit, Sprachlernbewusstheit und – bedingt und unterstützt durch das Lernen im Tandem und die aktive Auseinandersetzung der Studierenden mit didaktischen Fragestellungen – eine Art „Sprachlehrbewusstheit".

Literaturverzeichnis

Donaldson, R.P./Kötter, M. (1999): Language Learning in Cyberspace: Teleporting the Classroom into the Target Culture. In: *Calico Journal* 16.4, 531-557.

Haynes, C./Holmevik, J.R. (Hrsg.) (²2001). *High Wired. On the Design, Use, and Theory of Educational MOOs*. Ann Arbor.

Kötter, M. (2002): *Tandem Learning on the Internet. Learner Interactions in Virtual Online Environments (MOOs)*. Frankfurt a.M.

Kötter, M. (2003): Negotiation of Meaning and Codeswitching in Online Tandems. In: *Language Learning and Technology* 7.2, 145-172.

Sanchez, B. (1996): MOOving to a New Frontier in Language Teaching. In: M. Warschauer (Hrsg.): *Telecollaboration in Foreign Language Learning*. Honolulu, 145-164.

Schneider, J./von der Emde, S. (2000): Brave New (Virtual) World: Transforming Language Learning into Cultural Studies through Online Learning Environments (MOOs). In: *ADFL Bulletin* 32.1, 18-26.

Schwienhorst, K. (1997): Virtual Environments and Synchronous Communication: Collaborative Language Learning in Object-oriented Multiple-user Domains (MOOs). In: D. Little/B. Voss (Hrsg.): *Language Centres: Planning for the New Millenium*. Plymouth, 126-144.

Act Global, Think Local? Auswirkungen von E-Mail-Projekten auf die Unterrichtskommunikation

Karin Vogt, Heidelberg

1 Einleitung

E-Mail-Projekte sind mittlerweile fester Bestandteil progressiven Fremdsprachenunterrichts und haben Einzug in die Lehrpläne verschiedener Bundesländer gefunden. Ziel dieser Projekte ist neben der Entwicklung von Sprachkompetenz vor allem die Heranbildung interkultureller Kompetenz. Volkmann (2002,12) definiert interkulturelle Kompetenz allgemein als „Fähigkeit und Fertigkeit von Fremdsprachenlernern (...), über Differenzen zwischen der eigenen und der der Zielkultur zu wissen, diese in konkreten Situationen zu erkennen und Strategien zu entwickeln, einfühlsam auf die Gepflogenheiten der anderen Kulturen einzugehen." Auch in Byrams (1997) Modell interkultureller kommunikativer Kompetenz spielen Komponenten wie Einstellungen, Wissen, Fertigkeiten und die Fähigkeit, die Fertigkeiten im interkulturellen Dialog anzuwenden, zusammen.

Die Möglichkeit zur interkulturellen Kommunikation, obwohl nicht unmittelbar, sondern medial vermittelt, wird mit E-Mail-Projekten als Weg zur Förderung interkultureller Kompetenz bei Schülern gesehen, und das Interesse an interkultureller Kommunikation in diesem Kontext wird reflektiert von den zahlreichen Untersuchungen zum Thema (O'Dowd 2003, Müller-Hartmann 1999, 2000; Fischer 1998; Belz / Müller-Hartmann 2003).

Weniger im Blickpunkt des Interesses steht die lokale Kommunikation im Klassenzimmer, die sich im Verlauf eines Projektes vollzieht und während der Bedeutungen von eigen- und fremdkulturellen Inhalten ausgehandelt werden. Müller-Hartmann (1999) betont, dass inter- und intrakulturelle Lernprozesse miteinander verflochten sind, da Peers gegenseitig Lernprozesse anleiten.[1]

---

1 Sarbaugh (1988), Knapp / Knapp-Potthoff (1990), Hinnenkamp (1994) und andere machen eher keinen Unterschied zwischen inter- und intrakultureller Kommunikation. „Intra"kulturelle Kommunikation soll in der Verwendung dieses Beitrags die lokale Kommunikation im Fremdsprachenunterricht bezeichnen, die innerhalb der lokalen Lernergruppe (nach Kniffka (2002 der in-group) interkulturelle Kommunikation in der Fremdsprache vorbereitet und aufarbeitet. „Intra"kulturelle Kommunikation läuft

Wie vollzieht sich diese „intrakulturelle" Kommunikation im lokalen Klassenzimmer und welche Auswirkungen hat sie auf die interkulturelle Interaktion im Projekt? Welche Anforderungen stellen sich damit an Lehrende und Lernende?

2 Erkenntnisinteresse und Vorgehensweise

Im Zeitraum von September 2001 bis Dezember 2002 fanden drei interkulturelle E-Mail-Projekte zwischen deutschen Schülern einer berufsbildenden Schule in Mainz (n = 46) und Studierenden der Kommunikationswissenschaft (n = 57) an der Bowling Green State University in Bowling Green (Ohio / USA) bzw. mit Studierenden des Faches Englisch der Kanda University in Tokio / Japan (n = 30) auf individualisierter Basis statt. Die Schülerinnen und Schüler waren im Durchschnitt 16 bis 20 Jahre alt, die Studierenden ca. 21 Jahre. Die E-Mail-Projekte waren in allen Fällen in den Unterricht integriert; Themenbereiche wie z.B. die wirtschaftliche Entwicklung waren vorgegeben, innerhalb derer die Partner kooperativ Informationen recherchierten für ein frei gewähltes Unterthema. Die Partner fertigten auf deutscher Seite Interaktionstagebücher an, auf der US-amerikanischen Seite *Analysis Papers*, die die Interaktion mit der Partnerin oder dem Partner reflektieren sollten. Auf japanischer Seite sollten die Studierenden ein Unterthema des Austausches schriftlich bearbeiten.

Der Austausch von Mails fand durchschnittlich einmal pro Woche statt. Im Verlauf der Projekte verhandelten die deutschen Lerner Themen für die Interaktion und arbeiteten die fremdkulturellen Informationen prozessorientiert auf, z.B. in Form eines *Quilt*. Bei der lokalen Kommunikation überwiegt die Aufarbeitung der erhaltenen Informationen.

Auf der Basis der drei E-Mail-Projekte war im Hinblick auf das Erkenntnisinteresse der Studie die Frage nach der Art der lokalen Kommunikationssituation relevant sowie deren Funktion. Außerdem wurde die Auswirkung der lokalen Kommunikationssituation auf die interkulturelle Interaktion an Beispielen näher untersucht.

Die lokale Kommunikation im Klassenzimmer gehörte nicht zur zentralen Fragestellung der Untersuchung, was Auswirkungen hat auf die verfügbaren Forschungsinstrumente.

Das Datenkorpus umfasst zum einen 1073 E-Mails zur Untersuchung der interkulturellen Kommunikation, wobei 363 Mails aus dem Austausch einer 13. Klasse eines Wirtschaftsgymnasiums in Mainz mit der Kanda University in Tokio / Japan stammen und 710 Mails aus zwei Austauschen von 11. Klassen des Wirtschaftsgymnasiums bzw. der Höheren Berufsfachschule mit dem Schwer-

---

im Hauptdiskurs (nach Redder 1984) überwiegend in der Fremdsprache, im Nebendiskurs auch in der Muttersprache ab.

punkt Fremdsprachen mit Studierenden der Bowling Green State University Ohio / USA. Diese Mails wurden einer Zusammenfassung und einer anschließenden qualitativen Inhaltsanalyse nach Mayring (1999) unterzogen, und zwar nach dem Kriterium der inhaltlichen Verknüpfung mit lokaler Kommunikation als weiterem Textkontext.

Analysepapiere auf US-amerikanischer Seite und Interaktionstagebücher auf deutscher Seite fungieren als introspektive Forschungsinstrumente; Lerner reflektieren darin interkulturelle Interaktionssituationen z.b. in Form von Eindrükken und Kommentaren und sollten den Prozess des wachsenden Bewusstseins für die Kulturabhängigkeit ihres Denkens und Handelns nachzeichnen sowie, im Falle einer weiter entwickelten interkulturellen Kompetenz, zwischen den unterschiedlichen Kulturen vermitteln. Das Interaktionstagebuch wird stellenweise zur Analyse der lokalen Kommunikation hinzugenommen, da es sich zwar nicht um eine dialogische Form handelt, aber durchaus interkulturelle Kommunikationsprozesse auf einer lokalen Basis reflektiert werden. Korrespondierende japanische Daten liegen nicht vor.

Die introspektiven Daten wurden wegen der großen Datenmenge zusammengefasst und im nächsten Schritt expliziert im Hinblick auf die relevante Fragestellung, nämlich den Einfluss der lokalen Kommunikation auf interkulturelle Kommunikation. Die Kategorienbildung erfolgte induktiv.

Um die lokale Kommunikation im fremdsprachlichen Klassenzimmer zu dokumentieren, wurden Gedächtnisprotokolle in Form von selektiven Protokollen in normaler Schriftsprache von sechs längeren Unterrichtssequenzen jeweils nach den Projekten aufgezeichnet, zusätzlich noch 13 kleinere Sequenzen, ausschließlich aus dem deutschen Klassenzimmer. Die Auswahl der Unterrichtssequenzen erfolgte aufgrund ihrer Relevanz für den Austausch. Danach erfolgte eine strukturierende qualitative Inhaltsanalyse mit dem Ziel, das Material nach den Funktionen der lokalen Kommunikation zu kategorisieren. Folgende Schritte wurden hierbei berücksichtigt: Zunächst wurden die Kategorien definiert, eine erste Materialdurchsicht schloss sich an mit der Extraktion der relevanten Stellen, gefolgt von einer Diskussion der Kategorien im Forscherteam und der nochmaligen Überarbeitung mit endgültiger Zuordnung.

Bei den Protokollen konnte lediglich institutionalisierte Kommunikation, also die „öffentliche" Unterrichtskommunikation im Plenum, berücksichtigt werden, bei denen die Lehrkraft anwesend war, nicht aber informelle oder Partner- und Gruppenarbeitsphasen.

Der besseren Lesbarkeit halber sind die Schüleräußerungen mit Ausnahme von längeren Zitaten aus Gedächtnisprotokollen in Deutsch wiedergegeben.

Vereinzelt wurden Schüler im Nachhinein zu den Ergebnissen befragt, um Interpretationen der Forscher zu verifizieren oder um Unklarheiten zu beseitigen (vgl. Rost-Roth (2001) zur Erhebung von Sekundärdaten für diskursanalytische Interpretationen).

3 Ergebnisse

3.1 Funktionen lokaler Kommunikation im fremdsprachlichen Klassenzimmer

Die Schüleräußerungen im Rahmen des Unterrichts und der Interaktionstagebücher lassen sich in drei Kategorien nach ihrer Funktion klassifizieren, nämlich die informative, kommentierende und die komparative Funktion.

Die erste Kategorie dient der lokalen Bedeutungsaushandlung im Hinblick auf den Informationsgehalt, übernimmt also eine informative Funktion. Die Interaktionsformen lassen sich unterscheiden in Lehrer-Schüler-Interaktion und Schüler-Schüler-Interaktion. Bei der ersten ist die Bedeutungsaushandlung zu Produktions- und Rezeptionsprozessen überwiegend gelenkt, findet also im Rahmen institutionalisierter Kommunikation statt, aber auch im Nebendiskurs im Zweiergespräch, z.B. am Rande von Gruppenarbeit. Beispiele für die Lehrer-Schüler-Interaktion sind Aussagen vom Typ: „Meine Partnerin hat etwas vom Coming-Aged-Day geschrieben. Was ist das für ein Feiertag?" (Kristin 20.11.02) oder „Kann ich schreiben, dass Mainz die wichtigste Stadt im Karneval ist?" (Anita 4.02.02).

Schüler-Schüler-Interaktionen spielen sich in institutionalisierter Form im lokalen Klassenzimmer ab, wenn die kommunikative Ordnung im Unterricht schülerzentriert oder verfahrensgeregelt ist (vgl. Vogt 2002). Auch sie dienen der lokalen Auslegung der interkulturellen Informationen, z.B. bei dem Vergleich der Partnerantworten, wobei Simone bemerkt: „Meine Partnerin hat geschrieben, dass man in Japan im Kimono heiratet." und Kristin ergänzt: „ Meine hat gesagt, dass es mehrere Arten von Kimonos gibt." Auch bei der Diskussion der wirtschaftlichen Situation in Japan komplettieren unterschiedliche Beiträge der Schüler das fremdkulturelle Bild. Max berichtet: „Mein Partner hat geschrieben, dass junge Leute Schwierigkeiten haben, einen Job zu finden.", worauf Svetlana erwidert: „Meine hat geschrieben, dass viele junge Leute *furitaa* sind, das sind so Arbeitslose mit Gelegenheitsjobs."

In der institutionalisierten Form gibt diese Form der lokalen Kommunikation Gelegenheit zur Klärung unbekannter kultureller Informationen. Sie schafft eine gemeinsame Basis für weitergehende Diskussion. Byrams (1997) Modell der interkulturellen kommunikativen Kompetenz zu Folge ist die Komponente des *savoir*, der kulturellen Wissensbestände, ein wichtiger Bestandteil von interkultureller Kompetenz.

Wissensbestände kultureller Art sind ebenso wichtig in den Phasen der lokalen Kommunikation, in denen eigenkulturelle Informationen ausgehandelt werden, beispielsweise im Unterrichtsgespräch über die Rolle der Frau in der modernen westeuropäischen Gesellschaft. An solchen Stellen des Gesprächs entwickeln Schüler auch ein Bewusstsein für die Wichtigkeit kulturabhängiger Werte im Selbst- oder Fremdkonzept, z.b. den Stellenwert der Arbeit im japanischen Alltag oder die Dynamik, mit der sich gesellschaftliche Rollenkonzepte ändern.

Die Art der lokalen Kommunikation, bei der die Interaktanten nicht nur die rein inhaltliche Bedeutung aushandeln, sondern auch ihre eigenen Gedanken und Gefühle zum Ausdruck bringen, hat eine kommentierende Funktion. Byram (1997) subsumiert die Fähigkeit, ein Dokument oder ein Ereignis einer anderen Kultur zu erklären und zu interpretieren, als die Fähigkeit der Interpretation und der Kommunikation (*skill of relating*). Die aufgeführten Beispiele beziehen sich alle auf die institutionelle Kommunikation.

Martin hat im Verlauf des Projektes erfahren, dass sein US-amerikanischer Partner neben seinem Studium arbeitet und sich ehrenamtlich engagiert. Er drückt seine Reaktion auf das knappe Zeitbudget seines Partners so aus: „Ich dachte, die machen immer nur Party und tun nichts. Das ist ja gar nicht so, der arbeitet total viel." Er hat durch die interkulturelle Kommunikation sein ursprüngliches stereotypes Bild, das wahrscheinlich aus den Medien stammt, revidiert und verleiht seinem Erstaunen darüber in der lokalen Kommunikation Ausdruck.

Miriam kommentiert die Aussagen ihrer japanischen Partnerin zum Deutschlandbild folgendermaßen: „Sie hat geschrieben, dass es viele Ehrenamtliche in Deutschland gibt. Das stimmt doch gar nicht." (08.11.02) Die deutsche Schülerin lehnt die vorausgehende Äußerung, das Heterosterotyp über Deutschland, als nicht zutreffend ab. Kommentare von interkulturellen Äußerungen können ablehnend oder zustimmend sein oder die Information mit eigenen Erfahrungen oder Wissensbeständen belegen, wie es Simone bei der Diskussion der wirtschaftlichen Situation in Japan praktiziert: „Meine Partnerin hat geschrieben, dass in Japan eine Depression ist. Aber ich habe schon oft gesehen, wenn Japanerinnen in teuren Geschäften einkaufen." (03.11.02). Diese Äußerung im Unterrichtsgespräch stellt einen *prompt* insofern dar, dass der Anknüpfungspunkt, den der Kommentar darstellt (vgl. Müller-Hartmann 1999), geführt hat zur Erörterung des Gegensatzes zwischen der wirtschaftlichen Entwicklung in den letzten zehn Jahren und dem ungebrochenen Konsumverhalten in manchen Bevölkerungsschichten parallel zur hohen Belastung in der Arbeitswelt, wie einige der Schüler von ihren Partnern erfahren hatten.

Dieselben Anknüpfungspunkte bieten die Möglichkeit zur Richtigstellung in der weiteren Diskussion, wenn sie unsachlich oder unvollständig sind. Wie ein Patchwork ergeben die Einzelinformationen der Partner zusammen mit den lokalen Interaktionen eine komplexe Abbildung eines Realitätsausschnitts. Interaktanten drücken ihre Gefühle bezüglich fremdkultureller Informationen aus, wie in Martins Beispiel die Verwunderung über die Diskrepanz von seinem stereotypen Vorverstehen und der Realität oder Erstaunen wie in Max' Fall zum Thema Religion in Japan: „Die sind gar nicht so religiös, ich dachte, die sind voll gläubig." (25.11.02). Bei Partneräußerungen, die beispielsweise sehr vom eigenkulturellen Referenzrahmen abweichen, dient die kommentierende Äußerung auch der Abgleichung der eigenen Reaktion mit anderen, wie im Falle von Yvonne, die bezüglich arrangierter Hochzeiten bemerkt: „Ich hätte nie geglaubt, dass es so was wie arrangierte Hochzeiten bei denen heute noch gibt. Ich könnte mir so was für mich nie vorstellen!" (25.11.02) Hier fungiert das Klassenzimmer als geschützter Raum, in dem Lerner ihre Reaktionen und Impressionen mit anderen, die auf der Basis des gleichen kulturellen Referenzrahmens agieren, sanktionsarm teilen und abgleichen können, ohne Konsequenzen für die interkulturelle Kommunikationssituation befürchten zu müssen. Die Ventilfunktion lokaler Kommunikation in der Form von Kommentaren ist nicht nur auf die kulturellen Informationen und die Kommunikationssituation beschränkt, sondern beziehen sich auch auf die Person des Partners, wie das Beispiel von Christof zeigt (17.10.02): „Ich glaube, der isst immer nur. Der hat geschrieben, dass sein einziges Hobby Fastfood ist." Eine solche Äußerung in der interkulturellen Interaktion vorzubringen, würde abhängig von der Reaktion der Partner mindestens zu einer kritischen Situation führen; in der lokalen Kommunikation hat sie keine negative Konsequenz, sondern bietet im Gegenteil für die Lehrkraft die Möglichkeit zur weiteren Aufarbeitung.

Wichtiger Gegenstand lokaler Kommunikation ist der Vergleich von Eigen- und Fremdkultur(en), was die komparative Funktion lokaler Kommunikation ausmacht. Inhalte interkultureller Interaktion mit den vertrauten Denk- und Handlungsmustern in Beziehung zu setzen hat die Funktion der Aushandlungsbedeutung in kontrastiver Beschreibung. Im Idealfall dient der Vergleich der Bewusstmachung von Unterschieden und Gemeinsamkeiten der Schaffung von Distanz zum eigenen Wertesystem (vgl. Byram 1997, Belz 2003). Langfristiges Ziel ist die Entwicklung des Verständnisses für die Kulturabhängigkeit des eigenen Denkens und Handelns.

Ein konkretes Beispiel, wie Lernende über den Vergleich interkulturelle Inhalte einordnen, liefert Svetlana, die sich mit ihrer Partnerin zum Thema Wirtschaft und Arbeitswelt ausgetauscht hat und die erhaltene Mail folgendermaßen kommentiert (30.10.02): „Meine Partnerin hat geschrieben, dass sie Stewardess werden will. Die ist doch auf der Uni, oder? Wieso will sie da Stewardess werden?" – Darauf entgegnet Miriam: „Meine Partnerin hat geschrieben, dass Stewardess ein angesehener Job ist. Das ist hier in Deutschland total anders." In diesem Fall helfen sich die Interaktanten in der lokalen Kommunikationssituation nicht nur gegenseitig bei der Bedeutungsaushandlung hinsichtlich der fremdkulturellen Informationen, sondern sie setzen sie auch in Beziehung zu ihrem eigenkulturellen Referenzsystem. Im Verlauf der weiteren lokalen Kommunikation

Act Global, Think Local? 259

wurden die Gründe für das Ansehen von Berufen allgemein (Status, Ausbildungszeiten, Verdienst) ermittelt und mit Berufen in Deutschland verglichen. Somit wurde die Fremdkultur zum Anlass genommen, das eigene Kultursystem gemeinsam zu reflektieren.

Tenberg (1999) führt an, dass die kontrastive Beschreibung kultureller Unterschiede und deren Verständnis zur Entwicklung interkultureller Kompetenz gehört. Nur Verständnis für Unterschiede reicht allerdings nicht aus, denn Keller (1996) weist zu recht auf die Gefahr des Perspektivismus hin, zu dem eine unreflektierte Rezeption führen kann. Ziel der lokalen Kommunikation muss es sein, Lernende auf der Grundlage kontrastiver Beschreibung und weitergehender Reflexion für die Relativität von Wertesystemen zu sensibilisieren. Eine Beurteilung ausschließlich aufgrund des eigenen kulturellen Referenzrahmens kann negative Auswirkungen auf die interkulturelle Kommunikation haben und die Qualität der Ergebnisse minimieren (Vogt / Heinz 2004), wie es auch Belz (2003) an einem Beispiel in Bezug auf unterschiedliche Kommunikationsstile deutlich macht. Sie argumentiert für eine Sensibilisierung der Lernenden für die Unterschiede in Kommunikationsstilen, die wiederum in lokaler Kommunikation erfolgen muss und die Kompetenz der Lehrkraft erfordert, was weiter unten diskutiert wird.

3.2 Auswirkungen lokaler Kommunikation auf die interkulturelle Kommunikationssituation

Im Folgenden soll anhand von kurz skizzierten Fallbeispielen gezeigt werden, welche unterschiedlichen Auswirkungen die lokale Kommunikation im fremdsprachlichen Klassenzimmer auf die interkulturelle Kommunikationssituation haben kann.

Im ersten Fall wird dabei ein Konflikt in der interkulturellen Kommunikation abgeschwächt.

Jens, deutscher Schüler, hat seit zwei Wochen nichts mehr von seinem japanischen Partner gehört, benötigt aber dessen Informationen für den Unterricht. Er äußert seine Absicht, dem Partner seine Verärgerung deutlich zu machen, als Frage an die Lehrkraft. Die Lehrkraft diskutiert die Frage im lokalen Klassenzimmer; die Klasse empfiehlt als Ergebnis, sein Missfallen zwar zum Ausdruck zu bringen, aber weniger direkte Aussagen zu verwenden und Beleidigungen unbedingt zu vermeiden, also sich an gemeinsame zuvor aufgestellte Regeln zu halten. In seiner E-Mail vom 16.11.02 schreibt Jens:

Dear Hiroki,
I hope you're doing well. I heard that you weren't in school on Friday. I hope that's the reason you didn't answer my mail. Well, I think it's a bit boring waiting so long for

your mails because you are answering questions I can't remember. So my wish would be that you answer soon for the rest of the e-mail project. (...)

Diese Mail wurde vom japanischen Partner mit einer Entschuldigung beantwortet. Jens' Unsicherheit, ob der Konflikt tatsächlich beigelegt sei, wurde wiederum thematisiert; der Schüler machte den Vorschlag zu bestätigen, dass er die Störung der (Arbeits-)Beziehung als beseitigt ansieht. Somit konnte der Zusammenbruch der suboptimal funktionierenden Kommunikationssituation durch lokalen Dialog vermieden werden.

Der zweite Fall betrifft die Optimierung interkultureller Kommunikation mithilfe lokaler Kommunikation. Sophie hatte von ihrer US-amerikanischen Partnerin eine Mail bekommen, in der sie von sich und ihrer Familie erzählte. Darin schrieb sie von ihrer Freundin, mit der sie zusammen lebte, und von ihrer *Promise Ceremony*, die offizielle Feier ihrer gleichgeschlechtlichen Verbindung. Da es sich für die deutschen Schüler um ein unbekanntes Konzept handelte, das aber für die Kommunikation wichtig war, wurde der Begriff im lokalen Rahmen aufgegriffen und erklärt, sodass Sophie eine bessere Vorstellung von den Lebensumständen der lesbischen Partnerin bekam, ohne eine potenziell kritische Situation hervorzurufen, und darauf in der folgenden Interaktion die Möglichkeit hatte, adäquat reagieren.

4 Diskussion der Ergebnisse

Interkulturelle Kommunikation im Rahmen eines E-Mail-Projektes stellt neue und andersartige Anforderungen an Lernende und Lehrende. Die Projektform als offene Unterrichtsform erfordert Flexibilität von beiden Seiten. Lernende müssen ihr Wissen eigenverantwortlich in Zusammenarbeit mit dem/den Partner/innen erweitern und ihre Lernprozesse, auch die im lokalen Rahmen z.B. im Hinblick auf ein zu erstellendes Produkt, selbst organisieren. Die technische Komponente kommt hinzu, die eine sorgfältige Planung auch von Alternativen notwendig macht. Ständige Abstimmung mit der/den Partnergruppe/n ist ebenso erforderlich.

Lernende erfahren im Rahmen eines Projektes, dass ihre sprachlichen Mittel auf einer rein verbalen Kommunikationsebene direkte Auswirkungen auf die Interaktion bzw. die Beziehungsebene der Interaktion haben. Neben Ambiguitätstoleranz, um ggf. mehrdeutige Aussagen interpretieren zu können, ist ein gewisses Maß an Frustrationstoleranz notwendig, wenn sie das Verhalten ihrer Partner nicht eindeutig deuten können, auch aufgrund sprachlicher Defizite. Eine Sensibilisierung für Kommunikationsprozesse ist also eine Voraussetzung für gelungene interkulturelle Kommunikation, und das gilt für Lernende wie für Lehrende. Für Schüler mit mehrkulturellem Hintergrund erfordert dies einen flexiblen Wechsel zwischen unterschiedlichen Referenzrahmen und das Vermitteln dieser multiplen Sichtweisen an den interkulturellen Partner.

In besonderem Maße muss die Lehrkraft über Wissen über und Sensibilität für Kommunikationsprozesse verfügen, da sie im lokalen Bereich als Vermittler zwischen Fremd- und Eigenkultur(en), Herkunftskulturen eingeschlossen, fungiert. Im Spannungsfeld von unterschiedlichen sich dynamisch verändernden Kulturen muss die Lehrkraft extrem flexibel reagieren auf neue kommunikative Anforderungen, die aus lokalen oder interkulturellen Situationen erwachsen, indem sie komplexe kognitive Prozesse zur Förderung von interkultureller Kompetenz in Gang setzt, z.b. bewusstseinsfördernde Aktivitäten oder reflektierende Phasen.

Dies muss gestützt werden von Wissensbeständen über die betroffenen Eigen-, Herkunfts- und Fremdkulturen. Die Lehrkraft muss sich allerdings der Tatsache bewusst sein, dass sie selbst in einem kulturellen Referenzrahmen verhaftet ist (Christ 1996).

Die Anforderungen an alle Beteiligten in einem E-Mail-Projekt sollten allerdings nicht als Hinderungsgrund gewertet werden, ein solches Projekt durchzuführen. Wenn sich Lehrkräfte und Schüler gleichzeitig ihrer Verantwortung bewusst sind und interkulturelle Inhalte auf geeignete Weise aufarbeiten, bieten E-Mail-Projekte ein großes Potenzial für die Entwicklung interkultureller Kompetenz. Sie eröffnen die Möglichkeit authentischer Kommunikation in der Fremdsprache auf personalisierter Basis, sie offerieren vielfältige Ansätze schülerorientierten und autonomisierenden Fremdsprachenlernens und fördern damit in den meisten Fällen die Neugier auf andere, andere Kulturen eingeschlossen.

Literaturverzeichnis

Belz, J. / Müller-Hartmann, A. (2003): Teachers as Intercultural Learners: Negotiating German-American Telecollaboration along the Institutional Fault Line. The Modern Language Journal 87 (1), 71-89.
Belz, J. (2003): Linguistic Perspectives on the Development of Intercultural Competence in Telecollaboration. In: Language Learning and Technology 7 (2), 68-117.
Byram, M. (1997): Teaching and Assessing Intercultural Competence. Clevedon.
Christ, H. (1996): Fremdverstehen und interkulturelles Lernen. In: Zeitschrift für Interkulturellen Fremdsprachenunterricht 1(3), 15 S. <www.zait.uni-bremen.de/wwwgast/ schuele/francemail/index8.htm>. (15.09.04)
Fischer, G. (1998): E-Mail in Foreign Language Teaching. Towards the Creation of Virtual Classrooms. Tübingen.
Hinnenkamp, V. (1994): Interkulturelle Kommunikation. Heidelberg: Groos.
Keller, G. (1996): Zehn Thesen zur Erneuerung des interkulturellen Lernens. In: Praxis des neusprachlichen Unterrichts 43, 227-236.
Knapp, K./Knapp-Potthoff, A. (1990): Interkulturelle Kommunikation. In: Zeitschrift für Fremdsprachenforschung 1, 62-93.

Kniffka, H. (2002): Sprach- und Kulturkontakt ‚across the fence(s)'. Linguistische Perspektiven. In: Apeltauer, E. (Hrsg), Interkulturelle Kommunikation: Deutschland – Skandinavien – Großbritannien. Tübingen, 7-30.

Mayring, P. (^{4}1999): Einführung in die qualitative Sozialforschung. Weinheim.

Müller-Hartmann, A. (1999): Die Integration der neuen Medien in den schulischen Fremdsprachenunterricht; Interkulturelles Lernen und die Folgen in E-Mail-Projekten. In: Fremdsprachen lehren und lernen 28, 58-79.

Müller-Hartmann, A. (2000): The Role of Tasks in Promoting Intercultural Learning in Electronic Learning Networks. In: Language Learning and Technology 4 (2), 129-147.

O'Dowd, R. (2003): Understanding the „Other Side": Intercultural Learning in a Spanish-English E-Mail Exchange. In: Language Learning and Technology 7(2), 118-144.

Redder, A. (1984): Modalverben im Unterrichtsdiskurs. Pragmatik der Modalverben am Beispiel eines institutionellen Diskurses. Tübingen.

Rost-Roth, M. (2001): Methodische Anmerkungen zur Erfassung von Kommunikationsstörungen in interkulturellen Kommunikationen. Primärdaten und Sekundärdaten für diskursanalytische Interpretationen. In: Aguado, K. (Hrsg,): Zur Methodologie in der empirischen Fremdsprachenforschung. Baltmannsweiler, 63-73.

Sarbaugh, L.E. (1988). Intercultural Communication. New Brunswick.

Tenberg, R: (1999): Theorie und Praxis bei der Vermittlung von ‚interkulturellen Kompetenzen'. In: Bredella, L. (Hrsg.): Interkultureller Fremdsprachenunterricht. Tübingen, 65-84.

Vogt, K. / Heinz, B. (2004): Interkulturelle Kompetenz medial vermitteln? Ergebnisse einer deutsch-amerikanischen Untersuchung. In: Kleinberger Günther, U. / Wagner, F. (Hrsg.): Neue Medien – Neue Kompetenzen? Frankfurt / Main, 179-216.

Vogt, R. (2002): Im Deutschunterricht diskutieren. Zur Linguistik und Didaktik einer kommunikativen Praktik. Tübingen.

Volkmann, L. (2002): Aspekte und Dimensionen interkultureller Kompetenz. In: Volkmann, L. /Stierstorfer, K. / Gehring, W. (Hrsg.): Interkulturelle Kompetenz: Konzepte und Praxis des Unterrichts. Tübingen, 11-47.

Wissensverhältnisse, Rhetorik und Multimodalität
Eine Miniatur zu Publikationen über den „Untergang"

Christoph Sauer, Groningen

1 Einleitung: Die Wissensgesellschaft und das Gedächtnis

In einem Feuilleton-Beitrag anlässlich der Voraufführung des Films „Das Goebbels-Experiment", der ausschließlich aus den vorgelesenen Tagebuchnotizen Goebbels' in Kombination mit Originalaufnahmen der Zeit besteht, geht der FAZ-Autor Minkmar (2004) u.a. auf die Frage ein, wie Bild-Erwartungen die Wahrnehmung von Vergangenheit prägen:

> Noch vor wenigen Jahren wäre es undenkbar gewesen, einen Film ausschließlich mit Goebbels-Zitaten zu produzieren und ohne die berühmten Bilder von den Leichenbergen von Bergen-Belsen und von der Befreiung von Auschwitz zu zeigen. Heute sind diese Bilder tief im Bewusstsein des Publikums verankert, und der Film kann sich das zunutze machen. Man sieht, wie Goebbels im Februar 1933 im Sportpalast steht, die Arme in die Seite gestemmt, und mit dem Finger wackelt und lächelt und sagt: ‚Einmal wird unsere Geduld zu Ende sein, und dann wird den Juden das freche Judenmaul gestopft werden.' Den Horror, mit dem man dieses Lächeln sieht, kann kaum ein anderes Bild erzeugen. (Minkmar 2004, 33)

Im Zitat laufen die Perspektiven durcheinander, weil zwar bestimmte Wörter benannt werden, es aber nicht um deren Inhalte geht, sondern um die Beschreibung der (nicht abgebildeten) Filmaufnahme. Diese wird mitgeteilt – und die Wirkung, die sie zunächst auf den Journalisten, dann aber wohl auch auf uns, die Leser, haben kann („Horror"). Gleichwohl ist die Passage geeignet, Licht auf die komplexe Sache zu werfen, um die es im Folgenden gehen soll: wie Wissen zustandekommt und welches Wissen sich ins Gedächtnis einprägt. Dieses Wissen zielt auf Publikumswirksamkeit ab; es birgt somit eine rhetorische Komponente in sich (unten spreche ich den Zusammenhang noch genauer an). Es konstituiert sich jedoch auch oder vielleicht sogar überwiegend aufgrund von Bildern, deren Kenntnis vorausgesetzt oder jedenfalls erinnert wird (es sind dies die „berühmten Bilder"). Leser müssen diese Bilder kennen, wollen sie die Passage nachvollziehen. Daher liegt die Frage nahe, ob nicht auch solche Bilder hinsichtlich ihrer rhetorischen Qualität berücksichtigt werden müssen. Hierfür werden ebenfalls Argumente gegeben, sodass am Ende über die Bildlichkeit des Gedächtnisses und das Zusammenwirken mehrerer Kommunikationsweisen oder -modalitäten (minimal Texte, Bilder und Gestaltung, schriftliche Formen und bildliche Gestaltung in Textdesign und Abbildungen) reflektiert werden kann.

Da sich das Thema in der ihm angemessenen Breite hier jedoch nicht entfalten lässt, beginne ich gleich mit einer Einschränkung. Angestrebt ist eine Fallstudie, die am Beispiel der bildlichen und narrativ-dokumentarischen Vergewisserung (mit dem einbeschriebenen Publikumsbezug, also der Rhetorik!) der Nazivergangenheit die Schwierigkeiten der Wissensentstehung, der Wissensweitergabe und ihre Konsequenzen für das kollektive (deutsche) Gedächtnis thematisiert. Im Mittelpunkt steht dabei das Buch „Der Untergang" (Fest 2002), das sich in Wort und Bild mit der Endphase des Dritten Reiches befasst und dabei eine Deutung des Geschehens vornimmt, die sich vornehmlich aus der Metaphorik des Bunkers und des Eingeschlossenseins speist. Das Buch wurde inzwischen verfilmt, und der Film wurde und wird breit in der Öffentlichkeit diskutiert. Ich bitte aber zu bedenken, dass der vorliegende Aufsatz *nicht* auf den Film eingeht, sondern lediglich auf Veröffentlichungen, die ihm teils zugrunde liegen, teils den Stand der vorab laufenden Diskussion aufzeigen. Auch soll eine „Spiegel"-Ausgabe genutzt werden, die „Hitlers Ende" auf dem Titel trägt. Diese Ausgabe des „Spiegel" bedient sich noch weit mehr als das Buch einer bilddokumentarischen Darstellungsform und koppelt mithin zwei Wissensdimensionen systematisch aneinander, die das kollektive Gedächtnis prägen (Wiegrefe 2004). Sie ist, so viel mag schon vorweggenommen werden, Ausdruck für die Visualisierung des Wissens, wie sie die gegenwärtige Wissensgesellschaft prägt.

Doch zunächst noch einmal die FAZ-Passage. Die „Leichenberge von Bergen-Belsen" und die „Befreiung von Auschwitz" werden als bildliche Folie vorausgesetzt, damit sich das „Undenkbare", das „Goebbels-Experiment", überhaupt entfalten kann. Historisches Wissen, kondensiert in den Tagebüchern von Goebbels und seinen endlosen Selbstbespiegelungen, wird mit Filmbildern unterlegt und illustriert. Besonders vermeldenswert ist, dass der Regisseur Lutz Hachmeister darauf verzichtet, Zeitzeugen und Historiker einzuspielen, Spielszenen nachzustellen oder mit einem durchgehenden Kommentar zu versehen. (Dahinter verbirgt sich eine nicht mehr zeitgemäße, eine moralisierend-didaktische Spielart des Fernsehens, eine Guido-Knopp-Variante, die sich überlebt habe.) Dadurch belebt sich das Tagebuch, es wird zugleich auf seine historische Dimension zurechtgestutzt und sein Verfasser als Rad im verderbten Getriebe kenntlich gemacht.

Der Text – Goebbels' – als solcher, wiewohl seit einer Reihe von Jahren vollständig publiziert sowie in verkürzter Form im Taschenbuchformat veröffentlicht (Reuth, Hg. 1992), genügt offensichtlich *nicht*, erst die Bildbeigaben machen das „Goebbels-Experiment" zum Ereignis. Minkmar verkürzt die Argumentation über das unerhört Neue an diesem Experiment, indem er darauf abhebt, dass die anderen Bilder im Kopf schon dafür sorgen, dass die notwendige Distanzierung eintritt. Wie aber sind die anderen Bilder – die Folie für den neuen Film – einstmals in die Köpfe gekommen, und welches Wissen haben sie da bewirkt? Und handelt es sich dabei um die erwünschten Bilder, das „richtige" Gedächtnis, oder auch um die faszinierenden, mit denen sich der „Faschismus als Erlebnisangebot" (Brockhaus 1997) in die Herzen der Deutschen stahl? Wurden die Deutschen von Hitler nicht auch zu „Komplizen" (Sauer 2003a) gemacht, und spielte sich diese Anmutung nicht gerade auch in Bildern ab? Ohne solche Fragen wäre eine Auseinandersetzung mit der *Wissensgesellschaft* fragmentarisch, denn das Wissen in den Köpfen der Menschen und in den künstlichen Gedächtnissen, die sie zur Verfügung haben, in den Medienrepräsentationen, beruht auf Aneignungsprozessen, die eher ein Fließgleichgewicht darstellen als eine übersichtliche Zuschreibungsroutine (vgl. auch Sauer 2003b).

Das Gedächtnis als Wissensspeicher ist eine Wunschvorstellung, die noch nicht einmal in oralen Kulturen rückhaltlos funktioniert (vgl. zusammenfassend Assman 2003). Es muss bearbeitet werden. Die Zuwendung zum Gedächtnis und seinen Problemen geschieht, indem es neu ausgehandelt, vermittelt und angeeignet wird. Kulturelle Praktiken stehen neben technischen Speichermedien – wiewohl der Begriff des Speichers, hier angewandt auf dynamische Filmbilder, durchaus unangemessen klingt. Denn wie speichert man Filmbilder? Indem man sie immer wieder von neuem ansieht, darüber redet, sie (etwa im Videorekorder) stillstehen lässt, also an ihnen manipuliert, sie unterbricht, mit anderen Filmen kontrastiert, usw. Filmische und fotografische Bilder, die man gerade nicht zur Hand hat oder auch gar nicht selbst besitzt und die auch nicht vom WWW geladen werden können, gehen somit doch ins Gedächtnis ein, weil sie mithilfe der Praktiken des Verarbeitens und Bearbeitens Bestandteil von kommunikativsinnlichen Aktivitäten waren und nunmehr im kommunikativen Handeln aufgerufen werden können. An sie muss erinnert werden, und dieser Erinnerung, wenn sie nicht ganz reibungslos funktioniert, muss auf die Sprünge geholfen werden. Das Gedächtnis – genauer: das *kulturelle* Gedächtnis – konstituiert sich jeweils neu im Spannungsfeld solcher Praktiken. Zu ihnen zählen rhetorische Praktiken des Publikums- oder des Adressatenbezugs. Ihnen soll hier nachgegangen werden.

Noch ein weiterer Einfallswinkel zeigt sich, wenn man das Buchstabenwissen anspricht, die Bleiwüsten so vieler unserer Bücher, aus denen sich so gar kein lebendiges Wissen einstellen will. Wie behält man Bücher im Gedächtnis? Man muss sie zum Gesprächsgegenstand machen: nacherzählend reflektieren, unter Freunden diskutieren, Zeit und kommunikative Gelegenheiten finden, ihnen etwas abzugewinnen. Goethes „Faust", immer gut für satirische Beobachtungen mit dem Stachel der Wahrheit, hat uns in der Schülerszene den Ausspruch überliefert: „Denn was man schwarz auf weiß besitzt, kann man getrost nach Hause tragen". Dem Ausspruch fehlt ja das Pendant, für das die Lesenden zu sorgen haben: dass man es – weil eben „getrost" – daher vergessen kann. Nun ist das Vergessen bekanntermaßen dialektischer Bestandteil jeglicher Erinnerungstätigkeit, worauf grundlegend zuletzt Weinrich (2000) aufmerksam gemacht hat. Allerdings kommt es auch beim Vergessen auf Präzision an: Man muss dem Zufall, dem zufälligen Vergessen, ein Schnippchen schlagen. Das gelingt, wie beim Erinnern, nur durch Übung, durch Praxis, durch Routinen. Nicht zuletzt zeigen sich die Probleme der Wissensgesellschaft, will man nicht ausschließlich auf die Globalisierung mit ihrer Verlagerung der Arbeit in Drittweltländer und des Aufpeitschens des Knowhow und der Informationstechnologien bei „uns" abheben (Simons 2002), in ihren unablässigen Bemühungen, das Vergessen zu steuern. Rhetorik und Multimodalität sind dabei, wie zu zeigen sein wird, unabdingbar.

2 Rhetorik, visuelle Kultur und Multimodalität

Es ist ein leider gängiges Missverständnis, dass *Rhetorik* als Kunst der Beredsamkeit vor allem auf den Gebrauch von Sprache reduziert wird. Sie ist aber holistisch angelegt und berücksichtigt alle Faktoren der kommunikativen Situation, in der sprachliche Handlungen vollzogen oder nachvollzogen werden. Betrachten wir als Beispiel den ausführlichen Titel eines Lehrbuchs der Kavaliersberedsamkeit:

> Einleitung zur Ceremoniel-Wissenschaft Der Privat Personen / Welche die allgemeinen Regeln / die bey der Mode, den Titularen / dem Range / den Compliments, den Geberden, und bey Höfen überhaupt, als auch bey den geistl. Handlungen / in der Conversation, bey der Correspondenz, bey Visiten, Asambleen, Spielen, Umgang mit Dames, Gastereyen, Divertissemens, Ausmeublierung der Zimmer / Kleidung, Equipage, u.s.w. Insonderheit dem Wohlstand nach von einem jungen teutschen Cavalier in Obacht zu nehmen / vorträgt. (Julius Bernhard von Rohr 1730, mitgeteilt von Genzmer 2003, 85).

Hier wird der Vollzug sprachlicher Handlungen nicht isoliert aufgefasst, sondern in Lebensbereiche hineingestellt, in denen jedenfalls mehr passiert als dass nur gesprochen wird. Eine, darin Knigge nicht unähnlich, umfassende Konstellation wird dargestellt, in der die Beredsamkeit durch allerlei Umstände abgefedert, vorbereitet und aufgefangen wird. Diese Umstände erhalten in der Inhaltsbeschreibung verhältnismäßig viel Raum zugewiesen. Sie sind offensichtlich notwendig, stellen sie doch Bedeutungselemente zur Verfügung, die man braucht, um angemessen reden und reagieren zu können. Kommunizierende werden nicht als Sprechmaschinen abgebildet, sondern ganzheitlich in übergeordneten Zusammenhängen verortet. Umgekehrt gilt dann auch, dass die Umstände, unter denen gelebt, gehandelt und reagiert wird, von Einfluss auf die Art der sprachlichen Verständigung sind: Sie tragen auf ihre Weise zur Realisierung bei und stellen Bedeutungspartikel zur Verfügung, mit denen die Äußerungen verbandelt sind. Sie bedeuten „mit".

Was hier unter dem Überbegriff „Umstände" gefasst ist, soll nun in zweierlei Hinsicht weiter entwickelt werden. Einerseits geht es um die Veränderung der rhetorischen Konstellation, wenn die mündliche Redekunst nicht mehr in einer von Oralität geprägten Kultur stattfindet, sondern unter dem Einfluss zuerst der Schrift und dann anderer Medien sich wandelt. Andererseits kann man diese rhetorische Konstellation prinzipieller angehen, als ein komplexes Feld verschiedenartiger Kommunikationsweisen („modes"), die gleichzeitig ablaufen und daher aus sehr unterschiedlichen semiotischen Ressourcen zusammengesetzt sind, die alle zur Bedeutung beitragen. Letzteres führt dann zum Begriff der Multimodalität.

In seinem profunden Buch zu den Wandlungen politischer Beredsamkeit spitzt Atkinson (1984) seine Betrachtungen im Schlusskapitel auf die Frage zu, wie das, was er als „televisuality" bezeichnet, die oratorische Rhetorik verändert. Aus seinen Daten und Analysen wird deutlich, dass Fernsehauftritte von führenden Politikern sowie die TV-Übertragungen ihrer Reden nicht nur die Präsenz multiplizieren, weil sie schlicht von einem Millionenpublikum vielfältig gesehen und gehört werden können, sondern dass sie auch die Art der Darbietung verändern, indem dem, was Kamera und Mikrofon einfangen, eine intervenierende Rolle zuwächst. Gezeigt wird eben nicht die Rede, sondern nur Teile einer Redesituation: Ausschnitte, die auf den Gesichtsausdruck oder die Bewegung der Hände fokussieren, ab und an einmal eine Zuhörerreaktion (wenn überhaupt vor sichtbarem Publikum gesprochen wird), insgesamt aber wenig Übersicht im Ganzen. Die rhetorische Wirkmächtigkeit, die einstmals im Redner, seinem Sprachgebrauch, seinem Körpereinsatz und der Modulationsfähigkeit seiner Stimme zum Ausdruck zu kommen hatte, wird nunmehr von medienspezifischen Realisierungen überlagert. Diese richten die Aufmerksamkeit auf andere Dimensionen der Redesituation: auf die Bilder, die vom Reden gemacht werden und die mehr oder weniger angemessen auf dem Bildschirm wirken. Zuviel Gestik erzeugt unruhige Bilder, dominante Körpersprache eher Aggressivität oder wie die Fallen auch immer lauten mögen, in die Politiker, wenn sie im Fernsehen übertragen werden, hineinfallen können. Rederhetorik und Bild(erausschnitt)rhetorik gehen Hand in Hand. Was gezeigt wird, ist, wie immer man es auch im Einzelnen spezifizieren kann, bedeutungsvoll.

Die angesprochenen Phänomene münden in Überlegungen zur umfassenden „Multimodalität" ein. Kress/van Leeuwen (2001) gehen bei ihrer Erörterung des Begriffs der Multimodalität von der Beobachtung aus, dass „monomodale" Bedeutungsumgebungen sich gewissermaßen überlebt haben und mittlerweile und generell mit anderen Umgebungen vernetzt sind. Wie diese Vernetzung aussehen kann, hat nicht zuletzt schon das Beispiel der Kavaliersberedsamkeit von 1730 gezeigt. Will man es gerafft sagen, dann geht es darum, dass sich etwa räumliche

Verhältnisse wie das „framing" in Buch- und Zeitschriftenseiten, aber auch in Gemälden, in der Anordnung von Arbeitsbereichen im Büro, im Bahnabteil, im Restaurant, in der Gestaltung von Wohnvierteln und Stadtteilen, in der Kleidung, in institutionellen Räumen, im Design von Verkehrswegen usw. zeigen und dass diese semiotischen Erscheinungen bestimmte Bedeutungsdimensionen repräsentieren. Wo sich etwas befindet und wie es in Beziehungen mit anderen Bestandteilen eintritt – das eben belegt, dass „framing" als ein multimodales Prinzip zu gelten hat. In einer früheren Veröffentlichung (Kress/van Leeuwen 1996) wurde das Konzept „framing" vorgestellt und ausgearbeitet, und zwar als ein „kompositorisches" Element von Buch- und Zeitungsseiten, das Gruppierungen, Blöcke, Unterscheidungen, Nähen und Fernen, Zugehörigkeit und Kontrast visualisiert. „Framing" steht neben anderen kompositorischen Elementen, wie „information value", der normalen Verteilung von Informationsarrealen nach dem Prinzip von Thema-Rhema, given-new, links-rechts, oben-unten, zentral-perifer u.ä., und „salience", der immer möglichen Extra-Steuerung der Leseraufmerksamkeit durch Hinzufügung spezifischer Signale oder grafischer Elemente.

In anderen „modes" (etwa zu übersetzen mit Kommunikationsweisen, -formen oder Mediengrammatiken), die auf zeitlichen Verläufen basieren, wird „framing" zu „phrasing"; „phrasing" zeigt sich in Pausen, Unterbrechungen und Diskontinuitäten (also in Rhythmisierung, Dynamik usw.), in denen sich (mündliches) Sprechen, Musik oder die Bewegungen von Schauspielern in unterscheidbaren Einheiten artikulieren. Natürlich auch in der Konversation, die Kavaliere zu pflegen pflegen. In dieser Weise wird „framing" als ein elementares semiotisches Prinzip erkennbar, das allerdings in unterschiedlichen „modes" unterschiedlich realisiert wird. Damit es jedoch erkennbar wird, muss es auch nutzbar und – von Rezipienten und Teilnehmern an der Kommunikation – interpretierbar sein, es muss also als ein Element oder Bestandteil einer kommunikativen Praxis aufgefasst werden können. Ohne diesen Bezug zur kommunikativen Praxis ginge es wieder nur um Einzelheiten und Besonderheiten, als Bestandteil einer Praxis jedoch richtet sich der analytische Blick auf übergeordnete Gesichtspunkte und werden diese in just dieser Hinsicht relevant. In folgender Weise fassen Kress/van Leeuwen (2001) ihren Ansatz zu einer Kommunikationstheorie der multimodalen Sinnerzeugung zusammen:

A multimodal theory of communication [...] concentrates on two things: (1) the *semiotic resources* of communication, the modes and the media used, and (2) the communication practices in which these resources are used. These communicative practices are seen as multi-layered and include, at the very least, discursive practices, production practices and interpretive practices, while they may also include design practices and/or distribution practices. [...] Each of these layers contributes to meaning. The key point here is that meaning is made not only with a multiplicity of semiotic resources, in a multiplicity of modes and media, but also at different ‚places' within each of these. [...] In any one mode *all* realisational elements are available for the making of signs, and are used for that. From the moment that a culture has made the decision to draw a particular material into its communicative processes, that material has become part of the cultural and semiotic resources of that culture and is available for use in the making of signs. (Kress/van Leeuwen 2001, 111)

Was im rhetorischen ganzheitlichen Verfahren der Sinnerzeugung immer schon mitgedacht war, ist im Zuge der Entwicklung der Schriftkultur, die sich als der oralen Kultur überlegen auszugeben wusste, vorübergehend vergessen worden und nun, da wir uns einer umfassenden Visualität gegenübersehen, erneut Gegenstand verschärfter Reflexion. Das heißt aber, bezogen auf unser Thema, dass eine Darstellung des Endes des Dritten Reiches gar nicht mehr auf Abbildungen verzichten kann, sodass die Frage aufgeworfen ist, was für Darbietungen es sind und welche Bedeutungen diese dem Text hinzufügen. Nicht also steht zu Diskussion, ob man überhaupt von multimodaler Kommunikation ausgehen kann, sondern vielmehr, welcher Gebrauch von Multimodalität in bestimmten Kontexten gemacht wird.

Schon die Frage, ob es Schwarzweißfotos oder Farbfotos sein sollen, gibt die Richtung vor. Das Grauingrau des Kriegsendes, das uns in Dokumentarfilmen und historischen Büchern entgegentritt, sieht sich in Schwarzweißfotos besser (?) abgebildet, d.h. entspricht vielleicht eher der gewünschten Assoziation. Andererseits können es technische Gründe sein, weil bestimmte Bilder nur in schwarzweiß vorliegen. Aber genau darin liegt die Crux der Multimodalität, dass vordergründig technische Restriktionen unversehens zu inhaltlichen Konsequenzen führen, die in der Regel mitbedacht werden sollten. Hitler in Farbe, den es natürlich auch in Aufnahmen der Zeit gibt, sieht in den hier betrachteten Zusammenhängen womöglich zu heutig aus und könnte Leser dazu veranlassen, auch über heutige politische Konstellationen nachzudenken. Der Bedeutungsanteil des Modernen, der in der farbigen Reproduktion steckt, soll offensichtlich ausgeschlossen werden. Das wäre eine rhetorische Form des Wissens, mit der man zu rechnen hat.

Noch ein Wort zum Begriff Multimodalität. In den angelsächsischen Sprach- und Kommunikationswissenschaften, auf die ich hier zurückgreife, überwiegt der Begriff, während deutsche Publikationen eher dazu neigen, von „Multimedialität" zu sprechen. Nun steckt im Konzept Multimedialität eher eine technologische Komponente, indem Medien als technische Medien figurieren und die Technik überhaupt zum Ausgangspunkt genommen wird: was für Medien es gibt und wie sie zusammenwirken. Dahingehend konzentriert sich die Multimodalität auf die Kommunikationsweisen, die in Rede stehen, und schließt somit eher an Konzeptionen an, die auch schon in der Rhetorik eine Rolle spielen. Multimodalität verbindet somit Rhetorik mit Semiotik. (Andere Konzeptualisierungen sprechen von „Multikodalität" (Ballstedt 2004) und heben darauf ab, dass verschiedene Zeichensysteme gleichzeitig „kodiert" sind.)

3 *Memoria* und *Actio* und die Affekte

Rhetorik ist eine ganzheitliche Kommunikationstheorie. Sie beruht darauf, dass wirkungsvolles Kommunizieren nicht nur auf der Adäquatheit des sprachlichen Handelns beruht und auf dem reflektierten Publikumsbezug, sondern auch auf dem systematischen Einbezug der Sinne und des Körpers, wie es für die Rede- und Medienöffentlichkeit konstitutiv ist.[1] Daher ist es auch nicht zu vertreten, dass von den fünf Stadien der Verfertigung der Rede aus den Rhetorikhandbüchern (*inventio* als Stoffsammlung und Thematik, *dispositio* als Anordnung und Gliederung, *elocutio* als sprachstilistische Gestaltung und Verständlichkeitsbezug, *memoria* als Auswendiglernen und bildliche Vorstellungshilfen, *actio* als Auftritt und publikumsangemessene Darbietung) im Zuge der sich auf Schriftlichkeit einengenden Diskussion nur die drei ersten Stadien übrig bleiben und die beiden letzteren – *memoria* und *actio* –, weil sie der oralen Kultur angehören, als unerheblich eingestuft und infolgedessen nicht weiter behandelt werden. Diese Auffassung ist jedoch kontrapoduktiv, vernachlässigt sie doch die Ganzheitlichkeit beim Kommunizieren. Insbesondere das Verhältnis von Gedächtnisaktivierung und Verständigungshandeln bleibt dann unterbelichtet. Es sind aber Bilder, echte Bilder und Gedächtnis-Bilder, die das Wissen, beispielsweise um eine bestimmte Epoche in der deutschen Geschichte, strukturieren. Und diese Bilder sollen nicht auch etwas mit der *memoria* zu tun haben?

Die Gedächtniskonzeption der klassischen Rhetorik bis hin zur Renaissance war überwiegend „lokalistisch" geartet (Fuhrmann 1995, 79), d.h. dass Erinnerungen mit Vorstellungen von Räumlichkeiten verbunden wurden, die man beim Reden dann abschritt und die so die eigentliche Textgliederung schon vorwegnahmen: erst das Haus, dann die Zimmer, schließlich die Inneneinrichtungen der Zimmer mit den Gegenständen, die man sich merkte, weil sie symbolisch für bestimmte sprachliche Bedeutungen standen (Yates 1994). Man beachte, dass sich hier auch elementare Vorstellungen von „framing" manifestieren. Diese Konzeption war höchst rednerbezogen und vor allem darauf ausgerichtet, überhaupt einen zusammenhängenden Text hervorzubringen. Sobald jedoch die Erinnerungen des Publikums selber wichtiger werden, ist diese Konzeption obsolet. Jetzt geht es mehr um das Verstehen des Gesagten als um das Erinnern. Daher entstand eine „rationalistische" Gedächtniskonzeption: Man merkt sich nur, was man auch verstanden – und affektiv verkraftet – hat. Redner haben somit dafür zu sorgen, dass das Publikum versteht und in der Unterstützung des Verstehens (Verstandenhabens) und der dazugehörigen Affekte auch sich erinnern kann. Damit entfiel die lästige Unterscheidung, was man behalten muss – was in der lokalistischen Tradition im Grunde alles sein musste –, und was man vergessen

---

[1] Über Rhetorik gibt es viele Veröffentlichungen. Zur Übersicht und Terminologie wurden hier herangezogen: Ueding/Steinbrink (1994), Fuhrmann (1995) sowie Genzmer (2003).

kann – was in der rationalistischen Tradition von den zu erinnernden Inhalten und den Affekten gesteuert wird. Das Vergessen wird zugelassen und nicht mehr nur hingenommen. Aus der „strukturellen Anamnese" (Assmann 2003) der oralen Kultur mit ihrem Beharren auf bloßer Gedächtnistechnik erwuchs so die allmähliche Konzentration auf die Auslagerung von Gedächtnisfunktionen auf Artefakte, d.h. Medien und Multimodalitäten, die dann auch wieder mit anderen Affekten versehen werden konnten.

Unschwer sieht man, dass sich hier eine Szenerie öffnet, die für die Analyse vieler Medienrepräsentationen wertvolle Impulse liefert, stellt sie doch das Memorieren als eine mit der Multimodalität einhergehende „soziokulturelle Praxis" (vgl. Fairclough 1995) in den Mittelpunkt der Diskussion (Ensink/Sauer 2002). Ohne Memorierungsleistungen kann der Hörer oder Rezipient nicht wirklich teilnehmen. Die Ermöglichung und Geschmeidigmachung dieses Memorierens beim Publikum wird also dem Redner und Autor übers Mittel seiner eigenen Gedächtnisleistung abverlangt. *Memoria* leitet somit zur Reflexion des Übergangs vom inhaltlich-nachvollziehenden Bezug der Redeplanung auf die spezifischen Memorierleistungen und -energien bei allen Beteiligten an. Daher ist auch die *actio*, die Realisierung des Auftritts beim mündlichen Reden und die Inszenierung der Multimodalität in gedruckter oder audiovisueller Form, mit zu berücksichtigen: Während man in der oralen Situation den Redenden und seinen Körper sieht und hört, sieht man in der Lesesituation nichts desgleichen. Aber gleichzeitig sieht man immer mehr als nur die Schriftzeichen: Man sieht die Anordnung auf der Druckfläche und natürlich auch Piktoriales. Die Konzentration auf das zu Lesende wird durch diese Perzeptivität regelrecht überschritten. Sie kann als Mangel, Unterstützung, Überschuss, Störung, Ablenkung oder Innovation auftreten. Darin spiegeln sich Relationen von Wahrnehmungs- und Leseprozessen, die die Medienspezifik der Schriftkommunikation ausmachen (Gross 1994, Stöckl 2004). Bild-Text-Beziehungen bringen die medialen Verhältnisse der Schriftlichkeit zum Fließen, Referenzen und Dependenzen spannen neuartige Bedeutungsräume auf.

Noch eine Ergänzung zur antiken Gedächtnistheorie ist nachzutragen. Weil die *memoria*-Konzeption auf die Speicherkapazität der Schrift vertrauen kann, wendet sie sich den Affekten zu, wie sie in den Bildern (*imagines*) der antiken Gedächtniskunst darstellbar gemacht werden sollen. Diese Affekte zeigen an, dass es sich dabei um die Schaffung visueller Qualitäten handelt, die nicht mehr auf den ursprünglichen Text reduzierbar sind, sondern ihn übersteigen. Es sind Auswüchse. Sie stehen freilich im Dienst einer auf Sinnreproduktion gerichteten Memorierbarkeit (Antoine 1991, Haferkamp 1991). Dann erst spielen Hörer (und Leser) eine angemessene Rolle, d.h. dass das Memorieren auf eine gemeinsame Kommunikationsgeschichte hinauslaufen soll. Die Harmonisierung von Affekten trägt sozusagen zur Gemeinsamkeit der Kommunikationsgeschichte bei. Bilder, die in den Text eingelagert sind, steuern diese Gemeinsamkeit über die Erinnerung an frühere Bilder oder die Wiederholung des schon bildlich Gewussten.

4 „Der Untergang" und die Selbstvergewisserung

Es gibt kein Foto des toten Hitler. Es gibt kein Foto von Hitlers verbrannter Leiche. Er ist verschwunden. Die Deutschen wissen, dass das Dritte Reich zu Ende ist, sie wissen, wann der Tag der Kapitulation stattgefunden hat. Sie haben sich, u.a. unter Anleitung des früheren Bundespräsidenten Richard von Weizsäcker, sogar daran gewöhnt, das Ende des Dritten Reiches als Befreiung wahrzunehmen. Aber sie wissen nicht, wo Hitler ist, nicht seine Leiche, nicht seine Asche, keine sonstigen Reste. Verschwunden.

Wenn die Aufgabe der Geschichtsschreibung darin besteht, lückenlos zu dokumentieren, was der Fall war, dann ist diese Situation unbefriedigend. Sie ist aber auch unbefriedigend, wenn man den Seelenhaushalt der Nation betrachtet. Ein Schrecken, wie sehr man auch an ihm teilgenommen hat und wie sehr man auch zu Zeiten seiner Höhepunkte von ihm profitiert hat, soll ein Ende haben, und dieses Ende soll sich an dem messen lassen können, welche Arten von Ende er, Hitler, und sie, die Deutschen, den Widersachern, Feinden, Abtrünnigen, Unerwünschten, Neutralen (Kategorien, die sich mit einer bestürzenden Dynamik auf sehr unterschiedliche europäische und deutsche Bevölkerungsgruppen erstreckten) bereitet hatten. Diese Arten von Ende sind dokumentiert. In Wort und Bild, in filmischen Dokumenten, in Fotos und Aktenveröffentlichungen. Die „Leichenberge", mit denen dieser Aufsatz anhebt, sind ins kollektive Gedächtnis der Deutschen aufgenommen. Nicht aber Hitlers Leiche. Es fehlt das eigentliche End-Symbol. Das ist ein Wissen, das durch ein spezifisches Nicht-Wissen charakterisiert ist.

Fast sechzig Jahre nach Kriegsende hat Joachim Fest ein Buch vorgelegt, das den Titel „Der Untergang" trägt. Das Buch verdankt sich einer rhetorischen Initiative, dass nämlich Gedächtnisorte (im Sinne der *lieu de mémoire* von Nora 1990) beschrieben werden, in denen sich geschichtliche Ereignisse verkörpern, und zwar zu einem Zeitpunkt, an dem die Erinnerung abzureißen droht. Fests Gedächtnisort war der so genannte Führerbunker in Berlin. Nachdem er ihn beschrieben hatte, entstand der Plan für das Buch „Der Untergang" (Fest 2002). Das Buch umfasst wenig mehr als 200 Seiten und enthält 34 Abbildungen: eine Kartenskizze der Oderfront, einen Lageplan des Bunkersystems auf dem Gelände der Reichskanzlei, eine dreidimensionale Zeichnung des Führerbunkers und des Vorbunkers sowie die Heiratsurkunde der Eheleute Hitler-Braun. Die restlichen 30 Abbildungen sind Fotos. Alle Abbildungen sind schwarz-weiß. Von Hitler selbst gibt es nur wenige Fotos: mit Bormann 1943, mit Hitlerjungen an seinem Geburtstag am 20.4.1945, Ende April mit seinem SS-Adjutanten Schaub in der zerstörten Reichskanzlei („Das vermutlich letzte Foto Hitlers", Fest 2002, 84). Auf dem Titelblatt ist er zusätzlich etwas ältlich abgebildet. Die anderen Fotos zeigen Beteiligte: russische Marschälle, deutsche Generäle, einige Bunkerinsassen, die Familie Goebbels, Eva Brauns Schwager Fegelein, den Hitler noch am 28. April standrechtlich erschießen ließ, eine Szene aus dem bombardierten Berlin 1943, eine Straßenstellung in Berlin, ein Gefallener auf den Stufen der Reichskanzlei, ein Toter auf dem Gelände der Reichskanzlei, der eine gewisse Ähnlichkeit mit Hitler hat und daher von den Sowjets zunächst als Leiche Hitlers bezeichnet worden war, die Kapitulation in Berlin-Karlshorst und weitere russische Fotos: Marschall Schukow zu Beginn der Schlacht um Berlin und auf der Siegesparade, Marschall Konjew, Schukows Rivale, die Flaggenhissung auf dem eroberten Berliner Reichstag (von der berichtet wird, das sie „offiziell, aber nachgestellt sei"), Verkehrsregelung durch eine Rotarmistin am 1. Mai, eine Ansprache des Dichters Dolmatowski vor einer Gruppe sowjetischer Soldaten beim Brandenburger Tor am 2. Mai, abziehende kriegsgefangene deutsche Soldaten in einer zerstörten Straße Berlins und abschließend ein Rotarmist mit einem bronzenen Hitlerkopf als Trophäe in der Hand.

Das multimodale Angebot, das das Buch den Lesern unterbreitet, ist verhältnismäßig gering, aber sehr konsequent und durchdacht. Hitler ist hinfällig, er dämmert dahin, sieht unvorteilhaft aus. Seine sowjetischen Gegner sind voller Leben und Tatkraft, stolz geschwellt. Als pars pro toto werden einige Abbildungen eingestreut, in denen sich das Leiden der Bevölkerung zeigt, die Toten und Gefallenen und die Kriegsgefangenen. Besonders mitleidheischend sind die jüngsten deutschen Soldaten, die verängstigt vor Hitler stehen oder im Graben liegen. Nur der Bunker selbst sieht irgendwie neutral aus: eine so klein geratene Spielzeugabbildung, dass man kaum Einzelheiten erkennen kann. Er ist unwirklich, zu schön, um wahr zu sein, und wird daher durch eine ausführliche Beschreibung ins erwünschte Licht gerückt: „karg möblierte Räume", „ein paar alte Sessel" (in Hitlers Privaträumen), „herrschende Enge", „spärlich eingerichtet", „nackte Glühbirnen", „Gespensterwelt", „kaum erträglicher Gestank", „beißender Uringeruch und menschliche Ausdünstungen", „unterweltlich entrückte Szenerie", „Höhlendasein", „aufgedunsene Gesichtszüge", „Spuren von Verwahrlosung", „Essensflecken", „Gliederzittern" (Fest 2002, 31-34).

Es war eine Katastrophe, sagt das Buch in Wort und Bild, und es konnte nur im Untergang enden. Das Verschwinden Hitlers von den Deutschen, das schrittweise vorgeführt und gedeutet wird, kann somit partiell als Ersatz für die fehlende Leiche dienen. Das Buch strahlt Gewissheit aus, weil es das Ende, wenigstens aus der Perspektive derjenigen, die im Bunker waren oder doch regelmäßig in den Bunker zu Besprechungen hinabstiegen, nachvollziehbar macht. Ein Verständnisangebot, das noch verstärkt wird durch die vielen Hinweise auf Augen- und Ohrenzeugen, sodass die ordnende Hand des Verfassers als vernünftiges Arrangement erkennbar wird. Nur an ein paar Stellen kann Fest nicht an sich halten und überzieht er. So versucht er, Hitlers Einzigartigkeit dadurch zu belegen, dass er ihn ausdrücklich von den gängigen Traditionslinien der deutschen Geschichte abzieht und somit als singuläre Erscheinung fixiert: „beispiellose Egozentrik"; „dahinter tat sich das Nichts aus" (56). Eine „Spielernatur", wenn es das war, was Hitler auszeichnete, benötigt jedoch Mitspieler und Gegner, die ihn gewähren lassen; deren Rolle kommt hier zu kurz. So sieht Fest in einem Foto, das eine Frau nach einem alliierten Luftangriff 1943 mit Gasmaske und Kinderwagen vor dem zerstörten Gloria-Palast, an dem noch der UfA-Film „Reise in die Vergangenheit" angekündigt wird, zeigt, die „Dauertragödie vieler Einwohner Berlins" (92), was zumindest die Kluft zwischen Herrschern und Beherrschten verunklärt und schon auf eine Opferrolle der Deutschen verweist. So lässt er sich von der Ästhetik des Schwarzweißfotos mit den abziehenden Kriegsgefangenen dazu verleiten, von den „riesigen grauen Heerhaufen von Kriegsgefangenen" zu schreiben (180). Man sieht, was man sieht. Aber was weiß man damit auch?

Im „Spiegel" sieht Hitlers Welt im und beim Bunker ganz anders aus. Schon auf dem Titelbild sieht man in Farbe den Schauspieler Bruno Ganz mit Leichenbittermiene, während unten links ein kleines Schwarzweißfoto von Hitler steht, der wie ein Gespenst mit dunklen Augenschatten und einer tiefgezogenen Mütze aussieht. Wiegrefe (2004) greift teilweise auf dieselben Bilder zurück, deren sich auch Fest (2002) bediente. Allerdings sind die Bilder in der Regel größer. Oftmals werden sie auch in Ausschnitten gezeigt. Das gängige Bebilderungsprinzip in dem Beitrag ist jedoch die Gegenüberstellung von Orginalaufnahmen (darunter auch einige in Farbe) mit Fotos aus dem Film „Der Untergang". Insgesamt enthält der Artikel 26 Abbildungen; da ihm jedoch auch noch zwei Interviews beigeordnet sind, kommen noch mehr dazu: im ersten, mit dem Leibwächter und Telefonisten Misch, vier Fotos, im zweiten, mit dem britischen Historiker Ian Kershaw, noch fünf Fotos. Die Abbildungen sind teils neu, wenn sie dem Film entnommen wurden oder beispielsweise die heutige Lage der Bunkerreste unter einem Parkplatz und Grünanlagen illustrieren, teils alt, sowohl in Schwarzweiß als auch in Farbe. Im Gegensatz auch zu Fests Buch wird der Vormarsch aller Alliierten in Karten festgehalten sowie der Frontverlauf in Berlin am 1. Mai 1945. Besonders groß und auffällig ist die Skizze des Führerbunkers, von dem jeder Raum näher beschrieben wird, in Aufsicht, Seitenaufsicht und mit einer Verdeutlichung aller Bunkeranlagen in der unmittelbaren Nähe.

Inhaltlich setzt der „Spiegel"-Artikel Fests Buch schon voraus; das Buch und die Erinnerungen der ehemaligen Sekretärin Traudl Junge sind das Material, aus dem der Film, der eigentliche Schreibanlass, gemacht wurde. Bis hinein in einzelne Formulierungen schimmert Fests Text hindurch. Die Abbildungen jedoch sind detaillierter. So werden sechs Fotos aus dem Inneren des Bunkers und auch die getöteten Kinder der Familie Goebbels gezeigt. Insgesamt hat der „Spiegel" nicht das Problem der Modernität, da er unbekümmert Farbe verwendet, wo es Farbfotos gibt, und überdies in der Parallele zwischen Film und Wirklichkeit

Schwarzweiß und Farbe einsetzen muss. Das tut er unbekümmert und in Übereinstimmung mit dem, was illustrierte Blätter heutzutage eben in historischen Beiträgen so illustrieren.

Dennoch herrscht der Eindruck des Gruselkabinetts vor. Ein unwirkliches Leben hat sich da erfüllt – oder ist einfach abgelaufen. Es wird chronologisch demonstriert, mit Reflexionen zum Film und dessen Bilderwelt angereichert und macht, je heutiger die Bilder und Illustrationen anmuten, den Bunker zu einer nicht vergangenen Vergangenheit. Freilich dominieren Eindrücke des Surrealen. Noch einmal bekommen die Leser vorgeführt, dass Hitler sich auch als Architekt verstand und mit Architekturmodellen eine vergangene zukünftige Welt modellierte. Gleichzeitig sieht man, wie die Alliierten die Reste der Reichskanzlei gewissermaßen touristisch nutzten (man sieht britische Soldaten und Soldatinnen u.a. Hand in Hand durch die Ruinen der Neuen Reichskanzlei streifen). Die gruselige Stimmung, die der „Spiegel" heraufbeschwört, verstärkt sich durch die Information, die man über den Film erhält: Das eigentliche Ende Hitlers und seiner gerade angetrauten Ehefrau spielt sich hinter verschlossenen Türen ab. Dagegen setzt der „Spiegel" eine Reihe von widersprüchlichen Aussagen, denen zufolge vielleicht doch Hitler von einem Vertrauten auf eigenen ausdrücklichen Befehl, nach Einnahme einer Giftpille, erschossen worden sei. So kommt es, dass das Verschwinden von Hitler hier in mehreren Varianten berichtet wird. Wer die eine Variantie nicht glaubt, glaubt vielleicht der anderen? Letztlich wird der Nachweis geführt, dass jeder nun wissen kann, wie Hitler an sein – oder zumindest an ein – Ende gekommen ist.

5 Memorisieren als gesellschaftliche Praxis

Bildrhetorik und Textrhetorik greifen ineinander. Das kollektive deutsche Gedächtnis wird beschwichtigt: Man kann nicht wissen, wenn man sich nicht auch auf die Bilder einlässt. Hinzu kommt der Film „Der Untergang" als Fiktion, wie es gewesen sein könnte. Über die Bilder stellt sich Gewissheit ein. Wo so viel gezeigt werden kann, muss die historische Wahrheit gewissermaßen umzingelt sein. Erinnerung funktioniert so als historische Umzingelung. Das Memorisieren, notwendig für die allfällige Erinnerungsarbeit, bedient sich der Ebene des Piktorialen. Eine eindeutige Bedeutung will sich darin aber nicht unbedingt einstellen.

> There is never a single approach to something remembered. The remembered is not like a terminus at the end of a line. Numerous approaches or stimuli converge upon it and lead to it. Words, comparisons, signs need to create a context for a printed photograph in a comparable way; that is to say, they must mark and leave open diverse approaches. A radial system has to be constructed around the photograph so that it may be seen in terms which are simultaneously personal, political, economic, dramatic, everyday and historic. (Berger 1980, 66f)

Das „radiale System" der multimodalen Bedeutungserzeugung, dem hier am Beispiel „Untergang" nachgegangen wurde, ist ein dynamisches Kennzeichen der modernen visuellen Kultur, mit dem man sich immer wieder aufs Neue auseinandersetzen muss.

Literaturverzeichnis

Antoine, J.-Ph. (1991): Ars memoriae – Rhetorik der Figuren, Rücksicht auf Darstellbarkeit und die Grenzen des Textes. In: A. Haverkamp / R. Lachmann (Hrsg): Gedächtniskunst: Raum, Bild, Schrift. Frankfurt am Main, 53-73.
Assmann, A. (2003). Erinnerungsräume. Formen und Wandlungen des kulturellen Gedächtnisses. München.
Atkinson, M. (1984): Our Masters' Voices. The Language and Body Language of Politics. London.
Berger, J. (1980): About Looking. London.
Brockhaus, G. (1997): Schauder und Idylle. Faschismus als Erlebnisangebot. München.
Ballstedt, St.-P. (2004): Basiswissen Kommunikation. http://www.fh-gelsenkirchen. de/fb02/homepages/ballstaedt/inhalte/dokument/dokumente/ Skript%20KW1.doc, am 1.7.2004
Ensink, T. / Sauer, C. (2002): The search for acceptable perspectives. German President Roman Herzog commemorates the Warsaw Uprising. In: T. Ensink / C. Sauer (Hrsg.): The Art of Commemoration. Fifty Years after the Warsaw Uprising. Amsterdam, 57-94.
Fairclough, N. (1995): Media Discourse. London.
Fest, J. (2002): Der Untergang. Hitler und das Ende des Dritten Reiches. Eine historische Skizze. Berlin.
Fuhrmann , M. (1995): Die antike Rhetorik. Zürich.
Genzmer, H. (2003): Schnellkurs Rhetorik. Die Kunst der Rede. Köln.
Gross, S. (1994): Lese-Zeichen. Kognition, Medium und Materialität im Leseprozess. Darmstadt.
Haferkamp, A. (1991): Auswendigkeit. Das Gedächtnis der Rhetorik. In: A. Haverkamp / R. Lachmann (Hrsg): Gedächtniskunst: Raum, Bild, Schrift. Frankfurt am Main, 25-52.
Kress, G. / van Leeuwen, Th. (1996): Reading Images. The Grammar of Visual Design. London.
Kress, G. / van Leeuwen, Th. (2001): Multimodal Discourse. The Modes and Media of Contemporary Communication. London.
Minkmar, N. (2004): Immer das Schlimmste. Das Goebbels-Experiment in der Goebbelsvilla am Bogensee. In: FAZ Nr. 197 (25.8.2004), 33.
Nora, P. (1990): Zwischen Geschichte und Gedächtnis. Berlin.
Reuth, R. G. (Hg. 1992): Joseph Goebbels Tagebücher 1924 – 1945. Band 1 – 5. München, Zürich.
Sauer, C. (2003a): Rede als Erzeugung von Komplizentum. Hitler und die öffentliche Erwähnung der Judenvernichtung. In: J. Kopperschmidt (Hrsg.): Hitler der Redner, München, 413-440.
Sauer, C. (2003b): Over collectieve herinnering en historische teksten: Koningin Wilhelmina, de jodenvervolging en haar radio-toespraken. In: T. Koole / J. Nortier / B. Tahitu (Hrsg.): Sociolinguïstische Conferentie 4, Delft, 350-362.

Simons, J. (2002): Interface en cyberspace. Inleiding in de nieuwe media. Amsterdam.
Stöckl, H. (2004): In Between Modes: Language and Image in Printed Media. In: E. Ventola / C. Charles / M. Kaltenbacher (Hrsg.): Perpectives on Multimodality. Amsterdam, 9-30.
Ueding, G. / Steinbrink, B. (1994): Grundriss der Rhetorik. Stuttgart (3. überarb. u. erw. Aufl.).
Weinrich, H. (2000): Lethe. Kunst und Kritik des Vergessens. München. (3. überarb. Aufl.).
Wiegrefe, K. (2004): Im Bunker des Bösen. In: Spiegel Nr. 35 (23.8.2004), 52-68.
Yates, F. (1994): Gedächtnis und Erinnern. Mnemonik von Aristoteles bis Shakespeare. Berlin.

Intermedialität im medialen Diskurs der Wissensgesellschaft

Franc Wagner, Modena

0 Einleitung

Die Wissensgesellschaft beruht auf der Generierung, Publikation und Distribution von Information. Die neuen Medien und insbesondere das Internet stellen dafür neue Gefäße zur Verfügung. Das Charakteristikum von Internetdokumenten ist die Verschränkung von Schrift, Ton, Bild und Bewegtbild innerhalb eines Dokuments und die Bezugnahme auf andere Dokumente mittels Hyperlinks (zur Definition von ‚Hypertext' vgl. Endres 2004). Das Neue am Internet sind somit nicht die verwendeten Medienfragmente, sondern deren programmgesteuerte Kombination und die Möglichkeiten zur Interaktion mit anderen BenutzerInnen (vgl. Fraas 2004). Diese Art der Kombination verschiedener Medienfragmente etabliert eine eigene Kommunikationsform, deren Produktion und Rezeption spezielle Kompetenzen erfordern (vgl. Wagner / Kleinberger Günther 2004). Bei der Analyse neuer Medien steht so die Frage im Vordergrund, welche Bezüge zwischen Medien-Fragmenten und -Dokumenten realisiert werden und welche Funktion diesen Bezügen jeweils zukommt.

Die Verschränkung unterschiedlicher Medienfragmente, die Bezüge zwischen verschiedenen Medien sowie die Übergänge von Information aus einem Medium in ein anderes werden ungeachtet ihrer Verschiedenheit als *‚Intermedialität'* bezeichnet. Der Terminus ‚Intermedialität' hat in den letzten Jahren die Karriere eines Schlagwortes durchlaufen und wird entsprechend unscharf und vielschichtig verwendet: Von einigen AutorInnen werden ‚Intermedialität' und ‚Intertextualität' als Synonyme betrachtet, von anderen hingegen als Antonyme. In der Folge will ich versuchen, etwas Klarheit in die Verwendung des Begriffs zu bringen und aufzuzeigen, wie sich intermediale Übergänge *aus* dem Internet und *ins* Internet gestalten, respektive, wie diese Übergänge zum *medialen Diskurs* unserer Wissensgesellschaft beitragen.

1 Intermedialität

Erst Mitte der 90er Jahre setzte sich in den geisteswissenschaftlichen Disziplinen Intermedialität als Forschungsperspektive durch. Die Intermedialitätsforschung hat entsprechend noch mit ungelösten theoretischen und methodischen Problemen zu kämpfen. Verschiedene Konzepte und Ansätze aus unterschiedlichen Disziplinen eröffnen äußerst heterogene Perspektiven auf das Phänomen, lassen aber - im Unterschied etwa zur Intertextualität - klare Definitionen und eine eigenständige Theoriebildung vermissen. Nebst dem Bedarf an Präzisierung in einzelnen Bereichen mangelt es auch an der Klärung des Intermedialitätsbegriffs selbst. Die Mehrzahl der Publikationen zur Intermedialität findet sich in der Literaturwissenschaft und in der Analyse von Film oder Video-Kunst. In der Linguistik existiert erst wenig Literatur zum Thema, linguistische Untersuchungen zur Intermedialität im Internet sind zurzeit noch ein Forschungsdesiderat. Einige der wichtigsten linguistischen Publikationen zum Thema ‚Intermedialität' sollen hier kurz vorgestellt werden.

Eicher (1994) versteht Intermedialität als das Zusammenspiel verschiedener Medien, die er als „kulturell kodierte Kommunikationssysteme" betrachtet, die sich gegenseitig beeinflussen oder auch „zu einer neuen Einheit verbinden können" (11). Eicher betrachtet Intermedialität unter textlinguistischen Gesichtspunkten und weist darauf hin, dass die Konzeption von Intermedialität stark von der verwendeten Text-Definition abhängt. Er reflektiert auch den zugrunde gelegten Medienbegriff und plädiert für eine unabhängige Definition von ‚Intermedialität' und ‚Intertextualität'.

Hess-Lüttich (2001) spricht in Zusammenhang mit Intermedialität von einem „historischen Umbruch" (18) in der Medienlandschaft. Als übergreifenden „Klammerbegriff" für die Herausforderungen moderner Medienwissenschaft betrachtet er die „multimediale Kommunikation". ‚Multimedia' will er dabei nicht auf die Kombination technischer Medien wie z.B. die Verschmelzung von Fernsehen und Computer reduzieren. Vielmehr beleuchtet er auch die historisch-kulturellen Aspekte des Medienbegriffs, z.B. bei der multimedialen Verwertung ästhetischer Produkte. Er analysiert intermediale Relationen aus der Perspektive der angewandten *Mediensemiotik*. Hess-Lüttich formuliert auch die interessante Frage, ob sich linguistische Verfahren überhaupt dazu eignen, „Vorgänge multimedialer Informationsvermittlung" zu erfassen, oder ob „radikal neue Wege" gesucht werden müssen.

Sandig (2000) gibt einen Überblick über die potentiellen linguistischen Analyse-Kriterien des Verhältnisses von Text und Bild. Sie diskutiert dieses Verhältnis anhand der bekannten sieben Textmerkmale: Textfunktion, Unikalität, Kohäsion, Kohärenz, Thema, Situationalität und Materialität. Die *Textfunktion* betrachtet sie als das zentrale Textmerkmal, die *Kohäsion* als prototypisches aber nicht obligatorisches Textmerkmal. Inhaltliche Kohärenz sieht sie als Voraussetzung für die Interpretation des Textthemas. Für die Kombination von Schrift und Bild zu einem Text prägt Sandig den Terminus „*Sprache-Bild-Text*". Der Schwerpunkt des Aufsatzes liegt auf der exemplarischen Darstellung der vielfältigen Arten von Bezügen, die zwischen Bild und Text möglich sind.

Der Sammelband von *Luginbühl / Baumberger / Schwab / Burger (2002)* beleuchtet die Konstruktion von „*medialer Realität*". Obwohl er den Untertitel „Intertextualität in Presse, Radio und Fernsehen" trägt, befasst er sich mit wesentlichen Aspekten der Intermedialität. Der Beitrag von Martin Luginbühl verfolgt z.B. anhand ausgewählter Nachrichten den Weg der Information von ihrer Entstehung in einer Presseagentur über Redaktionskonferenzen u.ä. bis hin zum fertigen Medienprodukt. Der Schwerpunkt des Bandes liegt darauf, die Veränderungen aufzuzeigen, die Information bei der mediengerechten Aufbereitung erfährt.

Rajewsky (2002) ist ein „Beitrag sowohl zu einer allgemeinen Intermedialitätstheorie als auch zur Theorie und Methodik eines spezifischen Teilbereichs dieses Forschungsgebietes, des Bereichs der ›intermedialen Bezüge‹" (ebd. 4). Der Band enthält einen Überblick über die historische Entwicklung der Intermedialität und diskutiert die terminologische Abgrenzung von Intermedialität, Intertextualität sowie Transmedialität. Da diese Abgrenzung einiges zur terminologischen Klärung beiträgt, soll sie kurz vorgestellt werden. Als ‚Intermedialität' bezeichnet Rajewsky „Medien übergreifende Phänomene", als ‚Intramedialität' „Phänomene, die nur ein Medium involvieren" und als ‚Transmedialität' „medienunspezifische Phänomene" (19; 157), die zwar medientypisch realisiert werden, für die aber kein Ursprungsmedium spezifiziert werden kann.

Intermedialität versteht Rajewsky in einem sehr weiten Sinne als „Hyperonym für die Gesamtheit aller Mediengrenzen überschreitenden Phänomene, die [...] in irgendeiner Weise *zwischen* Medien angesiedelt sind" (12). Sie differenziert Intermedialität weiter in drei Unterkategorien: intermediale Bezüge, Medienwechsel und Medienkombination. Als wichtigste Form von Intermedialität definiert sie *intermediale Bezüge* als „Verfahren der Bedeutungskonstitution eines medialen Produkts durch Bezugnahme auf ein Produkt [...] oder semiotisches System" (19) eines fremden Mediums. Als Beispiel nennt sie u.a. Bezüge eines literarischen Werkes auf einen Film. Den *Medienwechsel* bestimmt sie als „Transformation eines medienspezifisch fixierten Produkts [...] in ein anderes [...] Medium" (ebd.), wie z.B. eine Literaturverfilmung. Als *Medienkombination* bezeichnet sie die Kombination verschiedener Medien zu einem neuen Produkt, wie z.B. im Fotoroman.

Von der *Inter*medialität unterscheidet die Autorin die *Intra*medialität als „Terminus zur Bezeichnung jener Phänomene, die, dem Präfix entsprechend, *innerhalb* eines Mediums bestehen, mit denen also eine Überschreitung der Mediengrenzen nicht einhergeht" (12). So einleuchtend diese Abgrenzung erscheinen mag, sie steht und fällt mit dem zugehörigen Medienbegriff. Innerhalb ein und desselben Textes finden sich z.B. Bezüge zwischen den semiotischen Systemen ‚Schrift' und ‚Bild'. Dabei handelt es sich um Bezüge zwischen zwei unterschiedlichen ‚Medien' im Sinne von Kodesystemen.

Intertextualität definiert die Autorin als „eine von vielen Manifestationsformen des Intramedialen" (12). Als Beispiele nennt sie Bezugnahmen eines Films auf einen andern. In dieser Bestimmung wird Text eindeutig als monomediales Phänomen verstanden. Das ist nur nachvollziehbar, wenn hier von ‚Medium' im Sinne von ‚Publikationsmedium' die Rede ist. Im Gegensatz dazu bestimmt Rajewsky aber das Medium als „Kommunikationsdispositiv", das es erlaubt, „sowohl z.B. die Literatur, die nur ein semiotisches System verwendet, als auch den Film, der mehrere semiotische Systeme verwendet, die ihrerseits wiederum anderen Medien zuzuordnen sind, jeweils als ›(Einzel-)Medien‹ zu definieren" (7). Diese Bestimmung lässt mehrere unterschiedliche Medienauffassungen unkommentiert nebeneinander stehen und trägt entsprechend wenig zur terminologischen Klärung bei. Die Definition von Intertextualität als Sonderfall intramedialer Bezugnahme greift jedenfalls zu kurz, da sie den Phänomenenbereich zu sehr einschränkt.

Den Terminus *Transmedialität* definiert Rajewsky als „medienunspezifische Wanderphänomene [...] wie z.B. das Auftreten desselben Stoffes [...] in verschiedenen Medien, ohne dass hierbei die Annahme eines kontaktgebundenen Ursprungsmediums wichtig oder möglich ist oder für die Bedeutungskonstitution des jeweiligen Medienprodukts relevant würde" (13). Als Beispiel nennt sie die Parodie, deren Regeln nicht medienspezifisch sind. Es wird nicht notwendigerweise auf Texte, sondern auf Stoffe Bezug genommen, die „unabhängig vom Ursprungsmedium im kollektiven Gedächtnis einer Zeit verankert sind" (ebd.). Sie bezeichnet damit Phänomene, „die sich jenseits von Mediengrenzen bzw. über Mediengrenzen hinweg manifestieren" (ebd.). So sehr die mediale Entgrenzung von Phänomenen ein interessanter Gedanke ist, scheint doch die „Entmaterialisierung" und Lokalisierung derselben im „kollektiven Gedächtnis" eine etwas zu vage Bestimmung des Gegenstandsbereichs, da dadurch sämtliche Bezüge auf das geteilte Wissen einer Sprach- und Kulturgemeinschaft zum transmedialen Ereignis würden.

Insgesamt enthält Rajewsky (2002) interessante Ansätze zu einer terminologischen Klärung der Grundbegriffe der Intermedialität, erreicht aber durch teilweise widersprüchliche und etwas zu vage Definitionen nicht die für die empirische Arbeit notwendige terminologische Klarheit. Die theoretische und systematische Ausrichtung ist eine literaturwissenschaftliche, die analysierten „Referenzmedien" sind Film und Fernsehen. Rajewsky geht aber davon aus, dass sich die gewonnenen Erkenntnisse auch auf andere „Objektmedien" übertragen lassen.

Zusammenfassend fehlt es in der Literatur nicht an Absichtserklärungen bezüglich einer terminologisch fundierten Behandlung von Intermedialität. Es fehlt bislang aber noch eine einheitliche Definition von ‚Intermedialität'. Entsprechend sind die Abgrenzungsversuche zu benachbarten Phänomenen wie z.b. der ‚Intertextualität' z.T. sehr widersprüchlich. Die meisten AutorInnen verfolgen eine literaturwissenschaftliche Ausrichtung - Analysen aus linguistischer Perspektive existieren erst wenige. Es fehlen auch noch einheitliche Analysekriterien und eine breitere empirische Basis, die erst verallgemeinerbare Ergebnisse ermöglichen wird.

2 Medien

Zuerst bedarf es einer Klärung der Grundbegriffe. Dies ist keine einfache Aufgabe, da diese Begriffe selten eindeutig und einheitlich verwendet werden. Die Begriffsklärung kann auch nur in Hinsicht auf unsere konkrete Fragestellung geleistet werden, ohne Anspruch auf Allgemeingültigkeit zu erheben. Die zu klärenden Begriffe sind ‚Intertextualität', ‚Intermedialität' und der Medienbegriff selbst.

Von entscheidender Bedeutung bei der Untersuchung von Intermedialität ist die Definition von ‚*Medium*'. In der alltagssprachlichen Verwendung, aber auch in der Linguistik wird ‚Medium' - intuitiv oder systematisch - mehrdeutig verwendet. Für die empirische Arbeit ist hingegen eine differenzierte und möglichst eindeutige Terminologie notwendig. Zum Thema ‚Medien' existiert eine sehr umfangreiche Literatur in verschiedenen Disziplinen wie Medienwissenschaft, Medienpsychologie und Medienpädagogik. Hier soll explizit nicht die gesamte existierende Literatur zu diesem Thema untersucht werden, sondern lediglich die Begrifflichkeit in der linguistischen Literatur zur Analyse neuer Medien. Mit der Erweiterung des Medienbegriffs durch die neuen Medien haben sich in der Linguistik u.a. Holly (1997), Holly / Biere (1998) und einige Beiträge im Sammelband „Neue Medien - neue Kompetenzen" (Kleinberger Günther / Wagner 2004) befasst. Auch Habscheid (2000) setzt sich kritisch mit der Verwendung des Begriffs ‚Medium' in der Linguistik auseinander. Dabei zeigt sich, dass eine einzige Definition, die versucht, alle Aspekte von ‚Medium' zu vereinen, hoffnungslos überfrachtet ist. Praktikabler erscheint es, den Phänomenbereich in Subkategorien aufzuteilen und für diese jeweils eigene Definitionen zu formulieren. Die wichtigsten Aspekte des Terminus ‚Medium' können m.E. grob in drei Subkategorien differenziert werden:

1. Medium als technischer Informationsträger
2. Medium als Publikationsform
3. Medium als Kodesystem

1. Die grundlegendste Auffassung ist die von ‚Medium' als *technischem Informationsträger* zur Bezeichnung des physikalischen Informationsträgers. Diese Auffassung findet sich nicht nur in rein technischen Bezeichnungen wie z.B. in ‚Speichermedium', sondern auch in der Klassifizierung von Medien nach dem jeweiligen technischen Träger, wie etwa bei den Printmedien, Funkmedien, elektronischen Medien usw.
2. Die im Alltag wohl gebräuchlichste Auffassung ist diejenige von ‚Medium' als *Publikationsform*. Holly (1997) betont ebenfalls die Nützlichkeit dieses auf Brinker (1985) resp. Ermert (1979) zurückgehenden Terminus. Im Unterschied zur hier vertretenen Ansicht subsumiert er aber die ‚Publikationsform' nicht unter den Medienbegriff, sondern grenzt sie davon ab. Er versteht unter ‚Publikationsform' aber ebenfalls mediale Publikationsgefäße wie z.B. Fernsehsendungen, Kulturzeitschriften und Werbeprospekte. Beim Medium als Publikationsform handelt es sich um ein für den gesellschaftlichen Diskurs bedeutsames sozioökonomisches Phänomen.
3. Die dritte Auffassung ist diejenige von ‚Medium' als *Kodesystem*, wie z.B. bei Schrift, Bild, Audio und Video. Medien im dritten Sinne etablieren eine eigene Zeichensprache, eigene Informationsformen, eigene Verwendungs-Konventionen, kurz eigene *Kodes*. Als ‚Kodes' sollen hier konventionelle Verbindungen von *Zeichen* und *Inhalten* verstanden werden, die einem steten Wandel unterliegen. Bei Betrachtung der Textsorte ‚Werbung' wird z.B. deutlich, wie stark zeitgebunden die Zeichen sind, mit denen die (relativ gleich bleibenden) Botschaften formuliert werden. Der verwendete Kode ist zudem auch an das *technische Medium* gebunden, das ebenfalls einem Wandel unterliegt. Die Verbindung von Medium und Kode betrachtet etwa Eicher (1994, 17) als so eng, dass er den Kode als Bestandteil des Mediums versteht.

Für Medien im *dritten Sinne* spielt der technische Träger zwar eine wichtige Rolle, insofern er den Rahmen für die Realisierung der Zeichen bildet. So können z.B. in einer Radiosendung zwar Töne, aber keine Bilder verwendet werden. Der technische Träger determiniert aber den Kode nicht. Einerseits etablieren sich ohne Veränderung der technischen Rahmenbedingungen neue Zeichen wie z.B. die Emoticons in der E-Mail-Korrespondenz. Andererseits entwickeln sich unabhängig von den technischen Rahmenbedingungen neue Inhalte. Die Fahne der italienischen Bürgerrechtsbewegung „I Girotondi" z.B. wurde durch bloßes Hinzufügen des Schriftzugs ‚pace' zur europäischen Friedensflagge. Welche Zeichen sich etablieren und mit welchen Bedeutungen diese verbunden werden, lässt sich somit nicht aus dem *technischen Träger* erklären, sondern es handelt sich um ein *soziokulturelles* Phänomen.

Die Unterscheidung in drei verschiedene Medienauffassungen soll darauf aufmerksam machen, dass wir es mit ganz verschiedenen Arten von Intermedialität zu tun haben. So erfordert z.B. die Untersuchung von Bezügen zwischen

Fernsehsendungen und Zeitungsartikeln ein anderes Instrumentarium als die Analyse von Bezügen zwischen Zeitschriften- und Zeitungsartikeln oder zwischen Schrift und Bild im selben Dokument. Die Unterscheidung der drei Medienauffassungen ist dazu geeignet, den Untersuchungsgegenstand besser einzugrenzen, das Untersuchungskorpus adäquater der Fragestellung anzupassen, die Analyseinstrumente gezielter auszuwählen und somit die Analyse insgesamt zu schärfen.

3 Intermedialität und Intertextualität

Intertextualität und Intermedialität sollen hier als zwei voneinander unabhängige Textmerkmale verstanden werden. *Intertextualität* bezeichnet Bezüge über die Textgrenze hinweg zwischen getrennten Texten. Der Terminus wurde von Julia Kristeva Ende der 60er Jahre in die Diskussion eingebracht (vgl. Kristeva 1969) und fand hauptsächlich in der Literaturwissenschaft Anwendung. Holthuis (1993) definierte Intertextualität aus linguistischer Perspektive als Relation zwischen Texten und betonte bereits die Bedeutung des zugrunde gelegten Textbegriffs.

Bezüge zwischen Texten (z.B. Zitate) werden in der Regel *intertextuelle Bezüge* genannt, Bezüge innerhalb eines Textes (z.B. Kohärenz) hingegen *intratextuelle Bezüge*. Eine davon unabhängige Frage ist diejenige nach den medialen Systemen, zwischen denen die Bezüge realisiert sind.

Intermedialität bezeichnet Bezüge zwischen unterschiedlichen Medien, wie z.B. das Zusammenspiel unterschiedlicher Kodesysteme. Als Medienbegriff kann jeder der drei oben diskutierten Begriffe Anwendung finden. Wir haben es somit nicht mit einer einzigen Intermedialität, sondern mit mindestens drei verschiedenen Intermedialitäten zu tun: mit der Intermedialität zwischen technischen Medien, mit derjenigen zwischen Publikationsformen und mit derjenigen zwischen Kodesystemen.

Bei den Bezügen gilt es sowohl Bezüge innerhalb eines Mediums, sog. *intramediale Bezüge* (z.B. Schrift bezieht sich auf Schrift), als auch Bezüge zwischen Medien, sog. *intermediale Bezüge* (z.B. Schrift bezieht sich auf Bild) zu unterscheiden. Eicher (1994, 18f) hat darauf hingewiesen, dass das Konzept der Intermedialität zumindest bei textlinguistischer Betrachtung stark von der Textdefinition abhängig ist. Bei Verwendung eines traditionellen Textbegriffs, der Text auf Sprache beschränkt, können ausschließlich Beziehungen zwischen sprachlichen Zeichen untersucht werden. Diese Beziehungen sind dann per Definition *intramedialer* Natur. Abhängig davon, ob sie die Textgrenze überschreiten oder nicht, können intramediale Bezüge intertextueller oder intratextueller Natur sein.

Bei der Analyse von neuen Medien empfiehlt es sich, einen erweiterten Textbegriff zu verwenden, der den Terminus ‚Text' nicht auf Sprache beschränkt, sondern der z.B. auch Bilder und grafische Gestaltungselemente berücksichtigt. Bei dieser Art von Textauffassung können Bezüge zwischen unterschiedlichen medialen Systemen auch innerhalb eines Textes auftreten. Dabei handelt es sich um zugleich *intermediale* und *intratextuelle* Bezüge. Bei der Untersuchung von Beziehungen zwischen Texten im erweiterten Sinne, von *intertextuellen* Bezügen also, können sowohl *intramediale* als auch *intermediale* Bezüge auftreten. Auf diese Tatsache hat bereits Hoesterey (1988, 191) hingewiesen, als sie von „*intermedialer Intertextualität*" sprach.

Die Klärung der Grundbegriffe lässt den Untersuchungsgegenstand klarer hervortreten. *Intermedialität* handelt von Bezügen zwischen Medienfragmenten, Mediendokumenten, Publikationsformen und technischen Medien sowie von den Veränderungen von Information beim Übergang von einem Medium in ein anderes. *Intertextualität* hingegen betont die textlinguistische Perspektive und handelt von Bezügen und Übergängen zwischen verschiedenen Texten. Die Texte selbst können dabei mono- oder multimedial kodiert sein. Eine wichtige Frage bei der Analyse sowohl von Intermedialität als auch von Intertextualität ist, was sich beim Übergang zwischen den Medien verändert: die Inhalte selbst, deren Bedeutung oder deren Rezeption?

4 Intermedialität zwischen alten und neuen Medien

Bei der Analyse von Intermedialität zwischen alten und neuen Medien finden sich unterschiedliche Arten von Bezügen und Übergängen. Aus Platzgründen sollen hier nur Übergänge zwischen herkömmlichen Publikationsmedien und Publikationsformen im Internet betrachtet werden, wobei es prinzipiell zwei Richtungen des Übergangs gibt:

a) von herkömmlichen Publikationsmedien ins Internet
b) vom Internet in herkömmliche Publikationsmedien

a) Die meisten Beispiele von Übergängen von Information aus herkömmlichen Medien ins Internet finden sich auf den Websites von Medienverlagen. Sie existieren größtenteils schon seit mehreren Jahren und wurden kontinuierlich ausgebaut. Die überwiegende Zahl der Beispiele sind Übertragungen von für ein anderes Publikationsmedium erarbeiteten Angeboten ins Internet. Einige Anbieter haben das Potential des Internets erkannt und realisieren speziell dafür attraktive Zusatzangebote oder nutzen es als Informations-Quelle. Viele deutschsprachigen Radiosender bieten ihre Sendungen parallel zur Ausstrahlung auch live im Internet an oder nutzen die Internetseiten zum Präsen-

Intermedialität im medialen Diskurs der Wissensgesellschaft

tieren von Zusatzinformationen zu ihrem Programm. Die großen Fernsehsender nutzen das Internet als Präsentationsplattform ihrer wichtigsten Nachrichtensendungen. Der Sender „ARD" z.B. stellt die aktuellen Beiträge der Sendungen „Tagesschau" und „Tagesthemen" nach der Ausstrahlung ins Netz. Dabei wird die Präsentation an das neue Medium angepasst: die Sendung wird nicht als monolithischer Block präsentiert, sondern die einzelnen Beiträge der Sendung sind getrennt in schriftlicher Form oder als kleinformatiges Video abrufbar. Die Fernsehstationen nutzen das Internet ebenfalls zur Distribution von Zusatzinformationen zu ihren Sendungen.

Alle größeren Printmedien-Verlage bieten Teile ihrer Zeitungen und Zeitschriften im Internet an. Sie gehörten zu den ersten kommerziellen Unternehmen, die ihr Angebot auch im Internet publizierten (vgl. Wagner 1996). Ein Verzeichnis des deutschsprachigen Angebots findet sich auf meiner Website (franc.ch/printmed.htm). Der Zweck des Internetauftritts war ursprünglich, neue Leserkreise zu erschließen und die eigene Bekanntheit zu vergrößern. Heute kann es sich kein Printmedien-Verlag mehr leisten, kein Onlineangebot anzubieten. Die Onlineausgaben sind nicht mit den Printausgaben identisch (vgl. Wagner 1998). Der Satzspiegel der Printausgabe wird nicht übernommen. Die Anzeigenteile sind in der Onlineausgabe nicht enthalten oder in extra Anzeigenbereiche eingestellt. Die Seitengestaltung der Onlineausgaben ist eigenständig und passt sich den jeweils geltenden Designrichtlinien für das Medium Internet an. Der Umfang der online publizierten Beiträge der Printausgabe beträgt je nach Medientitel zwischen ca. 30% und 100%. Die Onlineausgaben bieten nebst den Texten aus den Printausgaben damit verbundene zusätzliche Angebote, die meist erst durch das Medium ‚Internet' möglich werden. Beispielsweise bieten die meisten Verlage im Internet Druckversionen ihrer Artikel ohne Bilder und mit druckgerechtem Layout an. Weiter befinden sich am Ende eines Artikels meist Links zu thematisch verwandten Artikeln oder auf weiterführende Informationsangebote im Internet. Als Form der Rückmeldung wird häufig die Möglichkeit geboten, direkt zum Artikel einen Leserbrief zu schreiben.

b) In letzter Zeit finden sich vermehrt Beispiele für die umgekehrte Richtung von Intermedialität: für den Übergang von Inhalten aus dem Internet in herkömmliche Medien. Im Beitrag zur Rolle der Warblogs in der Berichterstattung zum Irak-Krieg (vgl. Endres in diesem Band) werden mehrere Beispiele solcher Übergänge aufgezeigt: Ursprünglich in internetspezifischen Publikationsformen wie Mailinglisten, Newsgroups und Weblogs im Web verbreitet, werden diese zunehmend von den Printmedien aufgegriffen. In einigen Fällen berichten die Printmedien nur über die Angebote im Internet, in anderen Fällen wird die dort publizierte Information übernommen und fürs Printmedium passend aufbereitet.

5 Internet und medialer Diskurs in der Wissensgesellschaft

Das Internet hat das Stadium des Experimentierfelds inzwischen verlassen und ist zu einer eigenständigen Informationsplattform geworden. Beinahe alle Verlage stellen Online-Ausgaben ihrer Zeitungen und Zeitschriften ins Netz. Das Internet ist zu einem wichtigen Distributionskanal für medial aufbereitete Information und somit zu einem Bestandteil des öffentlichen Diskurses geworden (vgl. Fraas 2005). Zugleich wird das Internet mit seinen zahlreichen privaten Kommunikations- und Informationsangeboten selbst zum Ort des Diskurses. Wenn ein großes öffentliches Interesse an Informationen besteht, wie im Falle der Warblogs, greifen herkömmliche Medien vermehrt auf das Internet als Quelle zurück. Auf diesem Wege gelangen Informationen aus dem Internet in die Massenmedien und damit in den allgemeinen Diskurs.

Das Internet wird künftig in der Medienkonkurrenz wohl eine wichtigere Rolle einnehmen als bisher. Einerseits ist es eine bedeutende Informationsquelle für JournalistInnen aller Medienarten: Presseerklärungen von Firmen und von Institutionen, offizielle Fotos und Hintergrundinformationen werden ins Netz gestellt. Andererseits werden im Internet selbst vermehrt „Events" organisiert: Sei es ein Chat mit einer Ministerin, ein Livemitschnitt von einem Popkonzert (z.B. Paul McCartney) oder von einem Fußballspiel, ein im Netz abgehaltener Parteitag (Die Grünen) – kurz Ereignisse im Internet, über die herkömmliche Medien auch berichten. Ferner zeigt das Beispiel der Warblogs, dass das Internet auch neue Publikationsformen hervorbringen kann. Damit dürfte das Internet im Medienkanon künftig ein noch größeres Gewicht erhalten und für bestimmte Bereiche gar zum Leitmedium werden. Das Internet wird jedenfalls zu einem bedeutenden Bestandteil des medialen Diskurses in unserer Wissensgesellschaft avancieren.

Literaturverzeichnis

Brinker, Klaus (1985): Linguistische Textanalyse. Eine Einführung in Grundbegriffe und Methoden. Berlin: E. Schmidt.
Eicher, Thomas (1994): Was heißt (hier) Intermedialität? In Eicher, T. / Beckmann, U. (Hrsg.), Intermedialität. Vom Bild zum Text. Bielefeld: Aisthesis, 11-28.
Endres, B. Odile (2004): Ist Hypertext Text? In Kleinberger Günther, Ulla / Wagner, Franc (Hrsg.): Neue Medien – neue Kompetenzen? (Bonner Beiträge zur Medienwissenschaft 3). Frankfurt/Main: Lang, 33-48.
Endres B. Odile **(in diesem Band)**: Die andere Seite der Dinge. Alternative Diskurse in Warblogs, 291-302.
Ermert, Karl (1979): Briefsorten. Untersuchungen zu Theorie und Empirie der Textklassifikation. Tübingen: Niemeyer.
Fraas, Claudia (2004): Vom kollektiven Wissen zum vernetzten Vergessen? Neue Medien zwischen kultureller Reproduktion und kultureller Dynamik. In Kleinberger Günther,

Ulla / Wagner, Franc (Hrsg.): Neue Medien – neue Kompetenzen? (Bonner Beiträge zur Medienwissenschaft 3). Frankfurt/Main: Lang, 6-32.
Fraas, Claudia (2005): Diskurse on- und offline. In: Fraas, Claudia / Klemm, Michael (Hrsg.): Mediendiskurse. Bestandsaufnahme und Perspektiven. Bonner Beiträge zur Medienwissenschaft 4, Frankfurt a.M.: Lang., erscheint.
Habscheid, Stefan (2000): ‚Medium' in der Pragmatik. Eine kritische Bestandsaufnahme. Deutsche Sprache 2/00, 126-143.
Hess-Lüttich, E. W. B. (Hrsg.) (2001): Medien, Texte und Maschinen. Angewandte Mediensemiotik. Wiesbaden: Westdeutscher Verlag.
Hoesterey, Ingeborg (1988): Verschlungene Schriftzeichen. Intertextualität von Literatur und Kunst in der Moderne / Postmoderne. Frankfurt/Main
Holly, Werner (1997): Zur Rolle von Sprache in Medien. Semiotische und kommunikationsstrukturelle Grundlagen. Muttersprache, 1, 64-75.
Holly, Werner / Biere, Bernd Ulrich (Hrsg.) (1998): Medien im Wandel. Neues in alten, Altes in neuen Medien. Opladen: Westdeutscher Verlag.
Holthuis, Susanne (1993): Intertextualität. Aspekte einer rezeptionsorientierten Konzeption. Tübingen: Stauffenburg.
Kleinberger Günther, Ulla / Wagner, Franc (Hrsg.) (2004): Neue Medien – neue Kompetenzen? (Bonner Beiträge zur Medienwissenschaft 3). Frankfurt/Main: Lang.
Kristeva, Julia (1969): Sémeiotikè: Recherches pour une sémanalyse. Paris: Seuil.
Luginbühl, Martin / Baumberger, Thomas / Schwab, Kathrine / Burger, Harald (2002): Medientexte zwischen Autor und Publikum. Eine Studie zur Intertextualität in Presse, Radio und Fernsehen (Reihe Gesellschaft Schweiz). Zürich: Seismo.
Rajewsky, Irina O. (2002): *Intermedialität*. Tübingen, Basel: A. Francke.
Sandig, Barbara (2000): Textmerkmale und Sprache-Bild-Texte. In: Fix, Ulla / Wellmann, Hans (Hrsg.), Bild im Text – Text und Bild. Heidelberg: C. Winter, 3-30.
Wagner, Franc (1996): CD-ROM und computerlesbare Zeitungskorpora als Datenquelle für Linguisten. In Rüschoff, B. / Schmitz, U. (Hrsg.), Kommunikation und Lernen mit alten und neuen Medien (Forum angewandte Linguistik, 30). Frankfurt/Main: Lang, 78-87.
Wagner, Franc (1998): Sind Printmedien im Internet Online-Medien? In Pfammatter, R. (Hrsg.), Multi Media Mania. Reflexionen zu Aspekten Neuer Medien. Konstanz: UVK Medien, 191-211.
Wagner, Franc / Kleinberger Günther, Ulla (2004): Was ist neu an den Kompetenzen für neue Medien? In Kleinberger Günther, Ulla / Wagner, Franc (Hrsg.): Neue Medien – neue Kompetenzen? (Bonner Beiträge zur Medienwissenschaft 3). Frankfurt/Main: Lang, 1-5.

Die andere Seite der Dinge. Alternative Diskurse in Warblogs

B. Odile Endres, Heidelberg

0 Einleitung

In Krisenzeiten ist das Bedürfnis nach umfassender Information besonders ausgeprägt. Dies zeigte sich auch im letzten Irakkrieg. Aber gerade im Kriegsfall sind Informationen besonders schwer zu bekommen. Zensur verhindert den freien Informationsfluss. Der Wunsch der Öffentlichkeit nach glaubwürdigen Berichten lässt sich durch die Rezeption der Massenmedien nur bedingt erfüllen.

Bereits vor Ausbruch des Krieges war dieser ein beherrschendes Thema im öffentlichen Diskurs. Wer aber bestimmt den öffentlichen Diskurs? Dieser Frage nach dem Zusammenhang zwischen Macht und Informationskontrolle geht der Artikel ebenso nach wie der Unzufriedenheit der Öffentlichkeit mit der Kriegsberichterstattung der Massenmedien. Es soll thematisiert werden, weshalb sich die LeserInnen stattdessen dem Internet zuwenden. Was kann das Internet, was die Massenmedien nicht können?

Es wird untersucht, ob die technischen Bedingungen des Internets die Bedingungen von diskursiver Macht und Gegenmacht verändern. Die Darstellung der spezifischen Qualitäten des Internets wird zeigen, dass der öffentliche Diskurs durch einen alternativen Diskurs aus dem Internet neue Impulse erhält. Von den neuen Kommunikationsformen im Internet scheinen die Warblogs am geeignetsten, um neue Perspektiven zu eröffnen und die Lücken der Massenmedien zu füllen. Eine Klassifikation soll das Phänomen Warblog näher beleuchten und dessen Funktionsweise erläutern. Darüber hinaus wird die Beziehung zwischen Warblogs und massenmedialer Berichterstattung skizziert.

1 Massenmedien und Informationskontrolle

Bisher war die Öffentlichkeit auf die Massenmedien angewiesen, um Information über aktuelle Ereignisse zu bekommen. Nationale oder internationale Zeitungen, Magazine, Radio- und Fernsehsendungen waren die einzigen Informationsquellen und prägten damit den öffentlichen Diskurs. Anders gesagt, der öffentliche Diskurs wird durch die Massenmedien konstituiert, die wiederum, wenn man den Diskursbegriff von van Dijk zugrunde legt (vgl. van Dijk 1993), von den gesellschaftlichen Gruppen kontrolliert werden, die Macht und Dominanz ausüben. Chomsky und Herman (1988) argumentieren ähnlich und fokussieren wie van Dijk auf die so genannten „Machteliten", die aufgrund ihres wirtschaftlichen und politischen Einflusses auf die Massenmedien die öffentliche Meinung manipulieren. Diese verfügen über das Informationsmonopol und die Definitionsmacht.

Erleichtert wird der Prozess der Informationskontrolle dadurch, dass die Medien auf einen beständigen Informationsfluss aus politischen und wirtschaftlichen Quellen angewiesen sind. Nach van Dijks Analyse sind nicht nur ZeitungsmacherInnen und JournalistInnen die ProduzentInnen der Massenmedien, sondern auch die politischen und wirtschaftlichen Machtzentren, die sich durch ihre Presse- und PR-Arbeit freien Zugang zu den Medien verschaffen.

Given the crucial role of the media, powerful social actors and institutions have organized their media access by press officers, press releases, press conferences, PR departments, and so on ... The same is more generally true for the control of public opinion, and hence for the manufacture of legitimation, consent and consensus needed in the reproduction of hegemony. (van Dijk 1993, 256/257)

Besonders in Krisenzeiten, wenn unabhängige Information selten ist, zeigt sich die Kontrolle des Diskurses durch die Machtzentren. Ein Extrembeispiel dafür ist die Zensur in Zeiten der Kriegsberichterstattung, wie auch im letzten Irakkrieg. Die durch die Massenmedien verbreitete Information wurde weitgehend durch offizielle Regierungs-Informationen, etwa in Form von Pressekonferenzen oder Ansprachen des Präsidenten, und durch zensierte Militärkommuniqués bestimmt. Insbesondere in den US-Medien wurde in der ersten Kriegsphase die Information der eigenen Regierung kaum hinterfragt, während Informationsverlautbarungen von irakischer Seite typischerweise mit dem Beisatz „dies konnte von unabhängigen Quellen nicht bestätigt werden" diskreditiert wurden.

Im Irakkrieg gab es zudem ein Novum, das Zweifel an der Unabhängigkeit der Medien-Korrespondenten bzw. der Kriegsberichterstattung vor Ort aufkommen ließ: die so genannten „embedded journalists", die eingebettet in die Truppen mitreisten; nach Angaben des Militärs sollte den Journalisten so ermöglicht werden, ungefährdet Berichte „von der Front" zu schreiben. Die Berichte der Eingebetteten gingen nicht nur durch die Zensur des Militärs, sondern sie waren auch dem direkten Einfluss der Militärpropaganda ausgesetzt: Die auf Panzern mitreisenden Journalisten berichteten aus der Perspektive der amerikanischen und britischen Truppen (vgl. die Berichterstattung von CNN [1]).

Ironische Schlagzeilen wie „Im Bett mit dem Militär" spiegelten nicht nur die Skepsis des Zielpublikums, sondern auch die Skepsis der nicht eingebetteten KollegInnen wider. Die „embedded journalists" verloren ihre Glaubwürdigkeit

Die andere Seite der Dinge. Alternative Diskurse in Warblogs

und untergruben damit auch das Vertrauen der Öffentlichkeit in die Berichterstattung der unabhängigen JournalistInnen. Die Verknappung unabhängiger Information einerseits und ein geschärftes Bewusstsein für die eingeschränkte Perspektive der Berichte in den Massenmedien andererseits hatten zur Folge, dass die Öffentlichkeit mehr denn je auf der Suche nach der „Wahrheit" war. Das Bedürfnis nach ungefilterter Information war so groß wie nie zuvor.

2 Information im Internet

Die Antwort auf dieses vertiefte Informationsbedürfnis bot das Internet, dem sich die RezipientInnen in der Hoffnung zuwandten, dort zu erfahren, was in den Massenmedien nicht zu finden war. In Krisensituationen steigt das Interesse an alternativen Nachrichten- und Kommunikationsformaten. Funktionierten diese früher als Handzettel, Plakate oder lokale Informationsveranstaltungen, so waren sie im Irakkrieg als neue digitale Formen im World Wide Web zu finden. Aber nicht nur Produktion und Distributionsbedingungen ändern sich durch das Internet, sondern auch die Rolle der RezipientInnen.

Die Rezeption der Massenmedien ist durch Passivität gekennzeichnet, da diese durch Einweg-Kommunikation bestimmt werden (vgl. Luhmann 1996, Kluba 2002, Habscheid 2005). Van Dijk identifiziert die RezipientInnen der massenmedialen Information als zu den Bevölkerungsgruppen gehörig, die weder über politische noch über wirtschaftliche Macht und damit auch über keine Definitionsmacht verfügen. Ihr Mangel an Macht korrespondiert nach van Dijk mit einem Mangel an aktivem Zugang zum Diskurs. Sie fungieren im Zusammenhang mit den Medien meist als kontrollierte Teilnehmer, als „onlookers, consumers or users, e.g. as media audiences" (van Dijk 1993, 256).

Im Internet hingegen herrschen andere Verhältnisse. Jede Internet-RezipientIn kann rein theoretisch auch Internet-ProduzentIn sein, da – zumindest in Europa und den USA – diese Produktions- und Distributionstechnologie frei verfügbar ist und breiten Nutzerkreisen ermöglicht, unabhängig eigene Information zu veröffentlichen. Ob diese Partizipationsmöglichkeiten auch genutzt werden, hängt davon ab, inwieweit die ProduzentInnen und RezipientInnen das Potenzial des Internets ausschöpfen.

3 Alternativer Diskurs im Internet

Das Besondere am Internet sind die verschiedenen Dienste, die darauf aufbauenden Plattformen und ihre Vernetzung untereinander. Sie bieten das Potenzial, aus dem technischen ein kommunikatives Netz zu weben, in dem Inhalte aus der Interaktion entstehen, und unterscheiden sich deshalb wesentlich von der bisherigen massenmedialen Kommunikation. Aber zur Realisierung dieses Potenzials bedarf es der aktiven NutzerInnen („netizens"). Diese rezipieren nicht nur ein breites Spektrum von Inhalten, wie zum Beispiel die Webseiten alternativer Nachrichtenquellen und parallel die Online-Seiten der Massenmedien, sondern sie produzieren selbst Inhalte und sind in der Netzkommunikation aktiv, sei es in Mailing-Listen, Weblogs oder kollaborativen Projekten.

Die aktive Internetnutzung ist eingebettet in kommunikative Prozesse. Rezeption, Produktion und kommunikative Interaktion sind untrennbar miteinander verwoben. Es ist die kommunikative Vernetzung, die zur Herausbildung von sozialen Netzwerken bzw. virtuellen Gemeinschaften (Rheingold 1993) führt und damit auch den Austausch von Meinungen und Informationen begünstigt, die einen alternativen Diskurs zu bestimmten Themen – wie dem Irakkrieg – entstehen lassen.

Diese Internet-Diskurse können unter bestimmten Bedingungen in den öffentlichen Diskurs eingehen. Eine solche Entwicklung kann sich innerhalb einer mehrdimensionalen Rahmung vollziehen, wie sie während des Irakkriegs auftrat. In diesem Fall fielen die Interessen der virtuellen Gemeinschaften mit denen der breiten Öffentlichkeit zusammen: das Bedürfnis nach kritischer Hinterfragung und ungefilterter Information. Diese erste Rahmungskomponente könnte man als die *gesellschaftspolitische Dimension* bezeichnen.

Die zweite Dimension ist die *Existenz der aktiven NutzerInnen*, die das Potenzial des Internets ausschöpfen. Nur interaktives Kommunikationsverhalten gewährleistet, dass die „Konsumenten des Internets auch seine Produzenten" sind (Castells 2003, 398). Ohne die aktiven Nutzerinnen ist das Internet nichts als ein Protokoll oder ein „Abkommen" (vgl. z.B. Weinberger [20]). Erst durch die aktiven NutzerInnen wird das Internet zu einer Vielzahl von miteinander verbundenen kommunikativen und sozialen Netzen. Auf diese Weise können alternative Diskurse entstehen und sich im World Wide Web verbreiten.

Die dritte Dimension der Rahmung ist der *Distributionsaspekt*. Aufgrund der technischen Möglichkeiten wird die Kontrolle des Diskurses durch die politischen und wirtschaftlichen Eliten von den neuen Kommunikationsformen im Internet durchbrochen. Die Bedingungen von Macht und Gegenmacht ändern sich.

> The very access to such discourse is a crucial condition of power and counter-power: minorities or other dominated groups simply will hardly be allowed to provide a totally different version of the ‚facts', or the white media or other elites will find a minority representative who agrees with their position. (van Dijk 1993, 265)

Gilt für die Massenmedien noch van Dijks Feststellung, dass Minderheiten keinen Zugang zum öffentlichen Diskurs haben, so können sich im Internet neue Formen von diskursiver Gegenmacht entwickeln. Die NutzerInnen, die einen minoritären Diskurs führen, verfügen über neue mediale Partizipations-Möglichkeiten (vgl. auch Fraas 2005). Sie sind frei, ihre Meinung im Internet zu verbreiten und ihre Perspektive neben die der Massenmedien zu stellen. Deshalb scheint es angemessen, diese Internet-Diskurse nicht als minoritäre, sondern als alternative Diskurse zu bezeichnen, die das Potenzial haben, unter den hier skizzierten Bedingungen in den majoritären Diskurs einzugehen.

4 Neue Kommunikationsformen im World Wide Web

4.1 Alternative Informationsquellen im Irakkrieg

Während des Irakkrieges hatten zahlreiche alternative Informationsquellen Hochkonjunktur. Es florierten Nachrichtenseiten, Mailing-Listen, Newsgroups, Linksammlungen (z.B. [7]) und Warblogs, die sich mit dem Krieg befassten. Unabhängige Nachrichtenorganisationen wie Indymedia [2] oder das amerikanische Commondreams [3] verzeichneten bereits im Vorfeld des Krieges hohe Besucherzahlen. Eine wichtige Informationsquelle war neben anderen (z.B. Disinfopedia [4] oder Yellowtimes.org [5]) auch der im Februar 2003 gegründete Electroniq Iraq [6], ein Newsportal zur Irakkrise, das „Middle East alternative news publishers" im Internet veröffentlichten und das die vorherrschenden westlichen Perspektiven um neue Blickwinkel bereicherte.

Dass die unabhängigen Nachrichtenorganisationen und alternativen Informationsquellen die im Internet verfügbaren Informationen aus einer kriegskritischen Perspektive heraus sammeln, in ihren weltanschaulichen Kontext stellen sowie mit selbst recherchierten Inhalten und Augenzeugenberichten ergänzen konnten, war möglich dank der frei verfügbaren Produktions- und Verbreitungstechnologie des Internets. Die Zeiten, in denen das ‚Agenda-Setting' (vgl. Habscheid 2005) allein von den klassischen Massenmedien übernommen wurde, gehören endgültig der Vergangenheit an.

4.2 Warblogs

Vor allem die Kommunikationsform der Warblogs fand sowohl im Internet als auch in der massenmedialen Berichterstattung großen Anklang. Das Warblog von Salam Pax [8] etwa durchlief eine beispiellose Karriere. Während des Krieges veröffentlichte ein junger Iraker, von dem nur das Pseudonym Salam Pax bekannt war, Augenzeugenberichte aus dem bombardierten Bagdad. Die Nachricht von diesem Warblog verbreitete sich über andere Warblogs, über Mailing-Listen und privaten E-Mail-Austausch im Internet und war innerhalb kürzester Zeit als „das Warblog aus Bagdad" in aller Munde bzw. auf aller Bildschirm. Es

entstand ein regelrechter „virtueller Run" und innerhalb kürzester Zeit avancierte das Warblog von Salam Pax zum Thema in den Massenmedien.
Auch andere Warblogs in englischer Sprache wie das amerikanische Warblogging.com von George Paine [9], Warblogs:cc [10], die Warblogs von BBC-Korrespondenten [11] oder das Warblog ‚Back to Iraq' des unabhängigen Journalisten Christopher Allbritton [12], „Internet's first war correspondent" (so George Paine [9]), erfreuten sich weltweiter Aufmerksamkeit. Auch im deutschen Sprachraum gab es entsprechende Aktivitäten wie ‚war:scan internationales weblog zum irak-konflikt' [13], das einen stark vernetzten, kritischen Informationspool zum Irak-Krieg aufbaute.

4.2.1 Was ist ein Warblog?

Ein Warblog ist eine spezielle Form von Weblog zum Thema ‚Krieg' im weitesten Sinne und zeigt alternative Perspektiven zu den von den Massenmedien verbreiteten Nachrichten auf. Bei fast allen Warblogs liegt eine kritische Hinterfragung der (Kriegs-)Nachrichten und des Kriegsgeschehens zu Grunde, viele bieten einen emotionalen, eher subjektiven Zugang zu den Kriegsereignissen. Je nach Warblog-Typ enthalten sie Augenzeugenberichte vor Ort, Analysen, Kommentare oder Hintergrundinformation - oder die eine oder andere Kombination davon. Damit kommen sie dem Bedürfnis der Öffentlichkeit entgegen, die nach Alternativen zu den Militärinformationen und Eingebettetenberichten sucht.

4.2.2 Klassifikation der Warblogs

Die Warblogs haben in vielfacher Hinsicht eine komplexe Struktur, die bei einer Klassifkation des Phänomens berücksichtigt werden muss. Unter derselben Bezeichnung und mitunter im selben Warblog vermischen sich subjektive und objektive Perspektive, private und professionelle Berichterstattung, massenmediale Nachrichtenquellen und alternative Internet-Quellen, offene und geschlossene Form, eigene oder Fremdnachrichten sowie die Charakteristiken und Elemente verschiedener Web-Kommunikations-Formen wie z.B. Linkliste, Diskussionsliste, Nachrichtenwebsite und Webforum.

Hier erweist sich zunächst eine Differenzierung als hilfreich, die die Bloggerin Rebecca Blood in einem Internet-Essay über die Geschichte der Weblogs trifft [14]. Sie unterscheidet zwei Phasen der Weblog-Geschichte, die der ersten, der so genannten *filter-style-weblogs* (Filter-Weblogs) und die der zweiten, die der *journal-style blogs* (Tagebuch-Weblogs).

Die Filter-BloggerInnen konzentrieren sich meist auf eine bestimmte Themenstellung. Sie durchsuchen das Web und stellen Artikel aus bekannten und unbekannten Quellen in ihr Blog, nehmen alternative Blickwinkel ein, liefern Kommentare, hinterfragen oder interpretieren die Nachrichten aus ihrer Perspektive, ermöglichen Austausch und Diskussion, arbeiten mit Vernetzung. Sie filtern die unendlich scheinende Menge der Informationen, die im Web zu finden ist.

Die Tagebuch-BloggerInnen der neueren Generation hingegen nehmen eine radikal subjektive Perspektive ein und schreiben ein mehr oder weniger ungefiltertes Tagebuch über ihre persönlichen Erlebnisse und Eindrücke. Spontane Gedanken, Notizen, Schilderungen von alltäglichen Beschäftigungen, Links zu befreundeten BloggerInnen oder interessanten Sites füllen das Blog.

Diese Differenzierung bietet sich ebenso für die Klassifikation der Warblogs an. Auch hier lassen sich in einer ersten Annäherung zwei Typen unterscheiden.

Warblogs vom *Typ 1* (z.B. Warblog von Salam Pax [8]) lassen sich als *journal-style-warblogs* bezeichnen und stellen je nach Ausprägung teilweise oder völlig ungefilterte Tagebücher der Eindrücke eines Einzelnen dar und fallen in die Kategorie Augenzeugenbericht. Von der Struktur her sind sie eher einfach aufgebaut. Die AutorInnen dieser Art von Warblog befinden sich vor Ort und bieten subjektive Schilderungen ihrer vom Krieg unmittelbar betroffenen Umgebung sowie Einblicke in ihr persönliches Leben.

Warblogs vom *Typ 2* (z.B. Warblogging.com [9]) ähneln den Ursprungsweblogs und haben eine wesentlich komplexere Struktur als die der Warblogs vom Typ 1. Sie sollen als *filter-style-warblogs* bezeichnet werden. Sie liefern Essays, Informationen, Diskussionsbeiträge und subjektive Kommentare zur aktuellen politischen Situation. Darüber hinaus bieten sie meist den Warblog-BesucherInnen die Möglichkeit zu Kommentaren. Sie übernehmen wie die entsprechenden Weblogs eine Filter-Funktion. Die AutorInnen sind nicht vor Ort und bieten Hintergrundinformation aus ihrer weltanschaulichen Perspektive.

Beiden Typen gemeinsam ist, dass sie ihr Blog mit anderen Blogs und Nachrichtenquellen vernetzen, wobei Warblogs vom Typ 2 vielschichtigere Linksammlungen zur Verfügung stellen, die sowohl alternative als auch massenmediale Quellen enthalten können. Die ausgeprägte Vernetzung liegt sowohl im weiter oben erwähnten internettypischen Kommunikationsverhalten als auch in den hypertextuellen Möglichkeiten des World Wide Web begründet (vgl. Endres 2004).

Mit dieser zweigliedrigen Klassifikation lassen sich die meisten der Warblogs, die während des Irakkrieges aktiv waren, erfassen. Eine weiter gehende Analyse zeigt jedoch, dass darüber hinaus zwei Sonderformen von Warblogs eigene Beschreibungskategorien erfordern.

Hier sind als *Typ 3* die Warblogs von professionellen JournalistInnen zu nennen (z.B. BBC Reporters' log von BBC [11]). Diesen Typ möchte ich als *journalist-style-warblog* bezeichnen. Die AutorInnen dieser Warblogs arbeiten als JournalistInnen, gestatten sich in ihren Warblog-Einträgen aber eine gewisse Abweichung von ihren professionellen Standards. Sie stehen den Warblogs vom Typ 1 sehr nahe, da sie subjektive Augenzeugenberichte vom Kriegsschauplatz liefern. Dennoch unterscheiden sie sich von diesem Typ durch ihre vergleichsweise hohe Professionalität und geringe Emotionalität.

Als weitere Sonderform sind Warblogs vom Typ 4 (z.B. Iraq Body Count [15]) zu nennen, für die ich die Kategorie *research-style-warblogs* einführen möchte. Warblogs von diesem Typ legen den Schwerpunkt auf wissenschaftlich fundierte Recherche, Analyse und die Publikation der Ergebnisse. Auch sie werden ständig aktualisiert und stellen ihre Daten über das World Wide Web der Öffentlichkeit zur Verfügung.

Allen Warblogtypen ist gemeinsam, dass sie als eine Alternative oder Ergänzung zum herrschenden Diskurs zu verstehen sind. Sie sind in ein Netz alternativer Informationsquellen eingebettet und zeigen neue Perspektiven auf. Ausnahme ist hier das BBC Reporters' log [11] vom Typ 3, das letztendlich in ein klassisches Massenmedium eingebunden war und nur bedingt einen anderen Standpunkt zeigte. Kommentar und Analyse sind wesentliche Elemente in allen Warblogs, von denen nur die journal-style Warblogs einen radikal subjektiven Standpunkt einnehmen. Wichtig für das Selbstverständnis aller freien Warblogs ist die Vernetzung. Überraschend ist, dass diese Vernetzung bis in die Massenmedien hineinreichte.

5 Warblogs in den Massenmedien

Die Vernetzung mit den Berichten aus den klassischen Massenmedien erfolgte nicht nur von alternativen Kommunikationsformen wie einigen Warblogs aus, sondern auch in umgekehrter Richtung: Die Massenmedien berichteten über dieses Internet-Phänomen und verwiesen ihrerseits mit Linkangaben auf die Warblogs. Auch in der deutschen Presse wurde in zahlreichen Artikeln über Warblogs berichtet, etwa im Spiegel [16], der Welt [17] oder in der Frankfurter Rundschau [18]. Diese Artikel und Berichte thematisieren die Unzufriedenheit der LeserInnen mit der Berichterstattung der Medien und ihren Wunsch „nach dem anderen Blickwinkel auf die Ereignisse." (Online-Spiegel 25.3.2003, [16]). Über die Angabe von Paperlinks (vgl. Wagner 2005) weisen die Berichte wieder auf das Internet zurück, sodass sich der öffentliche, massenmedial geprägte Diskurs mit dem alternativen Diskurs im Internet vermischt.

Auch JournalistInnen nutzen die neuen Kommunikationsformen im Internet zunehmend für ihre Arbeit. Der Journalist John Naughton (2003) betont die Wichtigkeit der Weblogs als Informationsquelle für professionelle JournalistInnen, weil Weblogs seiner Meinung nach mehr in die Tiefe gehen als JournalistInnen es sich bei ihrer Arbeit je leisten können. Doch das ist für ihn nicht der einzige Grund, dass Blogs so populär sind. Er verleiht dem allgemeinen Misstrauen gegenüber den „mainstream media" Ausdruck. Die wirtschaftlichen Interessen der Medienkonzerne, wie sie von Chomsky / Herman (1988) analysiert werden, sieht auch Naughton als Hinderungsgrund für den freien Fluss der Information.

Weblogs und insbesondere Warblogs sind hingegen frei in ihrer Meinungsäußerung und nicht zuletzt auch deshalb als Informationsquelle für JournalistInnen attraktiv. Der Erfolg der Warblogs als Thema in den Massenmedien führte, wie gezeigt, dazu, dass auch BBC-Journalisten private Warblogs [11] auf den Webseiten der BBC veröffentlichten oder dass andere Journalisten wie Christopher Allbritton [12] noch weiter gingen und ein unabhängiges journalistisches Warblog betrieben.

Die Warblogs wurden also auf vielfältige Weise zum Thema in den Massenmedien und ein Diskurs, der in seinen Anfängen als alternativ zu bezeichnen war, ging rasch in den öffentlichen Diskurs ein.

6 Fazit

Die Kontrolle des öffentlichen Diskurses durch die politischen und wirtschaftlichen Eliten über die Massenmedien wird von den neuen Distributionsbedingungen und Kommunikationsformaten im Internet durchbrochen. Sie ermöglichen die Entwicklung und die Verbreitung von alternativen Diskursen. Eine ideale Plattform für die neuen diskursiven Praktiken sind die Warblogs. Sie bieten in besonderem Maße die von der Öffentlichkeit gewünschte unverfälschte Information, den „anderen" Blickwinkel und die menschliche Dimension, die in den Massenmedien nur bedingt zu finden sind.

Eines der herausragenden Kennzeichen der multiperspektivischen Warblogs ist die Vernetzung: Einerseits die Vernetzung innerhalb der alternativen Internet-Gemeinschaften, andererseits eine enge Vernetzung mit den klassischen Massenmedien. Der in den Warblogs und den mit ihm verbundenen Informationsnetzwerken geführte alternative Diskurs gelangt in die Massenmedien und beeinflusst den öffentlichen Diskurs.

Wie die alternativen Internet-Diskurse konkret in die Massenmedien gelangen, muss noch genauer untersucht werden; unsere Analyse lässt jedoch vermuten, dass dies innerhalb bestimmter Rahmungs-Bedingungen geschieht, in der eine gesellschaftspolitische Dimension, die Distributions-Aspekte des Internets und das Engagement aktiver Internet-NutzerInnen zusammenwirken. Fest steht, dass die Warblogs eine Alternative oder Ergänzung zur klassischen massenmedialen Berichterstattung sind. Sie zeigen die andere Seite der Dinge.

Literaturverzeichnis

Blood, R. (2000): Weblogs: a history and perspective. Online-Dokument, s. [14]
Castells, M. (2003): Der Aufstieg der Netzwerkgesellschaft. Teil 1 der Trilogie: Das Informationszeitalter. Opladen: Leske und Budrich.
Chomsky, N. / Herman, E.S. (1988): Manufacturing Consent. The Political Economy of the Mass Media. Pantheon Books.
Endres, B.O. (2004): Ist Hypertext Text? In Kleinberger Günther, Ulla / Wagner, Franc (Hrsg.): Neue Medien – neue Kompetenzen? Bonner Beiträge zur Medienwissenschaft 3. Frankfurt a.M.: Lang, 33-48.
Fraas, C. (2005): Diskurse on- und offline. In: Fraas, C. / Klemm, M. (Hrsg.): Mediendiskurse. Bestandsaufnahme und Perspektiven. Bonner Beiträge zur Medienwissenschaft 4, Frankfurt a.M.: Lang Verlag.
Habscheid, S. (2005): Das Internet - ein Massenmedium? In: Runkehl, J. / Schlobinski, P. / Siever, T. (Hrsg.): WebspracheXT. Sprache und Kommunikation im Internet. (Linguistik - Impulse und Tendenzen). Berlin/New York: de Gruyter, erscheint.
Kluba, M. (2002): Massenmedien und Internet - eine systemtheoretische Perspektive. In: Networkx. Nr. 26. ISSN 1619-1021. http://www.mediensprache.net/networx/networx-26.pdf
Luhmann, N. (1996): Die Realität der Massenmedien. Opladen: Westdeutscher Verlag.
Naughton, J. (2003): If you really want to know, ask a blogger. In: The Observer (1. Juni, 2003). Online-Version s.a. [19].
Rheingold, H. (1993): The Virtual Community. Reading, MA: Addison-Wesley.
Van Dijk, T.A. (1993): Principles of critical discourse analysis. Discourse & society, 4 (2), 249-283.
Wagner, F. (2005): Intertextualität im Internet als Diskurs? In: Fraas, C. / Klemm, M. (Hg.), Mediendiskurse. Bestandsaufnahme und Perspektiven. Bonner Beiträge zur Medienwissenschaft 4, Frankfurt a.M.: Lang, erscheint.
Weinberger, D. / Searls, D.: What the Internet Is and How to Stop Mistaking It for Something Else (Letze Aktualisierung: 28.04.2003). Online-Dokument, s. [20]

Links

[1] http://www.cnn.com
[2] http://www.indymedia.org
[3] http://www.commondreams.org
[4] http://www.disinfopedia.org
[5] http://www.yellowtimes.org
[6] http://electroniciraq.net
[7] http://www.odile-endres.de/nowar_irak/information.htm
[8] http://dear_raed.blogspot.com
[9] http://www.warblogging.com
[10] http://www.warblogs.cc
[11] http://www.bbc.co.uk/reporters
[12] http://www.back-to-iraq.com
[13] http://cyberabad.de/warscan
[14] http://www.rebeccablood.net/essays/weblog_history.html
[15] http://www.iraqbodycount.net/bodycount.htm
[16] http://www.spiegel.de/netzwelt/netzkultur/0,1518,241981,00.html

[17] http://www.welt.de/data/2003/04/01/61463.html?search=weblog&searchHILI=1
[18] http://www.fr-aktuell.de/uebersicht/alle_dossiers/politik_ausland/irak_nach_dem_krieg/der_krieg/?cnt=182819
[19] http://www.observer.co.uk/business/story/0,6903,967769,00.html
[20] http://www.worldofends.com/

Textsortenwandel: E-Mails im innerbetrieblichen Kontext

Ulla Kleinberger Günther, Zürich

Innerbetrieblich gesehen hat sich seit der breiten Einführung der E-Mails in den 1980-er Jahren eine kleine Revolution ereignet, die sich wellenartig über alle Produktions- und Dienstleistungseinheiten ausgebreitet hat. E-Mails sind heute ein fester Bestandteil des beruflichen Alltags. Revolutionär ist dabei nicht das neue Medium an und für sich – viele neue Medien haben im Laufe der letzten hundertfünfzig Jahre den Weg in die Betriebe gefunden (vgl. Kleinberger Günther 1998) – sondern es sind die Auswirkungen, die einfache Handhabung und die Zugänglichkeit, welche die Einführung von E-Mails in die kommunikativen Netze von Unternehmen gebracht hat, und die sind beachtlich!

Nicht mehr die Fragen der Informationsgesellschaft stehen im Fokus des Interesses, sondern diejenigen der „Wissensgesellschaft": Inwiefern etablieren sich Normen im betrieblichen Alltag, inwiefern wird Selbstbestimmung genutzt und wie werden Varianten gehandhabt, die sich in normfernen Räumen automatisch etablieren:

> Entscheidend wird [sic] die Auswahl des Nützlichen und die Fähigkeit zum Aushalten von Ambivalenzen und Unsicherheit sein, die Gestaltung des Zugangs zu Wissen und der fehlerfreundliche Umgang mit dem Nichtwissen. (http://www.wissensgesellschaft.org)

Anhand von E-Mails werde ich der Frage nachgehen, welche Varianten benutzt bzw. toleriert werden in ursprünglich stark normierten, im Berufsalltag verwendeten Texten.

Textorganisation, -struktur und -funktion lassen sich grundsätzlich in zwei Kategorien unterscheiden: textexterne und -interne Faktoren.

Hinsichtlich der textexternen Faktoren haben sich die kommunikativen Räume durch E-Mails gewandelt: So wurde unter anderem das Zeitmanagement umstrukturiert, die logistischen Organisationsformen haben Neuerungen erlebt und das Nähe- und Distanz-Verhalten zwischen den MitarbeiterInnen hat sich geändert.

Textintern zeichnet sich auf verschiedenen sprachlichen Ebenen ebenfalls ein Wandel ab, wobei alle Bereiche davon beeinflusst sind: Orthographie, Syntax,

Grammatik, Lexik, Sprechakte, Textsorten, Kohärenz, pragmatische Aspekte etc. Vollständig ist diese Aufzählung selbstredend nicht, weshalb ich mich an den zweiten Satz in folgendem Zitat von Schmitz (2002) halte, der meint:

> Über E-Mail-Kommunikation gibt es wenig zu sagen, das nicht schon gesagt worden wäre. Nur dies: Fast alles ist möglich. (Schmitz 2002, 33)

Den ersten Teil des Zitates von Schmitz möchte ich anhand einiger Wandelerscheinungen, die ich im Folgenden diskutieren werde, aufgreifen: Vieles wurde zwar schon gesagt, jedoch entwickeln sich neue Aspekte entsprechend schnell, sodass ein erneuter Blick auf ausgewählte Bereiche Auskunft geben kann über moderne Adaptationen im schriftlichen Bereich.

Dazu wähle ich Aspekte des Medienwechsels und der Textsortenentwicklung aus der Diskussion aus und illustriere meine Erläuterungen mit Beispielen.

1 Medienwahl, Medienwechsel und Medienmix

Für jede sprachliche Handlung stehen MitarbeiterInnen in Firmen unterschiedliche Medien zur Verfügung: Fax, Telefon, E-Mail, Handy, Anrufbeantworter, Pager, Piepser, Video etc.[1] Bei der Wahl spielen nicht nur reine Optimierungsgedanken und konkrete inhaltliche Aspekte eine Rolle, sondern auch soziale Faktoren haben einen entscheidenden Einfluss, so beispielsweise die Komponente mit jemandem „persönlich" in Kontakt zu treten, wobei E-Mails tendenziell als „unpersönlich" angesehen werden. Sofern keine Unterlagen weitergeleitet werden müssen, ist unter anderem „der Bekanntheitsgrad der GesprächspartnerInnen ein Auswahlkriterium, zu welchem Medium man greift. Je unbekannter jemand ist, desto eher sucht man den schriftlichen Kontakt, je vertrauter, desto eher erfolgt ein Gespräch." (Kleinberger Günther 2003b: 149) Zusätzlich ist die Gewandtheit der NutzerInnen bei der Anwendung ein Kriterium, nicht alle NutzerInnen sind begeistert von E-Mails, was das Nutzungsverhalten beeinflussen kann.[2] Auswirkungen wenig begeisterter UserInnen sind dahingehend zu sehen, dass Medienbrüche oder Medienwechsel – je nach Perspektive – in einer unberechenbaren Art und Weise stattfinden. Skeptische E-Mail-NutzerInnen vertrauen den E-Mails in einem anderen Maße als überzeugte MailerInnen[3]. So können bei-

---

[1] Ausführlicher zur Medienvielfalt im beruflichen Alltag finden sich Angaben in Kleinberger Günther (1998).

[2] Mediales Nutzungsverhalten ist zusätzlich abhängig von der Branche und den Gepflogenheiten in den Betrieben, jedoch gibt es nach wie vor eine größere Gruppe unfreiwilliger NutzerInnen.

[3] „Schmitz / Fulk (1991) konnten für Email-Kommunikation zeigen, dass Personen mit mehr Medienerfahrung (Email-Erfahrung, Computer-Kenntnisse, Keyboard Skills) Email als reichhaltiger einstuften und auch in stärkerem Maße nutzten. Gleichzeitig stellte sich heraus, dass der emailbezogene soziale Einfluss, dem eine Person ausge-

spielsweise Telefonanrufe einer E-Mail voraus gehen: „Diese ‚Warnung' sichert den Sozialkontakt, relativiert sozusagen den ‚Schriftlichkeitsgehalt', sofern die von papierenen Schreiben her zu erwartenden Höflichkeitsfloskeln vernachlässigt werden" (Kleinberger Günther 2003b, 147f.), beziehungsweise können Anrufe einer E-Mail mit der Frage folgen, ob diese angekommen sei.

Innerbetrieblich erhöht sich dadurch in zeitlicher wie in monetärer Hinsicht der kommunikative Aufwand. Da diese Medienergänzungen und Absicherungen bei allen medialen Kombinationen auftreten, sind diese Auswirkungen nicht unbedeutend.

In E-Mails werden Medienwechsel an unterschiedlichen Stellen und auf verschiedene Weise angekündigt (die entsprechenden Passagen sind von mir kursiv gesetzt). Im ersten Beispiel wird die E-Mail durch eine P(aper)-Mail bzw. durch ein Faxschreiben ergänzt:

1) „soll ich fuer eure Sitzung *den brief* an dich schreiben, oder ihn allgemein an die sehr geehrten damen und herren? kannst du mir euere althergebrachte *post-adresse* schreiben? dann schicke ich das los. oder *faxe* es, dann hast du es morgen ganz sicher" [1209]

Im zweiten Beispiel wird auf eine nicht signierte Information verwiesen, eventuell auf ein „Post-it" oder Ähnliches, welches der Nachricht beigefügt wurde:

2) „ich nehme an, dass *fresszettelchen* ist von dir, oder?" [1274]

Häufig wird in E-Mails der Schnittbereich zum Telefongespräch thematisiert, wie in den folgenden Beispielen.

3) „ich habe versucht, dich *telefonisch* zu erreichen, was leider nicht klappte." [1257]

4) „ich glaube, dein *telefonbeantworter* ist ‚voll' - jedenfalls hat er mich einfach nicht ausreden lassen." [1258]

5) „leider kann ich dich *telefonisch* nicht erreichen: bitte ruf mich an !!!" [1276]

6) „Ich wollte *anrufen*, habe aber leider niemanden von Euch angetroffen." [1308]

---

setzt war (Nützlichkeitsbewertung von Email durch Kollegen und Vorgesetzte sowie Emailnutzung durch Kollegen und Vorgesetzte), mit der eigenen Nützlichkeitsbewertung und Nutzung von Email positiv zusammenhing." (Döring 1999, 223)

E-Mails übernehmen zusätzliche Funktionen, die üblicherweise Aufgaben des Telefonbeantworters sind. Außerdem werden *face-to-face*-Gespräche vorangekündigt und teilweise vorstrukturiert:

```
7) „faehrst du eventuell naechste woche nach muenster? ich haette es
eigentlich geplant [...] da koennten wir uns ja besprechen? ansonsten
werden wir hoffentlich bald wieder nach heidelberg fahren, und dann
koennen wir das ganze in aller ruhe und ausfuehrlich durchgehen."
[1262]

8) „Gerne möchten wir das Cogan-Syndrom zusammen mit Ihnen studie-
ren. Dazu wäre eine persönliche Kontaktaufnahme sehr dienlich. Darf
ich Sie zu diesem Zwecke in den nächsten Tagen zu einem Kaffee in
die Cafeteria einladen?" [1318]
```

Diese Beispiele illustrieren exemplarisch einige Kontaktstellen zwischen unterschiedlichen medialen Verwendungen, weitere können jedoch ergänzt werden. Da diese medialen Wechsel kontinuierlich sind und angefangene Diskurse weiterführen, macht es meines Erachtens wenig Sinn, von Medienbrüchen zu sprechen, der Begriff eines „Medien-Kontinuums" erscheint mir in dieser Konstellation treffender.

Dabei wird der Medienwechsel sowohl explizit vorangekündigt – wie in den oben genannten Beispielen – als auch implizit ausgeführt, ohne dass die Handlung verbalisiert wird.

Eingebettet sind die E-Mails in einem weiten Mediennetz (Telefon, Gegensprechanlage, Handy, P-Mail, Fax, SMS, MMS, Video, Intranet mit Pins, Chats usw.), welche E-Mails einerseits ergänzen, andererseits aber auch konkurrenzieren.[4]

Da das Mediennetz in ständiger Bewegung ist, sind die Abhängigkeiten nicht pauschal zu bestimmen. Je nach Betrieb, Budget, Möglichkeiten und Interessen situiert sich die E-Mail unterschiedlich bzw. teilt sich das kommunikative Feld in eine unterschiedlich große Anzahl an Medien. Eine wichtige Rolle spielt dabei die Nutzerkompetenz (Kleinberger Günther / Wagner 2004). Medien können nicht immer ihren Möglichkeiten entsprechend eingesetzt werden, da die Schulung der MitarbeiterInnen dem Potenzial der Medienentwicklung vielfach weit hinterher hinkt oder weil sich die MitarbeiterInnen mit der vorhandenen Kompetenz begnügen.

Im Folgenden werde ich einige Punkte aus der Textsortenentwicklung und aus textinternen Wandelerscheinungen bei E-Mails darstellen und erläutern.

---

4 Wobei ich hier speziell auf die Konkurrenz zwischen Fax und E-Mail hinweisen möchte: Fax spielt innerbetrieblich gesehen in der Zwischenzeit eine untergeordnete Rolle, es wurde von den flexibleren Möglichkeiten des E-Mails und des Internets weitgehend verdrängt.

2 Textsortenentwicklung: Neues und Altes, Regeln und Normen

In der linguistischen Fachliteratur findet sich seit Mitte der 1990-er Jahre eine Diskussion, inwiefern es sich bei E-Mails um eine eigenständige Textsorte handelt.[5] Von Ziegler (2002) wird beispielsweise die Unterscheidung zwischen „Kommunikationsform" und „Textsorte" dezidiert eingefordert:

> Überträgt man die [...] Überlegungen [...] auf die E-Mail als *genus proximum*, wird deutlich: Die E-Mail ist keine Textsorte, sondern eine Kommunikationsform. Ziegler (2002, 25)

Im Gegensatz dazu arbeitet jedoch Thim-Mabrey (2002) durchaus mit dem „Textsortenbegriff". Sie klassiert E-Mails sehr wohl als solche, wobei sie dabei einen Schritt weiter geht und „neue Textsorten" im Rahmen der E-Mails ausmacht, deren Regeln man sich durchaus aneignen könne:

> Routinierte Briefschreiber können zu Beginn des E-Mail-Schreibens immerhin ihre Briefgewohnheiten auf die neue Textsorte übertragen. (Thim-Mabrey 2002, 128)

E-Mails sind einerseits als *genus proximum* zu verstehen, andererseits als Textsorte. Meines Erachtens wäre es hilfreich, die beiden Ansätze terminologisch klarer auseinander zu halten, indem textsortenintern weiter differenziert und nicht nur eine Textsorte angesetzt wird. Vergleichbar dazu wäre die Kategorisierung bei Briefen, bei denen mehrere funktional divergierende Textsorten festgehalten sind, die trotz ihrer Unterschiede durchaus parallele Erscheinungen haben können.

2.1 Innerbetriebliche E-Mails: „Neue" Textsorte und ihre „alten" Vorbilder

Obwohl bis anhin niemand ernsthaft behauptet hat, dass sich das Textsortenspektrum lediglich in einen privaten und einen beruflichen Bereich zweiteilen lässt, findet sich nur eine langsame bzw. geradezu vorsichtige Annäherung an die Größe und Varianz der möglichen Realisierungsformen:

> Die E-Mail umfasst weit mehr als nur zwei Sparten, die man mit den Begriffen ‚Geschäftsmails' und ‚Privatmails' schon genügend gekennzeichnet hätte. (Thim-Mabrey (2002, 141)

---

5 Siehe dazu einen der ersten Texte zu dieser Diskussion: Günther / Wyss (1996), in dem der „E-Mail-Brief" mit dem Body, dem Brieftext, der sämtliche Brieftextsorten umfassen kann, gleichgesetzt wird.

Es reicht jedoch nicht aus, aus „zwei" „drei" zu machen:

> Sozialpsychologisch relevant ist beispielsweise die Unterscheidung zwischen privaten und beruflichen E-Mails, wobei Mischformen möglich sind. (Döring 1999, 39)

Mischformen – hier mit einem bewussten Plural – sind nicht nur möglich, sondern üblich, Mischformen sind das Normale, Unmarkierte, und darüber hinaus auch die Grundlage für neue Formen. Auch wenn Ziegler (2002) Folgendes festhält:

> Auf den textinternen Ebenen sind im Falle der über die E-Mail vermittelten Textsorten bisher keine fundamentalen strukturellen Unterschiede zu benachbarten Kommunikationsformen – etwa dem Brief – zu konstatieren. [...] Die E-Mail scheint damit in erster Linie medial bestimmt. (Ziegler 2002, 25f.)

Sicherlich stimmt es, dass E-Mails medial bestimmt sind, aber dennoch lassen sich eigenständige und von der traditionellen Briefkultur unabhängige Entwicklungen festmachen, die das Textsortenspektrum im betrieblichen Kontext ausgeweitet haben. Davon zeugt nicht nur, dass AnwenderInnen bestehendes Wissen bzw. „Briefgewohnheiten" auf „neue Textsorten" übertragen und weiterentwickeln können, sondern es lässt sich an konkreten Beispielen aus dem beruflichen Alltag zeigen, dass neue Tendenzen realisiert werden, von diesen Phänomenen werde ich im Folgenden einige diskutieren.

2.1.1 Zitat

Eine offensichtliche Neuerung, die geradezu „ins Auge springt" und die Textstruktur als Gesamtes wie auch einzelne Sequenzen und pragmatische Funktionen des Textes betrifft, hat sich mit den Möglichkeiten des Zitierens etabliert; dieser Vorteil wird vor allem genutzt, seit Farbbildschirme in Firmen zur Grundausstattung gehören.

Einfach ersichtlich an der persönlichen Farbzuteilung sind die unterschiedlichen Beiträge der SchreiberInnen. Im jeweiligen Antwortschreiben ist der entsprechende Beitrag andersfarbig gekennzeichnet. Dieses Zitieren bezeichnet Beutner (2002) mit der „Form der Dialogizität".

> Auf der anderen Seite gibt es eine neue Form der Dialogizität, die erst im Zusammenhang mit der E-Mail-Kommunikation entstanden ist und die so genannten Dialog-E-Mails mit zwei Untertypen hervorgebracht hat. Beiden Typen ist gemein, dass sie in der Antwort-E-Mail entweder Teile der Ursprungsnachricht, auf die sich beziehen, einfügen oder auch den ganzen Text der vorhergegangenen E-Mail zitieren. (Beutner 2002, 53)

Meiner Erfahrung nach trifft diese Bezeichnung die Sache nur zum Teil. Einerseits suggeriert die Terminologiewahl eine Nähe zum mündlichen Prinzip, andererseits werden damit wichtige Aspekte nicht benannt. Unversierte SchreiberInnen hängen dem jeweiligen Text ihren eigenen an bzw. stellen ihn voran. Geübte SchreiberInnen können nach Wahl die Gepflogenheiten der Linearität durchbrechen und setzen an verschiedenen Stellen des Originaltextes ihre Kommentare ein. Dabei wird selbstverständlich auch Text gelöscht, was aber im Allgemeinen nicht markiert und deshalb auch nicht ersichtlich oder rekonstruierbar ist, sodass nur mit einem gewissen Aufwand das Verschwinden des Textes nachvollzogen werden kann. Über das Mittel des Zitierens entstehen neu zusammengestellte Texte, die aber unter Umständen zitierterweise als „Original" gelten können. Die zusätzlichen Textstellen können auch unterschiedliche Stile und Aufgaben – Kommentar, Anweisung, Tipps, Hilfestellung, Bestätigung etc. – sowie andere pragmatische Funktionen haben als in der originalen Version bzw. als in einer früheren zitierten Version, ohne dass dieser Funktionswandel thematisiert wird.

Diese Art des Zitierens wirkt auf die herkömmliche P-Mails zurück, die im betrieblichen Kontext verwendet werden: Auch hier werden Kommentare auf unterschiedlichen Ebenen ins Original eingesetzt und weitergeleitet. Die „Urform", das Anheften von „Post-it"-Zettelchen, ist dabei längst überholt, der Respekt vor dem Originaltext und seiner „Unversehrtheit" ist verflogen.

2.1.2 Angehängtes Attachment

Einen Textsortenwandel bringt vereinfachte technische Möglichkeit mit sich, Daten mit der E-Mail mitzuschicken bzw. zu *„attachen"*. Sie werden so zu einem Kurier der benötigten Daten, die für den weiteren Arbeitsablauf gestreut sind.

```
9) „Liebe [MitarbeiterInnen]
Als Attachement senden wir Ihnen den im Workshop durchgesprochene
[SIC] Vorschlag zur Erfassung [...]" [1338]

10) „Als Attachement senden wir Ihnen die heute zusammen erarbeitete
Traktandenliste im Sinne eines Ergebnisprotokolls der heutigen Sitzung zu.
Vielen Dank für Ihre Mitarbeit." [1339]

11) „Als Attachement senden wir Ihnen die noch ausstehenden Unterlagen vom Workshop 13.06-03 zu." [1340]

12) „Als gezipptes Attachement senden wir Ihnen folgende Unterlagen
zur Durchsicht zu." [1343]

13) „Grüessech mitenand
Wie besprochen senden wir Ihnen als Attachement folgende Unterlagen
gezipt unseres Workshops vom 29.04.03 zu. [SIC]" [1344]
```

14) „und noch eine Antwort, liebe gruesse
VN NN" [1374 – das ist die gesamte E-Mail, anschließend noch ein Attachment]

15) „rueckmeldung: Fragekatalog 7,
mit freundlichen gruessen
VN NN" [1375 – das ist die gesamte E-Mail, anschließend noch ein Attachment]

Und was natürlich keinesfalls fehlen darf: Die nachgeschobene zweite E-Mail, welche das Attachment beinhaltet.

16) „Entschuldigung!
Hier noch die Attachments zum vorherigen Mail.
Freundliche Grüsse
VN NN" [1362]

17) „Bitte entschuldigen Sie das Versäumnis, hier folgt auch noch das Attachment
Gruss
VN NN" [1369]

Zwar gibt es auch im P-Mail-Bereich solche „Kurier-Textsorten"[6], sozusagen Begleitschreiben zu den eigentlich wichtigen Informationen, jedoch nicht in dieser beinahe als inflationär zu bezeichnenden Menge. Die Einfachheit in der Handhabung, Daten weiterzuleiten, verleitet auch zur Delegation der Verantwortung: Man gibt weiter und ist somit – wenigstens teilweise – von der Pflicht entbunden.

2.1.3 Textlänge und Farbgebung

Verschiedentlich wurde darauf hingewiesen, dass ein großer Vorteil der E-Mails in der Geschwindigkeit beim Verfassen der Texte und bei der schnellen Übermittlung liegt. Texte sind kürzer, kryptischer und mit weniger Floskeln versehen, vor allem Höflichkeitsbekundungen und phraseologische Wendungen aus traditionellen Briefen wären bei E-Mails nicht notwendig. Aber durch layouttechnische Möglichkeiten werden Texte auch länger, ich möchte hier sogar sagen: bedeutend länger.

Eine E-Mail ohne nennenswerte Formatierungen, abgesehen von Absätzen, in der Größe einer A4-Seite würde in einem durchschnittlichen „Word"-Dokument mindestens drei Seiten benötigen. Da Word-Dokumente im Allgemeinen formatiert sind und P-Mails nicht die ganze Seite ausnützen dürfen, kann man davon ausgehen, dass E-Mails zirca ein Viertel „kürzer" scheinen. Das verleitet SchreiberInnen wohl dazu, ausführlicher zu sein, als notwendig wäre. Dazu ein Bei-

---

6 Für den beruflichen Alltag gibt es vorgedruckte Begleitblätter, auf denen man die benötigte Kategorie wie „zur Information", „auf Wunsch" etc. nur noch markieren muss.

spiel aus einer langen E-Mail, bei der eigentlich nur einige Besprechungstermine mit den entsprechenden Daten übermittelt werden:

```
Zur Erarbeitung der Fachkonzepte haben wir eine Reihe von Workshops
geplant, wovon die meisten vor den Sommerferien durchgeführt werden.
Die Daten haben wir gemäss Ihren Angaben festgelegt. Wir sind
demokratisch vorgegangen und haben immer die Tage gewählt, an denen
am meisten Personen verfügbar sein werden. Wir bitten bereits an
dieser Stelle um Verständnis, dass wir nicht alle Ihre Terminwünsche
berücksichtigen konnten - es ist schlicht unmöglich, freie Daten für
alle zu finden. Im Falle von Terminkollisionen mit Ihren anderen
Verpflichtungen bitten wir Sie dringend, die ▓▓▓▓ -Workshops zu
priorisieren. [1355]
```

Neben dem potenziellen Wandel in der Länge, den man wohl empirisch noch genauer ansehen sollte, hat sich die Textkomposition mit der Farbgestaltung und der großen standardmäßigen Auswahl in den üblichen Schreibprogrammen mit den Hintergrund-Bildern ebenfalls drastisch verändert. Nach wie vor sind hierbei die Regeln und Normen für P-Mail bedeutend konservativer.

2.1.4 Normierungen

Normierungen schreiten im E-Mail-Bereich mit großen Schritten voran. Es scheint ein menschlicher Zug zu sein, für alles Regeln aufzustellen, statt Ungewissheit zu tolerieren und zu genießen, wofür unter anderem die massive Zunahme an Ratgeberliteratur und Musterliteratur – vielfach sowohl in print- als auch in online-Versionen zugänglich – spricht.

Normierungen kanalisieren den Gebrauch und ermöglichen soziales Erkennen. So beispielsweise über die Anrede, über den Grad der „Formalität" bzw. „Schnoddrigkeit" etc.

Normierungen stabilisieren vieles, aber machen einen eigentlich normfernen Gebrauch auch berechenbar und somit langweilig. Bei wiederholten Einladungen zu Sitzungen im selben Stil und Wortlaut, liest man den gesamten Text nicht mehr mit derselben Aufmerksamkeit wie beim ersten Schreiben.

Feine stilistische Varianten sind dann ein Gewinn und bekommen eine größere Bedeutung. Es wird sowohl komplexer, den Code zu verstehen, wie es auch diffiziler wird, ihn angemessen zu produzieren.

Die technischen Möglichkeiten, E-Mails einfach zu archivieren und zu verwalten, erlauben hier ebenfalls eine Art der Textsortenkopie und Intertextualität, wie man sie aus den Musterbriefen und Briefvorlagen von Betrieben her im Bereich der P-Mails kennt.

2.1.5 Anweisungen, direktive Sprechakte

Nach wie vor schwierig ist die Gestaltung der direktiven Sprechakte in den innerbetrieblichen E-Mails. Ich möchte hier das Feld nicht ausführlich besprechen (vgl. dazu Kleinberger Günther 2002b, Kleinberger Günther 2003a), sondern mich auf ausgewählte Aspekte beschränken.

Neu ist die Textsorte der „Anweisungen" nicht, neu ist jedoch deren Frequenz im schriftlichen Bereich. Bis in die 90er Jahre hinein wurden Anweisungen meist mündlich gegeben, selten schriftlich. Man kann sagen, dass hier die Breite an Vorbildern für diese Textsorte fehlt bzw. fehlte. Dieser mediale Wechsel der Textsorte hat innerbetrieblich gesehen weitreichende Folgen.

Um den Anforderungen der Höflichkeit und Statuswahrung genüge zu tun, sind ausgefeilte Höflichkeitsstrukturen und Redundanz notwendig, damit alles eindeutig verstanden wird. Aus den zu thematisierenden Möglichkeiten möchte ich hier nur exemplarisch etwas Neues herausgreifen.

Anweisungen und Entschuldigungen – hier in diesem Fall bei Nichterfüllen der Anweisung – finden in einem dialogischen Prinzip statt, indem die Texte jeweils zitiert werden.

Eine herkömmliche Anweisung kann in etwa mit folgendem Beispiel illustriert werden:

18) „Ich bin leider in den Ferien am 4.6., deshalb bitte ich Dich, Thomas, an den wichtigen Anlass zu gehen." [1200]

Die Anweisung wird explizit begründet (*leider in den Ferien*) und mit einer Bitte versehen, in diesem Beispiel wird durch die zusätzliche explizite Namensnennung ein doppelter Appellativ realisiert, welcher der Anweisung Nachdruck verleiht. Auf die Möglichkeit des Konjunktivs wird hier verzichtet.

Eine spezielle Form ist die drängende Anweisung, die, wie in Beispiel 19, den zeitlichen Aspekt aufnimmt oder in der man sich, wie in Beispiel 20, schon vorweg für die zu leistende Arbeit bedankt:

19) „Wir danken Ihnen sehr herzlich für Ihre Mitarbeit und eine *rasche* Antwort, wenn irgendwie möglich bis 6. Juni 2003." [1387b]

20) „ich sehr bin froh [sic], wenn Du das machst - herzlichen Dank und Grüsse
VN" [1390]

Im folgenden Beispiel wird das Drängen verstärkt durch die Gleichsetzung von „fälligen" und „erledigten" Pendenzen auf einer „To-Do"-Liste, was nahe legt, dass das Aktualisieren eine Reduktion der Punkte beabsichtigt.

Textsortenwandel

21) „Anbei erhalten Sie die aktuelle Pendenzenliste zugestellt. Gerne erwarte ich Ihre Rückmeldung zu fälligen und erledigten Pendenzen." [1367]

Das letzte, vierteilige Beispiel illustriert das neue Zeit-Management in Bezug auf Anweisungen, welches meines Erachtens Ausdruck einer neuen firmeninternen Kultur ist und Licht auf das von den Vorgesetzten erwartete (zeitliche) Engagement der MitarbeiterInnen wirft. Dabei soll das Augenmerk auf die Zeit- und Datumsangaben gerichtet werden, die hier markiert gedruckt sind und die in Relation mit der zu bewältigenden Aufgabe, der Lektüre von achtzig Seiten Text, gesehen werden sollen:

22.1) [MAILVERSAND: **17.12.2002, 17:29** UHR, MIT ATTACHMENT VON CA. 80 A4-SEITEN, AN 22 BETEILIGTE UND 4 CC]
[…] die Version des Berichts zur Vernehmlassung bis **19.12.02**. Beachten Sie bitte, dass die TPL beschlossen hat, die Anhänge nicht noch einmal in die Vernehmlassung zu geben.
Bitte senden Sie ihre Kommentare und Anregungen bis **19.12.02** an VN NN. [1371]

22.2) [ANTWORT 1: **18.12.2002, 17:51** UHR]
vielen Dank für den Bericht zur Vernehmlassung. Leider wird es mir persönlich zeitlich nicht möglich sein, Ihnen bis morgen eine Antwort zu geben, die seriös ist, da ich einfach nicht die Zeit habe, das sehr umfangreiche Dokument bis zum **19.12.2002** zu lesen. Ich bitte daher für mich um eine Verlängerung dieser Vernehmlassung bis zum Januar. [1380]

22.3) [ANTWORT 2: **19.12.2002, 14:18** UHR]
Ich kann mich den Bedenken von VN1 NN1, VN2 NN2 und VN3 NN3 in jedem Punkt anschliessen, insbesondere, da ich erst heute (**19.12.02**) Ihre Mail erhielt. [1378]

22.4) [MAILVERSAND: **19.12.2002, 18:04** UHR]
Nach eingehender Prüfung des Terminplans wurde beschlossen, die Frist bis Freitag, 10. Januar 2003, zu verlängern und die dadurch bedingte Verzögerung anderweitig wieder einzuholen. Somit wird der Bericht in der definitiven Form in der darauffolgenden Woche vorliegen. [1379]

Per E-Mail entstehen also Widrigkeiten der besonderen Art. Dadurch, dass das Attachment physisch nicht vorliegt, wurde der Umfang von achtzig A-4-Seiten und der damit im Zusammenhang stehende Arbeitsaufwand für eine seriöse Rückmeldung von den Auftraggebern unterschätzt. Außerdem sind die Daten (zwei Arbeitstage) in den E-Mails schnell „gesetzt" worden, vergessen wurde dabei offensichtlich, dass eine nicht zu vernachlässigende Anzahl an MitarbeiterInnen nicht täglich und nicht mehrmals täglich die Inbox der E-Mails überprüft.

Neu an der illustrierten Situation ist, dass sich MitarbeiterInnen schriftlich, ebenfalls per E-Mail, innerhalb kürzester Zeit solidarisieren und ihren Argumenten somit mehr Gewicht verleihen können. Dadurch, dass allen Betroffenen die E-Mails zugestellt werden bzw. werden können, kann sich – wie in diesem Beispiel – der Druck auf die Projektleitung innerhalb kurzer Frist massiv erhöhen, sodass Zeitpläne umgestellt werden müssen.

Transformiert aus dem digitalen Raum in den konkreten wäre solch eine schriftliche Solidarisierung kaum vorstellbar: Einerseits ist es unwahrscheinlich, „Unterschriften" von ca. zwanzig Personen, die an unterschiedlichen Standorten tätig sind, innerhalb weniger Stunden zu organisieren, andererseits würden MitarbeiterInnen „Unterschriften" außerhalb des digitalen Raums in dieser Angelegenheit wohl eher nicht leisten.

Außerdem hat jeder Mitarbeiter, jede Mitarbeiterin digital die Möglichkeit, sich zwar zu solidarisieren, jedoch auch gleich die persönliche Motivation zu erläutern (z.B. die Belastung durch diverse Projekte, Zeitmangel, Ferienabwesenheit usw.).

a) Situationelle Texte

Neu sind situationelle Kurztexte, die nur und ausschließlich im Kontext des jeweiligen Diskurses verstanden werden können. Im innerbetrieblichen Schriftverkehr werden sie bei anderen Texten „angehängt" oder „dazu geheftet", um somit die notwendige verständnissichernde Situation zu schaffen.

```
23) Liebe VN1
Ja.
Gruss VN2 [1283]
```

Varianten ohne Anrede und Gruß sind möglich, jedoch liegen mir keine Belege vor, bei denen nicht wenigstens ein Ausschnitt des Fliesstexts der vorangegangenen Mail zitiert ist.

b) Stilistische Varianten

Stilistische Varianten treten in den E-Mails vermehrt auf, da – neben stark normierten Texten – normferne Varianten erlaubt sind und toleriert werden. Exemplarisch für dieses teilweise normferne Schreiben werde ich kurz auf phraseologische Verbindungen eingehen.

```
24) Aus all diesen Gründen bitte ich Sie vielmals, Ihre Aufwendungen
für XY weiterhin zu dokumentieren, […]. [1357]
```

Im oben stehenden Beispiel ist der Ausdruck „vielmals bitten" durchaus verständlich, jedoch ist diese Kombination phraseologisch gefestigt in ‚ich bitte vielmals um Entschuldigung' bzw. in ‚vielmals danken'. Die lexikalische Kombination von ‚vielmals bitten' im Sinne von ‚inständig bitten' ist (bisher) nicht üblich. Generell lässt sich sagen, dass nach wie vor Untersuchungen zum Gebrauch von Phraseologismen und deren Wandel und Varianz bei E-Mails fehlen, obwohl damit meines Erachtens Sprachwandelerscheinungen und Sprachkompetenzwandel deutlich illustriert werden können.

c) Nähe und Distanz

Ein neues Phänomen in den E-Mails ist das Thematisieren von interpersonaler Distanz bzw. Nähe mittels Entschuldigungen, Begründungen für ein bestimmtes Verhalten etc. Das hängt mit der Vermischung von privaten und beruflichen Informationen zusammen, welche so in P-Mails selten vorkommt und bedeutend konservativer gehandhabt wird. In nachfolgendem Beispiel wurde über ca. 150 Wörter hinweg ein – berufliches – Problem umrissen, der Text schließt mit folgender Bemerkung:

25) „Sorry, dass ich mich so kurz halte, leider ruft die Arbeit."
[1203]

„Nähe" zu der Mitarbeiterin wird dadurch signalisiert, dass man alles noch ausführlicher schreiben könnte, es aber aus Zeitmangel („die Arbeit ruft" bzw. es muss noch andere Arbeit verrichtet werden) gegenwärtig nicht tun kann.

Durch die Lockerung der inhaltlichen Kohärenz in den Texten, die erst eine Durchmischung von Privatem und Beruflichem in diesem Ausmaß möglich macht, werden auch „Liebesbeziehungen" in einem durchmischten Text verbalisiert:

26) „Ach Prinzessin,
Die Arbeit ist getan, die Nacht war kurz, aber dafür ist [XY] mit
unserem Beitrag hochzufrieden.
Kippe jetzt noch ein Bier und fahr nach Hause: Packen und schlafen.
Morgen früh geht der Flieger. Falls wir uns heut nicht mehr
sprechen, versuche ich es am Wochenende auf der Redaktion.
Alles Liebe, tausend Küsse, ich vermisse Dich schon wieder richtig
ahoi
[VN] [701]

Einerseits wird die Partnerin über die Rückmeldung zu einem gemeinsam formulierten Beitrag unterrichtet. Andererseits bekommt sie Informationen über den weiteren Tages- bzw. Nachtverlauf des Schreibers, was wohl nicht als beruflich relevante Information gesehen werden kann.[7] Berufliches und Privates werden munter gemischt, was für schriftliche innerbetriebliche Texte ebenfalls ein Novum ist.

3 Was bleibt Neues?

Anhand dieser exemplarischen Beispiele kann man festhalten, dass Neues im innerbetrieblichen Kontext vorhanden ist. Die Entscheidung, inwieweit es genuin neue Textsorten sind – oder vielmehr Weiterentwicklungen von bestehenden, ist jedem vorerst selbst überlassen. Je nach Gewichtung der Faktoren kann man das eine oder andere favorisieren. Aber gewisse Neuerungen, wie beispielsweise die schnelle digitale Solidarisierung von MitarbeiterInnen werden die Texte und deren Rezeption weiterhin in Bewegung halten. Insofern gehe ich keineswegs mit Schmitz (2002) einig, der eine Nivellierung in den E-Mails ausmacht:

> Überhaupt, […], neigt E-Mail-Kommunikation dazu, die Eigenarten ihrer früheren Jahre nach und nach zu verlieren: Sie wird immer gewöhnlicher. (Schmitz 2002, 37)

Mails verlieren nicht ihre innovative Eigenart, sondern wir LeserInnen gewöhnen uns an den Grad der Innovation und Originalität. Selbstverständlich sind die turbulenten Anfänge vorbei, die Neuerungen sind rarer geworden, dafür werden die Differenzierungen subtiler.

Entschieden ablehnen muss man Aussagen, die eine starke Anlehnung an die P-Mail-Korrespondenz ausmachen (wie in Döring 1999), nach wie vor sind berufliche E-Mails in weiten Bereichen nicht den starken Konventionen der P-Mails unterworfen.

> Allgemein hat sich in Deutschland der berufliche E-Mail-Kontakt formal sehr stark der schriftlichen Korrespondenz angenähert, sodass auf die (aus der internationalen Netzkultur geläufige) Anrede per Vornamen verzichtet wird und in Selbstdarstellungen meist zunächst die berufliche Identität im Vordergrund steht (z.B. Hinweis auf die berufliche Position in der Signatur?). (Döring 1999, 282)

Wichtig sind empirische Studien wie beispielsweise diejenige von Voigt (2003), die eine effektive Nutzung von E-Mails erheben und verfolgen. Sie hat anhand einer empirischen Fallstudie „Mitarbeiter eines Unternehmens zu individuellen E-Mail-Bearbeitungsstrategien befragt", um „Nutzungseigenschaften und Bearbeitungsoptionen einer effektiven Nutzung […] ausmachen zu können." Eine entsprechende große linguistische Studie wäre noch zu machen; schließen möchte ich mit einem Zitat von Ziegler (2002), der auf die Wichtigkeit der

---

7 Siehe dazu eine ausführlichere Beschreibung in Kleinberger Günther (2002a).

Textsorten-Entwicklung hinweist und dessen Votum mit der Analyse der Vorgänge bei innerbetrieblichen E-Mails nur bestätigt werden kann.

Textsorten, verstanden als konventionalisierte und kulturell bestimmte Zugriffsweisen auf Wirklichkeit, die in der Kommunikation mit anderen ausgehandelt, bestätigt und weitergetragen werden, spielen eine zentrale Rolle für die Verbreitung der kollektiven Akzeptanz sprachlicher Neuerungen. Damit liefern Textsorten das notwendige heuristische Bindeglied zwischen sprachexternen (sozialen, kulturellen) Faktoren und sprachinternen Wandelerscheinungen. (Ziegler 2002, 27)

Literaturverzeichnis

Beutner, Yvonne (2002): E-Mail-Kommunikation. Eine Analyse. Stuttgart: ibidem.
Döring, Nicola (1999): Sozialpsychologie des Internet. Die Bedeutung des Internet für Kommunikationsprozesse, Identitäten, soziale Beziehungen und Gruppen. Göttingen, Bern, Toronto, Seattle: Hogrefe (= Internet und Psychologie. Neue Medien in der Psychologie 2).
Günther, Ulla / Wyss, Eva (1996): E-mail-Briefe – eine neue Textsorte zwischen Mündlichkeit und Schriftlichkeit. In: Hess-Lüttich, Ernest W.B. / Holly, Werner / Püschel, Ulrich (Hrsg.): Textstrukturen im Medienwandel. Frankfurt a.M.: Lang (= forum Angewandte Linguistik 29), 61-86.
Kleinberger Günther, Ulla (1998): Medien im Berufsalltag. In: Pfammatter, René (Hrsg.): Multi Media Mania. Reflexionen zu Aspekten neuer Medien. Konstanz: UVK Medien, 157-172.
Kleinberger Günther, Ulla (2002a): Mediennutzung im beruflichen Alltag: Einstellungen, Urteile, Erfahrungen. In: Thimm, Caja (Hrsg.): Unternehmenskommunikation offline - online: Wandelprozesse interner und externer Kommunikation durch neue Medien. Frankfurt a.M.: Lang (= Bonner Beiträge zur Medienwissenschaft 1), 36-51.
Kleinberger Günther, Ulla (2002b): Sprachliche Höflichkeit in innerbetrieblichen e-mails. In: Lüger, Heinz-Helmut (Hrsg.): Höflichkeitsstile. 2. korrigierte Aufl. Bern: Lang (= Cross Cultural Communication 7), 147-164.
Kleinberger Günther, Ulla (2003a): „Identität" in innerbetrieblichen E-mails: Nähe und Distanz zwischen MitarbeiterInnen. In: Habscheid, Stephan / Fix, Ulla (Hrsg.): Gruppenstile. Zur sprachlichen Inszenierung sozialer Zugehörigkeit. Frankfurt a.M..: Lang (= forum Angewandte Linguistik 42), 117-128.
Kleinberger Günther, Ulla (2003b): Kommunikation in Betrieben. Wirtschaftslinguistische Aspekte innerbetrieblicher Kommunikation. Bern: Lang (= Zürcher germanistische Studien 57).
Kleinberger Günther, Ulla / Wagner, Franc (2004): Neue Medien - Neue Kompetenzen? Texte produzieren und rezipieren im Zeitalter digitaler Medien. Frankfurt a.M.: Lang (= Bonner Beiträge zur Medienwissenschaft 3).
Schmitz, J. / Fulk, J. (1991): Organizational Colleagues, Media Richness, and Electronic Mail. A Test of the Social Influence Model of Technology Use. In: Communication Research 18/4, 487-523.
Schmitz, Ulrich (2002): E-Mails kommen in die Jahre. Telefonbriefe auf dem Weg zu sprachlicher Normalität. In: Ziegler, Arne / Dürscheid, Christa (Hrsg.): Kommunikationsform E-Mail. Tübingen: Stauffenburg (= Textsorten 7), 33-56.

Thim-Mabrey, Christiane (2002): Zwischen Netikette und Briefstellern: „Wie schreibt man E-Mails heute?" In: Ziegler, Arne / Dürscheid, Christa (Hrsg.): Kommunikationsform E-Mail. Tübingen: Stauffenburg (= Textsorten 7), 127-142.

Voigt, Susanne (2003): E-Mail-Kommunikation in Organisationen. Eine explorative Studie zu individuellen Nutzungsstrategien. München: Reinhard Fischer (= Internet Research 11).

Ziegler, Arne (2002): Textsorte oder Kommunikationsform? Eine textlinguistische Annäherung. In: Ziegler, Arne / Dürscheid, Christa (Hrsg.): Kommunikationsform E-Mail. Tübingen: Stauffenburg (= Textsorten 7), 9-32.

http://www.wissensgesellschaft.org [Internet, zit.: 15. September 2004]

Gesellschaft für Angewandte Linguistik e.V.

FORUM ANGEWANDTE LINGUISTIK will den Dialog über die Grenzen traditioneller Sprachwissenschaft hinweg und zwischen den einzelnen Sektoren Angewandter Linguistik fördern. Es bietet in Sammelbänden, Monographien und Kongressdokumentationen eine kontinuierliche Plattform zur Vermittlung zwischen anwendungsorientierter und interdisziplinär geöffneter Sprachforschung einerseits und den verschiedensten Tätigkeitsfeldern sprachbezogener und wissenschaftlich interessierter Praxis andererseits.

FORUM ANGEWANDTE LINGUISTIK möchte über Themen, Ziele, Methoden und Forschungsergebnisse in allen Bereichen informieren, die heute das Spektrum Angewandter Linguistik facettenreich konturieren. Aktuelle Probleme sprachlichen (auch fremdsprachlichen) Unterrichts, gesellschaftlicher, fachlicher und individueller Bedingungen der Sprachverwendung, des Spracherwerbs und der Sprachenpolitik, des Sprachenvergleichs und der Übersetzung, der Entwicklung sprachlicher Testverfahren und maschineller Textverarbeitung, der Sprachstörungen und Sprachtherapie, der Unterrichts- und Massenmedien erfordern mit Nachdruck, sozio-, psycho- und patholinguistische Fragestellungen, phonetische, stilistische, rhetorische und textlinguistische Aspekte, zeichen-, kommunikations- und medienwissenschaftliche Grenzgebiete in eine realistische Beschreibung der Vielfalt und Entwicklung der Sprache(n) in der Gegenwart einzubeziehen.

Die Buchreihe FORUM ANGEWANDTE LINGUISTIK wird von der *Gesellschaft für Angewandte Linguistik* (GAL) herausgegeben.

Die GAL hat das Ziel, die wissenschaftliche Entwicklung in allen Bereichen der Angewandten Linguistik zu fördern und zu koordinieren, den Austausch wissenschaftlicher Informationen zu beleben sowie die Zusammenarbeit der hieran interessierten Personen und Institutionen national und international zu intensivieren. Dazu gehört auch der Kontakt mit Wirtschaft und Industrie, Behörden, Bildungseinrichtungen und Institutionen des öffentlichen Lebens.

Angewandte Linguistik wird dabei als diejenige zwischen Theorie und Praxis vermittelnde Disziplin verstanden, die interdisziplinär an der Lösung aller Probleme arbeitet, an denen Sprache beteiligt ist.

Die *Gesellschaft für Angewandte Linguistik* repräsentiert die Bundesrepublik Deutschland im internationalen Fachverband 'AILA. Association Internationale de Linguistique Appliquée' (Status B der UNESCO).

Anschrift der *Gesellschaft für Angewandte Linguistik* (GAL):
GAL-Geschäftsstelle
Universität Duisburg-Essen
Fakultät für Geisteswissenschaften
Institut für Germanistik

47048 Duisburg

Forum Angewandte Linguistik

Publikationsreihe der Gesellschaft für Angewandte Linguistik (GAL)

Die Bände 1-17 dieser Reihe sind im Gunter Narr Verlag, Tübingen erschienen.

Band 18   Bernd Spillner (Hrsg.): Sprache und Politik. Kongreßbeiträge zur 19. Jahrestagung der Gesellschaft für Angewandte Linguistik GAL e.V., 1990.

Band 19   Claus Gnutzmann (Hrsg.): Kontrastive Linguistik, 1990.

Band 20   Wolfgang Kühlwein, Albert Raasch (Hrsg.): Angewandte Linguistik heute. Zu einem Jubiläum der Gesellschaft für Angewandte Linguistik, 1990.

Band 21   Bernd Spillner (Hrsg.): Interkulturelle Kommunikation. Kongreßbeiträge zur 20. Jahrestagung der Gesellschaft für Angewandte Linguistik GAL e.V., 1990.

Band 22   Klaus J. Mattheier (Hrsg.): Ein Europa – Viele Sprachen. Kongreßbeiträge zur 21. Jahrestagung der Gesellschaft für Angewandte Linguistik GAL e. V., 1991.

Band 23   Bernd Spillner (Hrsg.): Wirtschaft und Sprache. Kongreßbeiträge zur 22. Jahrestagung der Gesellschaft für Angewandte Linguistik GAL e.V., 1992.

Band 24   Konrad Ehlich (Hrsg.): Diskursanalyse in Europa, 1994.

Band 25   Winfried Lenders (Hrsg.): Computereinsatz in der Angewandten Linguistik, 1993.

Band 26   Bernd Spillner (Hrsg.): Nachbarsprachen in Europa. Kongreßbeiträge zur 23. Jahrestagung der Gesellschaft für Angewandte Linguistik GAL e.V., 1994.

Band 27   Bernd Spillner (Hrsg.): Fachkommunikation. Kongreßbeiträge zur 24. Jahrestagung der Gesellschaft für Angewandte Linguistik GAL e.v., 1994.

Band 28   Bernd Spillner (Hrsg.): Sprache: Verstehen und Verständlichkeit. Kongreßbeiträge zur 25. Jahrestagung der Gesellschaft für Angewandte Linguistik. GAL e.V., 1995.

Band 29   Ernest W.B. Hess-Lüttich, Werner Holly, Ulrich Püschel (Hrsg.): Textstrukturen im Medienwandel, 1996.

Band 30   Bernd Rüschoff, Ulrich Schmitz (Hrsg.): Kommunikation und Lernen mit alten und neuen Medien. Beiträge zum Rahmenthema "Schlagwort Kommunikationsgesellschaft" der 26. Jahrestagung der Gesellschaft für Angewandte Linguistik GAL e.V., 1996.

Band 31   Dietrich Eggers (Hrsg.): Sprachandragogik, 1997.

Band 32   Klaus J. Mattheier (Hrsg.): Norm und Variation, 1997.

Band 33   Margot Heinemann (Hrsg.): Sprachliche und soziale Stereotype, 1998.

Band 34   Hans Strohner, Lorenz Sichelschmidt, Martina Hielscher (Hrsg.): Medium Sprache, 1998.

Band 35   Burkhard Schaeder (Hrsg.): Neuregelung der deutschen Rechtschreibung. Beiträge zu ihrer Geschichte, Diskussion und Umsetzung, 1999.

Band 36   Axel Satzger (Hrsg.): Sprache und Technik, 1999.

Band 37   Michael Becker-Mrotzek, Gisela Brünner, Hermann Cölfen (Hrsg.), unter Mitarbeit von Annette Lepschy: Linguistische Berufe. Ein Ratgeber zu aktuellen linguistischen Berufsfeldern, 2000.

Band 38   Horst Dieter Schlosser (Hrsg.): Sprache und Kultur. 2000.

Band	39	John A. Bateman, Wolfgang Wildgen (Hrsg.): Sprachbewusstheit im schulischen und sozialen Kontext. 2002.
Band	40	Ulla Fix / Kirsten Adamzik / Gerd Antos / Michael Klemm (Hrsg.): Brauchen wir einen neuen Textbegriff? Antworten auf eine Preisfrage. 2002.
Band	41	Rudolf Emons (Hrsg.): Sprache transdisziplinär. 2003.
Band	42	Stephan Habscheid / Ulla Fix (Hrsg.): Gruppenstile. Zur sprachlichen Inszenierung sozialer Zugehörigkeit. 2003.
Band	43	Michael Becker-Mrotzek / Gisela Brünner (Hrsg.): Analyse und Vermittlung von Gesprächskompetenz. 2004.
Band	44	Britta Hufeisen / Nicole Marx (Hrsg.): *Beim Schwedischlernen sind Englisch und Deutsch ganz hilfsvoll.* Untersuchungen zum multiplen Sprachenlernen. 2004.
Band	45	Helmuth Feilke / Regula Schmidlin (Hrsg.): Literale Textentwicklung. Untersuchungen zum Erwerb von Textkompetenz. 2005.
Band	46	Sabine Braun / Kurt Kohn (Hrsg.): Sprache(n) in der Wissensgesellschaft. Proceedings der 34. Jahrestagung der Gesellschaft für Angewandte Linguistik. 2005.

www.peterlang.de